세상의 속도를
따라잡고 싶다면

Do it!

MySQL로 배우는
SQL 입문

기초 문법 + 실무 활용 ➤ 파이썬 + DB로 주식 분석

초보자도 **실습 예제 300개로** 데이터베이스의 기본기 완성!

데이터베이스 전문가 강성욱 지음

이지스 퍼블리싱

세상의 속도를 따라잡고 싶다면 **Do it!**
변화의 속도를 즐기게 됩니다.

Do it!
MySQL로 배우는 SQL 입문
Do it! SQL for Beginner with MySQL

초판 발행 • 2024년 4월 5일
초판 2쇄 • 2024년 12월 20일

지은이 • 강성욱
펴낸이 • 이지연
펴낸곳 • 이지스퍼블리싱(주)
출판사 등록번호 • 제313-2010-123호
주소 • 서울특별시 마포구 잔다리로 109 이지스빌딩 3층(우편번호 04003)
대표전화 • 02-325-1722 | **팩스** • 02-326-1723
홈페이지 • www.easyspub.co.kr | **인스타그램** • instagram.com/easyspub_it
Do it! 스터디룸 카페 • cafe.naver.com/doitstudyroom | **페이스북** • www.facebook.com/easyspub

총괄 • 최윤미 | **기획 및 책임편집** • 신지윤 | **IT 2팀** • 신지윤, 박재연, 이소연
교정교열 • 박명희 | **표지 및 본문 디자인** • 트인글터 | **인쇄** • 보광문화사
마케팅 • 권정하 | **독자지원** • 박애림, 김수경 | **영업 및 교재 문의** • 이주동, 김요한(support@easyspub.co.kr)

ISBN 979-11-6303-572-5 93000
가격 25,000원

이 책으로 SQL을 배워야 하는 이유!

개념 ➔ 실습 ➔ 되새김 문제 3단계 학습!
선수 지식이 없어도, 프로그래밍이 처음이
어도 이 책으로 개념부터 차근차근 따라해
보세요. SQL이 완전 처음인 분들에게 맞
춰 만들었습니다.

SQL 함수와 실무 꿀팁으로 든든히!
다른 책에 없는 SQL 함수와 저자 경험에
서 나온 꿀팁까지 실무에 유용한 내용을 담
았습니다.

저자 강의 무료로 제공!
유명 온라인 강의 플랫폼, 개발자 밋업 등
에서 데이터베이스 강사로 활약 중인 저
자의 동영상 강의와 함께 학습할 수 있습
니다.

자격증보다 SQL 경험이 더 중요!
이 책은 DB와 데이터에 접근할 기회가 없
는 분들에게 실제 DB를 활용한 실습 예제
300개를 제공해 많은 경험을 쌓을 수 있도
록 구성했습니다.

 이런 분께 추천합니다!

- SQL 또는 데이터베이스를 처음 접하는 **입문자**
- 데이터 활용 업무가 많은 **기획자, 마케터, 디자이너**
- 자격증을 취득했지만 실무 경험도 쌓고 싶은 궁금한 **취준생**

데이터 생산자와 분석가가 될 수 있는 시대에
SQL 공부는 필수가 되었다!

우리가 데이터 시대에 살고 있다는 사실은 더 이상 어색하지 않습니다. 이미 우리 일상은 데이터와 깊게 연관되어 있습니다. 온라인 쇼핑몰이나 OTT 서비스에서는 첫 화면에 내가 필요하거나 관심 있어 할 만한 내용을 노출합니다. 심지어 내 취향인 물건이나 장르를 추천하기도 합니다. 마치 내 마음을 잘 알고 있는 것처럼 말이죠.

기업들은 데이터를 다룰 줄 아는 인재 영입을 위해 열을 올리고 있다

추천 서비스가 가능한 것은 우리의 삶이 이제 데이터화되어 가고 있기 때문입니다. 실제로 많은 기업에서는 소비자의 마음을 사로잡기 위해 대량의 데이터를 수집하고 분석합니다. 그리고 이렇게 가공한 정보를 바탕으로 소비자에게 새로운 서비스를 제공하면서 동시에 피드백을 얻기도 합니다. 즉, 데이터는 순환 구조로 계속 생성·소비되고 있습니다.

그렇다면 이렇게 무수히 많은 데이터에 둘러싸인 세상 속에서 우리는 데이터를 소비만 하면서 살아야 할까요? 아니면 데이터를 분석해 데이터를 제공하는 입장이 돼야 할까요? 데이터는 활용하는 사람에 따라 다양하고 새로운 정보로 만들 수 있습니다. 즉, **누구나 데이터 분석가가 될 수 있고, 데이터 생산자가 될 수 있다는 뜻입니다.**

비전공자도 불편함 없이 읽고 실전에서 써먹을 수 있는 실습 예제로 구성했다

'데이터 분석'이라고 하면 다들 엄청난 기술과 타고난 능력이 필요하다고 생각합니다. 물론 몸담고 있는 분야에 따라 전문 지식이 필요할 수도 있지만, 필자는 소수의 사람들만 데이터 분석을 하는 것은 아니라고 생각하기 때문에 누구나 쉽게 데이터와 친해질 수 있도록 많은 고민했습니다. **IT 전공자뿐만 아니라 마케터, 디자이너와 같은 비전공자도 불편함 없이 읽을 수 있도록 이 책을 집필했습니다.** 이 책을 읽고 나면 스스로 데이터를 다룰 수 있도록 구성했습니다.

사실 많은 사람들이 데이터베이스나 SQL을 공부하려고 도전했다가 중도에 그만두거나, 배우고 나서 어디에, 어떻게 써먹어야 할지 막막해합니다. 그래서 최대한 **친근한 예제와 실전에서 활용할 수 있는 쿼리를 담아** 만들었습니다. 정말 아무것도 모르는 사람이 이 책을 따라 하면서 학습할 수 있도록 구성했으며, 조금이라도 어렵게 느껴지는 용어나 문장은 최대한 쉽게 풀어서 설명했습니다. 끝으로 필자가 노력한 만큼 모든 사람들이 데이터와 친해질 수 있길 바랍니다.

세상 모든 사람들이 데이터와 친해질 수 있도록 늘 고민하는 **강성욱** 드림

AWS, 네이버, 슈퍼셀 등 IT 기업에서 활약한
전문가 3인의 강력 추천!

"요즘 기업에서 원하는 내용이 담겨 있네요"

스타트업인 저희 회사는 직원 대부분이 IT 비전공 개발자로 프런트엔드 분야에서 일합니다. 어쩌다 보니 DBMS, 인프라 및 클라우드 관리까지 수행하고 있습니다. 그래서 문제가 발생하면 RDBMS 지식이 많지 않은 저희 팀원들은 AI와 구글링을 통해 그때그때 해결하고 있습니다. 우리 팀원을 비롯해 SQL을 학습하려는 분들에게 이 책을 추천하고 싶은 가장 큰 이유는 '쉬운 난이도' 때문입니다. 이 책은 국내외 대학에서 사용하는 전공 도서보다 얇고 쉽습니다. 그리고 이름난 입문서보다 더 많은 내용을 담고 있습니다. **기초 개념과 실무에 필요한 팁, 그리고 학술적인 내용까지 모두 담았다는 게 이 책의 가장 큰 장점입니다.**

이 책의 또 다른 장점은 저자가 개발자가 아니라 DBA 출신이라는 점입니다. 실무에서는 백엔드 개발자와 DBA의 관점이 다른 경우가 많습니다. 이 책은 개발자 출신인 저에게 SQL과 데이터베이스의 지식과 함께 다른 관점에서 생각하는 법을 배우는 데 도움이 되었습니다.

이 책을 술술 넘기지 마세요. 이 책을 통해 학습 효과를 얻고 싶다면 한 장 한 장 꼼꼼히 내용을 숙지하고, 한 줄 한 줄 SQL 쿼리 예제를 따라 하며 결과를 확인하세요. 스토어드 프로시저, 인덱스, 커서 등의 내용은 조금 어려울 수도 있습니다. 그렇지만 인내심을 가지고 마지막까지 학습하고 나면 앞으로 여러분의 커리어에 큰 도움이 될 것입니다. 이 책을 통해 데이터베이스 세계에 첫발을 내딛은 여러분 모두 더 깊이 있고 실용적인 여정을 시작할 수 있기를 바랍니다.

— 전) AWS, NHN NEXT 현) 코드스쿼드 파운더 **정호영** 님

"저도 이 책으로 SQL을 다시 시작합니다"

어떻게 보면 기본적인 SQL 문은 쉽게 사용할 수 있습니다. SELECT, INSERT, UPDATE, DELETE 등의 DML 문과 적절한 WHERE 조건을 이용하면 업무를 간단하고 쉽게 처리할 수 있으니까요. 그런데 SQL을 제대로 배우지 않으면 복잡한 쿼리를 짜야 할 때부터 슬슬 문제가 생기기 시작합니다. 요즘은 챗 GPT와 같은 좋은 보조가 있다 하더라도 SQL을 정확히 알지 못하면 엉뚱한 데이터를 도출하거나 아예 데이터를 날릴 수도 있습니다.

이 책은 SQL을 배울 수 있도록 상당히 많은 SQL 쿼리 예제와 실행 결과를 계속 보여줍니다. 그리고 이 책으로 SQL을 시작했다면 제대로 학습하기 위해 꼭 SQL 쿼리와 결과를 직접 확인하면서 왜 이런 내용이 나오는지를 고민해 볼 바랍니다. 특히 조인, 서브 쿼리 등 고급 활용 부분은 정말 여러 번 보는 게 좋습니다. 부끄러운 얘기지만, 저도 SQL 학습을 게을리해 많은 고생을 했고, 지금도 하고 있습니다. 추천사를 쓰기 위해서 가볍게 먼저 봤지만, 저도 이 책으로 처음부터 다시 한 줄 한 줄 학습하려고 합니다. 《Do it! MySQL로 배우는 SQL 입문》으로 SQL을 제대로 배운 '만렙 뉴비'가 되길 바랍니다.

— 전) 카카오, 네이버 현) 레몬트리 CTO **강대명** 님

"경험 많은 데이터베이스 전문가가 만든 입문서"

이제 제 주변에서 데이터 없이 일하는 분을 만나기가 힘듭니다. 특히 기획, 마케팅 등 의사 결정을 위해 많은 데이터가 필요한 분야에서 다양한 데이터 테이블을 확인하는 모습을 흔히 볼 수 있습니다. 데이터 분석에서 빼놓고 말할 수 없는 것이 바로 엑셀인데, 엑셀에서는 규모가 큰 데이터를 분석하기 어려워 반드시 가공해야 합니다. 또한 최근에 인기 있는 데이터 분석 도구들은 SQL을 활용해 데이터 저장소에 있는 데이터를 요청해야 합니다. 이 때문에 **이제는 실무에서 직접 SQL을 다루며 원하는 형태의 데이터를 추출할 줄 아는 분들이 많아졌으며, SQL 활용 능력은 채용 시장에서도 중요한 요건이 되었습니다.**

이 책을 통해 SQL을 다룰 줄 알게 된다면 입문자 여러분도 데이터를 직접 분석할 수 있는 좋은 시작점이 될 것입니다. 이 책은 **저자의 풍부한 경험을 바탕으로 MySQL 설치부터 필수 SQL 문법, 프로젝트를 통한 실전 감각까지** 익힐 수 있도록 구성되어 있습니다. 최신 버전에는 데이터를 더욱 편리하게 조회할 수 있도록 돕는 몇몇 기능이 있는데, 이 책에서는 이러한 기능을 자세히 설명하며 중요한 키워드를 잘 정리했습니다.

분석을 마친 데이터에 대한 해석은 데이터 분석가, 기획자, 마케터 등 직무에 따라 관점이 조금씩 다를 수 있습니다. 이와 같이 다양한 사람들이 데이터를 다각도로 분석하고 해석하는 것은 회사에서 프로젝트를 진행할 때 데이터를 더욱 깊이 있게 이해하고 옳은 결정을 내리는 데 큰 도움을 줍니다. SQL이 더 많은 사람들에게 전파되고 친숙해질수록 이 책이 'SQL 입문'의 길라잡이 역할을 할 것입니다.

— 전) Rovio Ent 현) 슈퍼셀 서버 개발자 **이욱진** 님

필요할 때 SQL 함수 사전을 펼쳐 보세요!

이 책의 SQL 함수를 정리한 것입니다. 필요할 때마다 찾아 활용해 보세요.

구분	함수	기능
문자열 함수	CONCAT	문자열과 문자열을 연결
	CAST, CONVERT	데이터의 형을 변환
	IFNULL, COALESCE	NULL을 대체
	LOWER / UPPER	소문자 / 대문자로 변경
	LTRIM / RTRIM	왼쪽 / 오른쪽 공백을 제거
	TRIM	양쪽 공백을 제거
	LENGTH	문자열의 크기를 반환
	CHAR_LENGTH	문자열의 개수를 반환
	POSITION	특정 문자까지의 문자열 길이를 반환
	LEFT / RIGHT	왼쪽 / 오른쪽으로 지정한 길이만큼 문자열을 반환
	SUBSTRING	지정한 범위의 문자열을 반환
	REPLACE	특정 문자를 다른 문자로 대체
	REPEAT	같은 문자를 반복
	SPACE	공백 문자를 생성
	REVERSE	문자열을 역순으로 출력
	STRCMP	문자열을 비교
날짜 함수	CURRENT_DATE	DB 서버의 현재 날짜 확인
	CURRENT_TIME	DB 서버의 현재 시간 확인
	CURRENT_TIMESTAMP 또는 NOW	DB 서버의 현재 날짜와 시간 확인
	DATE_ADD / SUB	특정 날짜만큼 더하거나 뺀 결과 반환
	DATEDIFF	날짜 간의 일수 차이 반환
	TIMESTAMPDIFF	날짜 간의 시간 차이 반환
	DAYNAME	지정한 날짜의 요일을 반환
	YEAR / MONTH / WEEK / DAY	날짜에서 연 / 월 / 주 / 일 값을 반환
	DATE_FORMAT	날짜 형식을 변환
	GET_FORMAT	국가나 지역별 날짜 형식 확인
집계 함수	COUNT	조건에 맞는 데이터 개수를 세어 반환
	SUM	데이터의 합을 반환
	AVG	데이터의 평균을 반환
	MIN / MAX	최솟값 / 최댓값을 반환
	ROLLUP	부분합 또는 총합을 반환
	STDDEV	모든 값에 대한 표준편차 반환
	STDDEV_SAMP	표본에 대한 표준편차 반환
수학 함수	ABS	절댓값을 반환
	SIGN	양수 또는 음수인지를 판단
	CEILING / FLOOR	천장값 / 바닥값을 반환
	ROUND	반올림한 값을 반환
	LOG	로그값을 반환
	EXP	e의 n 제곱값을 반환
	POWER	거듭제곱값을 반환
	SQRT	제곱근을 반환
	RAND	난수를 반환
	COS / SIN / TAN / ATAN	삼각함수
순위 함수	ROW_NUMBER	유일한 값으로 순위를 부여
	RANK	우선순위를 고려하지 않고 순위를 부여
	DENSE_RANK	건너뛰지 않고 순위를 부여
	NTILE	그룹 순위를 부여
분석 함수	LAG / LEAD	앞 / 뒤 행을 참조
	CUME_DIST	누적 분포를 계산
	PERCENT_RANK	상대 순위를 계산
	FIRST / LAST_VALUE	첫 / 마지막 행의 값을 반환

하루 1시간씩 3주 안에 **SQL 초보 탈출!**

선수 지식 없어도
21일이면 충분!

이 계획표에 따라 하루 1시간씩 3주 동안 공부하면 SQL 초보에서 탈출할 수 있습니다. 목표한 날짜를 기록하며 《Do it! MySQL로 배우는 SQL 입문》을 학습해 보세요!

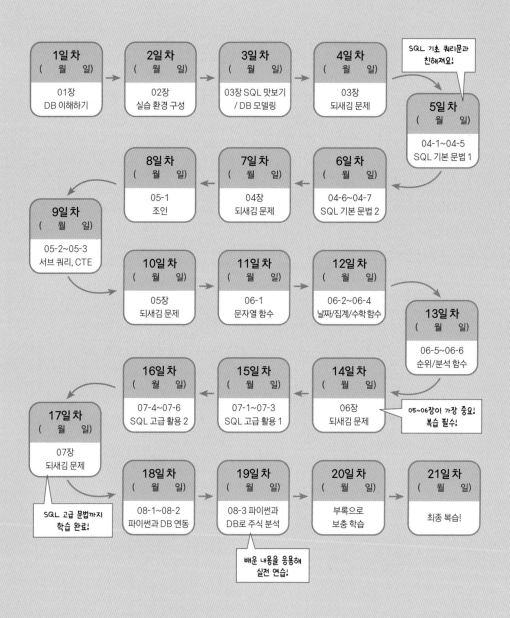

1일차
(월 일)
01장
DB 이해하기

2일차
(월 일)
02장
실습 환경 구성

3일차
(월 일)
03장 SQL 맛보기
/ DB 모델링

4일차
(월 일)
03장
되새김 문제

SQL 기초 쿼리문과
친해져요!

5일차
(월 일)
04-1~04-5
SQL 기본 문법 1

6일차
(월 일)
04-6~04-7
SQL 기본 문법 2

7일차
(월 일)
04장
되새김 문제

8일차
(월 일)
05-1
조인

9일차
(월 일)
05-2~05-3
서브 쿼리, CTE

10일차
(월 일)
05장
되새김 문제

11일차
(월 일)
06-1
문자열 함수

12일차
(월 일)
06-2~06-4
날짜/집계/수학 함수

13일차
(월 일)
06-5~06-6
순위/분석 함수

14일차
(월 일)
06장
되새김 문제

05~06장이 가장 중요!
복습 필수!

15일차
(월 일)
07-1~07-3
SQL 고급 활용 1

16일차
(월 일)
07-4~07-6
SQL 고급 활용 2

17일차
(월 일)
07장
되새김 문제

SQL 고급 문법까지
학습 완료!

18일차
(월 일)
08-1~08-2
파이썬과 DB 연동

19일차
(월 일)
08-3 파이썬과
DB로 주식 분석

배운 내용을 응용해
실전 연습!

20일차
(월 일)
부록으로
보충 학습

21일차
(월 일)
최종 복습!

저자 깃허브에서 실습 코드를 확인하세요

이 책에서 사용하는 실습 코드를 정리해 저자 깃허브에서 제공합니다. MySQL 워크벤치에서 자신이 직접 작성한 쿼리와 비교하며 학습 효과를 올려 보세요!

저자 깃허브: github.com/sqlmvp/doitmysql

이지스 플랫폼 — 연결하면 더 큰 가치를 만들 수 있어요

이지스 유튜브 구독하면 IT 강의 무료 수강!

youtube.com/@easyspub

'Do it! 스터디룸' 카페에서 친구들과 함께 공부!

cafe.naver.com/doitstudyroom

■ Do it! 공부단 ■
　└ 🗒 Do it! 커리큘럼
　└ 🗒 공부단 스터디 노트 ⓝ
　└ 🗒 공부단 지원 ⓝ
　└ 🗒 공부단 수료 도서 신청 ⓝ
　└ 🗒 베스트 자료

> 공부단을 완주하면 책 선물을 드려요!

■ 도서별 게시판 ■
　└ 🗒 점프 투 파이썬 ⓝ

> 궁금한 내용은 도서별 게시판에 질문해 보세요!

인스타그램 팔로우하면 이벤트 소식 확인!

instagram.com/easyspub_it

독자 설문 참여하면 6가지 혜택!

의견도 보내고 선물도 받고!

❶ 추첨을 통해 소정의 선물 증정
❷ 이 책의 업데이트 정보 및 개정 안내
❸ 저자가 보내는 새로운 소식
❹ 출간될 도서의 베타테스트 참여 기회
❺ 출판사 이벤트 소식
❻ 이지스 소식지 구독 기회

01

데이터베이스란?

데이터베이스라는 용어는 IT 업계뿐만 아니라 다양한 산
업에서도 일반적으로 사용할 만큼 산업 전반에 걸쳐 우리
의 일상생활에까지 직간접적으로 연관되어 있다. 이번 장
에서는 데이터베이스의 기본 정의 및 장단점, 데이터베이
스의 종류와 SQL을 알아본다.

01-1 데이터베이스란 무엇일까?

데이터베이스^{database, DB}는 여러 사람이 공유할 목적으로 통합 관리하기 위해 논리적으로 연관된 데이터를 모아 일정한 형태로 저장해 놓은 것을 의미한다. 즉, 여러 시스템 또는 사용자들이 공용^{shared}할 목적으로 통합^{integrated}, 저장^{stored}한 데이터의 집합이다.

데이터베이스란?

데이터베이스의 가장 큰 목적은 중복 데이터를 최소화하여 조직의 목적에 맞게 데이터를 효율적으로 관리하는 데 있다. 보통 데이터베이스를 정의할 때는 ISOS, 데이터베이스 시스템의 특징을 이야기할 때는 R1C3를 많이 언급하는데, 이 용어는 각각 정의와 특징의 첫 글자를 따서 만든 것이다. 즉, 데이터베이스의 정의나 특징에서 첫 글자를 나열하면 각각 ISOS, R1C3인데 여기에서 R1은 R이 1개, C3는 C가 3개임을 의미한다.

먼저 데이터베이스의 정의는 ISOS로 표현하는데, 각각의 첫 글자는 다음을 의미한다.

정의	설명
통합된 데이터(Integrated Data)	데이터 중복을 최소화한 데이터이다.
저장된 데이터(Stored Data)	컴퓨터가 접근할 수 있는 저장 매체에 저장된 데이터이다.
운영 데이터(Operational Data)	조직의 고유한 업무를 수행하는 데 반드시 필요한 데이터이다.
공용 데이터(Shared Data)	여러 응용 시스템이 공동으로 소유하고 유지하는 데이터이다.

데이터베이스 시스템의 특징은 R1C3으로 표현하는데, 각각의 첫 글자는 다음을 의미한다.

특징	설명
실시간 접근성(Real Time Accessibility)	사용자 질의에 실시간 응답으로 처리한다.
지속적인 변화(Continuous Evolution)	삽입, 삭제, 수정 작업을 하여 항상 최신 데이터를 동적으로 유지한다.
동시 공유(Concurrent Sharing)	목적이 서로 다른 여러 사용자가 동시에 원하는 데이터를 공유한다.
내용에 의한 참조(Content Reference)	데이터베이스에 있는 데이터를 참조할 때 레코드의 주소나 위치가 아니라 사용자가 요구하는 데이터 내용을 참조한다.

데이터베이스의 장점과 단점은 다음과 같다. 여기에 제시한 내용은 앞으로 본격적으로 다룰 때 자세히 설명한다. 만약 바로 이해되지 않는다고 해도 걱정하지 말고 일단 넘어가자!

장점	단점
• 데이터 중복 최소화 • 중복 최소화로 데이터 저장 공간 절약 • 데이터 공유 가능 • 일관성, 무결성, 보안성 유지 • 최신 데이터 유지 • 데이터 표준화 가능 • 데이터의 논리적, 물리적 독립성 확보 • 쉬운 데이터 접근	• 데이터베이스 전문 인력 필요 • 시스템 운영 비용 부담 • 데이터 백업 및 복구 어려움 • 시스템의 복잡함 • 대용량 디스크로 액세스가 집중되면서 과부하 발생

데이터베이스 관리 시스템이란?

데이터베이스 관리 시스템database management system, DBMS은 데이터 입력, 수정, 삭제 등의 기능을 제공하는 별도의 소프트웨어다.

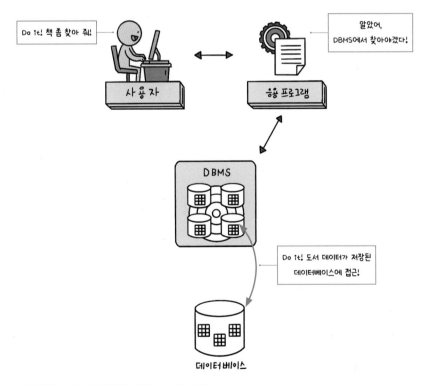

데이터베이스와 데이터베이스 관리 시스템의 관계

그림을 보면 데이터베이스와 데이터베이스 관리 시스템이 분리되어 있음을 알 수 있다. 데이터베이스는 데이터를 담고 있는 통이고, 데이터베이스 관리 시스템은 이 통을 관리하는 소프트웨어이다. 다시 말해 데이터베이스에 데이터가 저장되거나 삭제되는 모든 작업은 데이터베이스 관리 시스템을 통해야만 한다. 이 둘의 관계를 잘 구분하고 넘어가자.

DB ≠ DBMS

실무에서는 데이터베이스를 DB, 데이터베이스 관리 시스템을 DBMS라고 하는데 가끔 DB와 DBMS를 구분하지 않고 사용하는 경우가 많다. 앞으로 이 책에서는 데이터베이스는 DB, 데이터베이스 관리 시스템은 DBMS라고 사용할 것이므로 혼동하지 않기를 바란다.

01-2 데이터베이스의 종류 알아보기

데이터베이스는 저장 방법에 따라 계층형, 네트워크형, 키-값, 관계형으로 분류한다.

계층형 데이터베이스

계층형 데이터베이스는 데이터가 부모와 자식 관계인 **트리 구조**이다. 다음 그림과 같이 상위 레코드 아래에 하위 레코드가 여러 개 있는 구조이다. 계층형 데이터베이스는 데이터 중복이 발생하기 쉬우며, 데이터는 상하 종속 관계이므로 초기에 이 방식을 채택하면 이후 프로세스 변경을 하기 어려워서 현재는 거의 사용하지 않는다.

▶ 레코드record란 데이터베이스 테이블table에서 저장되어 있는 값들의 모임을 말하며, 행row 또는 튜플tuple이라고도 한다.

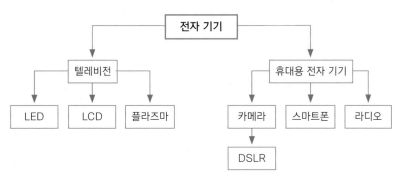

계층형 데이터베이스의 예

그림을 보면 부모인 전자 기기가 가장 위에 있고, 그 아래에 자식인 텔레비전, 휴대용 전자 기기가 있으며 텔레비전은 아래에 LED, LCD, 플라즈마가 위치한다. 이처럼 부모 레코드는 자식 레코드가 여러 개이지만, 자식 레코드는 부모 레코드를 하나만 가질 수 있다. 그런데 만약 LED와 LCD가 텔레비전 이외의 새로 등장한 모니터에 속하면(즉, 일대다 관계가 무너지면) 이러한 구조는 변경하기가 매우 어렵다. 이처럼 계층형 데이터베이스는 데이터 중복이 발생하기 쉬우며, 데이터는 상하 종속 관계로 이루어지므로 이 방식을 채택하면 이후 프로세스 변경이 어려워 지금은 거의 사용하지 않는다.

네트워크형 데이터베이스

네트워크형 데이터베이스는 데이터를 **노드**로 표현한 모델이다. 노드^{node}는 기본적으로 컴퓨터 네트워크를 이루는 기초 단위로, 네트워크상에 있으며 서로 대등한 관계이다. 네트워크형 데이터베이스는 계층형 데이터베이스의 단점인 데이터 중복 문제, 상하 종속 관계를 해결했지만 구조가 복잡하여 변경, 운영하기 어렵고 데이터 종속성 문제까지 있다.

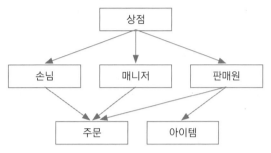

네트워크형 데이터베이스의 예

이 그림을 살펴보면 상점은 주인 노드^{owner node}이고 손님, 매니저, 판매원은 멤버 노드^{member node}이다. 그리고 이 멤버 노드들은 다시 주인 노드가 되어 주문, 아이템이라는 노드를 가진다. 멤버 노드를 살펴보면 주인 노드가 여러 개 있는데, 멤버 노드는 반드시 주인 노드와 연결되어야 하며 주인 노드에 있는 레코드와 연관되어야 한다. 이처럼 네트워크형 데이터베이스는 레코드 간의 관계를 일대다 또는 다대다로 표현할 수 있지만, 종속성 문제가 생기기 쉬워 데이터베이스 구조를 변경하기 어렵다.

키-값 데이터베이스

키-값 데이터베이스^{key-value database}는 NoSQL의 한 종류로, **키-값을 일대일 대응**해 데이터를 저장한다. 데이터 중복이 발생하며 비정형 데이터 저장에 유리하다.

▶ NoSQL이란 비관계형 데이터베이스를 가리킬 때 사용한다. 기존 관계형 데이터베이스의 한계를 극복하는 데이터 저장소로 문서, 그래프, 키-값, 검색 등 다양한 데이터 모델을 사용한다.

▶ 비정형 데이터^{unstructured data}란 쉽게 말해 형식이 없는 데이터이다. 흔히 텍스트, 음성, 영상과 같은 데이터가 비정형 데이터에 속한다. 반대로 정형 데이터^{structured data}는 데이터베이스의 정해진 규칙에 맞게 데이터를 저장하며, 각 데이터는 열 이름으로 의미를 쉽게 파악할 수 있다.

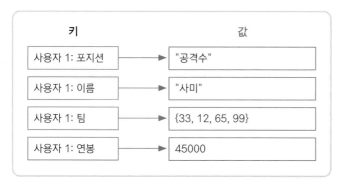

키-값 데이터베이스의 예

키-값 데이터베이스는 관계형 데이터베이스와 함께 가장 많이 사용한다. 키-값 스토어^{keyvalue}
store라고도 하며, 키와 값 한 쌍으로 데이터를 저장하는 비관계형 데이터베이스 유형이다. 키-값 데이터베이스는 고유한 식별자로 사용하며 단순한 객체에서 복잡한 집합체에 이르기까지 무엇이든 키와 값이 될 수 있다.

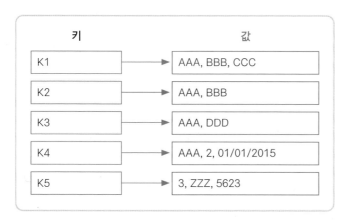

데이터가 여러 개인 키-값 데이터베이스의 예

그림을 보면 K1이라는 키에 AAA, BBB, CCC라는 값이 저장되었다. K2의 경우 AAA, BBB 데이터가 저장되었는데 K1과 K2를 비교해 보면 데이터의 개수가 다르다. 키-값 데이터베이스의 특징은 스키마 없이 작동한다는 점이다. 따라서 데이터 구조를 미리 정의할 필요가 없으며 시간이 지나더라도 언제든지 바꿀 수 있으므로 비정형 데이터를 쉽게 저장할 수 있다.

▶ 스키마^{schema}란 데이터베이스의 구조와 제약 조건에 대하여 전반적인 명세를 기술한 것을 말한다.
즉, 데이터베이스를 구성하는 자료 개체의 성질, 관계, 조작, 자룻값 등의 정의를 총칭한 것이다.

키-값은 다양한 형태로 표현할 수 있다. 데이터 형태에 따른 작성 예를 살펴보자.

데이터 형태	작성 예	

Key	Value
K1	AAA,BBB,CCC
k4	AAA,2,01/01/2015
k5	3,ZZZ,5623

데이터 형태	작성 예
데이터 테이블	(위 표 참조)
JSON 형식	{"k1":"AAA,BBB,CCC","k4":"AAA,2,01/01/2015","k5":"3,ZZZ,5623"}
XML 스키마 표현	<k1>AAA,BBB,CCC</k1> <k4>AAA,2,01/01/2015</k4><k5>3,ZZZ,5623</k5>

참고로 키-값 데이터베이스는 NoSQL의 한 종류이다. 이 책에서는 NoSQL을 다루지 않지만, 키-값 데이터베이스를 포함하는 NoSQL에는 어떤 종류의 데이터베이스가 있는지 다음 표를 통해 확인하고 넘어가자.

NoSQL 유형	특징	종류
키-값 데이터베이스 (Key-Value Database)	키-값 형태로 저장하며 수평 확장이 쉽다. 값의 내용으로 쿼리가 불가능하다.	Memcached, Redis, LevelDB 등
도큐먼트 데이터베이스 (Document Database)	키-값 모델이 진화한 형태이며 키-도큐먼트 형태로 저장된다. 값이 계층적인 형태로 저장된다.	MongoDB, CouchDB, MarkLogic 등
컬럼 데이터베이스 (Column Database)	키에 해당하는 값에 각기 다른 스키마를 가질 수 있으며 대용량 데이터 압축, 분산 처리, 집계 처리 등에 뛰어나다.	HBase, Cassandra, Hypertable 등
그래프 데이터베이스 (Graph Database)	데이터를 노드로 표현하며 노드 사이의 관계를 엣지로 표현한다. 소셜 미디어나 네트워크 다이어그램 등에서 사용할 수 있다.	Neo4j, Blazegraph, OrientDB 등

관계형 데이터베이스

관계형 데이터베이스는 **실무에서 가장 많이 사용하는 데이터베이스** 종류이다. 이 책의 실습에서 사용하는 MySQL도 관계형 데이터베이스이다. 관계형 데이터베이스에서는 데이터를 테이블 형태로 저장한다. 다음 그림을 살펴보자.

관계형 데이터베이스의 구조

그림에서 보듯 관계형 데이터베이스는 데이터를 열과 행으로 구성한 테이블로 정리하며 **기본 키**primary key, PK가 각 행을 식별한다. 데이터는 행 단위로 저장되며, 각 항목의 속성은 열이라 표현한다. 열 속성에 따라 데이터 유형이 정해진다. 예를 들어 고객 정보를 저장한다고 할 때 **[이름, 전화번호, 이메일, 주소]**는 열이고 여기에 **[강성욱, 000-000-0000-0000, xxxx@ xxxx.xxx, 대한민국]**으로 데이터가 저장되며 이러한 데이터를 행이라고 한다. 그리고 이렇게 고객 정보가 저장된 집합을 테이블이라고 한다.

다음 표를 통해 관계형 데이터베이스의 구성 요소들을 정리하고 넘어가 보자.

구성 요소	설명
열	각 열은 고유한 이름을 가지며 자신만의 타입을 가지고 있다. 열은 필드field 또는 애트리뷰트attribute라고도 한다. 이 책에서는 열이라는 용어를 사용한다.
행	관계된 데이터의 묶음을 의미하며 한 테이블의 모든 행은 같은 수의 열을 가지고 있다. 행은 튜플tuple또는 레코드record라고도 한다. 이 책에서는 행이라는 용어를 사용한다.
테이블	행과 열 값들의 모음을 나타내는 것으로, 도메인 특성에 따라 데이터를 논리적으로 그룹화하여 모아 놓은 것이다.

엑셀로 알아보는 열, 행, 테이블

앞서 설명한 내용이 조금 어렵다면 이해를 돕기 위해 우리가 흔히 사용하는 엑셀을 예로 들어 보겠다. 다음 그림은 실제 데이터베이스에서 데이터를 조회한 후의 모습과 엑셀의 화면을 비교한 것이다.

데이터베이스와 엑셀의 구조 비교(왼쪽은 데이터베이스 조회 화면, 오른쪽은 엑셀 화면)

엑셀 화면을 보면 데이터베이스에서 저장된 구조와 동일하게 표현한 것을 볼 수 있다. 엑셀의 A, B, C, D, …가 데이터베이스의 열이고, 엑셀의 1, 2, 3, 4, … 번호에 채워진 데이터가 데이터베이스의 행이다. 그리고 엑셀 시트에 정의된 데이터 집합에 대한 시트 이름이 데이터베이스의 테이블에 해당한다.

▶ 데이터베이스와 달리 엑셀에서는 열 이름이 정의되지 않기 때문에 1행에 열 이름(여기서는 Code, Name 등)을 명시했다.

그런데 데이터를 열과 행 형식으로 테이블에 저장하는 것이 관계형 데이터베이스와 무슨 관련이 있을까? 그 이유는 바로 테이블과 테이블 간의 관계 때문이다.

ERD로 이해하는 테이블 관계

테이블 간의 관계를 표현한 그림을 ERD^{entity relationship diagram}라고 한다. ERD는 논리 모델과 물리 모델이 있는데 **논리 모델**은 데이터 모델의 첫 단계로 고객의 요구 사항을 수집·분석해 데이터베이스의 전체 모양을 구성하는 것이고, **물리 모델**은 논리 모델을 바탕으로 실제 데이터를 저장할 수 있는 모델을 표현한 것이다. 다음은 물리 모델을 표현한 ERD이다.

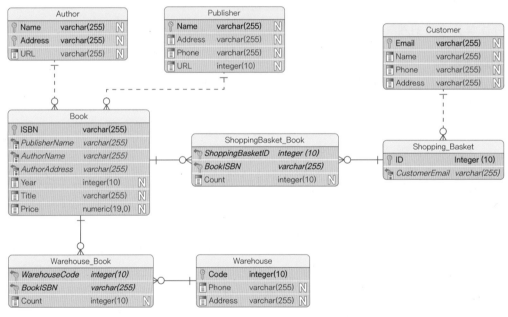

관계형 데이터베이스의 ERD

이 그림에서 네모 박스를 테이블이라고 생각해 보자. 네모 박스에 테이블 이름과 테이블에 포함되는 열이 적혀 있다. 여기서 주목할 내용은 ERD의 요소다. 다음은 고객(Customer)과 장바구니(Shopping_Basket)의 관계를 ERD로 나타내고, 이를 확대해 각 요소의 명칭을 표시한 그림이다.

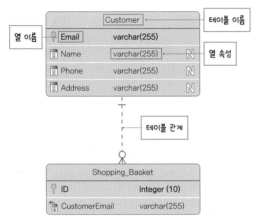

ERD 구성 요소의 명칭

그림을 보면 장바구니(Shopping_Basket) 테이블이 고객(Customer) 테이블을 참조하는 형태다. 장바구니 테이블의 CustomerEmail 열 요소는 사실 고객 테이블의 Email 열 요소를 참조하는 것이다. 우선은 이 정도로 테이블의 관계와 ERD를 설명하고 넘어가겠다. 물론 ERD 관련 내용이 필요한 경우에는 쉽게 이해할 수 있도록 설명을 곁들이겠다.

▶ 데이터 모델링에 관한 내용은 03-2 절에서 자세히 설명한다.

도서 주문 테이블로 알아보는 관계형 데이터베이스의 필요성

이제 테이블 간에 관계를 가졌을 때 어떤 장점이 있는지 설명해 보겠다. 다음은 고객이 도서 3권을 주문한 경우의 도서 주문 테이블이다. 이 주문 테이블의 열에는 주문 번호, 회원 이름, 회원 주소, 주문 상품, 배송 주소가 있다.

주문

주문 번호	회원 이름	회원 주소	주문 상품	배송 주소
100	이지스	서울	Do it! SQL	서울
101	퍼블리싱	대전	Do it! SQL	대전
102	이지스	서울	Do it! Python	서울

현재 주문 테이블은 큰 문제가 없어 보인다. 실제로 문제가 없는 테이블이다. 그런데 만약 **이지스** 고객의 회원 주소가 **서울**에서 **부산**으로 바뀐다면 어떻게 될까? 주문 테이블에서 회원 이름이 **이지스**인 데이터를 모두 찾아 회원 주소를 **서울**에서 **부산**으로 수정해야 한다.

주문

주문 번호	회원 이름	회원 주소	주문 상품	배송 주소
100	이지스	~~서울~~ 부산	Do it! SQL	서울
101	퍼블리싱	대전	Do it! SQL	대전
102	이지스	~~서울~~ 부산	Do it! Python	서울

지금은 주문 테이블 하나만 수정하면 되므로 수정 자체가 큰 문제처럼 보이지 않는다. 하지만 주문 테이블뿐만 아니라 다음과 같이 장바구니, 쿠폰, 반품 테이블 등 다른 테이블에도 회원 주소가 포함되어 있다면 이 테이블을 모두 찾아 수정해야 할 것이다. 만약 이 테이블이 수십, 수백 개 있다면? 데이터가 수십만 건 있다면? 아마 수정 내역을 반영하기는 쉽지 않을 것이다.

주문

주문 번호	회원 이름	회원 주소	주문 상품	배송 주소
100	이지스	서울	Do it! SQL	서울
101	퍼블리싱	대전	Do it! SQL	대전
102	이지스	서울	Do it! Python	서울

장바구니

주문 번호	회원 이름	회원 주소	주문 상품	배송 주소
100	이지스	서울	Do it! SQL	서울
101	퍼블리싱	대전	Do it! SQL	대전
102	이지스	서울	Do it! Python	서울

쿠폰

주문 번호	회원 이름	회원 주소	주문 상품	배송 주소
100	이지스	서울	Do it! SQL	서울
101	퍼블리싱	대전	Do it! SQL	대전
102	이지스	서울	Do it! Python	서울

교환

주문 번호	회원 이름	회원 주소	주문 상품	배송 주소
100	이지스	서울	Do it! SQL	서울
101	퍼블리싱	대전	Do it! SQL	대전
102	이지스	서울	Do it! Python	서울

반품

주문 번호	회원 이름	회원 주소	주문 상품	배송 주소
100	이지스	서울	Do it! SQL	서울
101	퍼블리싱	대전	Do it! SQL	대전
102	이지스	서울	Do it! Python	서울

멤버십

주문 번호	회원 이름	회원 주소	주문 상품	배송 주소
100	이지스	서울	Do it! SQL	서울
101	퍼블리싱	대전	Do it! SQL	대전
102	이지스	서울	Do it! Python	서울

▶ '설마 그렇게 많은 테이블이 존재하겠어?'라고 생각할 수도 있지만, 현업에서는 보통 몇백 개는 기본이며 필자가 운영하는 데이터베이스에는 현재 30만 개가 넘는 테이블이 존재한다.

관계형 데이터베이스는 테이블을 분리하여 각 테이블의 목적에 맞는 데이터만 저장한 후, 참조 관계로 연결하여 이러한 문제를 해결한다. 조금 어렵게 말하면 관계형 데이터베이스는 데이터의 중복 예방과 관리 효율성을 추구한다. 관계형 데이터베이스는 앞에서 예를 든 도서 주문 테이블을 다음과 같이 재구성하여 표현할 수 있다. 기존 주문 테이블을 다음과 같이 회원 테이블, 주문 테이블로 나눈 후, 회원 번호로 회원 테이블과 주문 테이블을 연결한다.

회원

회원 번호	회원 이름	회원 주소
1000	이지스	서울
1001	퍼블리싱	대전
1002	주식회사	제주도

주문

주문 번호	회원 번호	주문 상품	배송 주소
100	1000	Do it! SQL	서울
101	1001	Do it! SQL	대전
102	1000	Do it! Python	서울

이렇게 테이블을 구성하면 회원 주소가 변경되는 경우에는 회원 테이블만 수정하면 된다. 주문 테이블은 회원 번호로 회원 테이블의 데이터를 참조하므로 주문 테이블의 데이터는 변경이 발생하지 않는다.

▶ 데이터를 목적에 맞게 테이블로 분리 하고 중복 데이터를 제거하는 과정을 모델링에서는 데이터베이스 정규화라고 한다. 데이터베이스 정규화는 부록 A-1절에서 더 자세히 설명한다.

관계형 데이터베이스 제품은 100개가 넘을 정도로 다양하지만 대중적으로 잘 알려진 것을 정리하면 다음과 같다.

제품 이름	상용 유무	특징
SQL 서버SQL Server	상용	마이크로소프트에서 개발한 RDBMS
오라클 데이터베이스Oracle Database	상용	오라클에서 개발한 RDBMS
DB2	상용	IBM에서 개발한 RDBMS
PostgreSQL	오픈 소스	버클리 대학교에서 개발한 RDBMS
MySQL	오픈 소스	오픈 소스 커뮤니티에서 개발한 RDBMS
SQLite	오픈 소스	오픈 소스 커뮤니티에서 개발한 RDBMS로 임베디드 시스템에 주로 사용

▶ RDMBS는 relational database management system의 줄임말로 관계형 데이터베이스 관리 시스템을 말한다.

우선 이 정도로 데이터베이스 지식을 정리하고 넘어가자. 잘 이해되지 않은 내용은 실습을 진행하며 차차 알아가면 된다.

01-3 SQL이란 무엇일까?

SQL은 Structured Query Language의 줄임말로, 관계형 데이터베이스 관리 시스템relational database management system, RDMBS의 데이터를 관리하는 프로그래밍 언어이다. 1970년대에 IBM에서 최초 개발했으며 관계형 모델이라는 이론에서 파생되었다는 특징이 있다. SQL을 데이터베이스로 오해하는 사람이 많은데 **SQL은 데이터베이스를 다루는 프로그래밍 언어**이다. SQL는 데이터베이스가 아니므로 오해 없기 바란다.

DBMS에 따른 SQL의 종류

SQL은 국제 표준화 기관에서 표준화한 문법을 **ANSI SQL**이라 명명하여 발표한다. 하지만 SQL은 ANSI SQL만 있는 것이 아니다. DBMS 제조사마다 개발한 고유 SQL도 있다. 물론 그 SQL의 이름 또한 다르다. 유명한 DBMS와 해당 DBMS에서 이름 지은 SQL은 다음과 같다.

▶ ANSI SQL의 ANSI는 미국 표준 협회American National Standards Institute를 의미하며, ANSI SQL은 ANSI에서 정립한 표준 SQL 문을 말한다.

DBMS	SQL 이름
SQL 서버	Transact-SQL(T-SQL)
오라클 데이터베이스	PL/SQL
MySQL	SQL
국제 표준	ANSI SQL

DBMS 제조사는 이 ANSI SQL을 따르면서도 자사 제품에 특화한 문법이나 명세를 추가한 SQL을 사용한다. 다음 그림을 참고하여 각 제조사의 SQL과 ANSI SQL의 관계를 이해해 보자.

T-SQL (SQL 서버)	PL/SQL (오라클 DB)	SQL (MySQL)
ANSI SQL		

DBMS 개발사별 SQL과 ANSI SQL의 관계

이 책에서는 국제 표준인 ANSI SQL을 최대한 사용할 것이며, 일부 문법의 경우 MySQL의 전용 SQL을 사용한다. 그림에서 보듯 SQL 문법은 제조사마다 약간 차이가 있을 수 있지만 대부분 형태나 개념이 비슷하므로 MySQL을 학습한다면 다른 DBMS의 SQL에도 빠르게 적응할 수 있을 것이다.

ANSI SQL은 지금까지도 계속 발전하고 있다

ANSI SQL은 모든 DBMS에서 사용할 수 있다. ANSI SQL은 SQL-86, SQL-89, SQL-92, SQL:1999, SQL:2003, SQL:2006, SQL:2008, SQL:2011, SQL:2016, SQL:2019, SQL:2023까지 지속적으로 연구·발표되고 있다. 이 책을 집필한 시점인 SQL:2023의 경우에는 JSON 타입과 그래프 쿼리가 표준으로 도입되었다.

SQL 문법의 종류

SQL 문법은 **데이터 정의 언어(DDL), 데이터 조작 언어(DML), 데이터 제어 언어(DCL)**로 크게 3가지로 나눌 수 있다. 각각의 정의는 다음과 같다.

데이터 정의 언어(DDL)

데이터 정의 언어Data Define Language, DDL는 말 그대로 데이터베이스를 정의하는 언어이다. 조금 전문적으로 이야기하면, 데이터 정의 언어는 테이블 스키마를 관리하는 역할을 하며, 다음 명령어를 포함한다.

데이터 정의 언어

- **CREATE**: 데이터베이스 또는 테이블을 생성한다
- **ALTER**: 테이블을 수정한다.
- **DROP**: 데이터베이스 또는 테이블을 삭제한다.
- **TRUNCATE**: 테이블을 초기화한다.

데이터 조작 언어(DML)

데이터 조작 언어^{Data Manipulation Language, DML}는 데이터베이스에 입력된 데이터를 조회·입력·수정·삭제하며, 다음 명령어를 포함한다.

> **데이터 조작 언어**
> - **SELECT**: 데이터를 조회한다.
> - **INSERT**: 데이터를 입력한다.
> - **UPDATE**: 데이터를 수정한다.
> - **DELETE**: 데이터를 삭제한다.

데이터 제어 언어(DCL)

데이터 제어 언어^{Data Control Language, DCL}는 데이터베이스에 접근하거나 객체에 권한을 부여하는 등의 역할을 한다. 데이터 제어 언어는 다음 명령어를 포함한다.

> **데이터 제어 언어**
> - **GRANT**: 특정 데이터베이스 사용자에게 작업에 대한 특정 수행 권한을 부여한다.
> - **REVOKE**: 특정 데이터베이스 사용자에게 작업에 대한 특정 수행 권한을 삭제한다.
> - **COMMIT**: 트랜잭션 작업을 완료하는 역할을 한다.
> - **ROLLBACK**: 트랜잭션 작업을 취소하여 이전 상태로 복구하는 역할을 한다.

01-4 SQL을 배워야 하는 이유

지금까지 데이터베이스의 정의와 데이터베이스에는 어떤 종류가 있는지, 그리고 SQL은 무엇인지 알아보았다. 지금까지는 기술과 관련된 내용만 다루었는데, 그렇다면 우리는 왜 SQL을 배워야 할까? 그 이유를 짚고 넘어갈 필요가 있다. 어떤 공부든 목적이 있으면 더 효율적으로 학습할 수 있으니 우리가 SQL을 배워야 하는 이유를 한번 생각해 보자.

데이터의 홍수 속에서 꼭 필요한 SQL

다양한 매체의 등장과 기술의 발달로 과거에 비해 새로 만들어지는 데이터가 많아졌다. 동시에 데이터의 형태는 음성, 이미지, 텍스트 등 점점 다양해지고 있다. 즉, 데이터의 양과 종류가 많아졌다는 뜻이다. 그리고 데이터는 많은 기업에서 중요한 의사 결정을 할 때 사용한다. 과거에는 경영을 위해 큰 단위로 데이터를 활용했다면 최근에는 다양한 부서에서 작은 단위로도 데이터를 활용한다. 예를 들어 매출 데이터를 수집하여 사용자의 선호도를 분석하여 마케팅에 활용하거나 사용자 행동 데이터를 수집하여 UI/UX 편의성을 높이기 위한 웹 개발에도 활용한다. 그만큼 데이터의 활용도와 중요도가 높아졌다.

예를 들어 다음 질문을 받았을 때, 우리는 데이터를 어떻게 추출하고 분석할 수 있을까?

- 작년 대비 매출이 얼마나 증가했나요?
- 지역별로 어떤 상품이 잘 팔렸나요?
- 버튼 색깔에 따라 구매 비율이 어떻게 달라지나요?

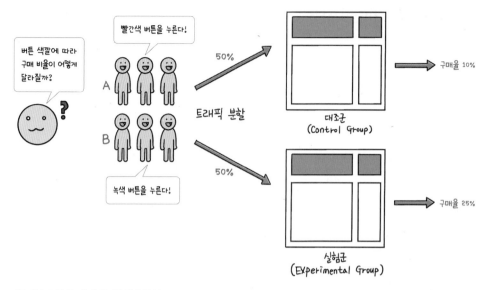

AB 테스트를 할 때 데이터를 활용한 예

아마도 대부분은 엑셀을 활용할 것이다. 물론 데이터의 양이 적을 때는 엑셀로 다양한 데이터 분석을 할 수 있지만 많은 양의 데이터를 처리하기 어렵다. 하드웨어의 발달로 컴퓨터 성능이 좋아졌다고는 하지만 아직은 컴퓨터가 서버의 성능을 따라가지 못하는 것도 현실이다. 결국 서버를 통해 데이터를 처리해야 하는데 그러려면 SQL을 꼭 알아야 한다.

만약 SQL을 모른다면 SQL을 아는 동료나 팀의 도움을 받으면 된다. 하지만 간단한 데이터 추출 작업까지 매번 부탁하려면 미안할 것이다. SQL을 알면 서버의 데이터를 직접 다룰 수 있을 테니, SQL을 배우면 여러분에게 날개가 달리는 셈이다.

그리고 SQL을 배우면 RDBMS, 빅데이터 시스템, NoSQL 시스템과 같은 다양한 형태의 데이터베이스를 다룰 수 있다. 즉, SQL은 투자 대비 활용도가 매우 높은 매력적인 언어인 셈이다. 실제로 SQL은 프로그래머, 데이터 분석가, 데이터 엔지니어, 마케팅, 기획, 사업 등 다양한 분야에서 필수로 사용하는 언어이다. 이제는 SQL을 기본 소양으로 생각해도 좋다.

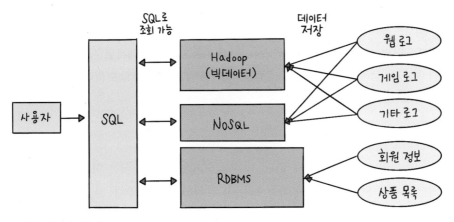

다양한 분야에서 사용되는 SQL

SQL을 얼마나 사용하고 있을까?

다음은 세계적으로 유명한 개발자 커뮤니티인 스택오버플로Stack Overflow에서 개발자를 대상으로 설문 조사한 2023년 프로그래밍 언어 인기 순위이다.

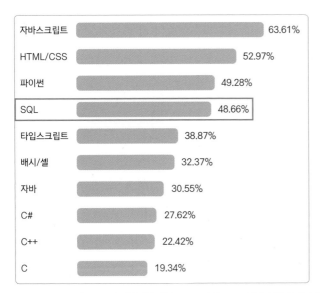

스택오버플로에서 2023년 개발자를 대상으로 조사한 프로그래밍 언어 인기 순위

자바스크립트와 HTML/CSS, 파이썬이 상위권에 보인다. 그다음에는 무엇이 보이는가? 바로 SQL이다. 실제로 SQL은 오랫동안 인기 언어로 상위권을 유지하고 있다. 지금까지 SQL을 배워야 하는 이유를 소개했는데 이를 간략히 정리하면 다음과 같다.

SQL을 배워야 하는 이유

1. 대부분의 데이터는 SQL을 사용할 수 있는 RDBMS에 저장되어 있다.
2. DBMS에 저장되어 있는 데이터를 추출하려면 SQL 문법을 사용하여 컴퓨터에게 명령을 내려야 한다.
3. RDBMS가 아닌 시스템에도 SQL과 비슷한 문법을 사용하여 데이터를 추출할 수 있다.
4. 데이터 분석의 시작은 데이터 추출이다.

이외에도 SQL을 배워야 하는 이유는 더 많다. 아직도 SQL을 배워야 하는 이유가 잘 공감되지 않는다면 인터넷에서 'SQL을 배워야 하는 이유'를 검색하는 것도 좋다. 자, 이제 본격적으로 SQL 공부를 시작해 보자.

02

나만의 SQL
실습 환경 만들기

02장에서는 SQL 학습을 위한 실습 환경을 구성한다. 실습에 사용되는 MySQL을 설치하기 위해 내 컴퓨터 환경을 확인하고, MySQL을 설치 방법을 알아본다. 그리고 데이터베이스 관리 시스템 도구인 MySQL 워크벤치 사용법을 알아본다.

02-1 내 컴퓨터 환경 확인하기

SQL을 본격적으로 학습하기 위해 실습용 데이터베이스를 설치해 보자. 이 책에서는 **MySQL 8.0 커뮤니티 에디션**을 사용한다. 실습 환경을 구성하기 전에 먼저 내 컴퓨터 사양이 적절한지 확인한다. MySQL은 윈도우^{Windows}, 리눅스^{Linux}, macOS 등 다양한 운영체제를 지원한다. 이 책에서는 Windows 11을 기준으로 설명하는데 macOS 사용자를 위해 컴퓨터 환경을 확인하고 MySQL 8.0 커뮤니티 에디션의 설치와 관련된 내용은 두 운영체제 모두 다룰 것이다.

공식적으로는 MySQL 8.0 이상의 버전을 설치하기 위해서는 윈도우 운영체제는 Windows 10 64bit 이상 버전이면 가능하다. macOS의 경우 12 버전인 macOS 몬터레이^{Monterey} 이상이면 가능하다. 다음 표는 버전에 따라 지원되는 운영체제를 정리한 것이다. MySQL 8.0 커뮤니티 에디션을 개인용 컴퓨터에서 학습 목적으로 사용한다면 컴퓨터 사양이 공식 문서보다 조금 낮더라도 충분히 설치할 수 있을 것이다.

▶ 공식적으로는 제시한 운영체제에서 작동한다고 되어 있지만 실제로 하위 운영체제에서도 일부 버전은 문제없이 실행되었다. 하지만 예상하지 못한 문제가 발생할 수도 있어서 최대한 공식 문서의 내용을 지킬 것을 권장한다.

운영체제		설치 가능한 CPU	8.3v	8.0v	5.7v
윈도우	윈도우 11	x86 64bit	O	O	
	윈도우 10	x86 64bit		O	O
macOS	14 소노마	x86 64bit / ARM 64bit	O	O	
	13 벤츄라	x86 64bit / ARM 64bit	O	O	
	12 몬터레이	x86 64bit / ARM 64bit		O	

▶ 자세한 내용을 알고 싶다면 https://www.mysql.com/support/supportedplatforms/database.html에 접속해 보자.

윈도우에서 컴퓨터 사양 확인하기

1. 윈도우에서 컴퓨터 사양을 확인하기 위해서는 윈도우 바탕화면 아래 작업 표시줄에서 [시작] 버튼을 마우스 오른쪽 버튼으로 클릭하고 [시스템]을 선택한다.

2. 현재 사용자 컴퓨터의 다양한 시스템 정보를 보여 주는 시스템 → 정보 창이 나타나는데, 여기에서 '시스템 종류'와 '에디션'을 반드시 확인해야 한다. 다음 화면을 통해 알 수 있듯이 필자는 64 bit 운영체제에 윈도우11을 사용하고 있다.

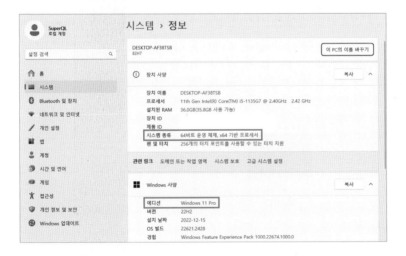

macOS에서 컴퓨터 사양 확인하기

1. macOS에서 컴퓨터 사양을 확인하기 위해서는 macOS 바탕화면의 왼쪽 상단에서 사과 모양을 클릭하여 [시스템 설정]을 클릭한다.

2. 시스템 설정 창이 나타나면 [일반 → 정보]을 클릭한다.

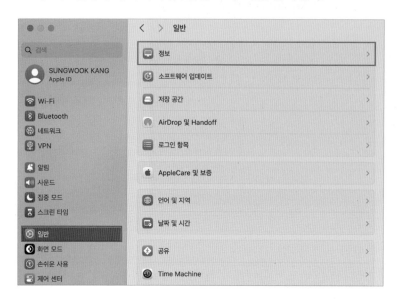

3. 정보 창에는 현재 사용자 컴퓨터의 다양한 시스템 정보가 나타나는데, 여기에서 macOS 버전을 확인해야 한다. 다음 화면을 통해 알 수 있듯이 필자는 macOS 소노마^{sonoma}로 14 버전을 사용하고 있다.

알아 두면 좋아요!

MySQL을 설치할 수 있는 서버 운영체제

MySQL은 서버에서 사용되는 다양한 운영체제를 지원한다. 다음 표를 통해 살펴보고 활용해 보자.

운영체제		설치 가능한 CPU	8.3v	8.0v	5.7v
오라클 리눅스 / 레드햇 / CentOS	오라클 리눅스 9 / 레드햇 엔터프라이즈 리눅스 9	x86 64bit, ARM 64bit	O	O	
	오라클 리눅스 8 / 레드햇 엔터프라이즈 리눅스 8 / CentOS 8	x86 64bit, ARM 64bit	O	O	
	오라클 리눅스 7 / 레드햇 엔터프라이즈 리눅스 7 / CentOS 7	x86 64bit, ARM 64bit	O	O	
	오라클 리눅스 6 / 레드햇 엔터프라이즈 리눅스 6 / CentOS 6	x86 32bit, x86 64bit		O	O
오라클 솔라리스	솔라리스 11(4v 이상)	SPARC_64	O	O	O
우분투	우분투 22.04 LTS	x86 64bit	O	O	
	우분투 20.04 LTS	x86 64bit		O	
수세	수세 리눅스 엔터프라이즈 15 / 오픈수세 15(15.5v 이상)	x86 64bit	O	O	
	수세 리눅스 엔터프라이즈 12(12.5v 이상)	x86 64bit		O	O
데비안	데비안 GNU/리눅스 12	x86 64bit	O	O	
	데비안 GNU/리눅스 11	x86 64bit	O	O	
MS 윈도우 서버	윈도우 서버 2022	x86 64bit	O	O	
	윈도우 서버 2019	x86 64bit	O	O	
	윈도우 서버 2016	x86 64bit	O	O	O

02-2 MySQL 설치하기

실습 환경을 구성하기 위해 MySQL 8.X 커뮤니티 에디션을 내려받고 설치하자. 이 책을 집필하는 시점의 MySQL 커뮤니티 에디션 버전은 8.2.0이다. 이후 최신 버전이 출시되었을 수도 있지만 가급적이면 이 책과 동일한 버전을 설치하여 원활하게 실습할 수 있도록 환경을 갖추는 것을 추천한다.

다음 링크에 접속해 내 운영체제에 맞는 MySQL 커뮤니티를 내려받아 보자. 그리고 윈도우 사용자라면 38쪽부터, macOS 사용자라면 50쪽부터 따라해 보자.

> **MySQL 설치 파일 내려받기 링크**
> - https://dev.mysql.com/downloads/mysql

윈도우에 MySQL 커뮤니티 에디션 설치하기

1. 윈도우에 설치할 수 있는 파일은 3가지 형태로 제공되는데, 그중에 가장 쉽게 설치할 수 있는 MSI Installer 버전을 설치한다. 오른쪽에 있는 [Download] 버튼을 클릭한다.

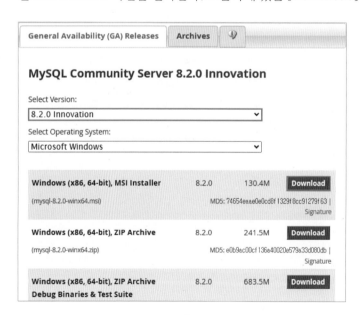

2. MySQL 커뮤니티 Downloads 페이지가 나타나면 왼쪽 하단에서 [No thanks, just start my download.]를 클릭한다. 이 문구를 클릭하면 MySQL 웹 사이트에 로그인하지 않아도 내려받을 수 있다.

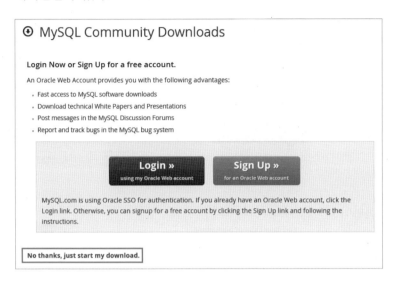

3. 내려받기가 완료되면 설치 파일을 실행한다.

▶ 별다른 설정을 하지 않았다면 [다운로드] 폴더에서 설치 파일을 확인할 수 있다.

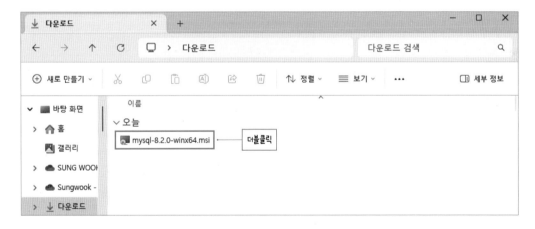

4. 내려받은 MySQL Community 에디션 설치 파일을 실행해 보자.

▶ 설치 파일을 실행하면 'The application re-quires Visual Studio …'로 시작하는 경고 메시지가 나타나는 경우가 있다. 이 메시지가 등장한다면 47쪽 〈알아 두면 좋아요〉를 먼저 살펴보고 오자.

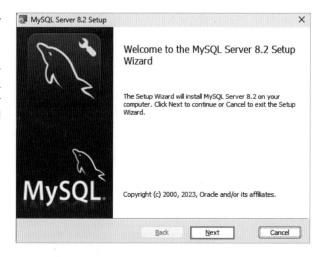

5. 사용자 라이선스 정책 화면이 나타나는데, 라이선스에 동의하기 위해 왼쪽 하단의 [I accept the terms in the License Agreement]를 선택하고 [Next]를 클릭한다.

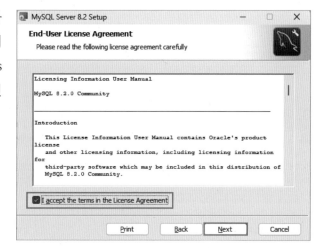

6. 설치 과정이 본격적으로 진행된다. 설치 형식은 3가지인데 우리는 일반적인 환경에서 실습하므로 [Typical]을 선택한다. 그다음 [Next]를 클릭하여 설치를 진행한다.

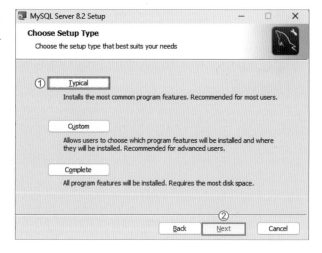

7. 설치 준비가 완료되었다는 화면이 나타나면 [Install]을 클릭한다.

▶ '이 앱이 디바이스를 변경할 수 있도록 허용하시겠어요?' 라는 창이 등장하면 [예]를 클릭한다.

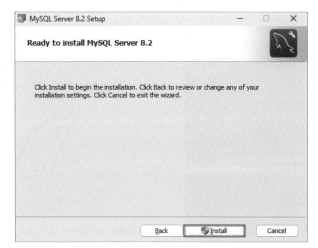

8. 설치 진행 과정이 표시된다.

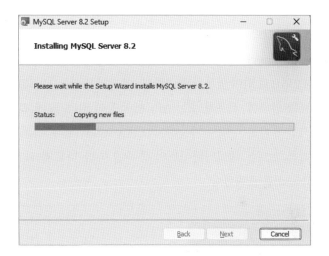

9. MySQL 설치가 완료되면 다음 화면을 볼 수 있다. 이어서 MySQL을 사용하기 위해 몇 가지 구성을 설정할 것이므로 [Run MySQL Configurator]을 선택하고 [Finish] 버튼을 클릭한다.

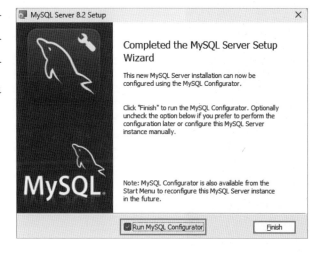

10. MySQL Configurator 창이 나타나면 [Next]를 클릭한다.

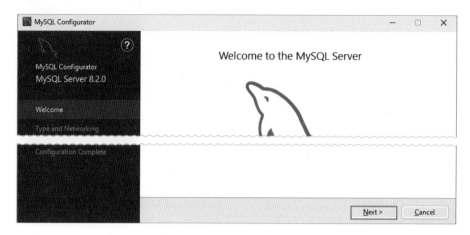

11. 구성의 첫 단계인 Type and Networking에서 'Config Type' 항목을 찾아 [Development Computer]로 선택한다. 'Connectivity' 항목에서는 [TCP/IP]가 선택된 상태에서 'Port'는 3306으로 되어 있는지 확인한다. 여기서 Port는 MySQL 서비스를 제공하기 위한 네트워크 포트를 말하며, 사용자 또는 API 서버 등이 MySQL에 접속할 때 사용된다. Port는 사용자 요구사항에 따라 수정도 가능하지만, MySQL의 경우 기본 포트가 3306이므로 수정하지 않는다. 기본 포트는 데이터베이스의 종류에 따라 다르게 사용하기 때문이다. 여기까지 진행한 후, [Next]를 클릭한다.

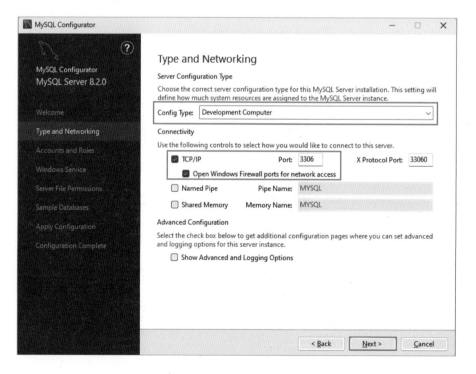

▶ 만약 [Next]를 클릭했을 때 포트 충돌이 발생한다면 해당 포트는 이미 MySQL이 설치되어 사용 중이거나 또는 다른 서비스들이 3306 포트를 먼저 선점해서 사용하고 있을 가능성이 있다. 이 경우 설치된 MySQL을 그대로 사용하거나 다른 포트 번호로 변경하여 설치를 진행할 수 있다. 단, 포트를 변경할 경우 이후 데이터베이스에 접속할 때 항상 포트 번호를 명시해야 한다는 것을 기억해 두자.

12. Accounts and Roles 단계에서는 MySQL 관리자(루트^{root})의 비밀번호를 설정한다. 이 책의 실습에서는 'doitmysql'로 비밀번호를 설정했다. 관리자 외에 다른 일반 사용자 계정도 추가할 수 있으나 실습에서는 관리자 계정을 그대로 사용할 것이므로 우선 비워 두고 [Next]를 클릭한다.

▶ 실제 업무 환경이라면 데이터베이스는 매우 중요하고 데이터 접근 보안을 위해서 복잡한 비밀번호를 사용해야 겠지만, 여기에서는 실습의 편의를 위해서 기억하기 쉽게 설정해 두자.

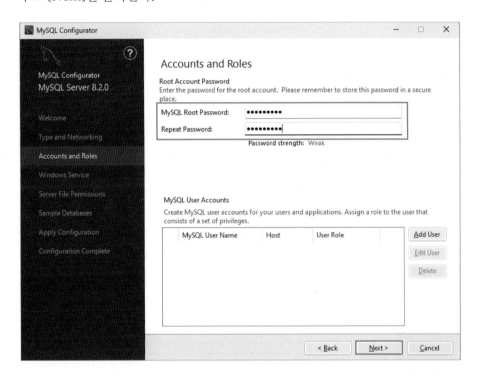

13. Windows Service 단계에서는 MySQL 서버를 윈도우 서비스에 등록하기 위한 설정을 진행한다. Windows Service Name 항목에 'MySQL82'으로 자동 입력되어 있는데, 일반적으로 많이 사용하는 이름으로 서비스를 등록할 수 있도록 'MySQL'로 수정한다. 그리고 PC가 재시작할 때 MySQL 서비스가 자동으로 시작될 수 있도록 [Start the MySQL Server at System Startup]을 선택한다. 나머지 설정은 그대로 유지하고 [Next]를 클릭한다.

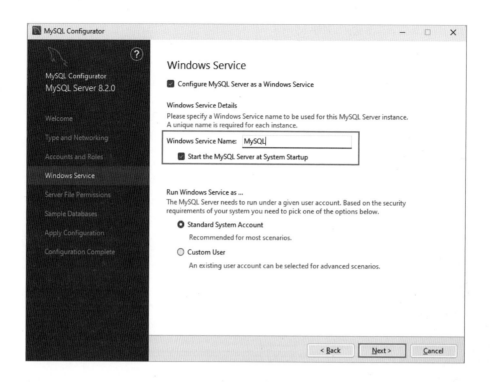

14. Server File Permission 단계에서는 MySQL 서버에서 사용할 데이터 디렉터리 및 서비스에 운영되는 파일에 대한 권한을 부여한다. 기본 설정을 그대로 유지하고 [Next]를 클릭한다.

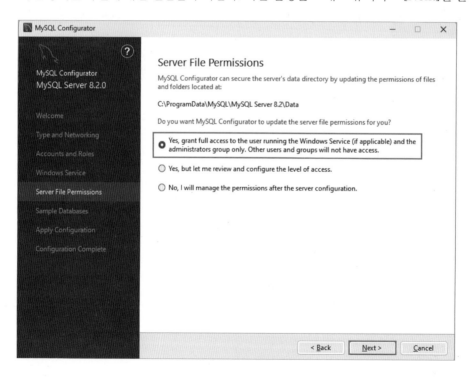

15. Sample Databases 단계에서는 MySQL에서 제공하는 샘플 데이터베이스를 선택한다. 이 책에서는 실습 데이터로 기본 제공하는 샘플 데이터베이스를 사용할 것이므로 반드시 선택하고 [Next]를 클릭한다.

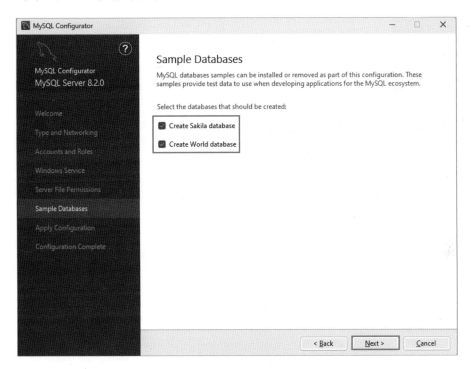

16. Apply Configuration 단계는 지금까지 설정한 구성을 적용하는 단계이다. [Execute]를 클릭하여 설정을 적용한다.

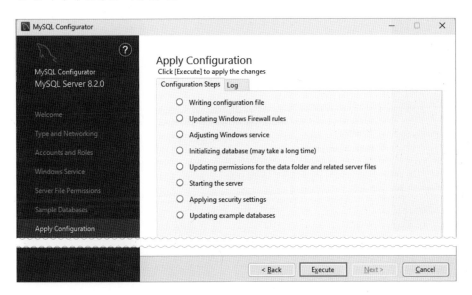

17. 구성 설정이 정상적으로 적용되면 각 항목 앞에 녹색 체크가 표시된다. 모든 설정과 적용이 완료되었으면 [Next]를 클릭한다.

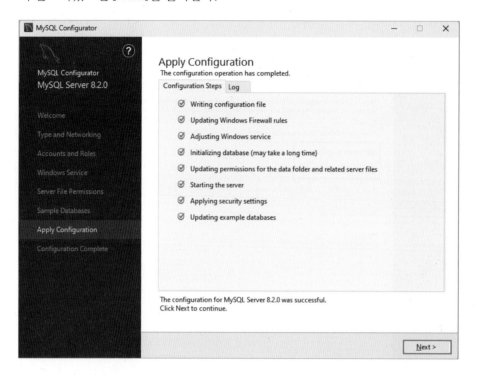

18. Configuration Complete 단계이다. 모든 설정이 완료되었으므로 [Finish]를 클릭하여 마무리한다.

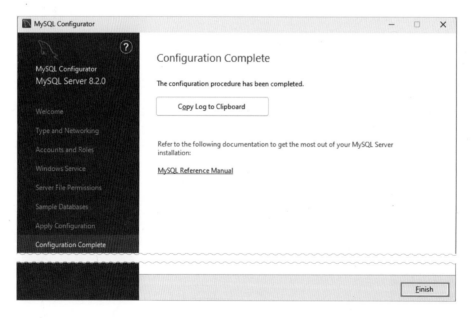

Visual Studio 재배포 패키지를 설치해 보자

설치 파일을 실행하면 다음과 같이 경고 메시지가 나타나는 경우가 있다. 윈도우에서 MySQL을 설치할 때 필요한 패키지가 설치되어 있지 않기 때문이다. 이와 같은 메시지가 발생하였다면 검색 사이트에서 Visual Studio 2019 x64 Redistributable을 검색하여 패키지를 내려받아 보자.

▶ https://learn.microsoft.com/en-us/cpp/windows/latest-supported-vc-redist?view=msvc-170를 통해서도 패키지를 내려받을 수 있다.

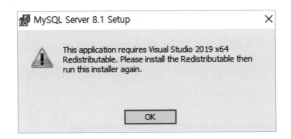

다음과 같은 내용을 찾아 파일을 내려받은 다음, 내려받은 Visual Studio 재배포 패키지를 실행하여 라이선스 정책의 [동의함]을 선택하고 [설치] 버튼을 클릭해 설치를 진행한다. Visual Studio 재배포 패키지가 완료되면 [닫기] 버튼을 클릭하여 설치를 마무리한다.

X64	https://aka.ms/vs/17/release/vc_redist.x64.exe ☑	Permalink for latest supported

윈도우에서 MySQL 작동 여부 확인하기

지금까지 MySQL을 설치하고 필요한 구성까지 모두 설정을 완료했다. 그렇다면 실제 MySQL이 정상으로 설치되었는지 어떻게 확인할 수 있을까?

1. 윈도우 작업 관리자에 들어가 보자. mysqld라는 서비스가 실행 중인 것을 확인할 수 있다. mysqld는 MySQL 서버 프로세스이다.

▶ Ctrl + Alt + Del 를 누르면 윈도우 작업 관리자를 쉽게 찾을 수 있다.

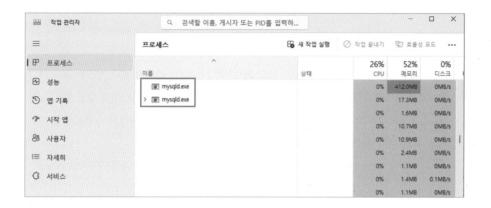

2. 실제로 MySQL이 정상적으로 동작하는지 알기 위해 명령 프롬프트를 실행하여 MySQL에 접속해 본다. [시작] 메뉴에서 'cmd'를 검색하여 [명령 프롬프트]를 실행한다. 또는 ⊞ + Ⓡ을 눌러 실행한 다음 'cmd'를 입력하여 실행한다.

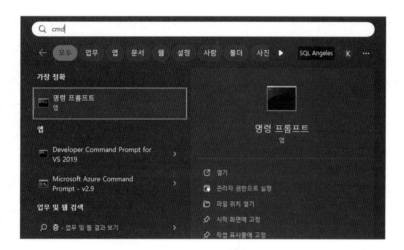

3. 명령 프롬프터에서 MySQL이 설치된 디렉터리로 이동해 보자. 이 책을 그대로 따라했다면 경로는 다음과 같을 것이나 만약 사용자가 임의로 지정 경로에 설치하였다면 지정한 경로를 입력해 이동한다.

```
cd "c:\Program Files\MySQL\MySQL Server 8.2\bin"
```

4. MySQL 서버에 접속하기 위해 MySQL 명령어와 함께 사용자 정보와 비밀번호를 입력한다. 비밀번호는 앞서 MySQL Configuration의 'Accounts and Roles' 단계에서 설정한 관리자(루트) 비밀번호를 입력한다. 즉, 'doitmysql'를 입력하면 된다.

```
mysql -uroot -pdoitmysql
```

5. 정상적으로 접속이 완료되면 MySQL 접속 메시지가 나타난다. 현재 MySQL 서버가 설치된 컴퓨터의 이름을 확인해 보기 위해 다음과 같은 쿼리를 입력해 MySQL과 첫인사를 해 보자. 티미널에 다음 내용을 입력하면 접속되어 있는 MySQL 서버 이름, 즉 여러분의 컴퓨터 이름이 출력된다.

```
select @@hostname;
```

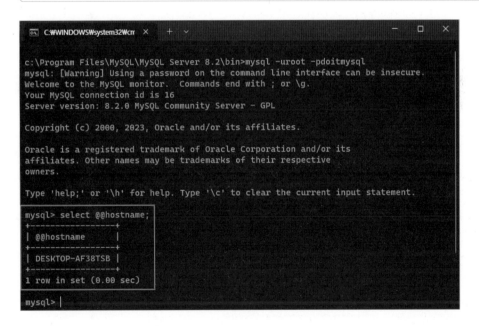

그러면 접속되어 있는 MySQL 서버 이름, 즉 여러분의 컴퓨터 이름이 출력될 것이다.
여기까지 완료했다면 윈도우 사용자는 02-3절로 바로 넘어가자.

macOS에 MySQL 커뮤니티 에디션 설치하기

1. macOS에서는 CPU 플랫폼에 따라 MySQL 설치 파일을 2종류의 버전으로 제공한다. 사용자 CPU에 맞는 운영체제 버전을 선택하면 된다. 설치 패키지를 내려받기 위해 DMG 형식의 파일을 선택한다. DMG Archive 오른쪽에 있는 [Download] 버튼을 클릭한다.

▶ 필자는 Intel CPU를 사용하고 있으므로 x86을 선택했다. 만약 M1 이상의 프로세서를 사용하고 있다면 ARM을 선택한다.

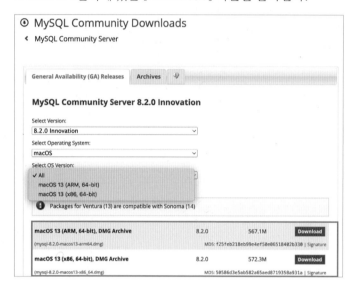

2. MySQL Community Downloads 페이지가 나타나면 왼쪽 하단에서 [No thanks, just start my download.]를 클릭한다. 이 버튼을 클릭하면 MySQL 웹 사이트에 로그인하지 않아도 내려받을 수 있다.

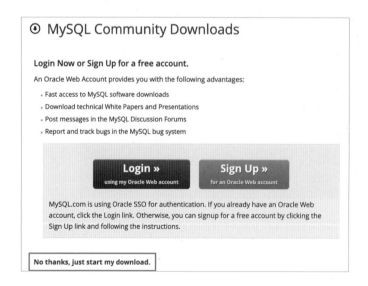

3. 내려받기가 완료되면 설치 파일을 실행한다. 보통 [다운로드] 폴더에서 설치 파일을 확인할 수 있다. 이 파일을 더블클릭해 보자.

4. 패키지 형태의 설치 파일이 나타나면 해당 파일을 더블클릭하여 실행한다.

▶ '이 패키지는 소프트웨어 설치가 가능한지 결정하는 프로그램을 실행합니다' 라는 창이 뜨면 [허용]을 클릭한다.

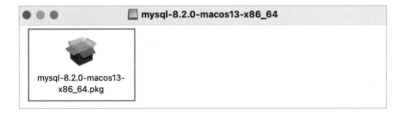

5. 설치가 시작되면 소개 단계가 나타난다. [계속]을 클릭한다.

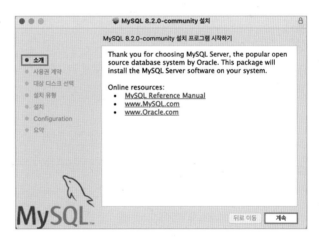

6. 사용권 계약 단계에서는 MySQL Server Community를 사용하는 데 동의하는 라이선스 항목을 보여 준다. [계속]을 클릭한다.

▶ 라이언스에 동의를 요청하는 팝업 창이 나타나면 [동의(Agree)]를 선택한다.

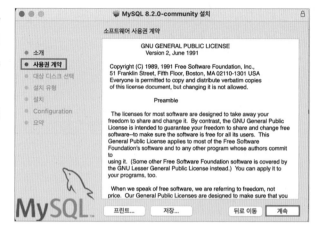

7. 대상 디스크 선택 단계에서는 [이 컴퓨터의 모든 사용자를 위해 설치]를 선택하고 [계속]을 클릭한다.

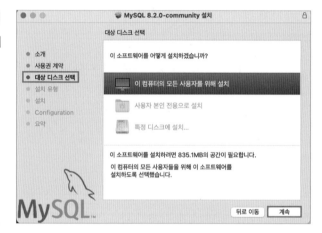

8. 설치 유형 단계에서는 MySQL의 설치 경로 등을 수정할 수 있지만, 여기에서는 기본 설치 환경 그대로 유지하고 진행한다. [설치]를 클릭한다.

▶ 새로운 소프트웨어 설치를 허용하기 위해서는 컴퓨터의 관리자 암호를 입력해야 한다. 본인이 설정해 놓은 컴퓨터 관리자 비밀번호를 입력하고 [소프트웨어 설치]를 클릭해 이 단계를 마무리한다.

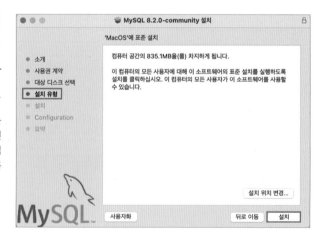

9. Configuration 단계에서는 My SQL Server에서 사용할 비밀번호 형식을 지정한다.
[Use Strong Password Encryption]을 선택하고 [Next]를 클릭한다.

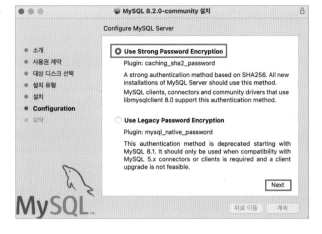

10. MySQL 관리자(루트)의 비밀번호를 설정한다. 이 책의 실습에서는 'doitmysql'로 비밀번호를 설정한다. 하단의 [Start MySQL Server once the installation is complete.]는 MySQL 서버 설치가 완료되었을 때, 자동으로 MySQL Server 서비스를 시작하는 것으로 체크를 선택하고, [Finish]를 클릭한다.

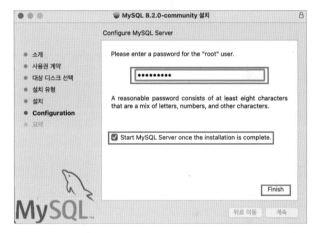

▶ 실제 업무 환경이라면 데이터베이스는 매우 중요하고 데이터 접근 보안을 위해서 복잡한 비밀번호를 사용해야겠지만, 여기에서는 실습의 편의를 위해서 기억하기 쉽게 단순하게 설정해 두자.

11. 요약 단계에서는 MySQL 설치가 완료되었음을 알려 준다. [닫기]를 클릭하여 설치를 완료한다.

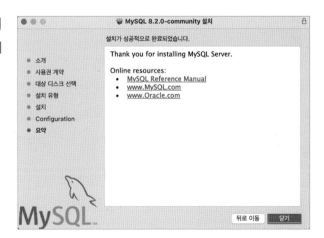

macOS에서 MySQL 작동 여부 확인하기

지금까지 MySQL을 설치하고 필요한 구성까지 모두 설정 완료했다. 그렇다면 실제 MySQL 이 정상적으로 설치되었는지 그리고 어느 경로에 설치되었는지 어떻게 확인할 수 있을까?

1. 시스템 설정 창에서 왼쪽에 [MySQL]이 보인다. 이를 클릭하면 다음 화면이 등장한다. [Instances] 탭에서 현재 MySQL의 동작 상태를 확인하거나 시작 또는 중지할 수 있다.

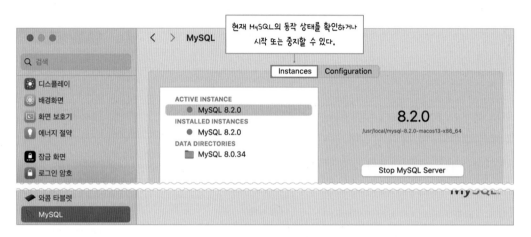

2. 같은 화면의 [Configuration] 탭에서는 현재 설치되어 있는 MySQL Server의 설정 디렉 터리, 데이터 디렉터리 등의 경로를 확인할 수 있다.

3. 이번에는 터미널을 실행하여 MySQL Server에 접속해 보자. 터미널을 실행한 후, 다음과 같이 입력해 MySQL이 설치된 디렉터리로 이동해 보자. 이 책을 그대로 따라했으면 경로는 다음과 같을 것이나 만약 사용자가 임의로 지정 경로에 설치하였다면 지정한 경로를 입력해 이동한다.

```
cd /usr/local/mysql/bin
```

4. MySQL 접속 명령을 다음과 같이 입력한다. 이때 비밀번호는 앞서 Configuration 단계에서 설정한 관리자(루트) 비밀번호인 'doitmysql'을 입력한다.

```
~~@ mysql -uroot -pdoitmysql
```

5. 정상적으로 접속이 완료되면 MySQL 접속 메시지가 나타난다. 현재 MySQL 서버가 설치된 컴퓨터의 이름을 확인해 보기 위해 다음과 같은 쿼리를 입력해 MySQL과 첫인사를 해 보자. 터미널에 다음 내용을 입력하면 접속되어 있는 MySQL 서버 이름, 즉 여러분의 컴퓨터 이름이 출력된다.

```
select @@hostname;
```

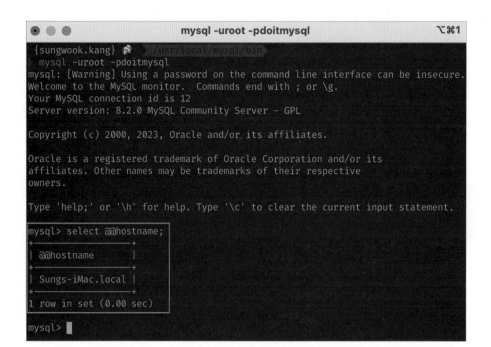

알아 두면 좋아요!

터미널에서 mysql 명령을 찾을 수 없다고 나온다면?

macOS에서 MySQL을 처음 설치하고 터미널에서 MySQL에 접속할 때, 다음과 같은 오류가 나타나는 경우가 있다.

```
zsh : command not found: mysql
```

이 오류는 mysql 명령을 찾지 못해서 발생한 것으로, 환경 변수를 지정해 주면 된다. 필자는 리눅스 zsh를 사용하고 있어 zsh에서 다음 절차대로 환경 변수를 등록했다. 일반 셸에서도 크게 다르지 않다. 다음 내용을 참고하여 사용자 환경에 맞게 설정해 보자. 만약 셸에 익숙하지 않거나, 필자와 다른 셸을 사용하고 있다면(일반적으로 bash 셸도 많이 사용한다.) 인터넷 검색을 통해서 환경 변수 등록 방법을 참고해 보자..

1. 터미널에서 입력

```
vi ~/.zshrc
```

2. vim에서 입력

```
export PATH="$PATH:/usr/local/mysql/bin
```

▶ vim 에디터에서는 i를 누른 후 명령을 입력한다. 명령어를 입력한 후 내용 저장을 위해 [Esc]를 누르고, 그 다음 :wq를 입력하고 [Enter]를 눌러 vim 에디터를 빠져나온다.

3. 터미널에서 실행

```
source ~/.zshrc
```

02-3 MySQL 워크벤치 설치하기

02-1절의 설치 과정에서 잠깐 살펴본 것처럼 콘솔 창에서 MySQL 명령줄 인터페이스를 사용하여 데이터베이스에 필요한 작업을 진행할 수도 있긴 하지만, 콘솔 작업은 상대적으로 많이 불편할 수 있다. 예를 들면 사용한 쿼리를 저장한다거나 조회한 결과셋을 조금 더 사용자 친화적으로 확인할 수 있다거나 또는 결과셋을 저장하는 등 여러 가지 편의 기능을 활용하려면 전용 데이터베이스 관리 도구를 사용하는 것이 좋다. 데이터베이스를 관리하는 클라이언트 프로그램은 다양하지만 이 책에서는 MySQL 공식 관리 도구인 MySQL 워크벤치 Workbench 프로그램을 설치하여 사용할 것이다.

MySQL 워크벤치는 데이터베이스 설계자, 개발자 및 데이터베이스 관리자 Database Administrator, DBA를 위한 통합된 시각적 도구로 서버 구성, 사용자 관리, 백업 등을 위한 데이터 모델링, SQL 개발 및 포괄적인 관리 도구를 제공한다. 윈도우, 리눅스 및 macOS에서 사용할 수 있으며, 이 책을 집필하는 시점에 최신 버전은 8.0.34이다.

▶ MySQL 워크벤치 8.0.34 버전은 MySQL 8.0에 권장되지만 하위 버전인 MySQL 5.7에서도 대부분 문제없이 작동한다. 다만 버전 차이로 프로그램에서 제공하는 일부 기능에서 명령어가 변경되어 오류가 발생할 수 있다. 하지만 우리는 기초 SQL만 다룰 예정이어서 버전 문제로 불편함은 발생하지 않을 것이다.

MySQL 워크벤치는 다음 링크를 통해 접속하거나 검색 사이트에서 'MySQL Workbench download'로 검색해 접속한 뒤, 내 운영체제에 맞는 것으로 내려받아 보자. 그리고 윈도우 사용자라면 59쪽부터, macOS 사용자라면 64쪽부터 따라해 보자.

MySQL 워크벤치 설치 파일 내려받기 링크

• https://dev.mysql.com/downloads/workbench

MySQL 워크벤치 공식 문서에는 해당 프로그램을 설치하기 위한 시스템 사양이 소개되어 있다. 우리는 이미 앞에서 MySQL 서버를 설치했으므로 현재 시스템 사양이라면 충분히 설치할 수 있을 것이다.

시스템 구성 요소	최소 사양	추천 사양
CPU	x86 64bit	멀티 코어 x86 64bit
램RAM	4GB	8GB 이상
디스플레이display	1024×768	1920×1200 이상

MySQL 워크벤치는 여러 운영체제를 지원한다. 사용자가 흔히 쓰는 윈도우나 macOS 외에도 리눅스와 같은 서버 운영체제도 지원하므로 폭넓게 사용할 수 있다.

운영체제	아키텍처	8.0v
윈도우 11	x86 64bit	O
macOS 14	x86 64bit, ARM 64bit	O
오라클 리눅스 9 / 레드햇 리눅스 엔터프라이즈 9	x86 64bit	O
우분투 22.04 LTS	x86 64bit	O
윈도우 서버 2022	x86 64bit	O

윈도우에 MySQL 워크벤치 설치하기

1. 윈도우에서 MySQL 워크벤치를 설치하려면 먼저 MySQL 워크벤치 웹 사이트의 Select Operating System 항목에서 [Microsoft Windows]를 선택한다. 내려받기 목록 중 MSI Installer 오른쪽에서 [Download]를 클릭한다.

2. MySQL Community Downloads 페이지가 나타나면 왼쪽 하단에서 [No thanks, just start my download.]를 클릭한 뒤, MySQL Workbench를 내려받자.

3. 내려받은 MySQL-Workbench-communuty-8.0.34를 더블클릭해 파일을 실행한다.

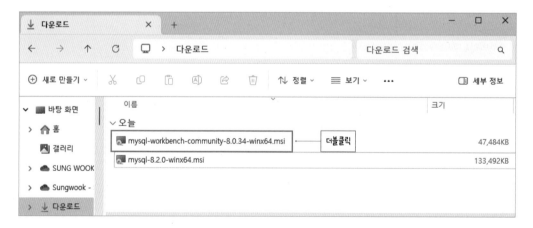

4. MySQL Workbench 8.0 CE – Setup Wizard가 시작되면 [Next]를 클릭한다.

5. 프로그램이 설치될 경로를 설정한다. [Change…]를 클릭하면 설치 경로를 사용자 상황에 따라 변경할 수 있다. 여기에서는 기본 경로 그대로 유지한다.

▶ 특별한 상황이 아니라면 기본 경로 그대로 유지하여 최대한 동일한 실습 환경으로 설치해 보자.

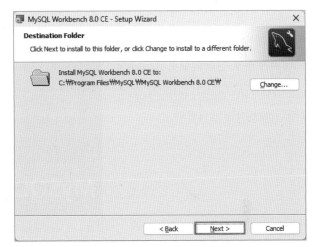

6. 설치 유형은 전체를 설치하는 [Complete]를 선택하고 [Next]를 클릭한다.

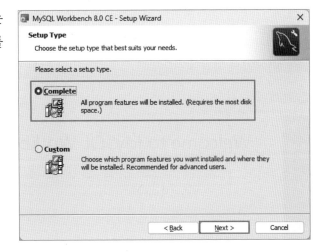

7. 설치 준비가 완료되었으면 [Install]을 클릭하여 설치를 진행한다.

▶ '이 앱이 디바이스를 변경할 수 있도록 허용하시겠어요?'라는 창이 등장하면 [예]를 클릭한다.

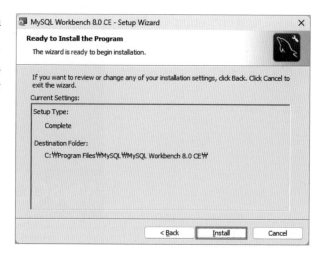

8. 설치가 정상적으로 완료되었다. 설치 단계를 마무리하고 MySQL 워크벤치가 바로 실행되도록 [Launch MySQL Workbench now]를 선택하고 [Finish]를 클릭한다.

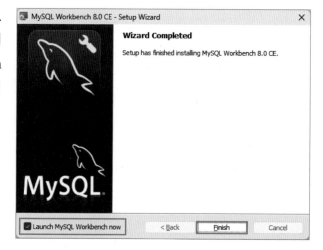

9. 처음 MySQL 워크벤치를 실행하면 다음과 같은 화면이 등장한다. MySQL Connections 목록에 Localhost에 대한 커넥션이 root 계정으로 자동 생성되어 있다. 해당 커넥션을 클릭하여 MySQL에 연결을 시도한다.

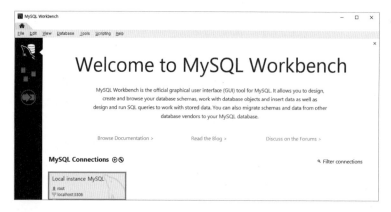

10. root 계정의 비밀번호를 입력하는 팝업 창이 나타나면 MySQL을 설치할 때 입력한 관리자(루트) 비밀번호(doitmysql)를 입력한다.

▶ [Save password in keychain]에 체크 표시하면 다음에 접속할 때 비밀번호를 입력하지 않아도 된다.

11. 커넥션이 처음 연결되면 다음과 같은 팝업 안내 창이 나타난다. 현재 연결하려는 MySQL은 8.2.0 버전으로 인식되었으며, MySQL 워크벤치는 8.0 버전과 그 하위 버전에서만 개발·테스트를 완료해서 모든 기능이 서포트되지 않을 수 있다는 내용이다. 이 책에서는 기본 기능만 사용할 것이므로 전혀 문제되지 않는다. [Don't show this message again]을 선택하고 [Continue Anyway]를 클릭한다.

12. MySQL 워크벤치를 사용하여 MySQL에 접속했으면 간단히 서버 이름을 확인하는 쿼리를 호출하여 결과를 확인해 보자. 쿼리 창에 쿼리를 입력한 후 바로 위에 있는 번개 모양의 ⚡ 아이콘을 클릭하여 입력한 쿼리를 실행한다. 현재 MySQL 서버가 실행 중인 컴퓨터의 이름이 반환되는 것을 확인할 수 있다.

```
select @@hostname;
```

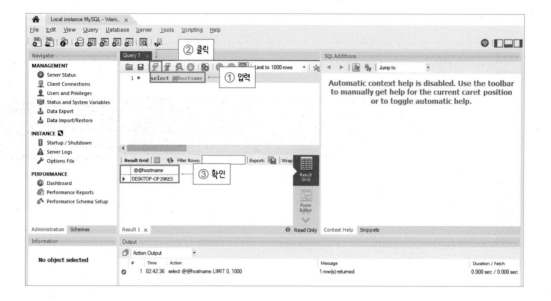

이렇게 해서 윈도우 환경에서 MySQL 워크벤치를 설치하고, 간단한 쿼리를 입력해 보았다. 여기까지 완료했다면 윈도우 사용자는 02-4절로 바로 넘어가자.

macOS에 MySQL 워크벤치 설치하기

1. macOS에서 MySQL 워크벤치를 설치하려면 MySQL 워크벤치 웹 사이트의 Select Operating System 항목에서 [macOS]를 선택한다. macOS에서 설치할 수 있는 파일은 CPU 플랫폼에 따라 2종류의 버전을 제공한다. 사용자 CPU에 맞는 운영체제 버전을 선택한다.

2. MySQL Community Downloads 페이지가 나타나면 왼쪽 하단에서 [No thanks, just start my download.]를 클릭한 뒤, MySQL Workbench를 내려받자.

3. 내려받은 mysql-workbench-communuty-8.0.34-macos-x86_64.dmg를 더블클릭해 패키지 파일을 실행한다.

4. MySQL Workbench 8.0 설치는 MySQL Workbench를 드래그 앤 드롭으로 Applications 에 끌어다 놓는 것으로 완료된다.

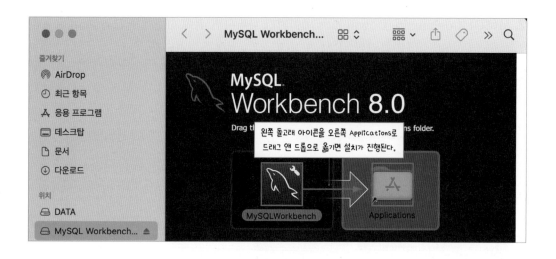

5. [응용 프로그램] 목록에 [MySQLWorkbench]가 있으므로 잘 설치된 것을 확인할 수 있다. 이를 더블 클릭해 실행해 보자.

▶ ''MySQLWorkbench'은(는) 인터넷에서 다운로드된 앱입니다. 열겠습니까?' 라고 묻는 창이 등장하면 [열기]를 클릭한다.

6. 처음 MySQL 워크벤치를 실행하면 다음과 같은 화면이 등장한다. MySQL Connections 목록에 Localhost에 대한 커넥션이 root 계정으로 자동 생성되어 있다. 해당 커넥션을 클릭하여 MySQL에 연결을 시도한다.

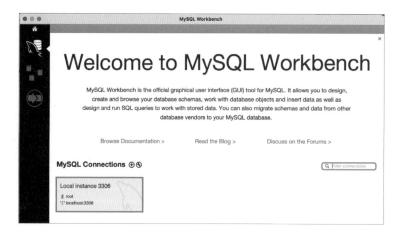

7. root 계정의 비밀번호를 입력하는 팝업 창이 나타나면 MySQL을 설치할 때 입력한 관리자(루트) 비밀번호(doitmysql)를 입력한다.

▶ [Save password in keychain]에 체크 표시하면 다음에 접속할 때 비밀번호를 입력하지 않아도 된다.

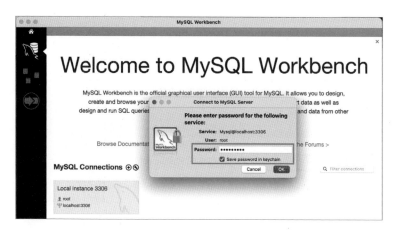

8. 커넥션이 처음 연결되면 다음과 같은 팝업 안내 창이 나타난다. 현재 연결하려는 MySQL은 8.2.0 버전으로 인식되었으며, MySQL 워크벤치는 8.0 버전과 그 하위 버전에서만 개발·테스트를 완료해서 모든 기능이 서포트되지 않을 수 있다는 내용이다. 이 책에서는 기본 기능만 사용할 것이므로 전혀 문제되지 않는다. [Don't show this message again]을 선택하고 [Continue Anyway]를 클릭한다.

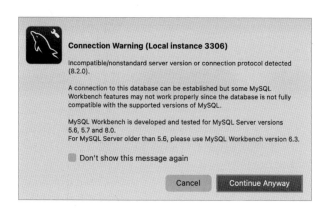

9. MySQL 워크벤치를 사용하여 MySQL에 접속했으면 서버 이름을 간단히 확인하는 쿼리를 호출하여 결과를 확인한다. 쿼리 창에 쿼리를 입력한 후 바로 위에 있는 번개 모양의  아이콘을 클릭하여 입력한 쿼리를 실행한다. 현재 MySQL 서버가 실행 중인 컴퓨터의 이름이 반환되는 것을 확인할 수 있다.

```
select @@hostname;
```

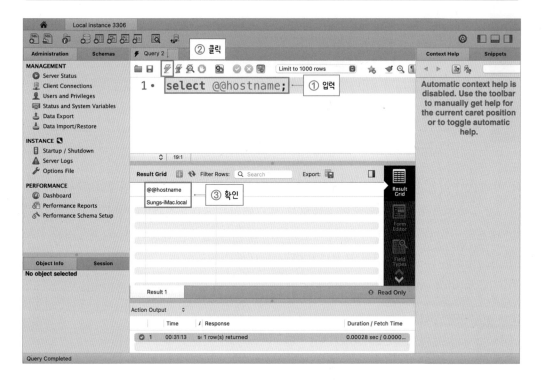

02-4 MySQL 워크벤치 사용법 알아보기

데이터베이스에서는 SQL 구문을 잘 아는 것뿐 아니라 데이터베이스 관리 시스템 도구를 잘 다루는 것도 실력을 향상시키는 데 매우 중요하다. 그래서 이번 절에서는 MySQL 워크벤치를 잘 사용할 수 있도록 화면 구성과 기본 사용법을 소개한다. 여기에서 설명하지 않은 기능은 이후 실습을 진행하면서 필요할 때마다 MySQL 워크벤치의 세부 기능을 추가로 설명할 예정이다.

새로운 연결 생성하기

1. MySQL 워크벤치에서 MySQL에 접속하려면 홈 화면에 있는 [MySQL Connections]에 커넥션 정보가 등록되어 있어야 한다. 새로운 연결을 등록해야 하므로 [MySQL Connections] 오른쪽에 있는 ⊕를 클릭한다.

▶ 그 옆에 있는 렌치 모양의 아이콘을 클릭하면 기존에 생성되어 있는 연결 정보를 수정할 수 있다.

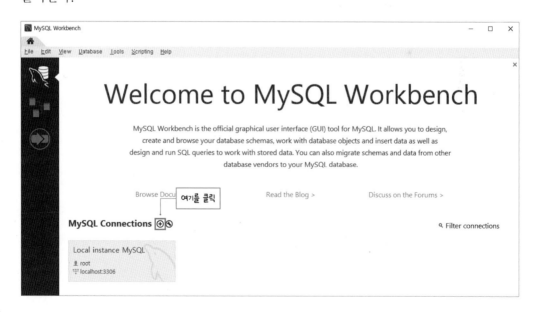

2. Setup New Connection 창이 나타나면 새로운 연결 정보를 입력한다.

① **Connection Name:** 사용하기 편한 '연결 이름'을 입력한다.

② **Hostname:** 접속하려는 MySQL 서버의 IP를 입력한다.

③ **Port:** 접속하려는 MySQL 서버의 서비스 포트를 입력한다.

④ **Username:** 접속하려는 MySQL 서버의 로그인 계정을 입력한다.

⑤ **Password:** [Store in Vault...]를 클릭하면 MySQL 서버의 비밀번호를 입력하는 팝업 창이 나타난다. 만약 비밀번호를 저장하여 사용하고 싶지 않거나 이미 저장된 비밀번호를 제거하려면 [Clear]를 클릭한다. 실습에서는 설치 시 입력한 비밀번호인 doitmysql을 사용한다.

3. ⑤ Password에서 [Store in Vault...] 버튼을 클릭하거나 비밀번호를 저장하지 않으면서 연결 테스트를 할 수 있도록 [Test Connection]을 클릭하면 다음과 같이 MySQL 서버의 비밀번호를 입력하는 팝업 창이 나타난다.

4. 처음 연결되는 경우 버전에 따른 안내 경고가 나타난다. [Continue Anyway]를 클릭한다.

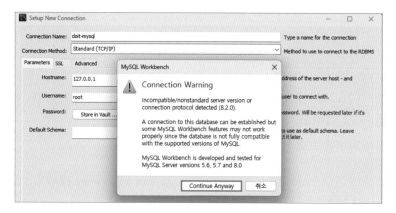

5. 연결 테스트가 정상적으로 완료되면 'Successfully ~'라는 성공 안내 구문을 확인할 수 있다. 만약 연결 실패가 발생하면 정보를 다시 확인하여 수정한 후 테스트를 진행한다.

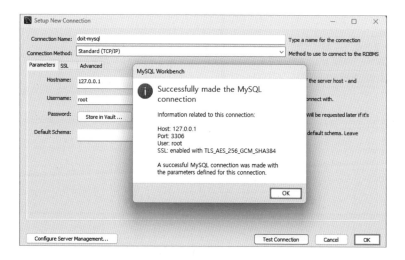

6. 연결 정보 등록이 완료되면 MySQL 워크벤치 홈 화면에 등록한 연결 정보 아이콘이 생성된 것을 확인할 수 있다. MySQL에 접속할 때에는 등록된 연결 정보 아이콘을 클릭한다.

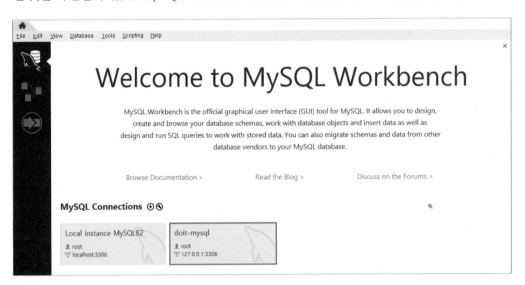

MySQL 워크벤치 화면 구성 살펴보기

MySQL 서버에 접속된 처음 화면은 크게 네 부분으로 구분되어 있다.

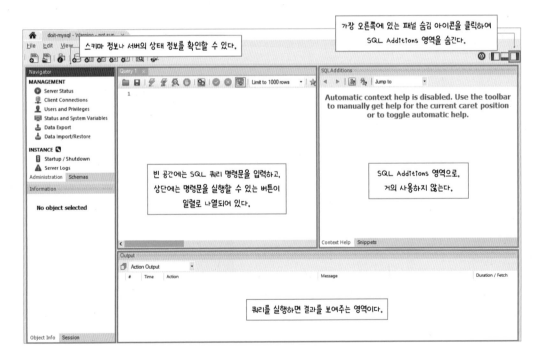

내비게이터 메뉴 살펴보기

화면 왼쪽의 내비게이터를 살펴보면 2개의 탭으로 구성되어 있으며 여러 정보를 보여 준다. [Administration] 탭에서는 접속 중인 MySQL 서버의 상태나 커넥션 정보, 사용자 계정 정보 등 서버를 관리하는 최소한의 필수 정보를 보여 준다.

① **Server Status**: MySQL 서버의 기본 정보 및 가동 상태, 사용 중인 리소스 정보, 설치된 폴더 등을 보여 준다.

② **Client Connections**: MySQL 서버에 연결되어 있는 클라이언트 정보를 보여 준다. 연결된 클라이언트들의 커넥션이 휴면 상태인지 확인하거나 마우스 오른쪽 버튼을 클릭하여 강제로 종료시킬 수도 있다.

③ **Users and Privileges**: 사용자의 생성 및 삭제, 권한 관리 등을 할 수 있다.

④ **Status and System Variables**: 서버 변수 및 설정 값을 확인할 수 있다.

⑤ **Data Export, Data Import/Restore**: 데이터 내보내기 및 가져오기 기능으로 데이터베이스 백업 등을 GUI로 할 수 있다.

⑥ **Startup / Shutdown**: MySQL 인스턴스를 시작 및 중지한다.

⑦ **Server Logs**: MySQL 서버에 기록된 로그를 확인한다.

⑧ **Options File**: MySQL 옵션 파일의 설정 정보를 확인 및 변경한다.

⑨ **Dashboard**: MySQL의 성능 상태를 확인한다.

⑩ **Performance Reports**: MySQL 성능 상태에 대한 보고서를 작성한다.

⑪ **Performance Schema Setup**: MySQL의 성능 구성을 설정한다.

▶ 각 메뉴 설명에 낯선 용어들이 많지만 여기서는 메뉴 위치와 역할 정도만 알고 넘어가자. 자세한 내용은 실습을 통해 알아가 보도록 하자.

[Schemas] 탭에서는 현재 생성되어 있는 데이터베이스, 테이블, 뷰, 스토어드 프로시저, 펑션 등의 스키마 정보를 보여 준다. 각 항목에 마우스 오른쪽을 클릭하여 데이터베이스 생성이나 테이블 생성, 데이터베이스 속성 등을 관리할 수 있다.

▶ 뷰, 스토어드 프로시저 등은 07장에서 더 자세히 다룰 예정이다.

쿼리 입력 및 실행 화면 살펴보기

다음은 사용자가 쿼리를 입력할 수 있는 화면이다.

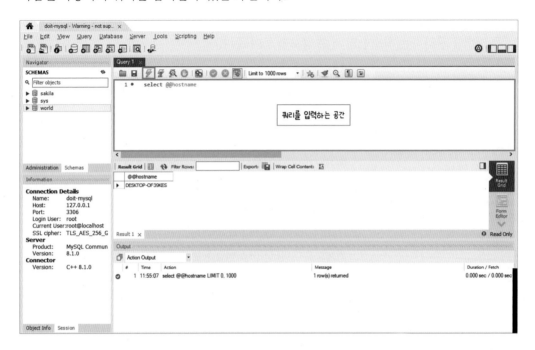

앞서 `select @@hostname`을 입력했던 공간에 쿼리를 입력한다. 쿼리를 입력했으면 상단의 메뉴 아이콘 모음에서 번개 모양 아이콘을 클릭하여 쿼리를 실행하거나 단축키 Ctrl + Enter을 사용할 수 있다. 이 기능은 'Execute the selected portion of the script everything'으로 쿼리 입력 창에 있는 쿼리 전체를 실행한다.

쿼리 창은 여러 개 열어 사용할 수 있는데, 각 쿼리 창은 탭으로 구분된다. 쿼리 창이 탭으로 여러 개 열려 있다고 해서 각 탭마다 새로운 세션으로 MySQL에 연결되어 사용되는 것이 아니다. 탭별로 쿼리를 관리할 수 있다는 것일뿐 연결 세션은 동일한 세션을 공유하여 사용한다. 즉, 다른 창에서 쿼리가 실행되고 있을 때, 새로운 탭을 열어 쿼리를 실행하더라도 다른 탭의 쿼리 처리가 완료되어야만 새로운 탭에서 쿼리 실행이 가능하다.

알아 두면 좋아요!

단축키를 사용해 쿼리를 실행해 보자

단축키를 사용할 때에는 커서의 위치에 따라 또는 실행하려는 쿼리 블록의 유무에 따라 실행되는 스크립트 범위가 달라진다. 쿼리를 실행할 때 Ctrl + Enter 를 사용하면 커서가 위치한 바로 앞의 스크립트만 실행된다. 만약에 쿼리 입력 창에서 여러 줄의 쿼리를 블록으로 지정하여 실행하고 싶으면 블록이 지정된 상태에서 Ctrl + Shift + Enter 를 사용한다. 블록을 지정한 상태에서 Ctrl + Enter 를 사용한 경우에는 블록의 가장 마지막 쿼리문만 실행된다.

쿼리가 실행되면 쿼리 입력 창 하단에 결과가 표시된다. 여러 쿼리문이 실행되었을 경우에는 쿼리 결과가 탭으로 구분되어 각 탭에 쿼리 순서대로 나타난다.

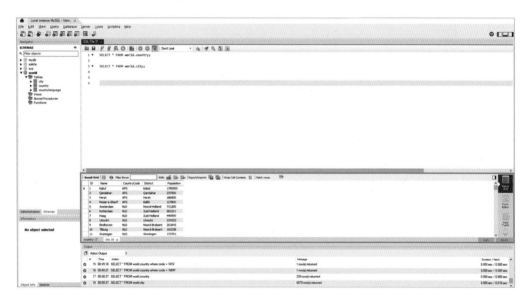

결과 메시지 창은 쿼리문이 성공했는지 실패 여부 및 실행한 쿼리문을 보여 준다. 쿼리가 실패하면 Message 항목에서 그 이유를 알려 준다. 그리고 쿼리가 실행한 시간이나 결과 행이 몇 건인지 등의 정보를 반환한다.

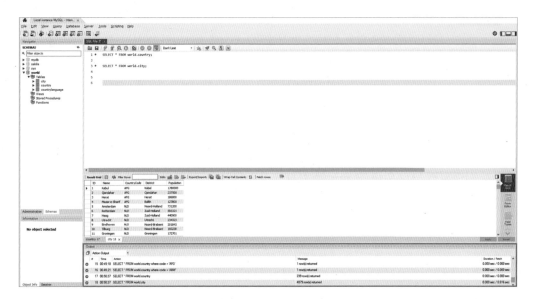

03

SQL 시작 전
준비 운동하기

SQL에서 제공하는 기본 문법이나 함수를 활용하기 전에
기본적으로 SQL 실습에서 활용할 수 있도록 데이터베이
스, 테이블 생성 및 삭제에 대해서 알아보고 데이터를 입
력, 수정, 삭제하는 방법에 대해서 학습해 보자.
데이터를 다루다 보면 효율적인 테이블 설계에 관한 지식
도 필요하다. 데이터베이스 모델링의 기초를 배우며 이를
배워 보도록 하자.

———

03-1 DDL과 DML 빠르게 맛보기

데이터 조작 언어^{Data Manipulation Language, DML}는 테이블에서 데이터를 조회(`SELECT`), 삽입(`INSERT`), 수정(`UPDATE`), 삭제(`DELETE`)하는 데 사용한다. 즉, DML의 대상은 테이블이므로 DML을 사용하려면 반드시 테이블이 있어야 한다. 바로 그 테이블을 조작하는 언어를 **데이터 정의 언어**^{Data Definition Language, DDL}라고 한다. DDL은 데이터베이스, 테이블, 뷰, 인덱스 등의 개체를 생성(`CREATE`), 삭제(`DROP`), 변경(`ALTER`)한다. 이 책은 데이터베이스 관리자보다 개발자와 데이터 분석가, 기획자 등 데이터베이스의 데이터를 활용하는 관점에서 집필했기 때문에 특히 DDL에 관해서는 기초 내용만 빠르게 공부하고 넘어간다.

▶ 뷰와 인덱스는 '07장 SQL 고급 활용하기'에서 더 자세히 다룰 예정이다.

데이터베이스 생성 및 삭제하기

DDL을 활용해 데이터베이스를 생성하거나 삭제할 수 있다. CREATE와 DROP 문을 사용해 데이터베이스를 만들고 없애 보자.

CREATE 문으로 데이터베이스 생성하기

데이터베이스를 생성하려면 CREATE 문을 사용하면 된다. CREATE 문은 ANSI SQL로 대부분의 DBMS에서 동작한다. 다만 DBMS 제조사마다 CREATE 문에 제공하는 옵션이 다르므로 주의해야 한다. 실제 MySQL의 CREATE 문과 옵션은 다음과 같다.

> **Do it!** 🛢 MySQL 공식 문서에 소개된 CREATE 문

```
CREATE {DATABASE | SCHEMA} [IF NOT EXISTS] db_name
    [create_option] ...

create_option: [DEFAULT] {
    CHARACTER SET [=] charset_name
  | COLLATE [=] collation_name
  | ENCRYPTION [=] {'Y' | 'N'}
}
```

▶ CREATE 문을 사용하는 방법이 더 궁금하다면 MySQL 공식 문서 https://dev.mysql.com/doc/refman/8.0/en/create-database.html를 읽어 봐도 좋다.

이 문서는 명세가 포함되어 있어 매우 복잡해 보인다. 하지만 MySQL 실습에서 데이터베이스를 생성하는 쿼리는 다음과 같이 아주 간단하다.

> **데이터베이스를 생성하기 위한 CREATE 문의 기본 형식**
>
> CREATE DATABASE [데이터베이스 이름]

CREATE 문의 기본 형식을 이용하여 DoItSQL라는 이름의 데이터베이스를 만들어 보자. 먼저 MySQL 워크벤치를 실행한 뒤, 다음 쿼리를 입력해 보자.

> **Do it!** 🗄 CREATE 문으로 데이터베이스 생성
>
> ```
> CREATE DATABASE DoItSQL;
> ```

실행 결과

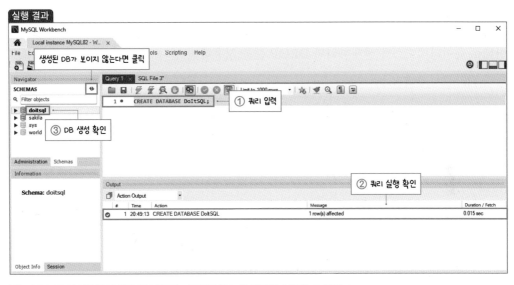

▶ 번개 모양 아이콘을 클릭하거나 Ctrl + Enter 을 눌러 쿼리를 실행할 수 있다.

쿼리가 정상적으로 실행되면 내비게이터의 [Schemas] 탭에서 doitsql라는 이름의 데이터베이스가 생성된 것을 확인할 수 있다. 만약 쿼리가 잘 실행되었는데도 doitsql 데이터베이스가 보이지 않는다면 SCHEMAS 글자의 오른쪽에 있는 🔄(새로고침)을 클릭해 보자.

대소 문자 구분에 주의하자

생성된 데이터베이스 이름을 자세히 살펴보자. 분명히 우리는 대소 문자를 포함하여 DoItSQL이라는 이름으로 생성했는데 목록에는 소문자 'doitsql'로 생성되었다. 쿼리를 작성할 때 데이터베이스 제품이나 실행 프로그램에 따라 대소 문자 구분 여부가 다르다. MySQL 서버는 운영체제에 따라 대소 문자를 구분하기도 하고, 구분하지 않기도 한다. 윈도우에서는 제한이 없지만 유닉스, 리눅스, macOS에서는 대소 문자를 구분하므로 데이터베이스에서 항상 대소 문자를 잘 구분해서 참조해야 한다. 테이블 이름도 마찬가지이다. 실제 업무에 들어가기 전에 반드시 데이터베이스 담당자에게 대소 문자 구분 여부를 확인하자.

▶ 이 책에서는 혼란이 발생하지 않도록 사용자 데이터베이스와 테이블 이름 모두 소문자를 사용한다.

DROP 문으로 데이터베이스 삭제하기

반대로 데이터베이스를 삭제하려면 DROP 문을 사용하면 된다. 데이터베이스를 삭제해야 하는 쿼리는 다음과 같다.

> **데이터베이스를 삭제하기 위한 DROP 문의 기본 형식**
>
> ```
> DROP DATABASE [데이터베이스 이름]
> ```

DROP 문의 기본 형식을 이용하여 앞서 생성한 doitsql 이름의 데이터베이스를 삭제해 보자. MySQL 워크벤치에서 다음 쿼리를 입력하면 된다.

Do it! 🗄 DROP 문으로 데이터베이스 삭제

```
DROP DATABASE doitsql;
```

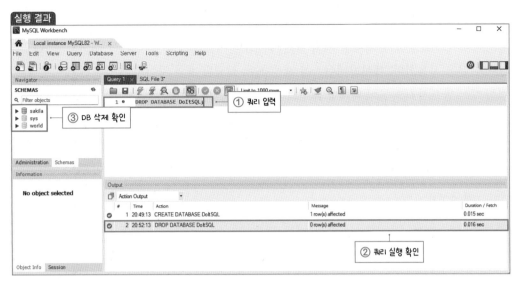

▶ 데이터베이스가 사라지지 않는다면 이번에도 새로 고침 아이콘을 클릭해 보자.

쿼리가 정상적으로 실행되면 실제 데이터베이스가 삭제되고, [Schemas] 탭에서도 데이터베이스가 사라진 것을 확인할 수 있다.

DROP DATABASE 사용할 때 주의하자

MySQL에서는 다른 세션(프로그램 또는 사용자)이 연결되어 있어도 **DROP DATABASE** 쿼리문을 실행하면 데이터베이스가 바로 삭제되며 복구는 불가능하다. 백업 파일이 있으면 복구할 수 있지만 백업 시점이 오래 되었다면 최신 상태로 복구하기는 힘들다. 어떤 DBMS은 아예 데이터베이스를 사용하고 있을 때 삭제되지 않도록 되어 있기도 하다. 다음 화면은 마이크로소프트의 SQL 서버인데, 누군가 데이터베이스를 사용하고 있다면 삭제할 수 없다는 메시지가 나타난다.

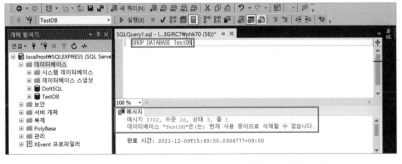

▶ 사실 실무에서는 여러 프로그램들이 데이터베이스에 접속하여 사용하는 경우가 많으므로 데이터베이스를 삭제하는 일은 거의 드물다.

테이블 생성 및 삭제하기

데이터베이스를 생성 및 삭제할 때와 마찬가지로 테이블을 생성 및 삭제할 때도 CREATE와 DROP 문을 사용한다. 데이터베이스를 생성 또는 삭제할 때와 차이점이 있다면 테이블을 생성할 때는 반드시 테이블이 위치할 데이터베이스를 먼저 선택해야 한다는 것이다.

우리가 사용하고 있는 MySQL이란 DBMS에 'doitsql'이라는 DB와 'sakila'라는 DB가 있다고 하자. DB에는 그림과 같이 여러 개의 테이블이 존재한다. 이와 같이 테이블은 데이터베이스 내부에 존재해야 하므로 반드시 테이블이 위치할 데이터베이스를 선택해야 한다.

DBMS(MySQL)

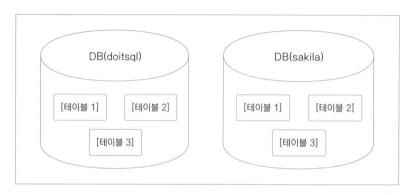

CREATE 문으로 테이블 생성하기

1. 앞서 실습하면서 DB를 삭제했으므로 다시 CREATE 문으로 doitsql 데이터베이스를 생성해 보자.

여러 작업을 하다 보면 데이터베이스의 위치가 변경될 수 있다. 여기서는 doitsql 데이터베이스에서 작업하므로 [Schemas] 탭에서 데이터베이스 이름을 더블클릭하거나 USE 문으로 doitsql 데이터베이스를 선택하자.

▶ 데이터베이스를 선택하면 [Schemas] 탭에 선택한 데이터베이스가 굵게 표시된다.

Do it! 🗄 데이터베이스 생성 후 선택

```
CREATE DATABASE doitsql;
USE doitsql;
```

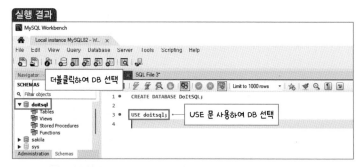

▶ 여기서 두 문장을 적었지만, 실행 결과를 하나씩 확인하기 위해 한 줄씩 실행한다.

2. 앞서 살펴본 것처럼 MySQL 공식 문서의 테이블 생성 관련 문법은 옵션이 매우 복잡하다. 하지만 우리는 그 옵션들을 다 사용하지 않으므로 테이블 생성 쿼리는 다음과 같이 간단하게 입력한다. 이때, 열 이름은 테이블 안에서 고유해야 한다.

> **테이블을 생성하기 위한 CREATE 문의 기본 형식**
>
> CREATE TABLE 테이블 이름 (
> [열 이름1 데이터 유형],
> [열 이름2 데이터 유형],
> (... 생략 ...)
>)

3. 이제 직접 doit_create_table이라는 테이블을 생성해 보자. 열은 col_1~col_3 이렇게 3개를 생성하며 각 열의 데이터 유형은 숫자, 문자, 날짜형이다.

Do it! 🗄 CREATE 문으로 테이블 생성

```
CREATE TABLE doit_create_table (
col_1 INT,
col_2 VARCHAR(50),
col_3 DATETIME
);
```

실행 결과

실행 후 [Schemas] 탭에서 [doitsql → Tables]를 클릭해 doit_create_table이 생성되었는지 확인해 보자. ▶ 쿼리 입력 후에도 테이블이 보이지 않았다면 이번에도 새로 고침 아이콘을 클릭해 보자.

DROP 문으로 테이블 삭제하기

데이터베이스를 삭제할 때와 마찬가지로 테이블 삭제는 DROP 문을 사용하면 된다. 이때, 테이블 삭제도 데이터베이스를 삭제할 때처럼 즉시 사라지므로 주의해야 한다.

> **Do it!** 🗄 DROP 문으로 테이블 삭제

```
DROP TABLE doit_create_table;
```

가끔 테이블이 삭제되지 않는 경우도 있다. 현재 삭제하려는 테이블이 다른 테이블과 종속 관계에 있으며, 상위 테이블일 때 삭제할 수 없다. 종속 관계에서 상위 테이블을 삭제하고 싶다면 하위 테이블과의 종속 관계를 제거하고 삭제해야 한다. 우리는 아직 종속 관계를 지정한 적이 없으므로 현재는 무리 없이 삭제가 실행될 것이다. ▶ 테이블 종속 관계는 04-6절에서 자세히 다룬다.

데이터 삽입, 수정, 삭제하기

DML을 활용해 데이터베이스를 생성하거나 삭제할 수 있다. INSERT, UPDATE, DELETE 문을 사용해 테이블의 데이터를 삽입, 수정, 삭제해 보자. 그리고 SELECT 문을 사용해 데이터를 조회해 보자.

INSERT 문으로 데이터 삽입하기

데이터를 삽입할 때는 INSERT 문을 사용한다. 기본 형식은 다음과 같다.

> **테이블을 생성하기 위한 INSERT 문의 기본 형식**
>
> INSERT INTO 테이블 이름 ([열1, 열2, ...]) VALUES ([값1, 값2, ...])

1. 데이터를 삽입하기에 앞서 먼저 테이블을 생성해 보자. doit_dml이라는 테이블을 생성한 후, 각 열에 데이터를 입력하고 마지막에 데이터를 삽입해 보도록 한다.

▶ 'doitsql' 데이터베이스가 선택되어 있는지 확인한 후, 쿼리문을 실행하자.

Do it! 🗄 INSERT 문으로 데이터 삽입

```sql
CREATE TABLE doit_dml (
col_1 INT,
col_2 VARCHAR(50),
col_3 DATETIME
);

INSERT INTO doit_dml (col_1, col_2, col_3) VALUES (1, 'DoItSQL', '2023-01-01');
```

실행 결과

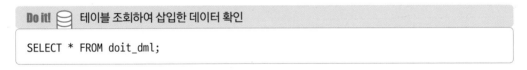

2. 쿼리를 실행한 후, doit_dml 테이블에서 방금 삽입한 데이터를 확인해 보자. 이때, 다음과 같이 SELECT 문을 사용하면 데이터를 조회할 수 있다.

Do it! 🗄 테이블 조회하여 삽입한 데이터 확인

```sql
SELECT * FROM doit_dml;
```

실행 결과

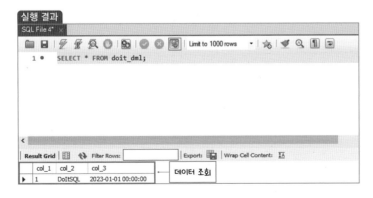

▶ SELECT 문은 04-1절에서 더 자세히 다룰 예정이다.

3. 만약 데이터를 삽입할 때 앞서 지정한 데이터 유형과 맞지 않으면 오류가 발생한다. 다음은 숫자형 열에 문자형을 삽입하여 오류가 발생한 예이다.

> **Do it!** 🗄 데이터 유형 불일치로 인한 오류 발생 예

```
INSERT INTO doit_dml(col_1) VALUES ('문자 입력');
```

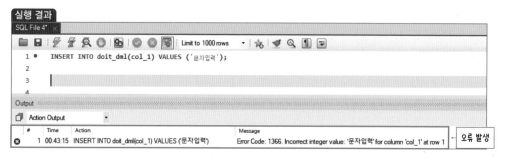

▶ Message에 어떤 오류가 발생하였는지 구체적으로 담겨 있다. 여기서는 데이터 유형이 맞지 않음을 명시한다.

INSERT 문 더 알아보기

1. INSERT 문 활용 방법을 더 알아보자. 첫 번째는 테이블에 데이터를 삽입할 때 col_1, col_2와 같은 열 이름을 생략할 수 있다. 하지만 열 이름을 생략하려면 다음과 같이 VALUES 문 뒤에 테이블의 열 순서와 개수에 맞춰 데이터를 채워야 한다.

> **Do it!** 🗄 열 이름 생략하고 데이터 삽입

```
INSERT INTO doit_dml VALUES (2, '열 이름 생략', '2023-01-02');
```

쿼리를 실행한 후 결과를 보면 열 이름을 생략했음에도 데이터가 잘 삽입된 것을 확인할 수 있다.

> **Do it!** 🗄 삽입된 데이터 확인

```
SELECT * FROM doit_dml;
```

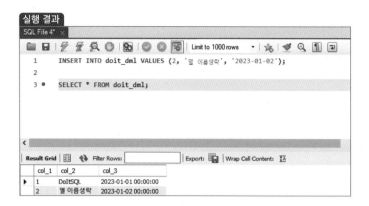

2. 만약 col_3 위치에 해당하는 값을 입력하지 않으면 어떻게 될까? 테이블의 열 개수와 입력한 값의 개수가 일치하지 않으므로 다음과 같이 오류가 발생한다.

Do it! 🗄 열 개수 불일치로 인한 오류 발생

```
INSERT INTO doit_dml VALUES (3, 'col_3 값 생략');
```

3. 그렇다면 col_1, col_2 열에만 데이터를 삽입하려면 어떻게 해야 할까? 다음과 같이 테이블 이름 다음에 삽입하고자 하는 열만 소괄호 안에 나열하면 된다. 다음 쿼리를 입력한 후, 실행해 보자. ▶ 이 책에서는 앞으로 결과를 확인하기 위한 쿼리(SELECT * FROM)는 생략한다.

Do it! 🗄 특정 열에만 데이터 삽입

```
INSERT INTO doit_dml(col_1, col_2) VALUES (3, 'col_3 값 생략');
```

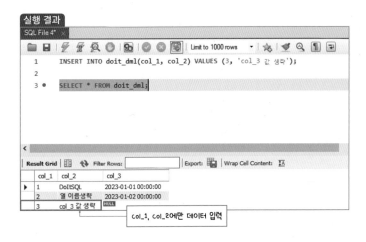

4. 이를 응용하면 삽입하려는 데이터의 순서를 바꿀 수도 있다. 다음과 같이 대상 열과 삽입할 데이터를 맞춰 소괄호에 나열하면 된다.

> **Do it!** 삽입할 데이터의 순서 변경
>
> ```
> INSERT INTO doit_dml(col_1, col_3, col_2) VALUES (4,'2023-01-03', '열순서 변경');
> ```

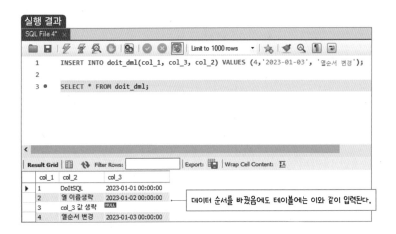

5. 여러 데이터를 한 번에 삽입하고 싶다면 INSERT 문을 여러 번 작성하면 되지만 다음과 같이 삽입할 값을 소괄호로 묶어 쉼표로 구분하는 방법도 있다. 이렇게 하나의 INSERT 문에 소괄호로 묶은 VALUES값을 사용하면 하나의 INSERT 구문으로 데이터를 여러 행 입력할 수 있어 사용자는 타이핑을 적게 한다는 장점도 있지만, 데이터베이스 관점에서 성능적으로도 유리하다.

여러 데이터 한 번에 삽입

```
INSERT INTO doit_dml(col_1, col_2, col_3)
VALUES (5, '데이터 입력5', '2023-01-03'), (6, '데이터 입력6', '2023-01-03'), (7, '데
이터 입력7', '2023-01-03');
```

실행 결과

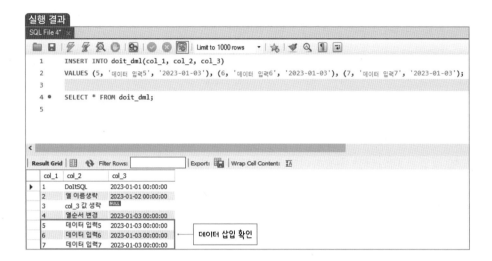

NULL을 더 알아 보자

알아 두면 좋아요!

바로 앞의 실습 결과를 보면 NULL값이 눈에 띈다. NULL은 어떠한 값도 정의되지 않은 상태이다. 테이블에 NULL이 생성된 이유는 무엇일까? 그 이유는 앞에서 테이블을 생성할 때 NULL을 허용했기 때문이다. 만약 NULL을 허용하지 않도록 열을 정의하면 NULL 삽입 시 오류가 발생한다. 다음은 col_2에 NULL을 허용하지 않도록 설정하고 col_2에 NULL을 삽입하여 오류를 발생시키는 쿼리이다.

NULL을 허용하지 않는 테이블 생성 후 NULL 삽입 시 오류가 발생한 예

```
CREATE TABLE doit_notnull (
col_1 INT,
col_2 VARCHAR(50) NOT NULL       NULL 허용하지 않음
);

INSERT INTO doit_notnull (col_1) VALUES (1);
```

실행 결과

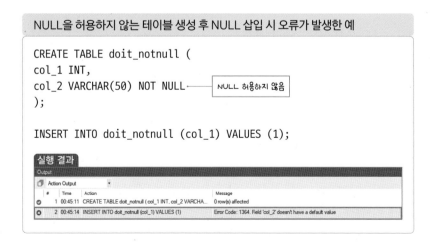

> ▶ 위의 실습이 완료된 이후에는 DROP TABLE doit_notnull;을 입력해 다음 실습을 위해 테이블을 삭제하자.

NULL값 허용 여부는 데이터 도메인에 따라 다르다. 예를 들어 반드시 데이터를 입력받아야 하는 열인데 NULL이 허용되어 있을 경우, 입력 오류로 데이터가 입력되지 않았는데도 불구하고 NULL 허용으로 인해 오류로 인식되지 않아 의도하지 않은 데이터 품질 저하 또는 데이터 오류가 발생할 수도 있다.

> ▶ 여기서 말하는 도메인은 유사한 업무의 특성이나 관련된 집합을 의미하는 것으로, 데이터 도메인은 사용자 업무 환경의 특성에 따른 데이터의 특징을 의미한다.

UPDATE 문으로 데이터 수정하기

이미 테이블에 삽입된 데이터를 수정하려면 UPDATE 문을 사용하면 된다. UPDATE 문의 기본 형식은 다음과 같다.

UPDATE 문의 기본 형식

```
UPDATE 테이블 이름 SET [열1 = 값1, 열2 = 값2, ...]
WHERE [열 = 조건]
```

UPDATE 문에서 WHERE 절을 생략할 수 있다. 하지만 WHERE 절의 조건을 누락하면 테이블의 전체 데이터를 수정하므로 사용할 때 항상 주의해야 한다.

1. 다음은 col_1의 값이 4인 행의 col_2 열의 값을 변경한다. 그런데 쿼리를 실행하면 오류가 발생한다. 문법은 틀리지 않았는데 오류가 발생한 이유는 무엇일까?

Do it! 🗄 UPDATE 문으로 데이터 수정 1

```
UPDATE doit_dml SET col_2 = '데이터 수정'
WHERE col_1 = 4;
```

오류를 살펴보면 다음과 같은 메시지가 출력되었다.

```
Error Code: 1175. You are using safe update mode and you tried to update a table
without a WHERE that uses a KEY column.
To disable safe mode, toggle the option in Preferences -> SQL Editor and reconnect.
```

이 오류는 기본키가 없는 테이블에서 데이터를 수정할 때 WHERE 절에서 참고할 키 열이 없기 때문이다.

▶ 기본키는 한 개 이상의 열로 구성된 테이블의 각 행들을 구별하기 위한 목적을 가지고 있다. 유일한 값을 가지기 때문에 값이 중복되지 않는 특징이 있다.

이와 같은 오류는 일종의 안전 모드가 작동된 셈이다. 이렇게 안전 모드가 작동하는 이유는 키 값을 사용하지 않고 데이터를 수정하거나 삭제할 때 의도하지 않게 전체 데이터를 삭제하지 않도록 방지하기 위함이다.

2. 안전 모드를 비활성화하고 쿼리를 실행할 수 있다. 안전 모드는 MySQL 워크벤치의 설정을 변경하여 비활성화할 수도 있고, 쿼리를 사용하여 현재 접속되어 있는 세션에서만 비활성화를 적용할 수 있다. 우리는 MySQL 워크벤치의 설정 자체를 변경해 보자. 이 경우, MySQL 워크벤치를 사용할 때에도 이 설정이 유지된다.

먼저, [Edit → Preference]를 클릭한 후, Workbench Preferences 팝업 창이 나타나면 [SQL Editor]을 클릭한다. 그다음, 창 아래에 있는 [Safe Update(…)]의 체크 박스를 해제한다. 마지막으로 [OK]를 눌러 설정을 완료하고, 해당 옵션이 적용될 수 있도록 MySQL 워크벤치를 재실행한다.

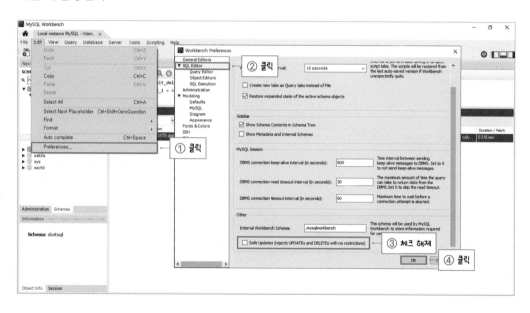

알아 두면 좋아요! 쿼리로 현재 접속되어 있는 세션에만 안전 모드 비활성화를 적용해 보자

쿼리로 현재 연결된 세션에만 안전 모드를 비활성화할 수 있다. 즉, 사용자가 새로운 세션을 연결하거나 기존 연결을 끊고 다시 연결을 한다면 해당 설정이 적용되지 않는다. 안전 모드를 비활성화하는 쿼리는 다음과 같다.

> **안전 모드 비활성화**
>
> set SQL_SAFE_UPDATES = 0;

안전 모드를 다시 활성화하고 싶다면 다음 쿼리를 입력해 보자.

> **안전 모드 활성화**
>
> set SQL_SAFE_UPDATES = 1;

3. 안전 모드를 비활성화한 뒤, 이전에 오류가 났던 UPDATE 문을 다시 실행해 보자.

Do it! 🗄 UPDATE 문으로 데이터 수정 2

```
UPDATE doit_dml SET col_2 = '데이터 수정'
WHERE col_1 = 4;
```

실행 결과

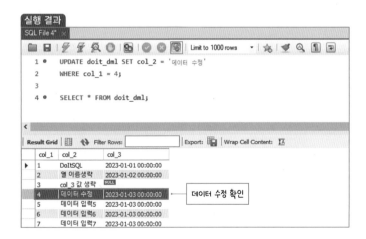

이번에는 원하는 대로 데이터가 수정된 것을 확인할 수 있다.

4. 이번에는 col_1 열 전체에 10을 더하는 쿼리를 작성해 보자. 이 쿼리는 앞서 언급한 WHERE 절이 없고, 테이블의 전체 데이터에 영향을 주는 쿼리이다.

```
UPDATE doit_dml SET col_1 = col_1 + 10;
```

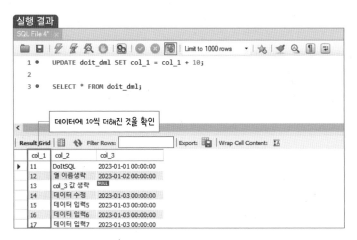

DELETE 문으로 데이터 삭제하기

입력된 데이터를 삭제하려면 DELETE 문을 사용한다. DELETE 문의 사용 방법은 UPDATE 문과 비슷하다.

> ### DELETE 문의 기본 형식
>
> DELETE FROM 테이블 이름 WHERE [열 = 조건]

DELETE 문에서는 FROM이 반드시 필요하다. 그리고 UPDATE 문과 동일하게 WHERE 절의 조건이 누락되면 전체 데이터를 삭제하므로 사용할 때 항상 주의해야 한다.

1. 다음은 col_1이 14인 데이터만 삭제하는 쿼리이다.

```
DELETE FROM doit_dml WHERE col_1 = 14;
```

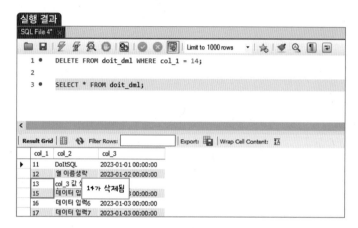

2. 테이블에 있는 전체 데이터를 삭제하려면 WHERE 절 없이 쿼리를 실행하면 된다. 다음 쿼리를 실행하면 테이블에 데이터가 하나도 남아 있지 않은 것을 확인할 수 있을 것이다.

```
DELETE FROM doit_dml;
```

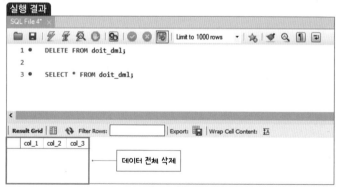

▶ 여기까지 실습을 완료했으면 실습에 사용한 테이블은 삭제하기 위해 DROP
TABLE doit_dml;을 실행해 보자.

TRUNCATE 문으로 전체 데이터를 삭제할 수 있다

대량의 데이터를 삭제할 때 DELETE 문을 사용하면 트랜잭션 로그 기록으로 인해 데이터베이스 성능에 많은 문제가 발생할 수 있다. 롤백^{rollback} 즉, 이전 상태로 되돌리지 않는다는 가정하에 테이블이 전체 데이터를 빠르게 삭제하려면 TRUNCATE 문을 사용할 수 있다. 롤백이 안 된다는 점에 다시 한번 주의하자.

```
TRUNCATE TABLE doit_dml;
```

MySQL에서는 주석을 어떻게 사용할까?

주석은 쿼리 실행 시 영향을 주지 않는다. 코드 설명을 위한 메모라고 생각하면 된다. 주석은 나중에 더 자세히 배울 데이터베이스 스키마, SQL 쿼리 및 저장 프로시저를 문서화하는 데 필수적이다. 주석을 작성하면 여러 개발자들이 함께 진행하는 프로젝트에서 개발자의 코드의 목적을 이해하는 데 도움이 된다. 이는 다른 프로그래밍 언어를 활용한 프로젝트에서도 마찬가지이다. 다음 화면을 살펴보자.

▶ 주석은 다른 프로그래밍 언어에도 있으며 사용 방법은 프로그램 언어마다 다르다.

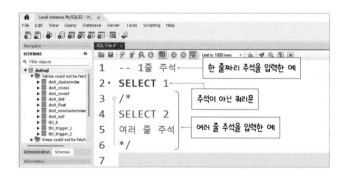

1줄 주석을 입력하고 싶은 경우에는 해시(#) 또는 하이픈을 2개(--) 연속해서 사용한다. 하이픈으로 주석을 사용할 때에는 하이픈 뒤에 반드시 한 칸 띄우고 주석을 입력해야 한다. 여러 줄로 주석을 작성하고 싶다면 주석의 시작과 끝에 각각 /*, */를 감싸듯이 사용하면 된다. 열기(/*), 닫기(*/) 사이의 모든 내용이 주석으로 처리되며 실행되지 않는다.

많이 사용되지는 않지만 MySQL에서는 실행이 가능한 주석이 있다. 이러한 주석을 활용해 DBMS에 따라 주석이 쿼리의 일부로 실행되거나 되지 않도록 할 수 있다. 이러한

주석을 사용하면 MySQL에서만 실행되고 다른 데이터베이스에서는 실행되지 않는
SQL 코드를 포함할 수 있다. 다음은 실행 가능한 주석 구문을 작성하는 형식이다.

```
/*! 실행 가능한 주석 코드 작성 */
```

예를 들어 다음 구문은 실행 가능한 주석을 사용하여 결과가 1이 아닌 2가 반환된다.
그러나 다른 DBMS에서 실행하면 1이 반환된다.

```
SELECT 1 /*! +1 */
```

또한 특정 버전의 MySQL에서만 주석을 실행하고 싶다면 다음과 같은 형식의 구문을
사용하기도 한다.

```
/*!##### 실행 가능한 주석 코드 작성 */
```

대신 주석을 실행될 수 있는 MySQL의 최소 버전을 작성.
첫 번째 #은 주 버전(5 또는 8), 두 번째 2개의 ##은 부 버전,
마지막 2개 ##은 패치 수준을 작성.

03-2 데이터베이스 모델링 이해하기

데이터베이스 모델링은 데이터베이스를 설계할 때 효율적으로 데이터를 저장할 곳을 마련하기 위해 미리 설계하는 단계로, 건축물에 빗대어 설명하면 건축 설계도를 만드는 것과 유사하다. 설계도를 보면 집의 전체 모양과 방이 몇 개인지, 화장실은 어디에 있는지, 출입구는 어느 방향으로 설치하는지 등 집을 짓는 데 필요한 모든 정보가 포함되어 있다. 그리고 건설 관계자는 이 설계도대로 집을 짓는다. 만약 설계도가 엉망이라면 어떻게 될까? 아마도 완성된 집의 형태는 좋은 모습은 아닐 것이다. 또한 설계도가 엉망인 상태로 시작해서 집을 짓는 동안 설계도를 변경하고 적용하는 일은 어떠할까? 상식적으로 생각해도 쉬운 일은 아닐 것이다.

데이터베이스도 마찬가지이다. 잘못 만들어진 데이터베이스는 수정하기 힘들 뿐만 아니라 성능 또한 좋지 못하다. 따라서 데이터베이스 모델링은 데이터베이스에 저장할 데이터의 설계도를 만드는 일이므로 무엇보다 중요하다. 개발자들 사이에서는 이런 말을 할 정도이다.

"DB 튜닝의 끝은 데이터베이스 모델링이다."

▶ 이 책에서는 데이터베이스 모델링에서 꼭 알아야 할 정보만 다룬다. 데이터베이스 모델링과 관련하여 더 공부하고자 한다면 '데이터베이스 설계' 또는 '데이터베이스 모델링'이라는 키워드가 포함된 다른 책을 참고하기를 권한다.

데이터베이스 모델링의 개념과 필요성

데이터베이스 모델링은 수집한 정보와 관리 시스템을 시각적 표현하거나 청사진을 생성하는 과정으로, 데이터 관리 시스템을 구축하기 위해 어떤 데이터가 존재하는지 또는 업무에 필요한 정보는 무엇인지를 분석하는 방법이기도 하다.

앞에서도 잠깐 설명했지만 데이터베이스 모델링에서 좋지 못한 결과물이 만들어지면 실제 데이터베이스가 완성되었을 때의 결과물도 좋지 못하다. 시간이 지날수록 데이터베이스의 규모는 커지고 데이터의 양은 많아지는데, 잘못 설계하여 발생하는 다양한 성능 저하 문제나 확장 문제는 최악일 경우에는 비즈니스 전체를 위험에 빠뜨릴 수도 있다. 그래서 데이터베이스 모델링은 매우 중요하다.

데이터베이스 모델링의 필요성을 정리하면 다음과 같다.

> **데이터베이스 모델링의 필요성**
>
> • DBMS 구축에 필요한 다양한 기술을 효율적으로 적용하는 방안을 제시한다.
>
> • 데이터베이스 설계 및 생성 속도와 효율성을 촉진시킨다.
>
> • 조직의 데이터를 문서화하고 데이터 관련 시스템을 설계할 때 일관성을 조정한다.
>
> • 업무 조직과 기술 조직 간의 의사소통을 원활히 하는 도구 또는 중재의 역할을 한다.

데이터 모델링의 유형

데이터 모델링은 개념적 데이터 모델, 논리적 데이터 모델, 물리적 데이터 모델로 나눌 수 있다. 3가지 모델링 유형의 특징을 하나씩 살펴보기 위해 자동차 대리점을 예로 들어 살펴보자.

▶ 데이터베이스 모델링, 데이터 모델링 모두 같은 의미로 사용된다. 데이터가 모여 있는 곳이 데이터베이스이므로 혼용되어 사용하는 점을 알고 넘어가자.

개념적 데이터 모델

개념적 데이터 모델이란 비즈니스 이해 관계자와 분석가가 개념적으로 모델을 생성하는 것으로, 공식 데이터를 활용해 모델링하는 것보다는 요구 사항을 도출하고 프로젝트의 범위와 설계를 어떻게 할 것인지를 정의하는 단계이다. 그러므로 간단한 다이어그램 정도로 결과물이 도출된다.

우리가 자동차 대리점을 만든다고 생각해 보자. 자동차 대리점을 만들고 운영하려면 무엇을 준비해야 할까?

자동차 대리점의 모습

이러한 상황에서 개념적 데이터 모델에서 도출해야 하는 항목은 다음과 같을 것이다.

- 대리점이 보유한 다양한 매장 정보를 나타내는 Showrooms 엔티티
- 대리점이 현재 보유하고 있는 자동차 여러 대를 나타내는 Cars 엔티티
- 대리점에서 자동차를 구매한 모든 고객을 나타내는 Customers 엔티티
- 실제 판매 정보를 나타내는 Sales 엔티티
- 대리점에서 일하는 모든 판매원 정보를 나타내는 Salesperson 엔티티

▶ 엔티티^{entity}란 실체, 객체라는 의미를 가지고 있다. 여기서는 업무에 필요하고 유용한 정보를 저장하고 관리하기 위한 데이터 집합으로 설명할 수 있다.

이 개념적 데이터 모델에는 다음과 같은 비즈니스 요구 사항도 반드시 포함되어 있어야 한다. 비즈니스 요구 사항은 사업이 지속되는 동안 끊임없이 변하기 때문에 처음부터 완벽하게 포함시킬 수는 없지만 그래도 미리 반영할 수 있도록 최대한 도출하는 것이 좋다.

- 모든 자동차는 특정 대리점 소속으로 운영된다.
- 모든 자동차에는 브랜드 이름과 제품 번호가 존재한다.
- 모든 판매에는 최소한 판매원 1명과 고객 1명이 연결된다.
- 모든 고객은 전화번호와 이메일 주소를 제공한다.

이러한 방식으로 개념적 데이터 모델링을 위한 항목들을 도출할 수 있다. 개념적 데이터 모델링은 다음과 같은 절차를 통해 이루어짐을 알고 넘어가자.

개념적 데이터 모델링의 절차
주제 영역 도출 → 핵심 엔티티 도출 → 엔티티 간 관계 설정 → 엔티티 속성 정의 → 엔티티 식별자 정리

논리적 데이터 모델

논리적 데이터 모델은 개념적 데이터 모델에서 도출한 엔티티를 기술적 데이터 구조와 연결하는 단계로, 개념적 데이터 모델에서 식별된 데이터와 복잡한 데이터 간 관계를 담고 있다. 논리적 데이터 모델은 주로 데이터 아키텍트와 분석가 등이 협업을 통해 만든다. 그리고 이러한 모델을 표현하고 생성하기 위해 공식 데이터 모델링 시스템 중 하나를 선택하여 모델링을 작성한다. 이렇게 생성된 결과물을 논리 모델, 다른 말로 논리적 ERD라고 한다. 논리적 ERD 에는 다음 정보가 포함되어 있다.

- 다양한 속성의 데이터 유형(예: 문자형 또는 숫자형)
- 데이터 엔티티 간의 관계
- 데이터의 기본 속성 또는 기본키 정의

또한 논리적 ERD는 다음과 같은 형태로 표현된다. 이러한 구성으로 ERD가 표현된다는 것만 가볍게 알고 넘어가자.

자동차 대리점

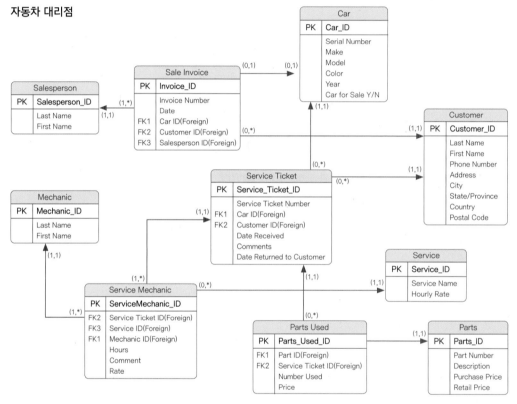

자동차 대리점을 논리적 ERD로 표현한 예

예를 들어 논리적 데이터 모델에서 도출할 수 있는 정보는 다음과 같을 것이다.

- Showrooms 엔티티에는 문자열 데이터 유형인 '이름' 및 '위치' 필드와 숫자 데이터 유형인 '전화번호' 필드가 존재한다.
- Customers 엔티티에는 xxx@example.com 또는 xxx@example.com.yy 형식의 '이메일 주소' 필드가 있으며, 단, 이메일 주소는 100자 이하여야 한다.
- Sales 엔티티에는 '고객 이름' 필드, '판매원 이름' 필드, 날짜 데이터 유형의 '판매 날짜' 필드와 10진수 데이터 유형의 '금액' 필드가 존재한다.

논리적 데이터 모델은 개발자가 개념적 데이터 모델을 바탕으로 데이터베이스를 만드는 데 사용할 기본적인 기술과 데이터베이스 언어 사이의 다리 역할을 한다. 이 모델은 DBMS의 종류에 구애받지 않으며 모든 데이터베이스 언어로 구현할 수 있다. 데이터 엔지니어를 비롯한 관련자들은 일반적으로 논리적 데이터 모델을 만든 후 어떤 데이터베이스 기술을 활용할 것인지 결정한다. 논리적 데이터 모델링에서는 데이터 모

절차	작업
특정 순서 없이 진행 가능	엔티티별 데이터 유형 도출
	관계 도출
	식별자 도출
	속성 도출
	세부 사항 도출
	데이터 정규화
	데이터 통합 / 분할
마지막 단계에서 진행	데이터 모델 검증

델에 필요한 내용을 도출하기 위해 오른쪽 표와 같은 작업이 이루어진다.

물리적 데이터 모델

물리적 데이터 모델은 논리적 데이터 모델을 관련자들이 정한 DBMS 기술에 접목하고 해당 DB 언어를 사용하여 만든다. 즉 논리적 데이터 모델링을 바탕으로 실제 사용하게 될 DBMS 제조사(오라클, MS 등)를 선택하고 그에 맞는 물리적 모델링을 생성한다. 물리적 데이터 모델은 논리적 데이터 모델과 최종적으로 선택할 DBMS의 사이의 다리 역할을 하며 다음과 같은 내용이 고려돼야 한다.

- DBMS에 표현된 데이터 필드 유형이 제대로 정의되었는가?
- 데이터 엔지니어가 최종 설계를 구현하기 전에 물리적 모델을 생성하였는가?
- 공식 데이터 모델링 기술을 따라 설계의 모든 측면을 다뤘는지 확인하였는가?

다시 자동차 대리점을 예로 들어 물리적 데이터 모델에서 도출해야 하는 다양한 정보는 다음과 같다.

- Sales에서 '판매 금액'은 숫자 데이터 유형(float)이고 '판매 날짜'는 시간 데이터 유형(timestamp)으로 저장한다.
- Customers에서 '고객 이름'은 문자열 데이터 유형으로 저장한다.

자동차 대리점

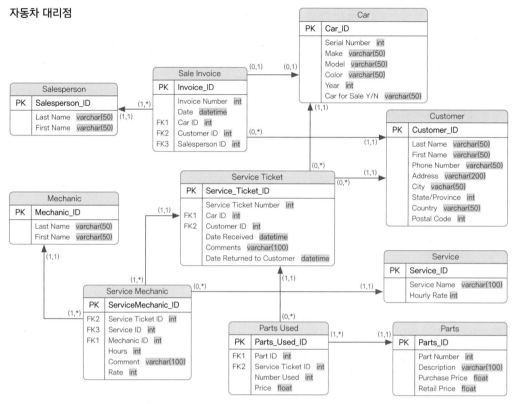

자동차 대리점을 물리적 ERD로 표현한 예

데이터 모델링 단계

다음은 어떤 조직에서 데이터베이스를 구축할 때 데이터 모델링을 한 과정을 정리한 것이다. 상위 개념으로(여기서는 오른쪽으로) 갈수록 구체화·세분화되고, 하위 개념으로(여기서는 왼쪽으로) 갈수록 추상화·단순화된다.

릴레이션이란?

알아 두면 좋아요!

데이터 분석이나 데이터베이스를 공부하다보면 릴레이션^{relation}이라는 단어를 자주 만나게 될 것이다. 이는 관계형 데이터베이스에서 2개의 엔티티 사이의 논리적인 관계를 말하며, 이를 통해 엔티티와 엔티티가 서로 어떻게 연결되는지를 알 수 있다. 데이터 모델에서 관계란 업무의 흐름을 나타내기도 한다. 데이터 모델에 이러한 관계가 제대로 설정되어 있지 않으면 실세계의 업무 흐름이 데이터 모델에 정확하게 표현되지 않아 데이터의 무결성을 깨뜨린다. 즉, 데이터의 정확성이나 일관성을 무너뜨린다. 릴레이션은 다음과 같은 다양한 관계를 형성할 수 있다.

> - **1:1(one to one)**: 관계에 참여하는 엔티티는 관계를 맺는 다른 엔티티와 한 개의 관계만 갖는다.
> - **1:N(one to many)**: 관계에 참여하는 엔티티는 관계를 맺는 다른 엔티티와 하나 이상의 관계를 가진다.
> - **N:M(many to many)**: 관계에 참여하는 엔티티는 관계를 맺는 다른 엔티티와 서로 하나 이상의 관계를 가진다.

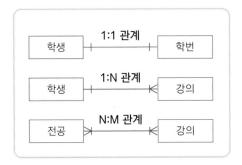

릴레이션의 예

데이터베이스 정규화란?

목적에 맞게 테이블을 분리하고 중복 데이터를 제거하는 과정을 모델링에서는 정규화라고 한다고 01-2절에서 잠깐 언급하였다. 정규화는 데이터베이스 모델링 단계 중 하나로, 논리적 데이터 모델에서의 중복을 제거해 일관적이고 안정적인 데이터 구조를 만드는 단계이다. 정규화는 제1 정규화부터 제5 정규화, BCNF 정규화가 있는데 일반적으로 제3 정규화까지 사용한다. 제3 정규화는 데이터 모델이 적당한 일관성을 유지하면서도 중복이 거의 없는 논리적 데이터 모델을 구성하는 단계이다.

▶ 데이터베이스 정규화는 부록 A-1절에서 더 자세히 살펴볼 수 있다.

sakila 데이터베이스 둘러보기

앞으로 우리는 실습에서 sakila라는 MySQL에서 제공하는 데이터베이스를 사용하려고 한다. sakila 데이터베이스는 영화, 배우, 영화와 배우 간 관계, 상점, 대여를 연결하는 중앙 재고 테이블 등을 특징으로 하는 DVD 대여점을 주제로 한 데이터를 모델링한 것이다.

다음 그림은 sakila 데이터베이스의 ERD로, 릴레이션을 따라 테이블을 하나씩 살펴보면서 테이블의 데이터와 연관된 테이블 간의 데이터 관계 정도만 확인하고 넘어가자.

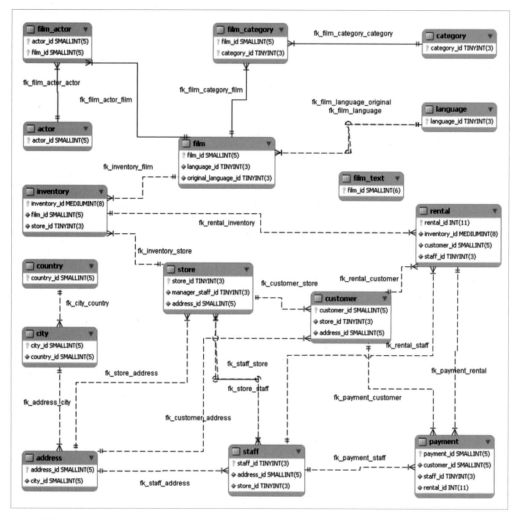

sakila 데이터베이스의 ERD

▶ sakila 데이터베이스에 대한 ERD의 자세한 설명은 여기서 다루지 않는다. 관련 ERD를 좀 더 자세히 살펴보고 싶다면 https://docs.oracle.com/cd/E17952_01/workbench-en/wb-documenting-sakila.html를 통해 확인할 수 있다.

▶ MySQL 워크벤치에도 데이터베이스 모델링을 할 수 있는 기능이 포함되어 있다. MySQL 워크벤치에서 모델링하는 방법은 부록 A-2절에서 자세히 살펴볼 수 있다.

Q1 주석을 작성하는 두 가지 방법에 대해서 서술하세요.

Q2 doit_exam이라는 데이터베이스를 생성하는 쿼리를 작성하세요.

Q3 다음과 같이 데이터를 저장할 수 있도록 doit_exam_t1이라는 테이블을 doit_exam 데이터베이스에 생성하고 데이터를 입력하는 쿼리를 작성하세요.

Id	name	create_date
1	강성욱	2023-10-01 12:22:00
2	이지스퍼블리싱	2024-01-03 15:31:00
3	doitmysql	2024-02-01 00:05:00

Q4 **Q3** 에서 생성한 doit_exam_t1 테이블에서 id가 1인 행에서 name 열의 데이터를 '출판사'로 변경하는 쿼리를 작성하세요.

Q5 **Q3** 에서 생성한 doit_exam_t1 테이블에서 id가 1인 행을 삭제하는 쿼리를 작성하세요.

Q6 **Q3** 에서 생성한 doit_exam_t1의 테이블을 삭제하는 쿼리를 작성하세요.

Q7 doit_exam 데이터베이스를 삭제하는 쿼리를 작성하세요.

Q8 데이터베이스 모델링의 필요성을 3가지 이상 작성하세요.

Q9 데이터 모델링 단계를 순서대로 작성하세요.

Q10 관계형 데이터베이스에서 릴레이션이란 무엇인지 간단히 작성하세요.

Q11 데이터베이스 정규화란 무엇인지 간단히 작성하세요.

04

SQL
기본 문법 익히기

이 장에서는 실제 데이터를 조회, 필터링, 정렬하기 위한
다양한 구문을 학습한다. SQL의 가장 기본이라 할 수 있
는 SELECT 문의 사용법부터 WHERE 절로 조건에 따라
데이터를 필터링하고 ORDER BY 절로 데이터를 정렬하
는 등 여러 구문의 사용 방법을 학습할 것이다.
데이터뿐만 아니라 테이블을 생성하고 조작하는 방법을
통해 데이터를 자유자재로 활용하는 방법을 익혀 보자.

———

04-1 SELECT 문으로 데이터 조회하기

SELECT 문은 데이터베이스에서 데이터를 조회하는 구문이다. SELECT 문은 자주 사용하지만 시스템 성능에 많은 영향을 미치므로 주의해서 사용해야 한다. 다음은 MySQL 공식 문서에서 볼 수 있는 SELECT 문의 사용 방법이다.

> **Do it! 🗄 MySQL 공식 문서에 소개된 SELECT 문**

```
SELECT
    [ALL ¦ DISTINCT ¦ DISTINCTROW]
    [HIGH_PRIORITY]
    [STRAIGHT_JOIN]
    [SQL_SMALL_RESULT] [SQL_BIG_RESULT] [SQL_BUFFER_RESULT]
    [SQL_NO_CACHE] [SQL_CALC_FOUND_ROWS]
    select_expr [, select_expr] ...
    [into_option]
    [FROM table_references
      [PARTITION partition_list]]
    [WHERE where_condition]
    [GROUP BY {col_name ¦ expr ¦ position}, ... [WITH ROLLUP]]
    [HAVING where_condition]
    [WINDOW window_name AS (window_spec)
        [, window_name AS (window_spec)] ...]
    [ORDER BY {col_name ¦ expr ¦ position}
      [ASC ¦ DESC], ... [WITH ROLLUP]]
    [LIMIT {[offset,] row_count ¦ row_count OFFSET offset}]
    [into_option]
    [FOR {UPDATE ¦ SHARE}
        [OF tbl_name [, tbl_name] ...]
        [NOWAIT ¦ SKIP LOCKED]
      ¦ LOCK IN SHARE MODE]
    [into_option]

into_option: {
    INTO OUTFILE 'file_name'
```

```
        [CHARACTER SET charset_name]
        export_options
  | INTO DUMPFILE 'file_name'
  | INTO var_name [, var_name] ...
}
```

공식 문서를 보면 복잡하다는 생각이 들겠지만 당황하지 않아도 된다. 문법이라는 것이 늘 그렇듯 해당 문법에 관련된 모든 내용을 포함하여 정리한 것이라 복잡하게 보일 뿐이다. SELECT 문을 가장 자주 사용하는 형태로 줄이면 다음과 같다. 여러분은 이 형태만 이해하면 된다. 이 형태만 알아도 앞으로 작성할 대부분의 쿼리를 소화할 수 있을 것이다.

자주 사용하는 형태의 SELECT 문

SELECT 열

FROM 테이블

WHERE 조건

ORDER BY 열

SELECT 문으로 열 조회하기

데이터를 조회하려면 SELECT 문을 사용한다. SELECT 문은 다양한 옵션도 함께 사용할 수 있다. SELECT의 기본 형식은 다음과 같이 매우 간단하다.

① **SELECT**: 데이터를 조회하겠다는 구문이다.

② **[열]**: 조회하고 싶은 데이터의 열을 입력한다. 여러 열을 조회할 때에는 쉼표로 구분하여 연결한다. 열 이름 대신 *를 입력하면 테이블의 전체 열을 조회할 수 있다.

③ **FROM**: 데이터를 가져올 테이블을 정하는 구문이다.

④ **[테이블]**: 데이터가 저장되어 있는 테이블 이름을 입력한다. 이때 **DB.테이블**과 같이 DB명을 함께 붙여서 사용할 경우 해당 데이터베이스의 테이블을 조회할 수 있다.

데이터를 조회하기 전 먼저 우리가 활용해 볼 customer 테이블의 구조를 살펴보자. sakila 데이터베이스의 customer 테이블은 모든 고객의 정보 데이터가 저장되어 있다.

▶ 02-2절에서 MySQL에서 제공하는 샘플 데이터베이스를 미리 설치하는 과정을 거쳤으나, 만약 실습에서 활용할 sakila 데이터베이스가 생성되어 있지 않다면 부록 A-3절을 따라하며 데이터베이스를 생성하도록 하자.

customer 테이블	
customer_id	이 테이블에서 고객을 고유하게 식별하는 데 사용하는 기본키
store_id	store 테이블에서 고객의 '홈 스토어'를 식별하는 외래키
first_name	고객의 이름이 저장되어 있는 열
last_name	고객의 성이 저장되어 있는 열
email	고객의 이메일 주소가 저장되어 있는 열
address_id	address 테이블에서 고객의 주소를 식별하는 외래키
active	고객이 활성화된 고객인지 여부가 저장되어 있는 열
create_date	고객이 시스템에 추가된 날짜가 저장되어 있는 열
last_update	행이 수정되었거나 가장 최근에 업데이트된 시간이 저장되어 있는 열

▶ 외래키foreign key란 테이블 간 관계를 구성할 때 참조하는 열을 의미한다. 자세한 내용은 04-6절에서 다룬다.

하나의 열 조회하기

customer 테이블에서 고객의 이름이 저장된 first_name 열을 조회하는 쿼리를 작성해 보자.

Do it! 🗄 first_name 열을 조회

```
SELECT first_name FROM customer;
```

실행 결과

first_name
▶ MARY
PATRICIA
LINDA
BARBARA
ELIZABETH
JENNIFER
MARIA
SUSAN
MARGARET
DOROTHY

▶ 지면 관계상 실행 결과를 일부만 넣었다. 여러분이 MySQL 워크벤치에서 쿼리를 실행한 결과와 다소 차이가 있음을 알아 두자.

2개 이상의 열 조회하기

이번에는 2개의 열을 조회하는 쿼리를 알아보자. 다음은 customer 테이블에서 first_name, last_name 열을 조회하는 쿼리이다. 이때, 2개의 열을 조회하기 위해 쉼표(,)로 구분하여 조회할 열 이름을 나열했다.

Do it! 2개의 열을 조회

```sql
SELECT first_name, last_name FROM customer;
```

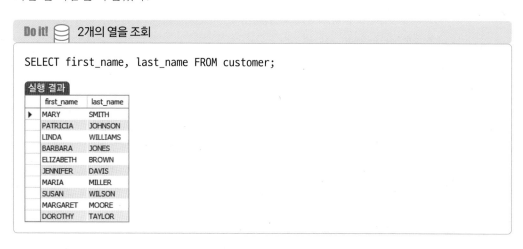

전체 열 조회하기

테이블의 전체 열을 조회하려면 열 이름을 모두 입력할 필요 없이 * 기호를 사용하면 된다. 물론 쉼표로 구분하여 모든 열을 입력해도 되지만 열 이름을 외우기도 어려우니 * 기호를 사용하는 것을 추천한다.

다음은 customer 테이블의 전체 데이터를 조회하는 쿼리이다. ▶ MySQL 서버는 테이블당 열을 최대 4,096개까지 생성할 수 있다.

Do it! 모든 열을 조회

```sql
SELECT * FROM customer;
```

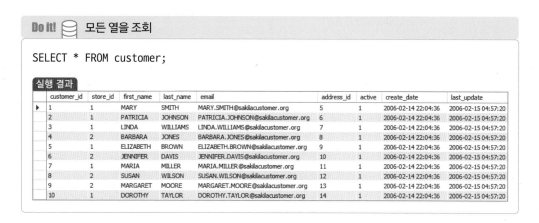

전체 열 조회는 자원을 많이 소비하므로 주의하자

데이터를 조회할 때 전체 열 조회는 가급적이면 자주 쓰지 않는 것이 좋다. 그 이유는 전체 열을 조회할 경우 불필요한 열의 데이터까지 모두 조회하게 되므로 CPU나 디스크에 많은 부담을 준다. 또한 조회한 데이터는 네트워크를 통해 전송하는 것이 일반적이므로 네트워크에도 부담을 준다.

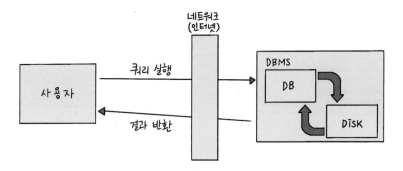

DBMS에서의 데이터 조회 프로세스

예를 들어 크기가 50바이트인 데이터를 저장할 수 있는 열이 50개, 행이 1만 개라고 가정하면 전체 열을 1회 조회 시 네트워크로 전송되는 데이터는 약 25MB이다. 즉, 쿼리 1줄이 25MB의 부담을 유발하는 셈이다.

> **전체 열 1회 조회 시 생성되는 데이터의 크기**
>
> 50 Byte X 50 column X 10000 row
>
> = 25,000,000 Byte
>
> = 약 25MB

물론 우리가 활용하는 실습용 데이터는 용량이 작고, 쿼리는 여러분의 컴퓨터에서 직접 실행되는 것이므로 위와 같은 부담은 생각하지 않아도 되지만 실무에서는 수십 개의 프로그램이 네트워크를 통해 데이터베이스에 접속하여 여러 쿼리를 요청하며 작업한다. 즉, 데이터베이스에 요청하는 쿼리가 초당 몇백 개에서 몇만 개까지 발생한다. 응답 속도가 중요한 데이터베이스 시스템은 이러한 요청이 최적화되지 않으면 엄청나게 느려질 수 있으므로 필요한 정보만 최소한으로 조회하는 습관을 들이도록 하자.

MySQL 워크벤치에서 테이블의 열 정보 확인하기

데이터를 조회할 때 테이블에 무슨 열이 있는지 확인하고 싶은 경우 왼쪽 내비게이터의 [Schemas] 탭에서 테이블을 확장하면 열의 정보를 쉽게 확인할 수 있다. 예를 들어 오른쪽과 같이 [sakila → Tables → customer → Columns] 순서로 확장하여 현재 사용하는 테이블의 열 정보를 확인할 수 있다.

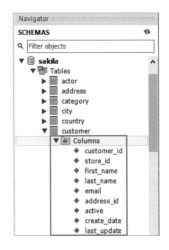

또는 MySQL 서버에서 제공하는 시스템 함수를 활용해 테이블 열 정보를 확인할 수도 있다. 이러한 시스템 함수는 데이터베이스 시스템마다 지원하는 명령어가 다르다. 여기에서는 MySQL에서만 적용되는 SHOW COLUMNS를 사용해 보자. 다음은 customer 테이블의 열 정보를 확인하는 쿼리이다.

Do it! 🛢 customer 테이블의 열 정보를 조회

```sql
SHOW COLUMNS FROM sakila.customer;
```

실행 결과

	Field	Type	Null	Key	Default	Extra
▶	customer_id	smallint unsigned	NO	PRI	NULL	auto_increment
	store_id	tinyint unsigned	NO	MUL	NULL	
	first_name	varchar(45)	NO		NULL	
	last_name	varchar(45)	NO	MUL	NULL	
	email	varchar(50)	YES		NULL	
	address_id	smallint unsigned	NO	MUL	NULL	
	active	tinyint(1)	NO		1	
	create_date	datetime	NO		NULL	
	last_update	timestamp	YES		CURRENT_TIMESTAMP	DEFAULT_GENERATED on update CURRENT_TI...

테이블에 생성되어 있는 열 이름이 출력되고, 각 열의 데이터 유형이나 Null 값 허용 여부 등의 정보를 확인할 수 있다.

04-2 WHERE 절로 조건에 맞는 데이터 조회하기

앞에서 언급했듯 시스템의 과부하를 줄이려면 필요한 데이터만 조회해야 한다. 지금까지 필요한 열을 조회하는 방법은 알아보았지만 행은 전체가 다 조회되므로 아직 필요한 데이터만 조회했다고 볼 수 없다. 실무에서 사용하는 데이터베이스에는 엄청난 양의 데이터가 저장되어 있으므로 매번 전체 행을 가져오면 안 될 것이다. 이번에는 조건에 맞는 행을 조회하기 위해 WHERE 절을 활용하는 방법을 알아보자. 다음은 WHERE 절의 기본 형식이다.

> **WHERE 절의 기본 형식**
>
> SELECT [열] FROM [테이블] <u>WHERE</u> <u>[열]</u> <u>=</u> <u>[조건값]</u>
>   ①   ② ③   ④

① **WHERE**: 조건에 맞는 행을 조회하기 위한 구문이다.

② **[열]**: 조건을 적용할 열을 입력한다.

③ **연산자**: 조건을 적용할 연산자 종류를 입력한다. 여기서는 =을 입력했다.

④ **[조건값]**: 사용자 조건값을 입력한다.

WHERE 절로 특정 값 조회하기

실습을 통해서 WHERE 절을 어떻게 사용하는지 알아보자. 다음은 customer 테이블에서 first_name 열의 값이 'MARIA'인 데이터를 조회한 쿼리이다.

Do it! 🗄 WHERE 절, = 연산자로 특정 값 조회

```
SELECT * FROM customer WHERE first_name = 'MARIA';
```

실행 결과

customer_id	store_id	first_name	last_name	email	address_id	active	create_date	last_update
7	1	MARIA	MILLER	MARIA.MILLER@sakilacustomer.org	11	1	2006-02-14 22:04:36	2006-02-15 04:57:20
NULL	NULL	NULL	NULL	NULL	NULL	NULL	NULL	NULL

= 연산자 오른쪽 조건에 해당하는 데이터만 조회된 것을 확인할 수 있다. 이렇게 필요한 데이터만 필터링하면 원하는 데이터를 빠르게 조회할 수 있고 시스템의 부하를 줄일 수도 있다.

WHERE 절에서 비교 연산자 사용해 보기

WHERE 절에는 다양한 연산자를 사용할 수 있다. 앞선 예에서는 조건에 해당하는 값과 같은 데이터를 조회하기 위해 비교 연산자 =를 사용했다. 이외에도 MySQL은 다양한 비교 연산자를 제공한다.

비교 연산자의 종류 살펴보기

MySQL에서는 다음과 같은 비교 연산자를 사용하여 데이터를 조회할 수 있다.

연산자	설명
<	조건값보다 작은 값을 조회한다.
<=	조건값보다 같거나 작은 값을 조회한다.
=	조건값과 동일한 값을 조회한다.
>	조건값보다 큰 값을 조회한다.
>=	조건값보다 같거나 큰 값을 조회한다.
<>, !=	조건값과 동일하지 않는 값을 조회한다.
!<	조건값보다 작지 않은 값을 조회한다.
!>	조건값보다 크지 않은 값을 조회한다.

<= 등과 같이 크기를 비교하는 연산자는 숫자에만 사용하기를 권한다. 문자열에도 비교 연산자를 사용할 수 있지만 이 연산자는 데이터베이스 시스템이 정의한 정렬 기준에 따라 결괏값이 달라지므로 데이터 속성에 따라 적절히 사용해야 한다.

▶ 사실 조회 시 정렬이 중요한 데이터는 ORDER BY 절을 사용하는 것이 좋다. ORDER BY 절은 WHERE 절을 모두 학습한 후 04-3절에서 다룰 것이다.

알아 두면 좋아요!

메뉴에서 데이터베이스의 정렬 기준을 확인할 수 있다

데이터베이스의 정렬 기준은 데이터베이스 담당자에게 문의하여 확인할 수도 있지만 MySQL 워크벤치의 메뉴에서도 확인할 수도 있다. [Schemas] 탭에서 데이터베이스(여기서는 sakila)를 선택하고 오른쪽 클릭하여 [Schema Inspector]을 선택한 다음, [Info] 탭에서 항목을 확인하면 된다.

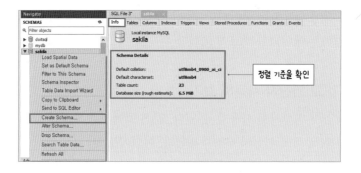

현재 실습에 활용한 이 데이터베이스는 utf8mb4_0900_ai_ci 기준으로 데이터를 정렬한다. 이 내용을 자세히 살펴보면 utf8mb4는 각 문자가 UTF-8 인코딩 체계에서 최대 4바이트로 저장됨을 의미한다. 0900은 유니코드 데이터 정렬 알고리즘 버전을 나타낸다. ai는 악센트 무감각성을 나타낸다. 즉, 정렬할 때 e, è, é, ê 및 ẽ 간에 차이가 없다는 의미이다. ci는 대소 문자를 구분하지 않음을 나타낸다. 즉, 정렬할 때 p와 P 사이에 차이가 없다.

▶ 유니코드 데이터 정렬 알고리즘은 유니코드 표준의 요구 사항을 준수하는 두 개의 유니코드 문자열을 비교하는 데 사용되는 방법이다.

비교 연산자를 이용한 데이터 조회하기

숫자형, 문자열형, 날짜형 등 여러 데이터 유형과 비교 연산자를 사용했을 때 어떤 결과가 나오는지 여러 예를 통해 살펴보자.

1. customer 테이블에서 숫자형 비교로 address_id 열의 데이터가 200에 해당하는 행만 조회해 보자.

```
SELECT * FROM customer WHERE address_id = 200;
```

	customer_id	store_id	first_name	last_name	email	address_id	active	create_date	last_update
▶	196	1	ALMA	AUSTIN	ALMA.AUSTIN@sakilacustomer.org	200	1	2006-02-14 22:04:36	2006-02-15 04:57:20

2. 마찬가지로 customer 테이블에서 이번에는 숫자형 비교로 address_id 열에서 데이터가 200 미만에 해당하는 행을 조회해 보자.

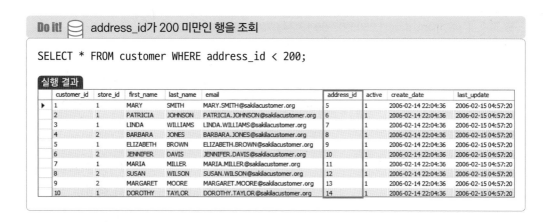

Do it! 🗄 address_id가 200 미만인 행을 조회

```
SELECT * FROM customer WHERE address_id < 200;
```

실행 결과

	customer_id	store_id	first_name	last_name	email	address_id	active	create_date	last_update
▶	1	1	MARY	SMITH	MARY.SMITH@sakilacustomer.org	5	1	2006-02-14 22:04:36	2006-02-15 04:57:20
	2	1	PATRICIA	JOHNSON	PATRICIA.JOHNSON@sakilacustomer.org	6	1	2006-02-14 22:04:36	2006-02-15 04:57:20
	3	1	LINDA	WILLIAMS	LINDA.WILLIAMS@sakilacustomer.org	7	1	2006-02-14 22:04:36	2006-02-15 04:57:20
	4	2	BARBARA	JONES	BARBARA.JONES@sakilacustomer.org	8	1	2006-02-14 22:04:36	2006-02-15 04:57:20
	5	1	ELIZABETH	BROWN	ELIZABETH.BROWN@sakilacustomer.org	9	1	2006-02-14 22:04:36	2006-02-15 04:57:20
	6	2	JENNIFER	DAVIS	JENNIFER.DAVIS@sakilacustomer.org	10	1	2006-02-14 22:04:36	2006-02-15 04:57:20
	7	1	MARIA	MILLER	MARIA.MILLER@sakilacustomer.org	11	1	2006-02-14 22:04:36	2006-02-15 04:57:20
	8	2	SUSAN	WILSON	SUSAN.WILSON@sakilacustomer.org	12	1	2006-02-14 22:04:36	2006-02-15 04:57:20
	9	2	MARGARET	MOORE	MARGARET.MOORE@sakilacustomer.org	13	1	2006-02-14 22:04:36	2006-02-15 04:57:20
	10	1	DOROTHY	TAYLOR	DOROTHY.TAYLOR@sakilacustomer.org	14	1	2006-02-14 22:04:36	2006-02-15 04:57:20

3. 다음은 customer 테이블에서 문자열형 비교로 first_name 열에서 데이터가 MARIA인 행을 조회해 보자.

Do it! 🗄 first_name이 MARIA인 행을 조회

```
SELECT * FROM customer WHERE first_name = 'MARIA';
```

실행 결과

	customer_id	store_id	first_name	last_name	email	address_id	active	create_date	last_update
▶	7	1	MARIA	MILLER	MARIA.MILLER@sakilacustomer.org	11	1	2006-02-14 22:04:36	2006-02-15 04:57:20
*	NULL	NULL	NULL	NULL	NULL	NULL	NULL	NULL	NULL

4. customer 테이블에서 문자열형 비교로 first_name 열에서 데이터가 A, B, C 순으로 MARIA보다 앞에 위치한 행들을 조회해 보자.

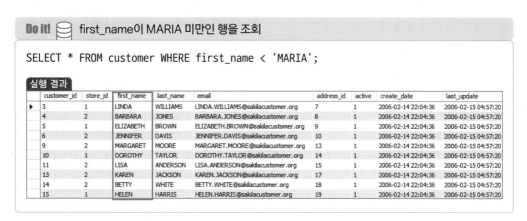

Do it! 🗄 first_name이 MARIA 미만인 행을 조회

```
SELECT * FROM customer WHERE first_name < 'MARIA';
```

실행 결과

	customer_id	store_id	first_name	last_name	email	address_id	active	create_date	last_update
▶	3	1	LINDA	WILLIAMS	LINDA.WILLIAMS@sakilacustomer.org	7	1	2006-02-14 22:04:36	2006-02-15 04:57:20
	4	2	BARBARA	JONES	BARBARA.JONES@sakilacustomer.org	8	1	2006-02-14 22:04:36	2006-02-15 04:57:20
	5	1	ELIZABETH	BROWN	ELIZABETH.BROWN@sakilacustomer.org	9	1	2006-02-14 22:04:36	2006-02-15 04:57:20
	6	2	JENNIFER	DAVIS	JENNIFER.DAVIS@sakilacustomer.org	10	1	2006-02-14 22:04:36	2006-02-15 04:57:20
	9	2	MARGARET	MOORE	MARGARET.MOORE@sakilacustomer.org	13	1	2006-02-14 22:04:36	2006-02-15 04:57:20
	10	1	DOROTHY	TAYLOR	DOROTHY.TAYLOR@sakilacustomer.org	14	1	2006-02-14 22:04:36	2006-02-15 04:57:20
	11	2	LISA	ANDERSON	LISA.ANDERSON@sakilacustomer.org	15	1	2006-02-14 22:04:36	2006-02-15 04:57:20
	13	2	KAREN	JACKSON	KAREN.JACKSON@sakilacustomer.org	17	1	2006-02-14 22:04:36	2006-02-15 04:57:20
	14	2	BETTY	WHITE	BETTY.WHITE@sakilacustomer.org	18	1	2006-02-14 22:04:36	2006-02-15 04:57:20
	15	1	HELEN	HARRIS	HELEN.HARRIS@sakilacustomer.org	19	1	2006-02-14 22:04:36	2006-02-15 04:57:20

5. 이번에는 payment 테이블에서 날짜형 비교로 payment_date 열에서 2005-07-09 13:24:07인 데이터를 조회해 보자.

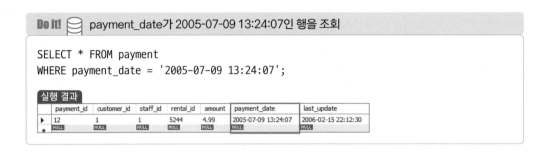

Do it! 📀 payment_date가 2005-07-09 13:24:07인 행을 조회

```
SELECT * FROM payment
WHERE payment_date = '2005-07-09 13:24:07';
```

실행 결과

payment_id	customer_id	staff_id	rental_id	amount	payment_date	last_update
12	1	1	5244	4.99	2005-07-09 13:24:07	2006-02-15 22:12:30
NULL	NULL	NULL	NULL	NULL	NULL	NULL

6. 마지막으로 payment 테이블에서 날짜형 비교로 payment_date 열에서 데이터가 2005년 7월 9일 이전 날짜에 해당하는 행들을 조회해 보자.

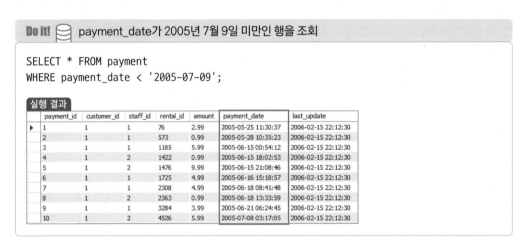

Do it! 📀 payment_date가 2005년 7월 9일 미만인 행을 조회

```
SELECT * FROM payment
WHERE payment_date < '2005-07-09';
```

실행 결과

payment_id	customer_id	staff_id	rental_id	amount	payment_date	last_update
1	1	1	76	2.99	2005-05-25 11:30:37	2006-02-15 22:12:30
2	1	1	573	0.99	2005-05-28 10:35:23	2006-02-15 22:12:30
3	1	1	1185	5.99	2005-06-15 00:54:12	2006-02-15 22:12:30
4	1	2	1422	0.99	2005-06-15 18:02:53	2006-02-15 22:12:30
5	1	2	1476	9.99	2005-06-15 21:08:46	2006-02-15 22:12:30
6	1	1	1725	4.99	2005-06-16 15:18:57	2006-02-15 22:12:30
7	1	1	2308	4.99	2005-06-18 08:41:48	2006-02-15 22:12:30
8	1	2	2363	0.99	2005-06-18 13:33:59	2006-02-15 22:12:30
9	1	1	3284	3.99	2005-06-21 06:24:45	2006-02-15 22:12:30
10	1	2	4526	5.99	2005-07-08 03:17:05	2006-02-15 22:12:30

이 정도면 비교 연산자 연습이 꽤 됐을 것이다. 아마 실습을 진행하다 보면 가끔 책과 여러분의 결과가 다르게 보일 수도 있는데, 앞에서 언급한 것처럼 실습하는 데이터베이스의 환경에 따라 데이터 우선순위가 다를 수 있어서 발생하는 현상이므로 참고하기 바란다.

WHERE 절에서 논리 연산자 사용해 보기

논리 연산자는 조건에 대한 참(TRUE), 거짓(FALSE)을 판단하며 좀 더 복잡한 조건식이 필요한 경우 비교 연산자와 조합하여 많이 사용한다. MySQL에서는 다양한 논리 연산자를 제공한다.

논리 연산자의 종류 살펴보기

다음은 논리 연산자를 표로 정리한 것이다. 이와 같은 논리 연산자를 사용하여 다양한 조건을 주어 데이터를 조회할 수 있다. 설명이 조금 어려울 수 있지만 실습하다 보면 자연스럽게 이해할 수 있을 것이다.

연산자	설명
ALL	모든 비교 집합이 참일 경우에 해당 데이터를 조회한다.
AND	AND를 기준으로 양쪽의 부울 표현식이 모두 참이면 해당 데이터를 조회한다.
ANY	비교 집합 중 하나라도 참이면 해당 데이터를 조회한다.
BETWEEN	피연산자가 범위 내에 있으면 데이터를 조회한다.
EXISTS	하위 쿼리에 행이 포함되면 데이터를 조회한다.
IN	피연산자가 리스트 중 하나라도 포함되어 있으면 데이터를 조회한다.
LIKE	피연산자가 패턴과 일치하는 경우 데이터를 조회한다.
NOT	부울 연산자를 반대로 실행해 데이터를 조회한다.
OR	OR를 기준으로 한 쪽의 부울 표현식이 참이면 해당 데이터를 조회한다.
SOME	비교 집합 중 일부가 참인 경우 데이터를 조회한다.

▶ 부울boolean은 참 또는 거짓을 값으로 가지는 데이터 유형을 말한다.

BETWEEN을 이용한 데이터 조회하기

BETWEEN은 WHERE 절과 함께 사용하며 조회하는 값의 범위를 지정할 수 있다.
BETWEEN은 보통 날짜형 데이터를 조회할 때 자주 사용하지만 문자열형, 숫자형 데이터에
도 사용할 수 있다.

1. 다음 쿼리는 customer 테이블의 address_id 열에서 데이터가 5~10 범위에 해당하는 행
을 조회한다.

Do it! 🗄 정해진 범위에 해당하는 데이터 조회

```
SELECT * FROM customer WHERE address_id BETWEEN 5 AND 10;
```

실행 결과

	customer_id	store_id	first_name	last_name	email	address_id	active	create_date	last_update
▶	1	1	MARY	SMITH	MARY.SMITH@sakilacustomer.org	5	1	2006-02-14 22:04:36	2006-02-15 04:57:20
	2	1	PATRICIA	JOHNSON	PATRICIA.JOHNSON@sakilacustomer.org	6	1	2006-02-14 22:04:36	2006-02-15 04:57:20
	3	1	LINDA	WILLIAMS	LINDA.WILLIAMS@sakilacustomer.org	7	1	2006-02-14 22:04:36	2006-02-15 04:57:20
	4	2	BARBARA	JONES	BARBARA.JONES@sakilacustomer.org	8	1	2006-02-14 22:04:36	2006-02-15 04:57:20
	5	1	ELIZABETH	BROWN	ELIZABETH.BROWN@sakilacustomer.org	9	1	2006-02-14 22:04:36	2006-02-15 04:57:20
	6	2	JENNIFER	DAVIS	JENNIFER.DAVIS@sakilacustomer.org	10	1	2006-02-14 22:04:36	2006-02-15 04:57:20

조회 결과를 살펴보면 address_id 열에서 5, 6, 7, 8, 9, 10에 해당하는 데이터가 반환된 것을
확인할 수 있다. 이를 통해 BETWEEN은 조건값을 포함하여 데이터를 조회한다는 것을 알 수
있다.

2. 이번에는 날짜형 데이터를 조회할 때에도 BETWEEN을 사용해 보자. 다음 쿼리는 payment 테이블의 payment_date 열에서 데이터가 2005년 6월 17일~2005년 7월 19일 범위에 해당하는 행을 조회한다. 이 역시도 조건값을 포함한 결과를 반환한다.

Do it! 2005년 6월 17일~2005년 7월 19일을 포함한 날짜 조회

```
SELECT * FROM payment WHERE payment_date BETWEEN '2005-06-17' AND '2005-07-19';
```

실행 결과

payment_id	customer_id	staff_id	rental_id	amount	payment_date	last_update
7	1	1	2308	4.99	2005-06-18 08:41:48	2006-02-15 22:12:30
8	1	2	2363	0.99	2005-06-18 13:33:59	2006-02-15 22:12:30
9	1	1	3284	3.99	2005-06-21 06:24:45	2006-02-15 22:12:30
10	1	2	4526	5.99	2005-07-08 03:17:05	2006-02-15 22:12:30
11	1	1	4611	5.99	2005-07-08 07:33:56	2006-02-15 22:12:30
12	1	1	5244	4.99	2005-07-09 13:24:07	2006-02-15 22:12:30
13	1	1	5326	4.99	2005-07-09 16:38:01	2006-02-15 22:12:30
14	1	1	6163	7.99	2005-07-11 10:13:46	2006-02-15 22:12:30
34	2	1	2128	2.99	2005-06-17 20:54:58	2006-02-15 22:12:30
35	2	1	5636	2.99	2005-07-10 06:31:24	2006-02-15 22:12:30

날짜형 데이터를 조회할 때는 밀리초를 고려해야 한다. 예를 들어 2005-06-17을 조건값으로 사용하면 실제로는 2005-06-17 00:00:00.000이 조건식에 사용된다. 때문에 이와 같은 결과가 출력된다.

3. 시간을 포함해 정확한 날짜형 데이터를 조건값으로 사용하려면 다음과 같이 쿼리를 작성하면 된다.

▶ 날짜형 데이터를 활용할 때 어느 시간 단위까지 저장되어 있는지 확인하고 시, 분, 초를 적절히 생략하고 사용한다.

Do it! 정확한 날짜를 조회

```
SELECT * FROM payment WHERE payment_date = '2005-07-08 07:33:56';
```

실행 결과

payment_id	customer_id	staff_id	rental_id	amount	payment_date	last_update
11	1	1	4611	5.99	2005-07-08 07:33:56	2006-02-15 22:12:30

4. 다음 쿼리는 문자열 범위를 지정하여 데이터를 조회한다. Customer 테이블의 first_name 열에서 M과 O 사이의 데이터를 조회한 뒤, 결과를 확인해 보자.

Do it! first_name 열에서 M~O 범위의 데이터 조회

```
SELECT * FROM customer
WHERE first_name BETWEEN 'M' AND 'O';
```

	customer_id	store_id	first_name	last_name	email	address_id	active	create_date	last_update
▶	1	1	MARY	SMITH	MARY.SMITH@sakilacustomer.org	5	1	2006-02-14 22:04:36	2006-02-15 04:57:20
	7	1	MARIA	MILLER	MARIA.MILLER@sakilacustomer.org	11	1	2006-02-14 22:04:36	2006-02-15 04:57:20
	9	2	MARGARET	MOORE	MARGARET.MOORE@sakilacustomer.org	13	1	2006-02-14 22:04:36	2006-02-15 04:57:20
	12	1	NANCY	THOMAS	NANCY.THOMAS@sakilacustomer.org	16	1	2006-02-14 22:04:36	2006-02-15 04:57:20
	21	1	MICHELLE	CLARK	MICHELLE.CLARK@sakilacustomer.org	25	1	2006-02-14 22:04:36	2006-02-15 04:57:20
	30	1	MELISSA	KING	MELISSA.KING@sakilacustomer.org	34	1	2006-02-14 22:04:36	2006-02-15 04:57:20
	38	1	MARTHA	GONZALEZ	MARTHA.GONZALEZ@sakilacustomer.org	42	1	2006-02-14 22:04:36	2006-02-15 04:57:20
	44	1	MARIE	TURNER	MARIE.TURNER@sakilacustomer.org	48	1	2006-02-14 22:04:36	2006-02-15 04:57:20
	60	1	MILDRED	BAILEY	MILDRED.BAILEY@sakilacustomer.org	64	1	2006-02-14 22:04:36	2006-02-15 04:57:20
	68	1	NICOLE	PETERSON	NICOLE.PETERSON@sakilacustomer.org	72	1	2006-02-14 22:04:36	2006-02-15 04:57:20
	80	1	MARILYN	ROSS	MARILYN.ROSS@sakilacustomer.org	84	1	2006-02-14 22:04:36	2006-02-15 04:57:20
	94	1	NORMA	GONZALES	NORMA.GONZALES@sakilacustomer.org	98	1	2006-02-14 22:04:36	2006-02-15 04:57:20
	128	1	MARJORIE	TUCKER	MARJORIE.TUCKER@sakilacustomer.org	132	1	2006-02-14 22:04:36	2006-02-15 04:57:20
	131	2	MONICA	HICKS	MONICA.HICKS@sakilacustomer.org	135	1	2006-02-14 22:04:36	2006-02-15 04:57:20
	151	2	MEGAN	PALMER	MEGAN.PALMER@sakilacustomer.org	155	1	2006-02-14 22:04:36	2006-02-15 04:57:20

5. 반대로 BETWEEN을 사용하되 범위를 포함하지 않은 데이터를 조회해 보자. 이때는 간단히 NOT 연산자를 조합하면 된다.

Do it! 🗄 first_name 열에서 M~O 범위의 값을 제외한 데이터 조회

```
SELECT * FROM customer
WHERE first_name NOT BETWEEN 'M' AND 'O';
```

실행 결과

	customer_id	store_id	first_name	last_name	email	address_id	active	create_date	last_update
▶	2	1	PATRICIA	JOHNSON	PATRICIA.JOHNSON@sakilacustomer.org	6	1	2006-02-14 22:04:36	2006-02-15 04:57:20
	3	1	LINDA	WILLIAMS	LINDA.WILLIAMS@sakilacustomer.org	7	1	2006-02-14 22:04:36	2006-02-15 04:57:20
	4	2	BARBARA	JONES	BARBARA.JONES@sakilacustomer.org	8	1	2006-02-14 22:04:36	2006-02-15 04:57:20
	5	1	ELIZABETH	BROWN	ELIZABETH.BROWN@sakilacustomer.org	9	1	2006-02-14 22:04:36	2006-02-15 04:57:20
	6	2	JENNIFER	DAVIS	JENNIFER.DAVIS@sakilacustomer.org	10	1	2006-02-14 22:04:36	2006-02-15 04:57:20
	8	2	SUSAN	WILSON	SUSAN.WILSON@sakilacustomer.org	12	1	2006-02-14 22:04:36	2006-02-15 04:57:20

AND와 OR를 이용한 데이터 조회하기

지금까지는 WHERE 절에 값으로만 조건을 설정해 데이터를 조회하였다. 하지만 현실에서는 다양하고 복잡한 조건을 적용해야 하는 경우가 많은데, 그럴 때는 논리 연산자인 AND와 OR를 사용하여 값뿐만 아니라 식을 활용한 여러 조건을 결합할 수 있다. 논리 연산자 AND는 두 개의 조건이 모두 만족할 때 조건에 해당하는 데이터만 조회하고, OR는 입력한 두 조건 중 하나라도 만족할 때 조건에 해당하는 데이터를 모두 조회한다.

1. 다음은 city 테이블에서 city 열이 'Sunnyvale'이면서 country_id열이 103인 데이터를 조회하는 쿼리이다.

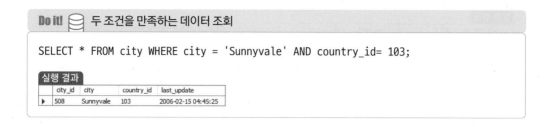

Do it! 두 조건을 만족하는 데이터 조회

```
SELECT * FROM city WHERE city = 'Sunnyvale' AND country_id= 103;
```

실행 결과

city_id	city	country_id	last_update
▶ 508	Sunnyvale	103	2006-02-15 04:45:25

2. 앞서 우리는 BETWEEN으로 날짜 범위를 지정할 때 AND 연산자를 활용했었다. 이번에는 WHERE 절에 비교 연산자를 활용한 두 개의 조건과 AND 연산자를 이용해 payment 테이블에서 지정한 날짜 범위만큼의 데이터를 조회한다.

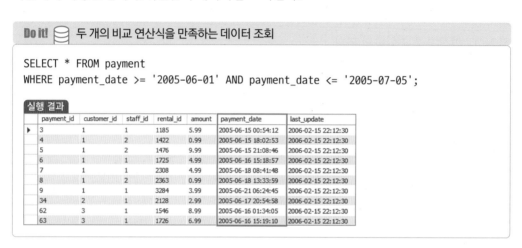

Do it! 두 개의 비교 연산식을 만족하는 데이터 조회

```
SELECT * FROM payment
WHERE payment_date >= '2005-06-01' AND payment_date <= '2005-07-05';
```

실행 결과

	payment_id	customer_id	staff_id	rental_id	amount	payment_date	last_update
▶	3	1	1	1185	5.99	2005-06-15 00:54:12	2006-02-15 22:12:30
	4	1	2	1422	0.99	2005-06-15 18:02:53	2006-02-15 22:12:30
	5	1	2	1476	9.99	2005-06-15 21:08:46	2006-02-15 22:12:30
	6	1	1	1725	4.99	2005-06-16 15:18:57	2006-02-15 22:12:30
	7	1	1	2308	4.99	2005-06-18 08:41:48	2006-02-15 22:12:30
	8	1	2	2363	0.99	2005-06-18 13:33:59	2006-02-15 22:12:30
	9	1	1	3284	3.99	2005-06-21 06:24:45	2006-02-15 22:12:30
	34	2	1	2128	2.99	2005-06-17 20:54:58	2006-02-15 22:12:30
	62	3	1	1546	8.99	2005-06-16 01:34:05	2006-02-15 22:12:30
	63	3	1	1726	6.99	2005-06-16 15:19:10	2006-02-15 22:12:30

3. AND와 달리 OR는 양쪽 조건 중 하나라도 만족하면 결과를 모두 반환한다. 다음은 customer 테이블의 first_name열에서 'MARIA' 또는 'LINDA'인 데이터를 조회하는 쿼리이다.

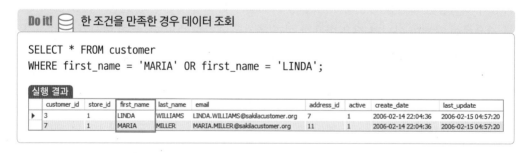

Do it! 한 조건을 만족한 경우 데이터 조회

```
SELECT * FROM customer
WHERE first_name = 'MARIA' OR first_name = 'LINDA';
```

실행 결과

	customer_id	store_id	first_name	last_name	email	address_id	active	create_date	last_update
▶	3	1	LINDA	WILLIAMS	LINDA.WILLIAMS@sakilacustomer.org	7	1	2006-02-14 22:04:36	2006-02-15 04:57:20
	7	1	MARIA	MILLER	MARIA.MILLER@sakilacustomer.org	11	1	2006-02-14 22:04:36	2006-02-15 04:57:20

4. 여러 데이터를 조회하기 위해 OR를 여러 번 사용하면 동일한 연산자를 반복해서 작성하므로 비효율적이다. 다음을 쿼리를 통해 살펴보자.

```
SELECT * FROM customer
WHERE first_name = 'MARIA' OR first_name = 'LINDA' OR first_name = 'NANCY';
```

실행 결과

	customer_id	store_id	first_name	last_name	email	address_id	active	create_date	last_update
▶	3	1	LINDA	WILLIAMS	LINDA.WILLIAMS@sakilacustomer.org	7	1	2006-02-14 22:04:36	2006-02-15 04:57:20
	7	1	MARIA	MILLER	MARIA.MILLER@sakilacustomer.org	11	1	2006-02-14 22:04:36	2006-02-15 04:57:20
	12	1	NANCY	THOMAS	NANCY.THOMAS@sakilacustomer.org	16	1	2006-02-14 22:04:36	2006-02-15 04:57:20

이런 경우에는 OR를 반복하여 쓰기 보단 IN을 사용해 보자. IN은 OR와 같은 역할을 하지만
연산자를 한 개만 작성하고, 쉼표를 사용해 조건을 나열한다. OR를 여러 번 사용하는 것보다
간단하다. IN을 활용해 앞에서 작성한 쿼리를 수정하면 결과는 다음과 같다.

```
SELECT * FROM customer
WHERE first_name IN ('MARIA', 'LINDA','NANCY');
```

실행 결과

	customer_id	store_id	first_name	last_name	email	address_id	active	create_date	last_update
▶	3	1	LINDA	WILLIAMS	LINDA.WILLIAMS@sakilacustomer.org	7	1	2006-02-14 22:04:36	2006-02-15 04:57:20
	7	1	MARIA	MILLER	MARIA.MILLER@sakilacustomer.org	11	1	2006-02-14 22:04:36	2006-02-15 04:57:20
	12	1	NANCY	THOMAS	NANCY.THOMAS@sakilacustomer.org	16	1	2006-02-14 22:04:36	2006-02-15 04:57:20

5. 이번에는 AND, OR, IN을 조합하여 데이터를 조회해 보자. 이번에는 조회해야 할 데이터
조건(요구 사항)을 살펴보고 이를 조회해 보자.

요구 사항

city 테이블에서 country_id 열이 103 또는 country_id 열이 86이면서 city 열이 'Cheju',
'Sunnyvale', 'Dallas'인 데이터를 조회

이 요구 사항을 보고 쿼리를 그냥 작성했다면 아마 다음과 같을 것이다.

```
SELECT * FROM city
WHERE country_id = 103 OR country_id = 86
    AND city IN ('Cheju', 'Sunnyvale', 'Dallas');
```

	city_id	city	country_id	last_update
▶	113	Cheju	86	2006-02-15 04:45:25
	11	Akron	103	2006-02-15 04:45:25
	33	Arlington	103	2006-02-15 04:45:25
	41	Augusta-Richmond County	103	2006-02-15 04:45:25
	42	Aurora	103	2006-02-15 04:45:25
	65	Bellevue	103	2006-02-15 04:45:25
	94	Brockton	103	2006-02-15 04:45:25
	101	Cape Coral	103	2006-02-15 04:45:25
	120	Citrus Heights	103	2006-02-15 04:45:25
	123	Clarksville	103	2006-02-15 04:45:25

요구 사항대로라면 3개의 행으로 구성된 데이터가 조회돼야 하는데 결과는 그렇지 않다. 왜 이런 문제가 발생한 것일까? 그 이유는 논리 연산자의 우선순위가 OR보다 AND가 높기 때문이다. 앞서 작성한 쿼리는 사실 다음과 같은 순서로 풀이되었다.

쿼리 풀이 순서 1

```
SELECT * FROM city WHERE country_id = 103;
```

쿼리 풀이 순서 2

```
SELECT * FROM city
WHERE country_id = 86
    AND city IN ('Cheju', 'Sunnyvale', 'Dallas');
```

위와 같은 순서로 풀이되었기 때문에 country_id 열이 103인 전체 데이터와 country_id 열이 86인 전체 데이터 중에서 city 열이 'Cheju', 'Sunnyvale', 'Dallas' 데이터가 합쳐져서 조회되었다.

만약 country_id가 103인 쿼리문과 country_id가 86인 쿼리문의 순서를 바꾸면 어떻게 될까? 위에서 설명한 대로 논리 연산자 우선순위 때문에 또 다른 결과가 발생하게 된다.

Do it! 🗄 쿼리 순서를 변경

```
SELECT * FROM city
WHERE country_id = 86 OR country_id = 103
    AND city IN ('Cheju', 'Sunnyvale', 'Dallas' );
```

	city_id	city	country_id	last_update
▶	113	Cheju	86	2006-02-15 04:45:25
	268	Kimchon	86	2006-02-15 04:45:25
	357	Naju	86	2006-02-15 04:45:25
	539	Tonghae	86	2006-02-15 04:45:25
	553	Uijongbu	86	2006-02-15 04:45:25
	135	Dallas	103	2006-02-15 04:45:25
	508	Sunnyvale	103	2006-02-15 04:45:25

원하는 대로 결과를 도출하려면 쿼리를 어떻게 수정해야 할까? 소괄호를 사용하면 된다. 소괄호로 먼저 실행되어야 하는 쿼리에 우선순위를 정해 줄 수 있다.

다음 쿼리는 country_id 열과 관련된 조건에 대한 결과를 먼저 도출한 뒤, city 열 조건을 필터링하여 진짜로 원했던 데이터 3개를 반환한다.

Do it! 🗄 소괄호로 우선순위를 다시 정해 데이터를 조회

```sql
SELECT * FROM city
WHERE (country_id = 103 OR country_id = 86)
    AND city IN ('Cheju', 'Sunnyvale', 'Dallas');
```

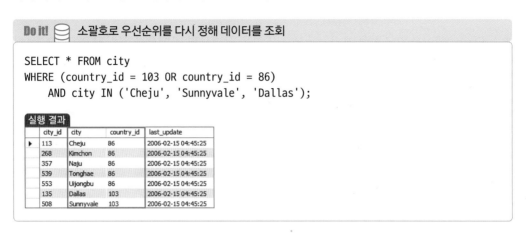

또는 country_id 열과 관련된 조건도 IN으로 묶은 다음, 쿼리를 작성해도 앞선 실습과 같은 결과를 얻을 수 있다.

Do it! 🗄 IN, AND를 결합하여 조회

```sql
SELECT * FROM city
WHERE country_id IN (103, 86)
    AND city IN ('Cheju', 'Sunnyvale', 'Dallas' );
```

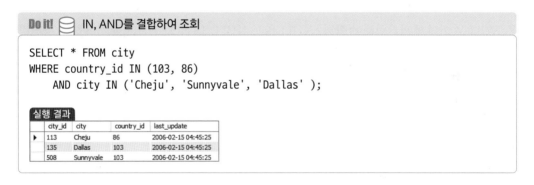

위 결과를 보면 알겠지만 어떤 결과를 얻기 위한 코드에는 정답이 없다. 아마 센스가 있는 독자라면 책과 다른 쿼리를 작성했을 수도 있다. 좋은 코드 또는 좋은 쿼리란 가독성이 좋으면서 요구 사항을 정확히 반영하고 성능도 효율적인 코드를 말한다. 필자의 코드가 항상 정답이라는 법은 없으니 책에서 소개한 쿼리 외에도 다른 방법으로 쿼리를 작성할 수 있다면 거침없이 시도해 보기 바란다.

NULL 데이터 조회하기

데이터베이스에서 데이터를 조회하다 보면 NULL값이 포함된 열을 자주 볼 수 있다. NULL이란 데이터가 **없는 상태**를 말한다. 더 풀어 설명하자면 숫자 0, 공백이 아니라 **아예 정의되지 않은 값**을 말한다.

1. address 테이블을 조회해 보자. address2 열을 살펴보면 공백으로 표시된 곳과 NULL이 표시된 곳이 구분되어 있다.

Do it! 🗄 Null이 있는 테이블 조회

```
SELECT * FROM address;
```

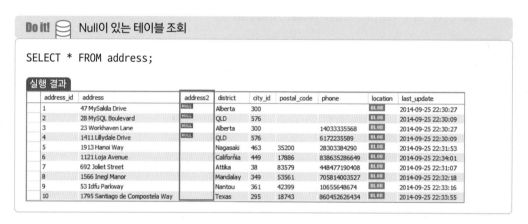

2. NULL은 어떻게 필터링해야 할까? NULL은 IS NULL, IS NOT NULL을 사용하여 필터링한다. 그런데 '= 연산자로 찾을 수 있지 않을까?'라고 생각하는 독자가 있을 것이다. 한번 = 연산자를 사용하여 NULL을 찾는 쿼리를 작성하여 실행해 보자.

Do it! 🗄 = 연산자를 사용해 NULL 데이터 조회

```
SELECT * FROM address WHERE address2 = NULL;
```

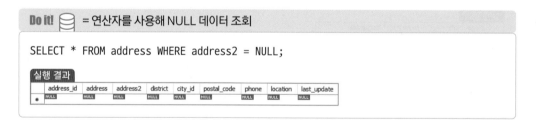

예상과 달리 아무것도 얻을 수 없다. 왜냐하면 NULL은 정의되지 않은 값이므로 일반적인 연산자로 조회할 수 없기 때문이다.

3. 이번에는 IS NULL을 사용해 NULL 데이터를 조회해 보자.

Do it! 📁 address2 열에서 NULL인 데이터 조회

```
SELECT * FROM address WHERE address2 IS NULL;
```

실행 결과

	address_id	address	address2	district	city_id	postal_code	phone	location	last_update
▶	1	47 MySakila Drive	NULL	Alberta	300			BLOB	2014-09-25 22:30:27
	2	28 MySQL Boulevard	NULL	QLD	576			BLOB	2014-09-25 22:30:09
	3	23 Workhaven Lane	NULL	Alberta	300		14033335568	BLOB	2014-09-25 22:30:27
	4	1411 Lillydale Drive	NULL	QLD	576		6172235589	BLOB	2014-09-25 22:30:09

4. 반대로 NULL이 아닌 데이터를 조회할 때에도 일반 연산자가 아닌 IS NOT NULL을 사용해 데이터를 조회한다.

Do it! 📁 address2 열에서 NULL이 아닌 데이터 조회

```
SELECT * FROM address WHERE address2 IS NOT NULL;
```

실행 결과

	address_id	address	address2	district	city_id	postal_code	phone	location	last_update
▶	5	1913 Hanoi Way		Nagasaki	463	35200	28303384290	BLOB	2014-09-25 22:31:53
	6	1121 Loja Avenue		California	449	17886	838635286649	BLOB	2014-09-25 22:34:01
	7	692 Joliet Street		Attika	38	83579	448477190408	BLOB	2014-09-25 22:31:07
	8	1566 Inegl Manor		Mandalay	349	53561	705814003527	BLOB	2014-09-25 22:32:18
	9	53 Idfu Parkway		Nantou	361	42399	10655648674	BLOB	2014-09-25 22:33:16
	10	1795 Santiago de Compostela Way		Texas	295	18743	860452626434	BLOB	2014-09-25 22:33:55
	11	900 Santiago de Compostela Parkway		Central Serbia	280	93896	716571220373	BLOB	2014-09-25 22:34:11
	12	478 Joliet Way		Hamilton	200	77948	657282285970	BLOB	2014-09-25 22:32:22
	13	613 Korolev Drive		Masqat	329	45844	380657522649	BLOB	2014-09-25 22:32:29
	14	1531 Sal Drive		Esfahan	162	53628	648856936185	BLOB	2014-09-25 22:31:36

5. 이번엔 address2에 데이터가 공백인 행을 조회해 보자. 공백은 NULL이 아니기 때문에 다음과 같이 연산자 =으로 조회할 수 있다. 이때, 공백은 ''으로 표현한다.

Do it! 📁 address2 열에서 NULL이 아닌 데이터 조회

```
SELECT * FROM address WHERE address2 = '';
```

실행 결과

	address_id	address	address2	district	city_id	postal_code	phone	location	last_update
▶	5	1913 Hanoi Way		Nagasaki	463	35200	28303384290	BLOB	2014-09-25 22:31:53
	6	1121 Loja Avenue		California	449	17886	838635286649	BLOB	2014-09-25 22:34:01
	7	692 Joliet Street		Attika	38	83579	448477190408	BLOB	2014-09-25 22:31:07
	8	1566 Inegl Manor		Mandalay	349	53561	705814003527	BLOB	2014-09-25 22:32:18
	9	53 Idfu Parkway		Nantou	361	42399	10655648674	BLOB	2014-09-25 22:33:16
	10	1795 Santiago de Compostela Way		Texas	295	18743	860452626434	BLOB	2014-09-25 22:33:55
	11	900 Santiago de Compostela Parkway		Central Serbia	280	93896	716571220373	BLOB	2014-09-25 22:34:11
	12	478 Joliet Way		Hamilton	200	77948	657282285970	BLOB	2014-09-25 22:32:22
	13	613 Korolev Drive		Masqat	329	45844	380657522649	BLOB	2014-09-25 22:32:29
	14	1531 Sal Drive		Esfahan	162	53628	648856936185	BLOB	2014-09-25 22:31:36

실습을 진행하다 보면 필자의 결과와 여러분의 결과가 다르게 보일 수 있다. 이는 정렬 순서에 따라 결과가 다른 것인데, 정렬이 중요한 데이터를 활용해야 할 경우라면 04-2절에서 잠깐 언급했듯 ORDER BY로 하면 해결할 수 있다. 조회한 데이터를 정렬하기 위해서는 ORDER BY 절을 다음과 같이 SELECT 문의 가장 마지막에 추가하여 사용하면 된다.

ORDER BY 절의 기본 형식

SELECT [열] FROM [테이블] WHERE [열] = [조건값] ORDER BY [열] [ASC 또는 DESC]
                                                    ①   ②   ③

① **ORDER BY**: 조회한 데이터를 정렬하기 위한 구문이다.
② **[열]**: 정렬할 열 이름을 입력한다.
③ **[ASC 또는 DESC]**: 정렬 기준을 정하기 위해 오름차순(ASC) 또는 내림차순(DESC)를 명시한다.

ORDER BY 절로 열 기준 정렬하기

데이터를 정렬할 때 정렬할 열 이름을 ORDER BY 절 뒤에 입력한다.

1. 다음은 각각 first_name 열과 last_name 열 기준으로 정렬하는 쿼리이다.

Do it! 🗄 first_name 열을 기준으로 정렬

```sql
SELECT * FROM customer ORDER BY first_name;
```

실행 결과

	customer_id	store_id	first_name	last_name	email	address_id	active	create_date	last_update
▶	375	2	AARON	SELBY	AARON.SELBY@sakilacustomer.org	380	1	2006-02-14 22:04:37	2006-02-15 04:57:20
	367	1	ADAM	GOOCH	ADAM.GOOCH@sakilacustomer.org	372	1	2006-02-14 22:04:37	2006-02-15 04:57:20
	525	2	ADRIAN	CLARY	ADRIAN.CLARY@sakilacustomer.org	531	1	2006-02-14 22:04:37	2006-02-15 04:57:20
	217	2	AGNES	BISHOP	AGNES.BISHOP@sakilacustomer.org	221	1	2006-02-14 22:04:36	2006-02-15 04:57:20
	389	1	ALAN	KAHN	ALAN.KAHN@sakilacustomer.org	394	1	2006-02-14 22:04:37	2006-02-15 04:57:20
	352	1	ALBERT	CROUSE	ALBERT.CROUSE@sakilacustomer.org	357	1	2006-02-14 22:04:37	2006-02-15 04:57:20
	568	2	ALBERTO	HENNING	ALBERTO.HENNING@sakilacustomer.org	574	1	2006-02-14 22:04:37	2006-02-15 04:57:20
	454	2	ALEX	GRESHAM	ALEX.GRESHAM@sakilacustomer.org	459	1	2006-02-14 22:04:37	2006-02-15 04:57:20
	439	2	ALEXANDER	FENNELL	ALEXANDER.FENNELL@sakilacustomer.org	444	1	2006-02-14 22:04:37	2006-02-15 04:57:20
	423	2	ALFRED	CASILLAS	ALFRED.CASILLAS@sakilacustomer.org	428	1	2006-02-14 22:04:37	2006-02-15 04:57:20
	567	2	ALFREDO	MCADAMS	ALFREDO.MCADAMS@sakilacustomer.org	573	1	2006-02-14 22:04:37	2006-02-15 04:57:20
	51	1	ALICE	STEWART	ALICE.STEWART@sakilacustomer.org	55	1	2006-02-14 22:04:36	2006-02-15 04:57:20
	152	1	ALICIA	MILLS	ALICIA.MILLS@sakilacustomer.org	156	1	2006-02-14 22:04:36	2006-02-15 04:57:20

```
SELECT * FROM customer ORDER BY last_name;
```

실행 결과

customer_id	store_id	first_name	last_name	email	address_id	active	create_date	last_update
505	1	RAFAEL	ABNEY	RAFAEL.ABNEY@sakilacustomer.org	510	1	2006-02-14 22:04:37	2006-02-15 04:57:20
504	1	NATHANIEL	ADAM	NATHANIEL.ADAM@sakilacustomer.org	509	1	2006-02-14 22:04:37	2006-02-15 04:57:20
36	2	KATHLEEN	ADAMS	KATHLEEN.ADAMS@sakilacustomer.org	40	1	2006-02-14 22:04:36	2006-02-15 04:57:20
96	1	DIANA	ALEXANDER	DIANA.ALEXANDER@sakilacustomer.org	100	1	2006-02-14 22:04:37	2006-02-15 04:57:20
470	1	GORDON	ALLARD	GORDON.ALLARD@sakilacustomer.org	475	1	2006-02-14 22:04:37	2006-02-15 04:57:20
27	2	SHIRLEY	ALLEN	SHIRLEY.ALLEN@sakilacustomer.org	31	1	2006-02-14 22:04:36	2006-02-15 04:57:20
220	2	CHARLENE	ALVAREZ	CHARLENE.ALVAREZ@sakilacustomer.org	224	1	2006-02-14 22:04:36	2006-02-15 04:57:20
11	2	LISA	ANDERSON	LISA.ANDERSON@sakilacustomer.org	15	1	2006-02-14 22:04:36	2006-02-15 04:57:20
326	1	JOSE	ANDREW	JOSE.ANDREW@sakilacustomer.org	331	1	2006-02-14 22:04:37	2006-02-15 04:57:20
183	2	IDA	ANDREWS	IDA.ANDREWS@sakilacustomer.org	187	1	2006-02-14 22:04:36	2006-02-15 04:57:20
449	2	OSCAR	AQUINO	OSCAR.AQUINO@sakilacustomer.org	454	1	2006-02-14 22:04:37	2006-02-15 04:57:20
368	1	HARRY	ARCE	HARRY.ARCE@sakilacustomer.org	373	0	2006-02-14 22:04:37	2006-02-15 04:57:20
560	1	JORDAN	ARCHULETA	JORDAN.ARCHULETA@sakilacustomer.org	566	1	2006-02-14 22:04:37	2006-02-15 04:57:20

두 결과를 비교해 보면 first_name 열을 기준으로 했을 때는 first_name 열의 데이터들이 오름차순으로 정리된 것을 확인할 수 있다. 마찬가지로 last_name 열을 기준으로 정했을 때는 last_name 열의 데이터들이 오름차순으로 정리된 것을 확인할 수 있다.

▶ 정렬의 기본값은 오름차순이기 때문에 앞서 잠깐 살펴본 ASC(오름차순)을 입력하지 않아도 된다.

2. 2개 이상의 열을 기준으로 정렬할 때는 쉼표를 사용하여 열 이름을 나열하면 된다. 이때 열 입력 순서에 따라 정렬 우선순위가 정해지므로 열 입력 순서에 주의하자.

정렬 순서를 store_id, first_name 순으로 작성한 쿼리이다. 이렇게 하면 먼저 store_id 열을 기준으로 정렬한 다음, store_id 열에 같은 값이 있는 경우 first_name 열을 기준으로 데이터를 정렬한다.

```
SELECT * FROM customer ORDER BY store_id, first_name;
```

실행 결과

customer_id	store_id	first_name	last_name	email	address_id	active	create_date	last_update
367	1	ADAM	GOOCH	ADAM.GOOCH@sakilacustomer.org	372	1	2006-02-14 22:04:37	2006-02-15 04:57:20
389	1	ALAN	KAHN	ALAN.KAHN@sakilacustomer.org	394	1	2006-02-14 22:04:37	2006-02-15 04:57:20
352	1	ALBERT	CROUSE	ALBERT.CROUSE@sakilacustomer.org	357	1	2006-02-14 22:04:37	2006-02-15 04:57:20
51	1	ALICE	STEWART	ALICE.STEWART@sakilacustomer.org	55	1	2006-02-14 22:04:36	2006-02-15 04:57:20
152	1	ALICIA	MILLS	ALICIA.MILLS@sakilacustomer.org	156	1	2006-02-14 22:04:36	2006-02-15 04:57:20
548	1	ALLAN	CORNISH	ALLAN.CORNISH@sakilacustomer.org	554	1	2006-02-14 22:04:37	2006-02-15 04:57:20
196	1	ALMA	AUSTIN	ALMA.AUSTIN@sakilacustomer.org	200	1	2006-02-14 22:04:36	2006-02-15 04:57:20
139	1	AMBER	DIXON	AMBER.DIXON@sakilacustomer.org	143	1	2006-02-14 22:04:36	2006-02-15 04:57:20
32	1	AMY	LOPEZ	AMY.LOPEZ@sakilacustomer.org	36	1	2006-02-14 22:04:36	2006-02-15 04:57:20
515	1	ANDRE	RAPP	ANDRE.RAPP@sakilacustomer.org	521	1	2006-02-14 22:04:37	2006-02-15 04:57:20
81	1	ANDREA	HENDERS...	ANDREA.HENDERSON@sakilacustom...	85	1	2006-02-14 22:04:36	2006-02-15 04:57:20
503	1	ANGEL	BARCLAY	ANGEL.BARCLAY@sakilacustomer.org	508	1	2006-02-14 22:04:37	2006-02-15 04:57:20
48	1	ANN	EVANS	ANN.EVANS@sakilacustomer.org	52	1	2006-02-14 22:04:36	2006-02-15 04:57:20

정렬 순서를 바꿔서도 입력해 보자. 정렬 순서가 다르므로 결과도 다르게 표시된다.

🛢 first_name, store_id 순으로 데이터 정렬

```
SELECT * FROM customer ORDER BY first_name, store_id;
```

실행 결과

	customer_id	store_id	first_name	last_name	email	address_id	active	create_date	last_update
▶	375	2	AARON	SELBY	AARON.SELBY@sakilacustomer.org	380	1	2006-02-14 22:04:37	2006-02-15 04:57:20
	367	1	ADAM	GOOCH	ADAM.GOOCH@sakilacustomer.org	372	1	2006-02-14 22:04:37	2006-02-15 04:57:20
	525	2	ADRIAN	CLARY	ADRIAN.CLARY@sakilacustomer.org	531	1	2006-02-14 22:04:37	2006-02-15 04:57:20
	217	2	AGNES	BISHOP	AGNES.BISHOP@sakilacustomer.org	221	1	2006-02-14 22:04:36	2006-02-15 04:57:20
	389	1	ALAN	KAHN	ALAN.KAHN@sakilacustomer.org	394	1	2006-02-14 22:04:37	2006-02-15 04:57:20
	352	1	ALBERT	CROUSE	ALBERT.CROUSE@sakilacustomer.org	357	1	2006-02-14 22:04:37	2006-02-15 04:57:20
	568	2	ALBERTO	HENNING	ALBERTO.HENNING@sakilacustomer.org	574	1	2006-02-14 22:04:37	2006-02-15 04:57:20
	454	2	ALEX	GRESHAM	ALEX.GRESHAM@sakilacustomer.org	459	1	2006-02-14 22:04:37	2006-02-15 04:57:20
	439	2	ALEXANDER	FENNELL	ALEXANDER.FENNELL@sakilacustomer.org	444	1	2006-02-14 22:04:37	2006-02-15 04:57:20
	423	2	ALFRED	CASILLAS	ALFRED.CASILLAS@sakilacustomer.org	428	1	2006-02-14 22:04:37	2006-02-15 04:57:20
	567	2	ALFREDO	MCADAMS	ALFREDO.MCADAMS@sakilacustomer.org	573	1	2006-02-14 22:04:37	2006-02-15 04:57:20
	51	1	ALICE	STEWART	ALICE.STEWART@sakilacustomer.org	55	1	2006-02-14 22:04:36	2006-02-15 04:57:20
	152	1	ALICIA	MILLS	ALICIA.MILLS@sakilacustomer.org	156	1	2006-02-14 22:04:36	2006-02-15 04:57:20

오름차순 또는 내림차순으로 정렬하기

ORDER BY 절의 기본 형식에서 열 이름 다음에 ASC 또는 DESC를 작성하면 오름차순 또는 내림차순으로 정렬한 데이터를 조회할 수 있다. 이해를 돕기 위해 덧붙이자면 ASC는 오름차순을 의미하는 ascending의 줄임말이고, DESC는 내림차순을 의미하는 descending의 줄임말이다.

ASC로 데이터 정렬하기

오름차순으로 정렬하는 방법을 알아보자. 기본 형식에서도 보았듯 ASC를 정렬하려는 열 이름 뒤에 붙이면 된다. 다음은 customer 테이블의 first_name 열에 대해 오름차순으로 정렬하는 쿼리이다. 결과를 보면 알파벳순으로 데이터가 정렬되었음을 알 수 있다.

🛢 first_name 열을 오름차순으로 정렬

```
SELECT * FROM customer ORDER BY first_name ASC;
```

실행 결과

	customer_id	store_id	first_name	last_name	email	address_id	active	create_date	last_update
▶	375	2	AARON	SELBY	AARON.SELBY@sakilacustomer.org	380	1	2006-02-14 22:04:37	2006-02-15 04:57:20
	367	1	ADAM	GOOCH	ADAM.GOOCH@sakilacustomer.org	372	1	2006-02-14 22:04:37	2006-02-15 04:57:20
	525	2	ADRIAN	CLARY	ADRIAN.CLARY@sakilacustomer.org	531	1	2006-02-14 22:04:37	2006-02-15 04:57:20
	217	2	AGNES	BISHOP	AGNES.BISHOP@sakilacustomer.org	221	1	2006-02-14 22:04:36	2006-02-15 04:57:20
	389	1	ALAN	KAHN	ALAN.KAHN@sakilacustomer.org	394	1	2006-02-14 22:04:37	2006-02-15 04:57:20
	352	1	ALBERT	CROUSE	ALBERT.CROUSE@sakilacustomer.org	357	1	2006-02-14 22:04:37	2006-02-15 04:57:20
	568	2	ALBERTO	HENNING	ALBERTO.HENNING@sakilacustomer.org	574	1	2006-02-14 22:04:37	2006-02-15 04:57:20
	454	2	ALEX	GRESHAM	ALEX.GRESHAM@sakilacustomer.org	459	1	2006-02-14 22:04:37	2006-02-15 04:57:20
	439	2	ALEXANDER	FENNELL	ALEXANDER.FENNELL@sakilacustomer.org	444	1	2006-02-14 22:04:37	2006-02-15 04:57:20
	423	2	ALFRED	CASILLAS	ALFRED.CASILLAS@sakilacustomer.org	428	1	2006-02-14 22:04:37	2006-02-15 04:57:20
	567	2	ALFREDO	MCADAMS	ALFREDO.MCADAMS@sakilacustomer.org	573	1	2006-02-14 22:04:37	2006-02-15 04:57:20
	51	1	ALICE	STEWART	ALICE.STEWART@sakilacustomer.org	55	1	2006-02-14 22:04:36	2006-02-15 04:57:20
	152	1	ALICIA	MILLS	ALICIA.MILLS@sakilacustomer.org	156	1	2006-02-14 22:04:36	2006-02-15 04:57:20

DESC로 데이터 정렬하기

이번에는 반대로 first_name 열에 대해 내림차순으로 정렬하는 쿼리를 작성해 보자. 내림차순 정렬은 정렬하려는 열 이름 뒤에 DESC를 추가하면 된다. 결과를 보면 Z, Y, X 순(알파벳 역순)으로 데이터가 정렬되었음을 알 수 있다.

Do it! 🗄 first_name 열을 내림차순으로 정렬

```
SELECT * FROM customer ORDER BY first_name DESC;
```

실행 결과

customer_id	store_id	first_name	last_name	email	address_id	active	create_date	last_update
▶ 479	1	ZACHARY	HITE	ZACHARY.HITE@sakilacustomer.org	484	1	2006-02-14 22:04:37	2006-02-15 04:57:20
174	2	YVONNE	WATKINS	YVONNE.WATKINS@sakilacustomer.org	178	1	2006-02-14 22:04:36	2006-02-15 04:57:20
190	2	YOLANDA	WEAVER	YOLANDA.WEAVER@sakilacustomer.org	194	1	2006-02-14 22:04:36	2006-02-15 04:57:20
212	2	WILMA	RICHARDS	WILMA.RICHARDS@sakilacustomer.org	216	1	2006-02-14 22:04:36	2006-02-15 04:57:20
359	2	WILLIE	MARKHAM	WILLIE.MARKHAM@sakilacustomer.org	364	1	2006-02-14 22:04:37	2006-02-15 04:57:20
219	2	WILLIE	HOWELL	WILLIE.HOWELL@sakilacustomer.org	223	1	2006-02-14 22:04:36	2006-02-15 04:57:20
303	2	WILLIAM	SATTERFIELD	WILLIAM.SATTERFIELD@sakilacustomer.org	308	1	2006-02-14 22:04:37	2006-02-15 04:57:20
578	2	WILLARD	LUMPKIN	WILLARD.LUMPKIN@sakilacustomer.org	584	1	2006-02-14 22:04:37	2006-02-15 04:57:20
469	2	WESLEY	BULL	WESLEY.BULL@sakilacustomer.org	474	1	2006-02-14 22:04:37	2006-02-15 04:57:20
115	1	WENDY	HARRISON	WENDY.HARRISON@sakilacustomer.org	119	1	2006-02-14 22:04:36	2006-02-15 04:57:20
370	2	WAYNE	TRUONG	WAYNE.TRUONG@sakilacustomer.org	375	1	2006-02-14 22:04:37	2006-02-15 04:57:20
462	2	WARREN	SHERROD	WARREN.SHERROD@sakilacustomer.org	467	1	2006-02-14 22:04:37	2006-02-15 04:57:20
87	1	WANDA	PATTERSON	WANDA.PATTERSON@sakilacustomer.org	91	1	2006-02-14 22:04:36	2006-02-15 04:57:20

ASC와 DESC를 조합하여 데이터 정렬하기

오름차순, 내림차순을 각 열에 적용한 후 조합하여 정렬할 수도 있다. 각 열 이름 뒤에 ASC, DESC를 붙인 후 쉼표로 연결하면 된다. 다음 쿼리를 통해 살펴보자. 이 쿼리는 store_id 열은 내림차순, first_name 열은 오름차순으로 정렬한다. 앞서 언급했듯 입력순으로 정렬 우선순위가 정해지므로 store_id 열을 먼저 정렬한 후, 같은 데이터가 있는 경우 first_name 열을 정렬한다.

Do it! 🗄 ASC와 DESC를 조합하여 데이터 정렬

```
SELECT * FROM customer ORDER BY store_id DESC, first_name ASC;
```

실행 결과

customer_id	store_id	first_name	last_name	email	address_id	active	create_date	last_update
▶ 375	2	AARON	SELBY	AARON.SELBY@sakilacustomer.org	380	1	2006-02-14 22:04:37	2006-02-15 04:57:20
525	2	ADRIAN	CLARY	ADRIAN.CLARY@sakilacustomer.org	531	1	2006-02-14 22:04:37	2006-02-15 04:57:20
217	2	AGNES	BISHOP	AGNES.BISHOP@sakilacustomer.org	221	1	2006-02-14 22:04:36	2006-02-15 04:57:20
568	2	ALBERTO	HENNING	ALBERTO.HENNING@sakilacustomer.org	574	1	2006-02-14 22:04:37	2006-02-15 04:57:20
454	2	ALEX	GRESHAM	ALEX.GRESHAM@sakilacustomer.org	459	1	2006-02-14 22:04:37	2006-02-15 04:57:20
439	2	ALEXANDER	FENNELL	ALEXANDER.FENNELL@sakilacustomer.org	444	1	2006-02-14 22:04:37	2006-02-15 04:57:20
423	2	ALFRED	CASILLAS	ALFRED.CASILLAS@sakilacustomer.org	428	1	2006-02-14 22:04:37	2006-02-15 04:57:20
567	2	ALFREDO	MCADAMS	ALFREDO.MCADAMS@sakilacustomer.org	573	1	2006-02-14 22:04:37	2006-02-15 04:57:20
412	2	ALLEN	BUTTERFIELD	ALLEN.BUTTERFIELD@sakilacustomer.org	417	1	2006-02-14 22:04:37	2006-02-15 04:57:20
228	2	ALLISON	STANLEY	ALLISON.STANLEY@sakilacustomer.org	232	1	2006-02-14 22:04:36	2006-02-15 04:57:20
467	2	ALVIN	DELOACH	ALVIN.DELOACH@sakilacustomer.org	472	1	2006-02-14 22:04:37	2006-02-15 04:57:20
40	2	AMANDA	CARTER	AMANDA.CARTER@sakilacustomer.org	44	1	2006-02-14 22:04:37	2006-02-15 04:57:20
181	2	ANA	BRADLEY	ANA.BRADLEY@sakilacustomer.org	185	1	2006-02-14 22:04:36	2006-02-15 04:57:20

LIMIT으로 상위 데이터 조회하기

특정 조건에 해당하는 데이터 중에서 상위 N개의 데이터만 보고 싶은 경우 SELECT 문에 LIMIT을 조합하면 된다. 예를 들면 `SELECT ~ FROM ORDER BY ~ LIMIT 10`과 같은 방식으로 LIMIT 다음에 조회하려는 행의 개수를 입력하면 된다. LIMIT의 경우 상위 N개의 데이터를 반환하므로 정렬 우선순위가 매우 중요하다.

다음은 store_id는 내림차순으로, first_name는 오름차순으로 정렬한 다음, 상위 10개의 데이터를 조회하는 쿼리이다.

Do it! 🗄 LIMIT으로 상위 10개의 데이터 조회

```
SELECT * FROM customer ORDER BY store_id DESC, first_name ASC LIMIT 10;
```

실행 결과

customer_id	store_id	first_name	last_name	email	address_id	active	create_date	last_update
375	2	AARON	SELBY	AARON.SELBY@sakilacustomer.org	380	1	2006-02-14 22:04:37	2006-02-15 04:57:20
525	2	ADRIAN	CLARY	ADRIAN.CLARY@sakilacustomer.org	531	1	2006-02-14 22:04:37	2006-02-15 04:57:20
217	2	AGNES	BISHOP	AGNES.BISHOP@sakilacustomer.org	221	1	2006-02-14 22:04:36	2006-02-15 04:57:20
568	2	ALBERTO	HENNING	ALBERTO.HENNING@sakilacustomer.org	574	1	2006-02-14 22:04:37	2006-02-15 04:57:20
454	2	ALEX	GRESHAM	ALEX.GRESHAM@sakilacustomer.org	459	1	2006-02-14 22:04:37	2006-02-15 04:57:20
439	2	ALEXANDER	FENNELL	ALEXANDER.FENNELL@sakilacustomer.org	444	1	2006-02-14 22:04:37	2006-02-15 04:57:20
423	2	ALFRED	CASILLAS	ALFRED.CASILLAS@sakilacustomer.org	428	1	2006-02-14 22:04:37	2006-02-15 04:57:20
567	2	ALFREDO	MCADAMS	ALFREDO.MCADAMS@sakilacustomer.org	573	1	2006-02-14 22:04:37	2006-02-15 04:57:20
412	2	ALLEN	BUTTERFIELD	ALLEN.BUTTERFIELD@sakilacustomer.org	417	1	2006-02-14 22:04:37	2006-02-15 04:57:20
228	2	ALLISON	STANLEY	ALLISON.STANLEY@sakilacustomer.org	232	1	2006-02-14 22:04:36	2006-02-15 04:57:20

상위 N개의 데이터를 조회할 때는 특히 ORDER BY 절을 사용하는 것이 좋다. 만약 정렬하지 않으면 어떤 값을 기준으로 정렬해 상위 N개의 데이터를 조회했는지 알 수 없기 때문이다.

▶ 필자의 경우 테이블에 어떤 데이터가 저장되어 있는지 확인하고자 SELECT * FROM ~ LIMIT을 자주 사용한다. 해당 테이블의 열 이름이나 조건이 확실치 않아 데이터를 가볍게 조회할 때 유용하다.

범위를 지정해 데이터 조회하기

LIMIT에 매개변수 1개만 입력했을 때에는 지정한 열에서 상위 N개만 조회했다. 그런데 LIMIT과 함께 매개변수 2개를 입력하면 범위를 지정해 데이터를 조회할 수 있다. 예를 들어 N1, N2라는 매개변수를 입력했다면 상위 N1 다음 행부터 N2개의 행을 조회하게 된다.

다음 쿼리는 customer_id 열을 기준으로 오름차순한 뒤, 101번째 행부터 10개 행을 조회한다.

▶ 매개변수란 일반적으로 함수에 활용하는 입력값을 의미한다.

```
SELECT * FROM customer ORDER BY customer_id ASC LIMIT 100, 10;
```

실행 결과

customer_id	store_id	first_name	last_name	email	address_id	active	create_date	last_update
101	1	PEGGY	MYERS	PEGGY.MYERS@sakilacustomer.org	105	1	2006-02-14 22:04:36	2006-02-15 04:57:20
102	1	CRYSTAL	FORD	CRYSTAL.FORD@sakilacustomer.org	106	1	2006-02-14 22:04:36	2006-02-15 04:57:20
103	1	GLADYS	HAMILTON	GLADYS.HAMILTON@sakilacustomer.org	107	1	2006-02-14 22:04:36	2006-02-15 04:57:20
104	1	RITA	GRAHAM	RITA.GRAHAM@sakilacustomer.org	108	1	2006-02-14 22:04:36	2006-02-15 04:57:20
105	1	DAWN	SULLIVAN	DAWN.SULLIVAN@sakilacustomer.org	109	1	2006-02-14 22:04:36	2006-02-15 04:57:20
106	1	CONNIE	WALLACE	CONNIE.WALLACE@sakilacustomer.org	110	1	2006-02-14 22:04:36	2006-02-15 04:57:20
107	1	FLORENCE	WOODS	FLORENCE.WOODS@sakilacustomer.org	111	1	2006-02-14 22:04:36	2006-02-15 04:57:20
108	1	TRACY	COLE	TRACY.COLE@sakilacustomer.org	112	1	2006-02-14 22:04:36	2006-02-15 04:57:20
109	2	EDNA	WEST	EDNA.WEST@sakilacustomer.org	113	1	2006-02-14 22:04:36	2006-02-15 04:57:20
110	2	TIFFANY	JORDAN	TIFFANY.JORDAN@sakilacustomer.org	114	1	2006-02-14 22:04:36	2006-02-15 04:57:20

OFFSET으로 특정 구간의 데이터 조회하기

ORDER BY로 데이터를 정렬한 다음, 상위나 하위가 아닌 특정 구간의 데이터를 조회해야 하는 경우도 있다. 게시판을 예로 들면 최근 작성한 글이 첫 페이지에 나타나기 마련인데 2페이지, 3페이지에 있는 게시글을 보고 싶은 것처럼 말이다. 이럴 때는 LIMIT ~ OFFSET을 사용하면 된다. OFFSET에 지정한 행 개수만큼 건너뛰고 LIMIT에 지정한 개수만큼의 상위 데이터를 출력한다.

다음은 customer_id 열을 기준으로 정렬한 다음, 데이터 100개를 건너뛰고 101번째 데이터부터 행 10개를 조회하는 쿼리이다.

```
SELECT * FROM customer ORDER BY customer_id ASC LIMIT 10 OFFSET 100;
```

실행 결과

customer_id	store_id	first_name	last_name	email	address_id	active	create_date	last_update
101	1	PEGGY	MYERS	PEGGY.MYERS@sakilacustomer.org	105	1	2006-02-14 22:04:36	2006-02-15 04:57:20
102	1	CRYSTAL	FORD	CRYSTAL.FORD@sakilacustomer.org	106	1	2006-02-14 22:04:36	2006-02-15 04:57:20
103	1	GLADYS	HAMILTON	GLADYS.HAMILTON@sakilacustomer.org	107	1	2006-02-14 22:04:36	2006-02-15 04:57:20
104	1	RITA	GRAHAM	RITA.GRAHAM@sakilacustomer.org	108	1	2006-02-14 22:04:36	2006-02-15 04:57:20
105	1	DAWN	SULLIVAN	DAWN.SULLIVAN@sakilacustomer.org	109	1	2006-02-14 22:04:36	2006-02-15 04:57:20
106	1	CONNIE	WALLACE	CONNIE.WALLACE@sakilacustomer.org	110	1	2006-02-14 22:04:36	2006-02-15 04:57:20
107	1	FLORENCE	WOODS	FLORENCE.WOODS@sakilacustomer.org	111	1	2006-02-14 22:04:36	2006-02-15 04:57:20
108	1	TRACY	COLE	TRACY.COLE@sakilacustomer.org	112	1	2006-02-14 22:04:36	2006-02-15 04:57:20
109	2	EDNA	WEST	EDNA.WEST@sakilacustomer.org	113	1	2006-02-14 22:04:36	2006-02-15 04:57:20
110	2	TIFFANY	JORDAN	TIFFANY.JORDAN@sakilacustomer.org	114	1	2006-02-14 22:04:36	2006-02-15 04:57:20

OFFSET은 반드시 LIMIT을 함께 사용해야 한다는 점에 주의하자. 그리고 LIMIT은 알다시피 상위 N개 행을 반환하기 때문에 정렬 기준을 명확히 하기 위해 ORDER BY를 반드시 함께 사용해야 함을 꼭 기억하자.

04-4 와일드카드로 문자열 조회하기

그동안 데이터를 조회할 때 자신이 원하는 값을 정확히 입력했지만 보통은 자신이 무엇을 검색해야 할지 몰라 일부 키워드만으로 조회하는 경우가 많다. 바로 이럴 때 사용하는 것이 LIKE이다. LIKE는 와일드카드로 지정한 패턴과 일치하는 문자열, 날짜, 시간 등을 조회한다. 다음은 LIKE의 기본 형식이다.

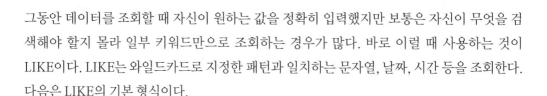

LIKE의 기본 형식

SELECT [열] FROM [테이블] WHERE [열] LIKE [조건값]
                                           ①   ②   ③

① **[열]**: 조건을 적용할 열 이름을 입력한다.
② **LIKE**: 조건값에 일치하는 데이터를 조회하는 구문이다.
③ **[조건값]**: 검색하고자 하는 데이터의 조건값을 입력한다.

LIKE와 %로 특정 문자열을 포함하는 데이터 조회하기

특정 문자열을 포함하는 문자열을 조회할 때 %를 사용한다. %는 0개 이상의 문자열을 대치한다. % 위치에 따라 특정 문자열이 포함된 문자열을 조회할 수 있다.

%의 사용 예

- A%: A로 시작하는 모든 문자열
- %A: A로 끝나는 모든 문자열
- %A%: A가 포함된 모든 문자열

1. 다음은 customer 테이블의 first_name 열에서 A로 시작하는 문자열 데이터를 조회하는 쿼리이다. 실행 결과를 살펴보면 첫 번째 글자가 A로 시작하는 문자열이 조회된 것을 확인할 수 있다.

Do it! 🗄 첫 번째 글자가 A로 시작하는 데이터 조회

```
SELECT * FROM customer WHERE first_name LIKE 'A%';
```

실행 결과

	customer_id	store_id	first_name	last_name	email	address_id	active	create_date	last_update
▶	29	2	ANGELA	HERNANDEZ	ANGELA.HERNANDEZ@sakilacustomer.org	33	1	2006-02-14 22:04:36	2006-02-15 04:57:20
	32	1	AMY	LOPEZ	AMY.LOPEZ@sakilacustomer.org	36	1	2006-02-14 22:04:36	2006-02-15 04:57:20
	33	2	ANNA	HILL	ANNA.HILL@sakilacustomer.org	37	1	2006-02-14 22:04:36	2006-02-15 04:57:20
	40	2	AMANDA	CARTER	AMANDA.CARTER@sakilacustomer.org	44	1	2006-02-14 22:04:36	2006-02-15 04:57:20
	48	1	ANN	EVANS	ANN.EVANS@sakilacustomer.org	52	1	2006-02-14 22:04:36	2006-02-15 04:57:20
	51	1	ALICE	STEWART	ALICE.STEWART@sakilacustomer.org	55	1	2006-02-14 22:04:36	2006-02-15 04:57:20
	63	1	ASHLEY	RICHARDSON	ASHLEY.RICHARDSON@sakilacustomer.org	67	1	2006-02-14 22:04:36	2006-02-15 04:57:20
	81	1	ANDREA	HENDERSON	ANDREA.HENDERSON@sakilacustomer.org	85	1	2006-02-14 22:04:36	2006-02-15 04:57:20
	85	2	ANNE	POWELL	ANNE.POWELL@sakilacustomer.org	89	1	2006-02-14 22:04:36	2006-02-15 04:57:20
	97	2	ANNIE	RUSSELL	ANNIE.RUSSELL@sakilacustomer.org	101	1	2006-02-14 22:04:36	2006-02-15 04:57:20
	136	2	ANITA	MORALES	ANITA.MORALES@sakilacustomer.org	140	1	2006-02-14 22:04:36	2006-02-15 04:57:20

2. 다음은 first_name 열에서 AA로 시작하는 모든 문자열 데이터를 조회하는 조회하는 쿼리이다.

Do it! 🗄 첫 번째 글자가 AA로 시작하는 데이터 조회

```
SELECT * FROM customer WHERE first_name LIKE 'AA%';
```

실행 결과

	customer_id	store_id	first_name	last_name	email	address_id	active	create_date	last_update
▶	375	2	AARON	SELBY	AARON.SELBY@sakilacustomer.org	380	1	2006-02-14 22:04:37	2006-02-15 04:57:20
	NULL	NULL	NULL	NULL	NULL	NULL	NULL	NULL	NULL

3. 다음은 first_name 열에서 A로 끝나는 모든 문자열 데이터를 조회하는 조회하는 쿼리이다.

Do it! 🗄 A로 끝나는 모든 데이터 조회

```
SELECT * FROM customer WHERE first_name LIKE '%A';
```

실행 결과

	customer_id	store_id	first_name	last_name	email	address_id	active	create_date	last_update
▶	2	1	PATRICIA	JOHNSON	PATRICIA.JOHNSON@sakilacustomer.org	6	1	2006-02-14 22:04:36	2006-02-15 04:57:20
	3	1	LINDA	WILLIAMS	LINDA.WILLIAMS@sakilacustomer.org	7	1	2006-02-14 22:04:36	2006-02-15 04:57:20
	4	2	BARBARA	JONES	BARBARA.JONES@sakilacustomer.org	8	1	2006-02-14 22:04:36	2006-02-15 04:57:20
	7	1	MARIA	MILLER	MARIA.MILLER@sakilacustomer.org	11	1	2006-02-14 22:04:36	2006-02-15 04:57:20
	11	2	LISA	ANDERSON	LISA.ANDERSON@sakilacustomer.org	15	1	2006-02-14 22:04:36	2006-02-15 04:57:20
	16	2	SANDRA	MARTIN	SANDRA.MARTIN@sakilacustomer.org	20	0	2006-02-14 22:04:36	2006-02-15 04:57:20
	17	1	DONNA	THOMPSON	DONNA.THOMPSON@sakilacustomer.org	21	1	2006-02-14 22:04:36	2006-02-15 04:57:20
	22	1	LAURA	RODRIGUEZ	LAURA.RODRIGUEZ@sakilacustomer.org	26	1	2006-02-14 22:04:36	2006-02-15 04:57:20
	26	2	JESSICA	HALL	JESSICA.HALL@sakilacustomer.org	30	1	2006-02-14 22:04:36	2006-02-15 04:57:20
	28	1	CYNTHIA	YOUNG	CYNTHIA.YOUNG@sakilacustomer.org	32	1	2006-02-14 22:04:36	2006-02-15 04:57:20
	29	2	ANGELA	HERNANDEZ	ANGELA.HERNANDEZ@sakilacustomer.org	33	1	2006-02-14 22:04:36	2006-02-15 04:57:20
	30	1	MELISSA	KING	MELISSA.KING@sakilacustomer.org	34	1	2006-02-14 22:04:36	2006-02-15 04:57:20

4. 이번에는 같은 열에서 RA로 끝나는 모든 문자열 데이터를 조회하는 조회한 쿼리이다.

Do it! 🗄 RA로 끝나는 모든 데이터 조회

```
SELECT * FROM customer WHERE first_name LIKE '%RA';
```

실행 결과

customer_id	store_id	first_name	last_name	email	address_id	active	create_date	last_update
4	2	BARBARA	JONES	BARBARA.JONES@sakilacustomer.org	8	1	2006-02-14 22:04:36	2006-02-15 04:57:20
16	2	SANDRA	MARTIN	SANDRA.MARTIN@sakilacustomer.org	20	0	2006-02-14 22:04:36	2006-02-15 04:57:20
22	1	LAURA	RODRIGUEZ	LAURA.RODRIGUEZ@sakilacustomer.org	26	1	2006-02-14 22:04:36	2006-02-15 04:57:20
39	1	DEBRA	NELSON	DEBRA.NELSON@sakilacustomer.org	43	1	2006-02-14 22:04:36	2006-02-15 04:57:20
84	2	SARA	PERRY	SARA.PERRY@sakilacustomer.org	88	1	2006-02-14 22:04:36	2006-02-15 04:57:20
144	1	CLARA	SHAW	CLARA.SHAW@sakilacustomer.org	148	1	2006-02-14 22:04:36	2006-02-15 04:57:20
203	1	TARA	RYAN	TARA.RYAN@sakilacustomer.org	207	1	2006-02-14 22:04:36	2006-02-15 04:57:20
218	1	VERA	MCCOY	VERA.MCCOY@sakilacustomer.org	222	1	2006-02-14 22:04:36	2006-02-15 04:57:20
229	1	TAMARA	NGUYEN	TAMARA.NGUYEN@sakilacustomer.org	233	1	2006-02-14 22:04:36	2006-02-15 04:57:20
249	2	DORA	MEDINA	DORA.MEDINA@sakilacustomer.org	253	1	2006-02-14 22:04:36	2006-02-15 04:57:20
266	2	NORA	HERRERA	NORA.HERRERA@sakilacustomer.org	271	1	2006-02-14 22:04:36	2006-02-15 04:57:20
269	1	CASSAND	WALTERS	CASSANDRA.WALTERS@sakilacustomer.	274	1	2006-02-14 22:04:36	2006-02-15 04:57:20

5. A를 포함한 모든 first_name 열의 데이터를 조회하는 쿼리도 입력해 보자.

Do it! 🗄 A를 포함한 모든 데이터 조회

```
SELECT * FROM customer WHERE first_name LIKE '%A%';
```

실행 결과

customer_id	store_id	first_name	last_name	email	address_id	active	create_date	last_update
1	1	MARY	SMITH	MARY.SMITH@sakilacustomer.org	5	1	2006-02-14 22:04:36	2006-02-15 04:57:20
2	1	PATRICIA	JOHNSON	PATRICIA.JOHNSON@sakilacustomer.org	6	1	2006-02-14 22:04:36	2006-02-15 04:57:20
3	1	LINDA	WILLIAMS	LINDA.WILLIAMS@sakilacustomer.org	7	1	2006-02-14 22:04:36	2006-02-15 04:57:20
4	2	BARBARA	JONES	BARBARA.JONES@sakilacustomer.org	8	1	2006-02-14 22:04:36	2006-02-15 04:57:20
5	1	ELIZABETH	BROWN	ELIZABETH.BROWN@sakilacustomer.org	9	1	2006-02-14 22:04:36	2006-02-15 04:57:20
7	1	MARIA	MILLER	MARIA.MILLER@sakilacustomer.org	11	1	2006-02-14 22:04:36	2006-02-15 04:57:20
8	2	SUSAN	WILSON	SUSAN.WILSON@sakilacustomer.org	12	1	2006-02-14 22:04:36	2006-02-15 04:57:20
9	2	MARGARET	MOORE	MARGARET.MOORE@sakilacustomer.org	13	1	2006-02-14 22:04:36	2006-02-15 04:57:20
11	2	LISA	ANDERSON	LISA.ANDERSON@sakilacustomer.org	15	1	2006-02-14 22:04:36	2006-02-15 04:57:20
12	1	NANCY	THOMAS	NANCY.THOMAS@sakilacustomer.org	16	1	2006-02-14 22:04:36	2006-02-15 04:57:20
13	2	KAREN	JACKSON	KAREN.JACKSON@sakilacustomer.org	17	1	2006-02-14 22:04:36	2006-02-15 04:57:20
16	2	SANDRA	MARTIN	SANDRA.MARTIN@sakilacustomer.org	20	0	2006-02-14 22:04:36	2006-02-15 04:57:20

6. 특정 문자열을 제외해 데이터를 조회하고 싶다면 NOT을 조합해 사용하면 된다. 다음 예를 통해 살펴보자. A로 시작하는 문자열을 제외한 first_name 열의 데이터를 조회한다.

Do it! 🗄 첫 번째 글자가 A로 시작하지 않는 데이터만 조회

```
SELECT * FROM customer WHERE first_name NOT LIKE 'A%';
```

실행 결과

customer_id	store_id	first_name	last_name	email	address_id	active	create_date	last_update
1	1	MARY	SMITH	MARY.SMITH@sakilacustomer.org	5	1	2006-02-14 22:04:36	2006-02-15 04:57:20
2	1	PATRICIA	JOHNSON	PATRICIA.JOHNSON@sakilacustomer.org	6	1	2006-02-14 22:04:36	2006-02-15 04:57:20
3	1	LINDA	WILLIAMS	LINDA.WILLIAMS@sakilacustomer.org	7	1	2006-02-14 22:04:36	2006-02-15 04:57:20
4	2	BARBARA	JONES	BARBARA.JONES@sakilacustomer.org	8	1	2006-02-14 22:04:36	2006-02-15 04:57:20
5	1	ELIZABETH	BROWN	ELIZABETH.BROWN@sakilacustomer.org	9	1	2006-02-14 22:04:36	2006-02-15 04:57:20
6	2	JENNIFER	DAVIS	JENNIFER.DAVIS@sakilacustomer.org	10	1	2006-02-14 22:04:36	2006-02-15 04:57:20
7	1	MARIA	MILLER	MARIA.MILLER@sakilacustomer.org	11	1	2006-02-14 22:04:36	2006-02-15 04:57:20
8	2	SUSAN	WILSON	SUSAN.WILSON@sakilacustomer.org	12	1	2006-02-14 22:04:36	2006-02-15 04:57:20
9	2	MARGARET	MOORE	MARGARET.MOORE@sakilacustomer.org	13	1	2006-02-14 22:04:36	2006-02-15 04:57:20
10	1	DOROTHY	TAYLOR	DOROTHY.TAYLOR@sakilacustomer.org	14	1	2006-02-14 22:04:36	2006-02-15 04:57:20

ESCAPE로 특수 문자를 포함한 데이터 조회하기

LIKE를 사용해 문자열에 특수 문자 %가 포함된 데이터를 검색하려면 어떻게 해야 할까? %는 예약어이므로 %%와 같이 입력하는 방법으로는 검색할 수 없다.

▶ 예약어란 프로그래밍 언어에서 이미 문법으로 사용하고 있는 단어로, 이미 선점(예약)하여 사용되고 있다는 단어를 말한다. 프로그래밍 언어마다 예약어의 종류는 다르다.

만약 %를 포함한 데이터를 검색하고 싶다면 ESCAPE를 사용한다.

1. 먼저 %나 _와 같은 특수 기호를 포함한 임의의 테이블을 생성한 뒤, 실습을 진행해 보자. 이때, 공통 테이블 표현식을 활용해 이러한 테이블을 생성할 수 있다. 다음과 같이 쿼리를 입력해 데이터를 조회해 보자.

▶ 공통 테이블 표현식으로는 실제 데이터베이스에 생성되는 테이블을 생성하는 것이 아니라 쿼리 실행 결과를 테이블처럼 생성해 활용하기 위한 논리적인 테이블을 생성한다. 이 내용은 05-3절에서 더 자세히 살펴볼 예정이다.

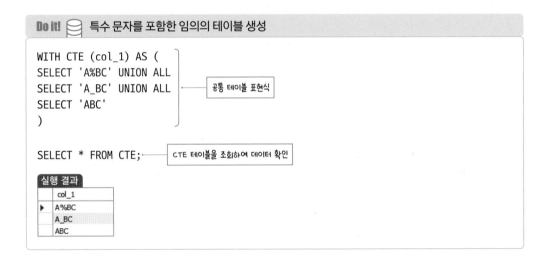

Do it! 🗄 특수 문자를 포함한 임의의 테이블 생성

```
WITH CTE (col_1) AS (
SELECT 'A%BC' UNION ALL          공통 테이블 표현식
SELECT 'A_BC' UNION ALL
SELECT 'ABC'
)

SELECT * FROM CTE;    CTE 테이블을 조회하여 데이터 확인
```

실행 결과

col_1
▶ A%BC
A_BC
ABC

2. 이 테이블에서 특수 문자 %가 들어간 데이터를 조회해 보자. 다음과 같이 쿼리를 작성해 실행하면 어떻게 될까?

Do it! 🗄 특수 문자 %를 포함한 데이터 조회

```
WITH CTE (col_1) AS (
SELECT 'A%BC' UNION ALL
SELECT 'A_BC' UNION ALL
SELECT 'ABC'
)

SELECT * FROM CTE WHERE col_1 LIKE '%';
```

실행 결과

col_1
▶ A%BC
A_BC
ABC

그런데 이 결과는 우리가 원한 결과가 아니다. 이런 결과가 왜 나왔을까? % 기호는 검색할 수 있는 값이 아니라 0개 이상의 문자를 의미하는 예약어이기 때문이다. 그렇다면 % 기호가 포함된 데이터인 A%BC를 조회하려면 어떻게 해야 할까? 앞서 언급한 대로 ESCAPE를 이용하면 된다.

> **Do it!** 🗄 ESCAPE로 특수 문자 %를 포함한 데이터 조회

```
WITH CTE (col_1) AS (
SELECT 'A%BC' UNION ALL
SELECT 'A_BC' UNION ALL
SELECT 'ABC'
)

SELECT * FROM CTE WHERE col_1 LIKE '%#%%' ESCAPE '#';
```

실행 결과

col_1
▶ A%BC

쿼리를 실행할 때 ESCAPE가 #을 제거해 쿼리 명령 단계에서는 %#%%이 호출되고 실제 실행할 때는 %%%로 해석되어 %를 포함하는 앞뒤 어떠한 문자가 와도 상관없는 데이터가 검색되는 것이다.

3. ESCAPE에 사용할 특수문자는 # 외에 &, !, / 등 다른 것도 쓸 수 있다. 다만 해당 문자가 데이터에 쓰이지 않는 것이어야 의도하지 않은 데이터 오류를 방지할 수 있다. 다음 예를 살펴보자.

> **Do it!** 🗄 ESCAPE와 !로 특수 문자 %를 포함한 데이터 조회

```
WITH CTE (col_1) AS (
SELECT 'A%BC' UNION ALL
SELECT 'A_BC' UNION ALL
SELECT 'ABC'
)
SELECT * FROM CTE WHERE col_1 LIKE '%!%%' ESCAPE '!';
```

이와 같이 #이 아닌 !로도 원하는 데이터를 조회할 수 있다.

이 과정을 쪼개서 살펴보면 좀 더 이해가 쉬울 것이다.

명령어가 전달될 때

```
SELECT * FROM CTE  WHERE col_1 LIKE '%!%%' ESCAPE '!';
```

데이터베이스 엔진이 SQL 명령을 수행할 때

```
SELECT * FROM CTE  WHERE col_1 LIKE '%%%'; ─── [가운데에 있는 '%'는 문자 %를 의미함]
```

LIKE와 _로 길이가 정해진 데이터 조회하기

%는 특정 문자열을 포함하는 데이터를 검색한다. 그렇다면 특정 문자열을 포함하면서 문자열의 길이도 정해 데이터를 검색하려면 어떻게 해야 할까? 그럴 때는 _를 사용한다. %만 사용하면 검색된 데이터의 양이 많아 원하는 데이터를 빠르게 찾지 못하는 경우가 있다. 이때 찾으려는 문자열 일부와 문자열의 길이를 알고 있다면 _를 사용하자. _의 사용 방법은 다음과 같다.

> **_의 사용 예**
> - A_: A로 시작하면서 뒤의 글자는 무엇이든 상관없으며 전체 글자 수는 2개인 문자열
> - _A: A로 끝나면서 앞의 문자는 무엇이든 상관없으며 전체 글자 수는 2개인 문자열
> - _A_: 세 글자로 된 문자열 중 가운데 글자만 A이며 앞뒤로는 무엇이든 상관없는 문자열

1. A로 시작하면서 뒤의 글자가 하나 있는 문자열을 customer 테이블의 first_name 열에서 조회해 보자.

Do it! 🗄 A로 시작하면서 문자열 길이가 2인 데이터 조회

```
SELECT * FROM customer WHERE first_name LIKE 'A_';
```

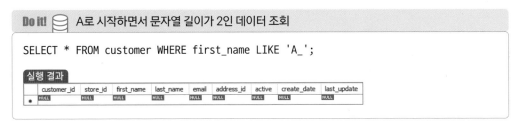

실행 결과									
	customer_id	store_id	first_name	last_name	email	address_id	active	create_date	last_update
•	NULL	NULL	NULL	NULL	NULL	NULL	NULL	NULL	NULL

2. 이번에는 A로 시작하면서 문자열 길이가 3인 데이터를 first_name 열에서 조회했다. 조건에 맞는 행이 있어서 다음과 같이 3건이 출력되었다.

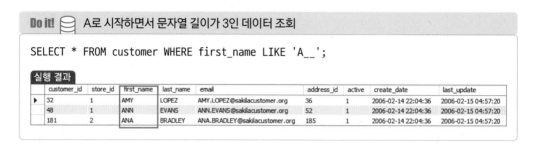

Do it! 🗄 A로 시작하면서 문자열 길이가 3인 데이터 조회

```
SELECT * FROM customer WHERE first_name LIKE 'A__';
```

실행 결과

	customer_id	store_id	first_name	last_name	email	address_id	active	create_date	last_update
▶	32	1	AMY	LOPEZ	AMY.LOPEZ@sakilacustomer.org	36	1	2006-02-14 22:04:36	2006-02-15 04:57:20
	48	1	ANN	EVANS	ANN.EVANS@sakilacustomer.org	52	1	2006-02-14 22:04:36	2006-02-15 04:57:20
	181	2	ANA	BRADLEY	ANA.BRADLEY@sakilacustomer.org	185	1	2006-02-14 22:04:36	2006-02-15 04:57:20

3. 반대로 A로 끝나면서 문자열 길이가 3인 데이터를 first_name 열에서 조회해 보자.

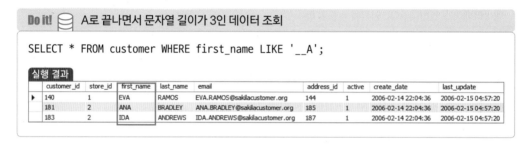

Do it! 🗄 A로 끝나면서 문자열 길이가 3인 데이터 조회

```
SELECT * FROM customer WHERE first_name LIKE '__A';
```

실행 결과

	customer_id	store_id	first_name	last_name	email	address_id	active	create_date	last_update
▶	140	1	EVA	RAMOS	EVA.RAMOS@sakilacustomer.org	144	1	2006-02-14 22:04:36	2006-02-15 04:57:20
	181	2	ANA	BRADLEY	ANA.BRADLEY@sakilacustomer.org	185	1	2006-02-14 22:04:36	2006-02-15 04:57:20
	183	2	IDA	ANDREWS	IDA.ANDREWS@sakilacustomer.org	187	1	2006-02-14 22:04:36	2006-02-15 04:57:20

4. A로 시작하고 A로 끝나면서 문자열 길이가 4인 데이터를 조회해 보자.

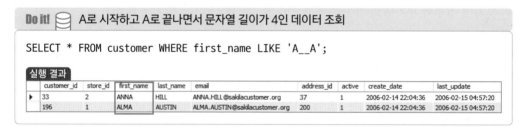

Do it! 🗄 A로 시작하고 A로 끝나면서 문자열 길이가 4인 데이터 조회

```
SELECT * FROM customer WHERE first_name LIKE 'A__A';
```

실행 결과

	customer_id	store_id	first_name	last_name	email	address_id	active	create_date	last_update
▶	33	2	ANNA	HILL	ANNA.HILL@sakilacustomer.org	37	1	2006-02-14 22:04:36	2006-02-15 04:57:20
	196	1	ALMA	AUSTIN	ALMA.AUSTIN@sakilacustomer.org	200	1	2006-02-14 22:04:36	2006-02-15 04:57:20

5. 다음과 같이 5글자인 이름을 찾으려면 _ 문자를 5번 입력해 데이터를 조회할 수도 있다.

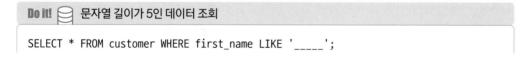

Do it! 🗄 문자열 길이가 5인 데이터 조회

```
SELECT * FROM customer WHERE first_name LIKE '_____';
```

	customer_id	store_id	first_name	last_name	email	address_id	active	create_date	last_update
▶	3	1	LINDA	WILLIAMS	LINDA.WILLIAMS@sakilacustomer.org	7	1	2006-02-14 22:04:36	2006-02-15 04:57:20
	7	1	MARIA	MILLER	MARIA.MILLER@sakilacustomer.org	11	1	2006-02-14 22:04:36	2006-02-15 04:57:20
	8	2	SUSAN	WILSON	SUSAN.WILSON@sakilacustomer.org	12	1	2006-02-14 22:04:36	2006-02-15 04:57:20
	12	1	NANCY	THOMAS	NANCY.THOMAS@sakilacustomer.org	16	1	2006-02-14 22:04:36	2006-02-15 04:57:20
	13	2	KAREN	JACKSON	KAREN.JACKSON@sakilacustomer.org	17	1	2006-02-14 22:04:36	2006-02-15 04:57:20
	14	2	BETTY	WHITE	BETTY.WHITE@sakilacustomer.org	18	1	2006-02-14 22:04:36	2006-02-15 04:57:20
	15	1	HELEN	HARRIS	HELEN.HARRIS@sakilacustomer.org	19	1	2006-02-14 22:04:36	2006-02-15 04:57:20
	17	1	DONNA	THOMPSON	DONNA.THOMPSON@sakilacustomer.org	21	1	2006-02-14 22:04:36	2006-02-15 04:57:20
	18	2	CAROL	GARCIA	CAROL.GARCIA@sakilacustomer.org	22	1	2006-02-14 22:04:36	2006-02-15 04:57:20
	22	1	LAURA	RODRIGUEZ	LAURA.RODRIGUEZ@sakilacustomer.org	26	1	2006-02-14 22:04:36	2006-02-15 04:57:20
	23	2	SARAH	LEWIS	SARAH.LEWIS@sakilacustomer.org	27	1	2006-02-14 22:04:36	2006-02-15 04:57:20
	39	1	DEBRA	NELSON	DEBRA.NELSON@sakilacustomer.org	43	1	2006-02-14 22:04:36	2006-02-15 04:57:20

_과 %로 문자열 조회하기

특정 문자열을 포함하고 길이가 정해진 데이터를 조회하려면 우리가 실습을 통해 익힌 _과 %를 조합해 사용하면 된다.

1. 다음 A와 R 사이에 한 글자를 포함하여 시작하면서 이후 문자열은 어떤 문자열이라도 상관없는 데이터를 조회해 보자.

Do it! 🗄 A_R로 시작하는 문자열 조회

```
SELECT * FROM customer WHERE first_name LIKE 'A_R%';
```

	customer_id	store_id	first_name	last_name	email	address_id	active	create_date	last_update
▶	142	1	APRIL	BURNS	APRIL.BURNS@sakilacustomer.org	146	1	2006-02-14 22:04:36	2006-02-15 04:57:20
	375	2	AARON	SELBY	AARON.SELBY@sakilacustomer.org	380	1	2006-02-14 22:04:37	2006-02-15 04:57:20
	525	2	ADRIAN	CLARY	ADRIAN.CLARY@sakilacustomer.org	531	1	2006-02-14 22:04:37	2006-02-15 04:57:20

2. 다음은 R 앞에 두 글자를 포함하여 시작하면서 이후 문자열은 어떤 문자열이라도 상관없는 데이터를 조회한다.

Do it! 🗄 __R로 시작하는 문자열 조회

```
SELECT * FROM customer WHERE first_name LIKE '__R%';
```

	customer_id	store_id	first_name	last_name	email	address_id	active	create_date	last_update
▶	1	1	MARY	SMITH	MARY.SMITH@sakilacustomer.org	5	1	2006-02-14 22:04:36	2006-02-15 04:57:20
	4	2	BARBARA	JONES	BARBARA.JONES@sakilacustomer.org	8	1	2006-02-14 22:04:36	2006-02-15 04:57:20
	7	1	MARIA	MILLER	MARIA.MILLER@sakilacustomer.org	11	1	2006-02-14 22:04:36	2006-02-15 04:57:20
	9	2	MARGARET	MOORE	MARGARET.MOORE@sakilacustomer.org	13	1	2006-02-14 22:04:36	2006-02-15 04:57:20
	10	1	DOROTHY	TAYLOR	DOROTHY.TAYLOR@sakilacustomer.org	14	1	2006-02-14 22:04:36	2006-02-15 04:57:20
	13	2	KAREN	JACKSON	KAREN.JACKSON@sakilacustomer.org	17	1	2006-02-14 22:04:36	2006-02-15 04:57:20
	18	2	CAROL	GARCIA	CAROL.GARCIA@sakilacustomer.org	22	1	2006-02-14 22:04:36	2006-02-15 04:57:20
	23	2	SARAH	LEWIS	SARAH.LEWIS@sakilacustomer.org	27	1	2006-02-14 22:04:36	2006-02-15 04:57:20

3. 이번에는 A로 시작하고, 마지막은 R과 함께 마지막 한 글자가 더 있는 문자열 데이터를 조회해 보자.

Do it! 😀 A로 시작하면서 R_로 끝나는 문자열 조회

```
SELECT * FROM customer WHERE first_name LIKE 'A%R_';
```

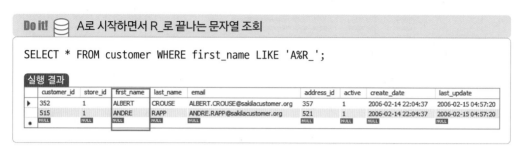

	customer_id	store_id	first_name	last_name	email	address_id	active	create_date	last_update
▶	352	1	ALBERT	CROUSE	ALBERT.CROUSE@sakilacustomer.org	357	1	2006-02-14 22:04:37	2006-02-15 04:57:20
	515	1	ANDRE	RAPP	ANDRE.RAPP@sakilacustomer.org	521	1	2006-02-14 22:04:37	2006-02-15 04:57:20
*	NULL	NULL	NULL	NULL	NULL	NULL	NULL	NULL	NULL

REGEXP로 더 다양하게 데이터 조회하기

MySQL에서는 정규 표현식^regular expression^을 의미하는 REGEXP으로 더 다양한 방법으로 문자열을 검색할 수 있다. **정규 표현식은 특정한 패턴의 문자열을 표현하기 위해 사용한다.**
다음은 MySQL에서 지원하는 정규 표현식이다.

표현식	설명
.	줄 바꿈 문자(\n)를 제외한 임의의 한 문자를 의미한다.
*	해당 문자 패턴이 0번 이상 반복한다.
+	해당 문자 패턴이 1번 이상 반복한다.
^	문자열의 처음을 의미한다.
$	문자열의 끝을 의미한다.
|	OR를 의미한다.
[...]	대괄호([]) 안에 있는 어떠한 문자를 의미한다.
[^...]	대괄호([]) 안에 있지 않은 어떠한 문자를 의미한다.
{n}	반복되는 횟수를 지정한다.
{m,n}	반복되는 횟수의 최솟값과 최댓값을 지정한다.

1. 정규 표현식을 사용해 customer 테이블의 first_name열에서 K로 시작하거나 N으로 끝나는 데이터를 조회해 보자.

Do it! 😀 ^, |, $를 사용해 데이터 조회

```
SELECT * FROM customer WHERE first_name REGEXP '^K¦N$';
```

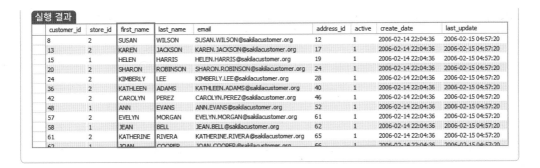

2. 다음은 first_name 열에서 K와 함께 L과 N 사이의 글자를 포함한 데이터를 조회해 보자.

Do it! [···]를 사용해 데이터 조회

```
SELECT * FROM customer WHERE first_name REGEXP 'K[L-N]';
```

결과를 살펴보면 first_name 열의 문자열 데이터에서 K 뒤에 L과 N사이의 글자가 포함되어 있는 데이터를 검색하여 결과를 보여준다.

3. 반대로 K와 함께 L과 N 사이의 글자를 포함하지 않는 데이터를 조회해 보자.

Do it! [^···]를 사용해 데이터 조회

```
SELECT * FROM customer WHERE first_name REGEXP 'K[^L-N]';
```

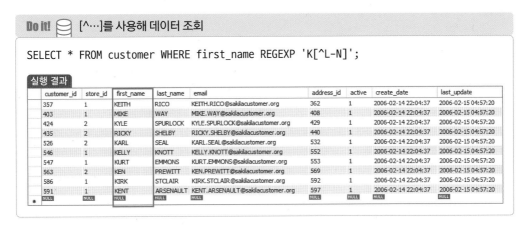

결과를 살펴보면 first_name 열의 문자열에서 K 뒤에 L과 N사이의 글자가 포함되어 있지 않는 데이터를 검색하여 결과를 보여준다

와일드카드 더 활용해 보기

지금까지 배운 와일드카드를 다양하게 조합해 보자. 와일드카드를 잘 조합하면 여러분이 원하는 대로 데이터를 조회할 수 있을 것이다.

1. 다음은 S로 시작하는 문자열 데이터 중에 A 뒤에 L과 N 사이의 글자가 있는 데이터를 조회한다.

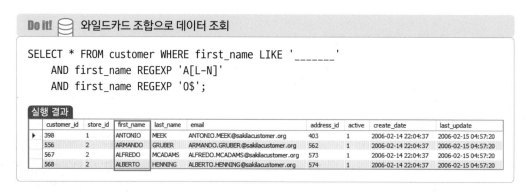

Do it! 🗄 %와 [⋯]을 사용해 데이터 조회

```
SELECT * FROM customer WHERE first_name LIKE 'S%' AND first_name REGEXP 'A[L-N]';
```

실행 결과

customer_id	store_id	first_name	last_name	email	address_id	active	create_date	last_update
8	2	SUSAN	WILSON	SUSAN.WILSON@sakilacustomer.org	12	1	2006-02-14 22:04:36	2006-02-15 04:57:20
16	2	SANDRA	MARTIN	SANDRA.MARTIN@sakilacustomer.org	20	0	2006-02-14 22:04:36	2006-02-15 04:57:20
41	1	STEPHANIE	MITCHELL	STEPHANIE.MITCHELL@sakilacustomer.org	45	1	2006-02-14 22:04:36	2006-02-15 04:57:20
123	2	SHANNON	FREEMAN	SHANNON.FREEMAN@sakilacustomer.org	127	1	2006-02-14 22:04:36	2006-02-15 04:57:20
153	2	SUZANNE	NICHOLS	SUZANNE.NICHOLS@sakilacustomer.org	157	1	2006-02-14 22:04:36	2006-02-15 04:57:20
167	2	SALLY	PIERCE	SALLY.PIERCE@sakilacustomer.org	171	1	2006-02-14 22:04:36	2006-02-15 04:57:20
177	2	SAMANTHA	DUNCAN	SAMANTHA.DUNCAN@sakilacustomer.org	181	1	2006-02-14 22:04:36	2006-02-15 04:57:20
358	2	SAMUEL	MARLOW	SAMUEL.MARLOW@sakilacustomer.org	363	1	2006-02-14 22:04:37	2006-02-15 04:57:20
392	2	SEAN	DOUGLASS	SEAN.DOUGLASS@sakilacustomer.org	397	1	2006-02-14 22:04:37	2006-02-15 04:57:20
404	2	STANLEY	SCROGGINS	STANLEY.SCROGGINS@sakilacustomer.org	409	1	2006-02-14 22:04:37	2006-02-15 04:57:20
488	2	SHANE	MILLARD	SHANE.MILLARD@sakilacustomer.org	493	1	2006-02-14 22:04:37	2006-02-15 04:57:20
490	1	SAM	MCDUFFIE	SAM.MCDUFFIE@sakilacustomer.org	495	1	2006-02-14 22:04:37	2006-02-15 04:57:20

2. 좀 더 복잡한 조건으로 데이터를 조회해 보자. 다음은 first_name 열에서 총 7 글자이고, A 뒤에 L과 N 사이의 글자가 있고, 마지막 글자는 O인 문자열 데이터를 조회하는 쿼리이다.

Do it! 🗄 와일드카드 조합으로 데이터 조회

```
SELECT * FROM customer WHERE first_name LIKE '_____'
    AND first_name REGEXP 'A[L-N]'
    AND first_name REGEXP 'O$';
```

실행 결과

customer_id	store_id	first_name	last_name	email	address_id	active	create_date	last_update
398	1	ANTONIO	MEEK	ANTONIO.MEEK@sakilacustomer.org	403	1	2006-02-14 22:04:37	2006-02-15 04:57:20
556	2	ARMANDO	GRUBER	ARMANDO.GRUBER@sakilacustomer.org	562	1	2006-02-14 22:04:37	2006-02-15 04:57:20
567	2	ALFREDO	MCADAMS	ALFREDO.MCADAMS@sakilacustomer.org	573	1	2006-02-14 22:04:37	2006-02-15 04:57:20
568	2	ALBERTO	HENNING	ALBERTO.HENNING@sakilacustomer.org	574	1	2006-02-14 22:04:37	2006-02-15 04:57:20

여기까지 와일드카드 실습이 모두 끝났다. 쿼리를 작성하는 실력을 키우고 싶다면 지금까지 소개한 내용들을 바탕으로 다양한 쿼리를 여러 번 작성해 보기 바란다. 이 책의 예제를 모두 따라해 보았다면 다양한 방법으로 와일드카드를 조합해 볼 수 있을 것이다.

04-5 GROUP BY 절로 데이터 묶기

조회한 데이터들을 그룹으로 묶어 정보를 확인해야 할 때가 있다. 또한 데이터 그룹에 특정 조건을 필터링해 필요한 데이터를 조회해야 하는 경우도 있다. 예를 들어 왼쪽 표와 같이 어떤 회사의 직원 정보가 담긴 테이블이 있다고 하자. 이를 소속별로 그룹화하고 싶다면 오른쪽 표와 같이 묶을 수 있을 것이다.

이름	직급	소속
김지은	대리	마케팅
이선우	대리	경영지원
박수연	과장	마케팅
안성민	차장	개발
정서경	부장	개발

그룹화 →

소속
마케팅
경영지원
개발

이렇게 데이터를 그룹화하고 싶을 때 바로 GROUP BY 절을 사용하면 된다. 그리고 데이터 그룹을 필터링할 때는 HAVING 절을 사용한다. GROUP BY 절과 HAVING 절은 다음과 같이 사용한다.

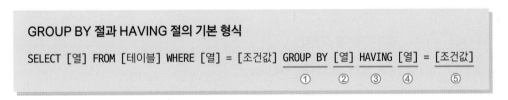

GROUP BY 절과 HAVING 절의 기본 형식

SELECT [열] FROM [테이블] WHERE [열] = [조건값] GROUP BY [열] HAVING [열] = [조건값]
                                       ①   ②   ③   ④   ⑤

① GROUP BY: 특정 열의 데이터를 그룹화하겠다는 구문이다.

②, ④ [열]: 그룹화된 데이터들이 있는 열 이름을 지정한다.

③ [HAVING]: WHERE와 비슷한 역할을 하며 그룹화된 데이터를 필터링할 수 있다.

⑤ [조건값]: 필터링을 위한 조건값을 입력한다.

GROUP BY 절로 데이터 그룹화하기

GROUP BY 절은 지정한 열에 있는 데이터를 그룹화한다. film 테이블에 저장되어 있는 special_features 열의 데이터 종류가 무엇인지 궁금하다면 어떻게 해야 할까? special_features 열에 있는 데이터를 모두 조회한 다음, 각 행을 하나하나 확인해야 할까? 데이터가 1,000개만 되어도 일일이 확인하기는 힘들 것이다. 바로 이런 경우 GROUP BY 절을 사용한다.

하나의 열을 기준으로 그룹화하기

데이터를 그룹화할 때는 반드시 그룹화할 기준 열을 지정해야 한다. 다음은 special_features, rating 열을 기준으로 각각 데이터를 그룹화한 것이다. 즉, film 테이블에서 special_features 열과 rating 열에 어떤 데이터 그룹이 있는지 확인하는 쿼리 ▶ 그룹화를 하면 중복된 데이터를 제외하고 보여준다.
이다.

special_features 열에서는 Deleted Scenes, Trailers 등으로 데이터가 그룹화되었고, rating 열에서는 PG, G 등으로 데이터가 그룹화된 것을 확인할 수 있다.

2개 이상의 열을 기준으로 그룹화하기

2개 이상의 열을 기준으로 그룹화하는 방법도 알아보자. 열을 2개 이상 지정하여 그룹화할 때는 GROUP BY에 열을 순서대로 작성하면 그 순서대로 데이터를 그룹화한다.

1. film 테이블에서 2개 이상의 열(special_feature와 rating)을 GROUP BY 절로 그룹화하고 SELECT 문을 통해서 special_feature와 rating 열을 조회(출력)한다. 그러므로 SELECT 문 뒤에 열을 입력한 순서에 따라 출력되는 열의 순서도 달라진다.

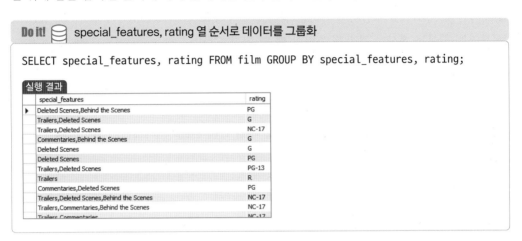

2. 반대로 rating, special_features 열 순서로 데이터를 그룹화해 보자.

열 순서만 변경되었을 뿐 쿼리 결과를 보면 모두 같은 개수의 데이터(행)를 출력한다.

COUNT로 그룹화한 열의 데이터 개수 세기

GROUP BY 절은 집계 함수와 함께 사용하는 경우가 많다. 앞서 실습한 내용은 단순히 특정 열의 데이터를 그룹화했을 때 어떤 데이터들이 묶였는지 확인한 정도였다면 이번에는 COUNT 함수를 사용해 각 데이터 그룹에 몇 개의 데이터가 있는지 세어 보는 쿼리를 작성해 보자. ▶ COUNT와 같은 집계 함수는 06-3절에서 더 자세히 살펴볼 예정이다.

1. special_features 열을 기준으로 데이터를 그룹화한 다음 COUNT 함수로 각 데이터 그룹에 속한 데이터가 몇 개인지 조회하는 쿼리를 작성해 보자. 이때 COUNT 함수에는 `AS cnt`를 붙였는데 이는 계산한 결과를 출력할 때 열 이름을 cnt 로 하겠다는 의미이다.

▶ count(*)은 모든 행의 개수를 세겠다는 의미이며, AS는 별칭을 의미하는 alias의 약자임을 참고하자.

Do it! 🗄 COUNT 함수로 그룹에 속한 데이터 개수 세기

```
SELECT special_features, COUNT(*) AS cnt FROM film GROUP BY special_features;
```

실행 결과

special_features	cnt
▶ Deleted Scenes,Behind the Scenes	71
Trailers,Deleted Scenes	66
Commentaries,Behind the Scenes	70
Deleted Scenes	61
Trailers	72
Commentaries,Deleted Scenes	65
Trailers,Deleted Scenes,Behind the Scenes	49
Trailers,Commentaries,Behind the Scenes	79
Trailers,Commentaries	72
Trailers,Behind the Scenes	72
Commentaries,Deleted Scenes,Behind the Scenes	66
Trailers,Commentaries,Deleted Scenes	64

2. 다음 쿼리는 special_features, rating 열을 기준으로 그룹화한 다음 각 그룹의 데이터가 몇 개인지 셀 수 있다. 이때 쿼리 마지막 부분에 ORDER BY 절을 입력한 이유는 조회한 데이터의 결과를 정렬하여 개수를 확인하기 쉽게 하기 위함이다. 여기서는 그룹화한 데이터의 개수에 따라 내림차순으로 정렬한다.

Do it! 🗄 두 열의 데이터 그룹에 속한 데이터 개수 세기

```
SELECT special_features, rating, COUNT(*) AS cnt FROM film
GROUP BY special_features, rating ORDER BY special_features, rating, cnt DESC;
```

special_features	rating	cnt
Trailers	G	16
Trailers	PG	10
Trailers	PG-13	19
Trailers	R	15
Trailers	NC-17	12
Commentaries	G	13
Commentaries	PG	12
Commentaries	PG-13	11
Commentaries	R	14
Commentaries	NC-17	12
Trailers,Commentaries	G	10
Trailers,Commentaries	PG	15

3. 아마 눈치 빠른 독자라면 지금까지 SELECT 문으로 조회한 열 이름이 GROUP BY 절에서 그대로 사용되었음을 파악했을 것이다. 앞서 언급했듯 데이터를 그룹화할 때는 기준이 되는 열이 필요하므로 반드시 SELECT 문에 사용한 열을 반드시 GROUP BY 절에도 사용해야 한다. 만약 SELECT 문에 사용한 열을 GROUP BY 절에 사용하지 않으면 오류가 발생할 것이다.

SELECT 문과 GROUP BY 절의 열 이름을 달리할 경우

```
SELECT special_features, rating, COUNT(*) AS cnt FROM film GROUP BY rating;
```

오류를 살펴보면 다음과 같은 메시지가 출력되었다.

```
Error Code: 1055. Expression #1 of SELECT list is not in GROUP BY clause and contains
nonaggregated column 'sakila.film.special_features' which is not functionally dependent
on columns in GROUP BY clause; this is incompatible with sql_mode=only_full_group_by
```

오류 내용은 SELECT 문에 사용된 열이 GROUP BY에 명시되지 않아 열을 그룹화할 수 없다는 뜻이다.

HAVING 절로 그룹화한 데이터 필터링하기

그룹화한 데이터에서 데이터를 필터링하려면 HAVING 절을 사용해야 한다. HAVING 절은 WHERE 절과 비슷하지만 WHERE 절은 테이블에 있는 열에 대해 적용하는 것이라면 HAVING 절은 SELECT 문으로 조회한 열이나 GROUP BY 절에 그룹화한 열에만 필터링을 적용할 수 있다.

1. 다음은 special_features, rating 열을 기준으로 그룹화한 뒤, rating 열에서 G인 데이터만 필터링해 조회해 보자.

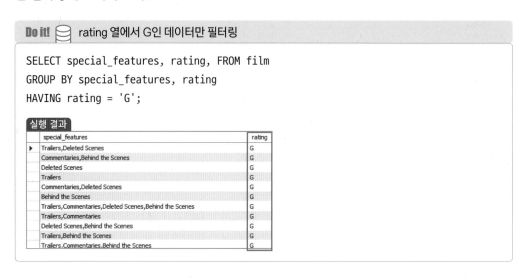

Do it! rating 열에서 G인 데이터만 필터링

```
SELECT special_features, rating, FROM film
GROUP BY special_features, rating
HAVING rating = 'G';
```

2. COUNT 함수도 적용해 보자. 다음은 special_features 열을 기준으로 그룹화한 다음 각 그룹에서 데이터의 개수가 70보다 큰 것만 조회하는 쿼리이다.

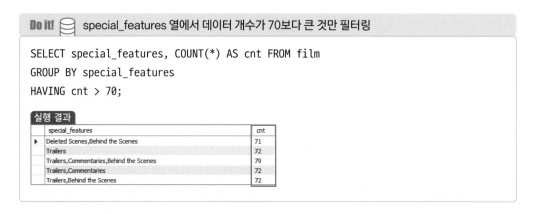

Do it! special_features 열에서 데이터 개수가 70보다 큰 것만 필터링

```
SELECT special_features, COUNT(*) AS cnt FROM film
GROUP BY special_features
HAVING cnt > 70;
```

3. 만약 그룹화하지 않은 열에 HAVING 절을 사용하면 오류가 발생할 것이다.

그룹화하지 않은 열을 필터링할 경우

```
SELECT special_features, COUNT(*) AS cnt FROM film
GROUP BY special_features
HAVING rating = 'G';
```

오류를 살펴보면 다음과 같은 메시지가 출력되었다.

```
Error Code: 1054. Unknown column 'rating' in 'having clause'
```

오류 내용은 SELECT 문에 rating 열이 없어 HAVING으로 해당 열을 필터링할 수 없다는 내용이다.

오류가 난 쿼리를 수정해 보자. HAVING 절에 사용하는 열을 SELECT 문과 GROUP BY 절에 추가하면 된다.

Do it! 🗄 **오류 없이 필터링할 경우**

```sql
SELECT special_features, rating, COUNT(*) AS cnt FROM film
GROUP BY special_features, rating
HAVING rating = 'R' AND cnt > 8;
```

실행 결과

special_features	rating	cnt
Trailers	R	15
Trailers,Behind the Scenes	R	21
Commentaries,Deleted Scenes,Behind the Scenes	R	12
Trailers,Deleted Scenes	R	11
Trailers,Deleted Scenes,Behind the Scenes	R	9
Trailers,Commentaries	R	16
Trailers,Commentaries,Behind the Scenes	R	11
Trailers,Commentaries,Deleted Scenes	R	11
Deleted Scenes	R	12
Deleted Scenes,Behind the Scenes	R	17
Commentaries	R	14

DISTINCT로 중복된 데이터 제거하기

앞에서 GROUP BY 절은 중복 데이터를 제거한다고 했었다. 만약 GROUP BY 절을 사용하지 않고 같은 열에 있는 중복 데이터를 제거하고 싶다면 DISTINCT를 사용하면 된다. DISTINCT의 기본 형식은 다음과 같다.

DISTINCT의 기본 형식

```
SELECT DISTINCT [열] FROM [테이블]
```

DISTINCT는 지정한 열의 중복 데이터를 제거한다.

1. 다음은 DISTINCT로 film 테이블의 special_features, rating 열에서 중복된 데이터를 제거하는 쿼리이다. 결과를 보면 147쪽에서 GROUP BY 절로 얻은 결과와 같은 것을 확인할 수 있다.

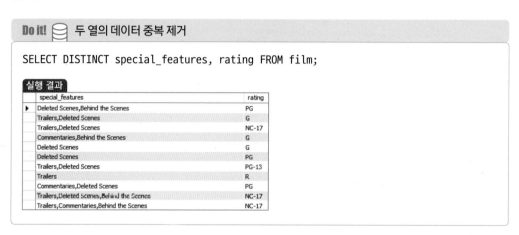

Do it! 두 열의 데이터 중복 제거

```
SELECT DISTINCT special_features, rating FROM film;
```

실행 결과

special_features	rating
Deleted Scenes,Behind the Scenes	PG
Trailers,Deleted Scenes	G
Trailers,Deleted Scenes	NC-17
Commentaries,Behind the Scenes	G
Deleted Scenes	G
Deleted Scenes	PG
Trailers,Deleted Scenes	PG-13
Trailers	R
Commentaries,Deleted Scenes	PG
Trailers,Deleted Scenes,Behind the Scenes	NC-17
Trailers,Commentaries,Behind the Scenes	NC-17

비교를 위해 GROUP BY 절의 결과를 살펴보자.

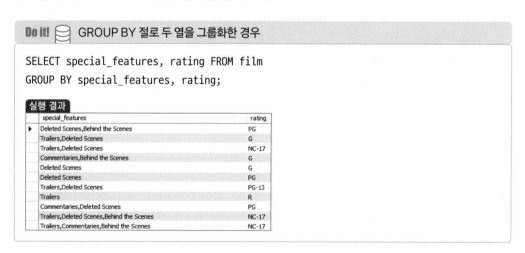

Do it! GROUP BY 절로 두 열을 그룹화한 경우

```
SELECT special_features, rating FROM film
GROUP BY special_features, rating;
```

실행 결과

special_features	rating
Deleted Scenes,Behind the Scenes	PG
Trailers,Deleted Scenes	G
Trailers,Deleted Scenes	NC-17
Commentaries,Behind the Scenes	G
Deleted Scenes	G
Deleted Scenes	PG
Trailers,Deleted Scenes	PG-13
Trailers	R
Commentaries,Deleted Scenes	PG
Trailers,Deleted Scenes,Behind the Scenes	NC-17
Trailers,Commentaries,Behind the Scenes	NC-17

2. GROUP BY 절을 사용했을 때와 결과가 같다고 해서 GROUP BY 절과 DISTINCT가 같은 역할을 한다고 착각하면 안 된다. DISTINCT는 중복을 제거할 뿐이지 그룹화를 하거나 이를 이용해 계산 작업을 할 수는 없다. 만약 계산이 필요하다면 반드시 GROUP BY 절을 사용해야 한다.

DISTINCT 문에 COUNT 함수를 사용할 경우

```
SELECT DISTINCT special_features, rating, COUNT(*) AS cnt FROM film;
```

오류를 살펴보면 다음과 같은 메시지가 출력되었다.

```
Error Code: 1140. In aggregated query without GROUP BY, expression #1 of SELECT list
contains nonaggregated column 'sakila.film.special_features'; this is incompatible
with sql_mode=only_full_group_by
```

오류 내용을 살펴보면 GROUP BY가 사용되지 않아 발생한 오류임을 알 수 있다. COUNT 함수를 사용하여 그룹별로 집계를 하기 때문에 반드시 GROUP BY가 필요하다.

04-6 테이블 생성 및 조작하기

테이블 생성 시 사용할 수 있는 다양한 옵션을 살펴본다. 이번 실습은 doitsql 데이터베이스에서 진행하므로 이 데이터베이스가 없다면 다음 쿼리문을 입력하여 데이터베이스를 먼저 생성한 뒤 시작하자.

```
CREATE DATABASE IF NOT EXISTS doitsql;
```

▶ 이 쿼리는 'doitsql'이란 이름의 데이터베이스가 없을 경우 'doitsql' 데이터베이스를 생성한다. 이 쿼리 형식을 자주 사용할 예정이니 기억해 두자.

AUTO_INCREMENT로 데이터 자동 입력하기

테이블을 생성할 때 어떤 열에 AUTO_INCREMENT를 적용하면 해당 열은 1씩 또는 사용자가 정의한 값만큼 증가하며 데이터가 자동으로 입력된다. 이때, AUTO_INCREMENT가 적용된 열을 생성할 때에는 반드시 해당 열을 기본키로 설정해 주어야 한다.

AUTO_INCREMENT로 데이터 입력하기

1. 다음 쿼리는 테이블을 생성할 때 AUTO_INCREMENT를 적용하여 데이터를 입력한다. 테이블을 생성한 뒤, 조회해 보면 AUTO_INCREMENT가 적용된 열에 자동으로 1씩 증가한 데이터가 입력된 것을 확인할 수 있다.

> **Do it!** 🗄 첫 번째 열에 AUTO_INCREMENT 적용
>
> ```
> USE doitsql;
>
> CREATE TABLE doit_increment (
> col_1 INT AUTO_INCREMENT PRIMARY KEY,
> col_2 VARCHAR(50),
> col_3 INT
> );
>
> INSERT INTO doit_increment (col_2, col_3) VALUES ('1 자동 입력', 1);
> INSERT INTO doit_increment (col_2, col_3) VALUES ('2 자동 입력', 2);
>
> SELECT * FROM doit_increment;
> ```
>
> ① doit_increment 테이블 생성
> ② 생성한 테이블 조회

실행 결과

	col_1	col_2	col_3
▶	1	1 자동 입력	1
	2	2 자동 입력	2

▶ 여기서는 ①과 ②를 작성한 뒤, 각각 실행해야 한다. 테이블을 생성한 뒤, 조회해 보자.

그런데 쿼리를 살펴보면 AUTO_INCREMENT가 설정된 열에는 값을 입력하지 않았다. AUTO_INCREMENT에 의해 자동으로 값이 증가돼 입력되도록 정의되어 있기 때문이다.

2. 만약 AUTO_INCREMENT가 정의된 열에 값을 입력하려고 하면 어떻게 될까? 다음 쿼리를 입력해 알아보자.

Do it! 🗄 자동 입력되는 값과 동일한 값을 입력한 경우

```
INSERT INTO doit_increment (col_1, col_2, col_3) VALUES (3, '3 자동 입력', 3);

SELECT * FROM doit_increment;
```

실행 결과

	col_1	col_2	col_3
▶	1	1 자동 입력	1
	2	2 자동 입력	2
	3	3 자동 입력	3

▶ 여기서는 두 문장을 함께 적었지만 쿼리문을 한 줄씩 실행해야 한다. INSERT 문을 실행한 뒤, SELECT 문을 실행해 데이터를 조회해 보자. 이어지는 실습에서도 마찬가지이다.

자동 입력되는 값과 동일한 값을 입력한 경우 문제없이 쿼리가 실행되고 이와 같은 결과가 출력된다.

3. 이번에는 자동 입력되는 값보다 큰 값을 입력해 보자.

Do it! 🗄 자동 입력되는 값보다 큰 값을 입력한 경우

```
INSERT INTO doit_increment (col_1, col_2, col_3) VALUES (5, '4 건너뛰고 5 자동 입력', 5);

SELECT * FROM doit_increment;
```

실행 결과

	col_1	col_2	col_3
▶	1	1 자동 입력	1
	2	2 자동 입력	2
	3	3 자동 입력	3
	5	4 건너뛰고 5 자동 입력	5

이 경우도 문제없이 쿼리가 실행되고 이와 같은 결과가 출력된다.

4. 다시 AUTO_INCREMENT이 적용된 1열을 제외하고 2, 3열에 데이터를 입력해 보자. 어떤 값이 입력될까?

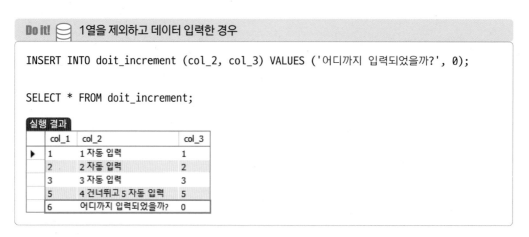

5 다음 값인 6이 자동 입력된 것을 알 수 있다.

AUTO_INCREMENT로 자동 생성된 마지막 값 확인하기

앞선 예처럼 데이터를 입력하다 보면 숫자가 연속적으로 입력되는 것이 아니므로 AUTO_INCREMENT가 적용됐을 때 데이터가 어디까지 입력됐는지 궁금할 것이다. 이때 다음 쿼리를 사용하면 AUTO_INCREMENT가 적용된 열의 마지막 데이터를 확인할 수 있다.

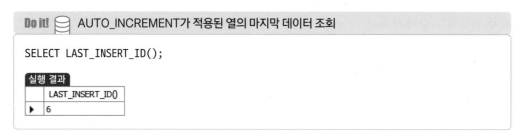

쿼리를 실행한 결과, 6까지 입력되어 있음을 알 수 있다. LAST_INSERT_ID()는 현재 마지막 AUTO_INCREMENT 값을 보여준다.

AUTO_INCREMENT 시작값 변경하기

이번에는 AUTO_INCREMENT을 다시 적용했을 때 다른 값으로 시작하도록 설정하는 방법을 알아보자. 이미 해당 열에 입력된 값이 있다면 그 값보다는 큰 값으로 설정해야 한다. 우리는 100부터 다시 시작하도록 값을 설정한다.

> **Do it!** 🗄 자동으로 입력되는 값을 100부터 시작
>
> ```
> ALTER TABLE doit_increment AUTO_INCREMENT=100;
> INSERT INTO doit_increment (col_2, col_3) VALUES ('시작값이 변경되었을까?', 0);
>
> SELECT * FROM doit_increment;
> ```
>
> **실행 결과**
>
> | col_1 | col_2 | col_3 |
> |-------|-------|-------|
> | 1 | 1 자동 입력 | 1 |
> | 2 | 2 자동 입력 | 2 |
> | 3 | 3 자동 입력 | 3 |
> | 5 | 4 건너뛰고 5 자동 입력 | 5 |
> | 6 | 어디까지 입력되었을까? | 0 |
> | 100 | 시작값이 변경되었을까? | 0 |

AUTO_INCREMENT 증갓값 변경하기

자동으로 입력되는 값이 1이 아닌 5씩 증가하도록 수정해 보자. 다음 쿼리를 입력하고 결과를 살펴보면 5씩 증가된 것을 확인할 수 있다. 그런데 증갓값을 수정하면 첫 데이터는 1이 증가하고, 첫 데이터를 입력한 이후 데이터부터 5씩 증가하는 것을 알 수 있다.

> **Do it!** 🗄 자동으로 입력되는 값이 5씩 증가
>
> ```
> SET @@AUTO_INCREMENT_INCREMENT = 5;
> INSERT INTO doit_increment (col_2, col_3) VALUES ('5씩 증가할까? (1)', 0);
> INSERT INTO doit_increment (col_2, col_3) VALUES ('5씩 증가할까? (2)', 0);
>
> SELECT * FROM doit_increment;
> ```
>
> **실행 결과**
>
> | col_1 | col_2 | col_3 |
> |-------|-------|-------|
> | 5 | 4 건너뛰고 5 자동 입력 | 5 |
> | 6 | 어디까지 입력되었을까? | 0 |
> | 100 | 시작값이 변경되었을까? | 0 |
> | 101 | 5씩 증가할까? (1) | 0 |
> | 106 | 5씩 증가할까? (2) | 0 |

조회 결과를 테이블에 입력하기

조회한 결과를 다른 테이블에 입력하거나 새로운 테이블을 만들어 입력해 보자.

조회 결과를 다른 테이블에 입력하기

조회한 결과를 다른 테이블에 입력해 보자. INSERT INTO ~ SELECT를 사용한다. 이때 반드시 입력하려는 테이블과 조회한 열의 데이터 유형이 동일해야 한다.

먼저 본격적인 실습을 위해서 다음과 같이 doit_insert_select_from과 doit_insert_select_to라는 2개의 테이블을 생성한다. 그다음, 초기 데이터를 doit_insert_select_from에 입력한다. 마지막으로 doit_insert_select_from의 데이터를 조회해서 doit_insert_select_to 테이블로 입력해 보자.

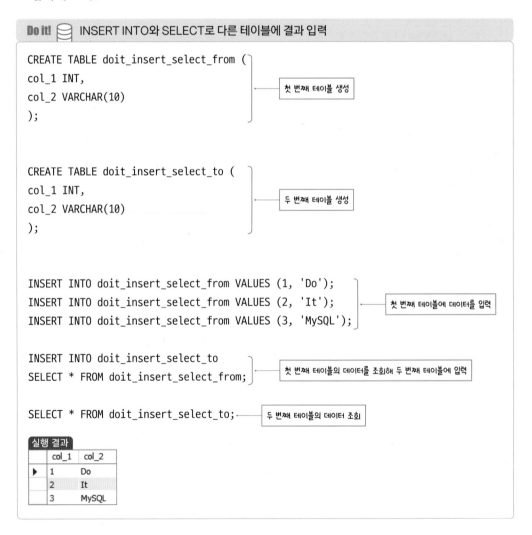

Do it! ⊜ INSERT INTO와 SELECT로 다른 테이블에 결과 입력

```
CREATE TABLE doit_insert_select_from (
col_1 INT,
col_2 VARCHAR(10)
);                                          ← 첫 번째 테이블 생성


CREATE TABLE doit_insert_select_to (
col_1 INT,
col_2 VARCHAR(10)
);                                          ← 두 번째 테이블 생성


INSERT INTO doit_insert_select_from VALUES (1, 'Do');
INSERT INTO doit_insert_select_from VALUES (2, 'It');    ← 첫 번째 테이블에 데이터를 입력
INSERT INTO doit_insert_select_from VALUES (3, 'MySQL');

INSERT INTO doit_insert_select_to
SELECT * FROM doit_insert_select_from;      ← 첫 번째 테이블의 데이터를 조회해 두 번째 테이블에 입력

SELECT * FROM doit_insert_select_to;        ← 두 번째 테이블의 데이터 조회
```

실행 결과

	col_1	col_2
▶	1	Do
	2	It
	3	MySQL

새 테이블에 조회 결과 입력하기

조회한 결과를 아예 새로운 테이블을 생성해 저장할 수도 있다. CREATE TABLE을 사용할 때 열 이름을 입력하는 것 대신 SELECT 문을 사용하여 테이블을 생성하는 쿼리를 다음과 같이 넣어 데이터 조회 결과를 바로 새 테이블에 입력할 수 있다.

Do it! 🗄 **CREATE TABLE로 새 테이블에 결과 입력**

```
CREATE TABLE doit_select_new AS (SELECT * FROM doit_insert_select_from);

SELECT * FROM doit_select_new;
```

실행 결과

	col_1	col_2
▶	1	Do
	2	It
	3	MySQL

결과를 살펴보면 doit_select_new라는 새로운 테이블이 생성되어 해당 테이블에 doit_insert_select_from 테이블을 조회한 결과가 저장된 것을 확인할 수 있다.

외래키로 연결되어 있는 테이블 조작하기

01-2절에서 관계형 데이터베이스를 설명할 때 테이블 간의 참조 관계를 언급했었다. 관계형 데이터베이스는 데이터의 무결성을 유지해야 하므로 부모 테이블에 없는 데이터가 자식 테이블에 있으면 안 되는 것이 원칙이다. 이 원칙을 유지하면 데이터가 잘못 입력되거나 삭제되는 것을 방지할 수 있다.

여기서는 테이블의 종속 관계가 있을 때 외래키를 가진 하위 테이블로 인해 데이터 또는 테이블 삭제에 실패하는 실습을 진행해 볼 것이다. 이를 통해 데이터 무결성에 대해 이해해 보자.

기본키

회원

회원 번호	회원 이름	회원 주소
1000	이지스	서울
1001	퍼블리싱	대전
1002	주식회사	제주도

외래키

주문

주문 번호	회원 번호	주문 상품	배송 주소
100	1000	Do it! SQL	서울
101	1001	Do it! SQL	대전
102	1000	Do it! Python	서울

외래키는 테이블 간에 관계를 구성할 때 참조하는 열을 의미한다. 이 두 테이블을 살펴보면 '회원' 테이블의 '회원 번호' 열은 기본키이고 '주문' 테이블의 '회원 번호' 열은 외래키이다.

외래키로 연결되어 있는 테이블에 데이터 입력 및 삭제하기

1. 먼저 실습을 위해 다음과 같이 테이블 2개를 생성하는데 하나는 부모 역할을, 다른 하나는 자식 역할을 하도록 구성해 보자.

> **부모 테이블과 자식 테이블 생성**

```
CREATE TABLE doit_parent (col_1 INT PRIMARY KEY);
CREATE TABLE doit_child (col_1 INT);

ALTER TABLE doit_child
ADD FOREIGN KEY (col_1) REFERENCES doit_parent(col_1);
```

REFERENCES는 참조 관계를 생성하는 명령문으로 여기서는 doit_child가 doit_parent 테이블을 참조한다.

2. 하위 테이블(자식 테이블)에 데이터를 입력할 때 상위 테이블(부모 테이블)에 해당 데이터가 없어 데이터 입력에 실패하는 쿼리이다.

> **자식 테이블에 데이터 입력 시 부모 테이블에 해당 데이터가 없는 경우**

```
INSERT INTO doit_child VALUES (1);
```

오류를 살펴보면 다음과 같은 메시지가 출력되었다.

```
Error Code: 1452. Cannot add or update a child row: a foreign key constraint fails
(`doitsql`.`doit_child`, CONSTRAINT `doit_child_ibfk_1` FOREIGN KEY (`col_1`) REFERENCES
`doit_parent` (`col_1`))
```

오류 내용은 doit_child 테이블이 doit_parent 테이블의 col_1에 대해서 외래키가 설정되어 있어 참조 오류가 발생한 것이다. 이 오류는 부모 테이블에 데이터를 먼저 입력해야 해결할 수 있다.

3. 부모 테이블에 데이터를 입력한 뒤, 같은 데이터를 자식 테이블에 입력하면 오류 없이 결과가 출력된다.

> **Do it!** 🗄 부모 테이블에 데이터 입력 후 자식 테이블에도 데이터 입력

```
INSERT INTO doit_parent VALUES (1);
INSERT INTO doit_child VALUES (1);

SELECT * FROM doit_parent;
SELECT * FROM doit_child;
```

실행 결과

col_1
▶ 1

4. 이번에는 부모 테이블의 데이터만 삭제해 보자. 이 역시도 외래키 때문에 오류가 발생하며 데이터 삭제에 실패한다.

> 부모 테이블에서만 데이터를 삭제한 경우

```
DELETE FROM doit_parent WHERE col_1 = 1;
```

오류를 살펴보면 다음과 같은 메시지가 출력되었다.

```
Error Code: 1451. Cannot delete or update a parent row: a foreign key constraint
fails (`doitsql`.`doit_child`, CONSTRAINT `doit_child_ibfk_1` FOREIGN KEY (`col_1`)
REFERENCES `doit_parent` (`col_1`))
```

오류 내용은 doit_child 테이블이 doit_parent 테이블의 col_1에 대해서 외래키가 설정되어 있어 참조 오류가 발생한 것이다. 이 오류는 자식 테이블의 데이터를 먼저 삭제하고 부모 테이블의 데이터를 삭제해야 정상적으로 데이터를 삭제할 수 있다.

5. 다음과 같이 쿼리를 입력해 자식 테이블 → 부모 테이블 순으로 데이터를 삭제해 보자.

> **Do it!** 🗄 **자식 테이블의 데이터 삭제 후 부모 테이블의 데이터 삭제**
>
> ```
> DELETE FROM doit_child WHERE col_1 = 1;
> DELETE FROM doit_parent WHERE col_1 = 1;
> ```
>
> **실행 결과**
>
> | # | Time | Action | Message | Duration / Fetch |
> |---|---|---|---|---|
> | ⊘ | 626 23:41:30 | DELETE FROM doit_child WHERE col_1 = 1 | 1 row(s) affected | 0.016 sec |
> | ⊘ | 627 23:41:30 | DELETE FROM doit_parent WHERE col_1 = 1 | 1 row(s) affected | 0.000 sec |

오류 없이 원하는 데이터가 삭제되었음을 알 수 있다.

외래키로 연결되어 있는 테이블 삭제하기

1. 이번에는 데이터가 아니라 테이블을 삭제해 보자. 앞에서는 데이터가 부모 테이블에 있는 지 여부에 따라 입력과 삭제에 영향을 받았다. 하지만 테이블을 삭제할 경우에는 테이블에 데이터 없이 외래키 설정만 되어 있어도 오류가 발생한다. 아마 여기까지 실습을 잘 따라 했다면 외래키 설정만 되어 있고 실제 데이터는 입력된 상태가 아닐 것이다. 일단 부모 테이블을 삭제하는 쿼리를 입력해 보자.

> **부모 테이블을 삭제할 경우**
>
> ```
> DROP TABLE doit_parent;
> ```

이와 같이 오류가 발생한다. 오류를 살펴보면 다음과 같은 메시지가 출력되었다.

> ```
> Error Code: 3730. Cannot drop table 'doit_parent' referenced by a foreign key constraint
> 'doit_child_ibfk_1' on table 'doit_child'.
> ```

오류 내용은 doit_parent 테이블과 doit_child 테이블이 외래키로 참조되어 있어 doit_parent 테이블 삭제에 실패했다는 내용이다.

2. 외래키가 설정되어 있는 테이블을 삭제하려면 자식 테이블 → 부모 테이블 순서로 삭제해야 한다. 그런데 자식 테이블의 데이터는 유지하면서 부모 테이블을 삭제하고 싶다면 제약 조건을 제거하여 부모 테이블 삭제를 진행하는 방법도 있다. 여기서는 그 두 가지 방법을 모두 실습해 보겠다.

먼저, 자식 테이블을 삭제하고 부모 테이블을 삭제하는 쿼리를 입력해 보자.

하위 테이블 삭제 후 상위 테이블 삭제

```
DROP TABLE doit_child;
DROP TABLE doit_parent;
```

오류 없이 테이블이 삭제되었다.

3. 이번에는 제약 조건을 제거하여 부모 테이블을 삭제해 보자. 먼저, 제약 조건을 확인해 보자. 제약 조건을 확인하고 싶다면 SHOW CREATE TABLE을 실행하면 확인할 수 있다. 다시 참조 관계의 doit_parent, doit_child 테이블을 생성한다. 그다음, SHOW CREATE TABLE을 입력하여 해당 테이블의 제약 조건을 확인한 것이다.

Do it! 🗄 부모 테이블 생성 후 제약 조건 확인

```
CREATE TABLE doit_parent (col_1 INT PRIMARY KEY);
CREATE TABLE doit_child (col_1 INT);
ALTER TABLE doit_child ADD FOREIGN KEY (col_1) REFERENES doit_parent(col_1);

SHOW CREATE TABLE doit_child;
```

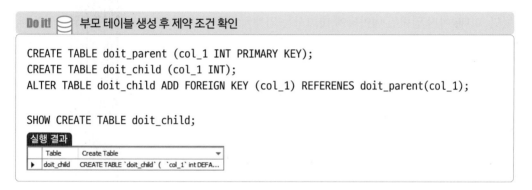

제약 조건을 자세히 살펴보면 다음과 같다.

```
CREATE TABLE `doit_child` (
   `col_1` int DEFAULT NULL,
   KEY `col_1` (`col_1`),
   CONSTRAINT `doit_child_ibfk_1` FOREIGN KEY (`col_1`) REFERENCES `doit_parent`
(`col_1`)
 ) ENGINE=InnoDB DEFAULT CHARSET=utf8mb4 COLLATE=utf8mb4_0900_ai_ci
```

출력 결과에서 CONSTRAINT `doit_child_ibfk_1` FOREIGN KEY (`col_1`) REFERENCES `doit_parent` (`col_1`) 부분이 바로 제약 조건을 나타내고 있으며, 여기서는 외래키 제약 조건이 있다는 의미이다.

4. 제약 조건을 확인했으니 제약 조건을 제거한 뒤, 부모 테이블을 삭제해 보자. `DROP CONST RANINT` **외래키**를 입력하여 제약 조건을 제거한 뒤, 부모 테이블인 doit_parent를 삭제하면 오류 없이 테이블이 제거된다.

제약 조건 제거 후 상위 테이블 삭제

```
ALTER TABLE doit_child
DROP CONSTRAINT doit_child_ibfk_1;
                         └─ doit_child의 외래키를 가리킴
DROP TABLE doit_parent;
```

▶ 자식 테이블인 doit_child 테이블을 조회해 오류가 없음을 확인해 보자.

---

5. 일시적으로 외래키 설정을 OFF하고 데이터를 입력이나 수정할 수도 있다. SET 문으로 설정하면 되는데, 외래키 설정을 OFF한 상태에서 데이터를 변경한 후 외래키를 다시 ON하면 된다. 이때, 이미 입력된 데이터에 대해서는 외래키 체크를 하지 않는다. 즉 원래 외래키는 데이터의 무결성을 유지하기 위해 사용되는데, OFF 상태에서는 무결성을 깨고 데이터를 입력해도 다시 ON 상태로 되돌아갔을 때 현재까지 입력된 데이터에 대한 무결성 검사를 하지 않는다.

외래키 비활성

```
SET FOREIGN_KEY_CHECKS=0
```

외래키 활성

```
SET FOREIGN_KEY_CHECKS=1
```

지금까지 외래키 관련 실습을 진행했다. 외래키를 생성하거나 테이블을 삭제하는 등의 작업은 해당 테이블을 사용하는 여러 서비스나 업무에 영향을 줄 수 있으므로 대부분 데이터베이스 관리자에게 권한이 있음을 알아 두자. 비록 간단하게 다루었지만 이런 기능과 문법이 있다는 점 정도는 알고 있으면 실전에서 도움이 될 것이다.

▶ 외래키 실습이 완료된 이후에는 DROP TABLE doit_child;를 입력해 다음 실습을 위해 테이블을 삭제하자.

04-7 MySQL의 데이터 유형 정리하기

앞에서 조회한 결과를 다른 테이블에 입력할 때 입력하려는 테이블과 조회한 열의 데이터 유형이 동일해야 오류가 발생하지 않는다고 했다. MySQL은 숫자형, 문자형, 날짜형, 지리형, 공간형 등 다양한 데이터 유형을 제공하는데, 이 책에서는 자주 사용하는 데이터 유형인 숫자형, 문자형, 날짜형을 더 자세히 알아보도록 하자.

▶ 데이터 유형은 데이터를 효율적으로 다루는 정도로 공부하면 된다. 모든 형식을 다 외울 필요는 없지만 관련 지식을 더 알고 싶다면 다음 링크(https://dev.mysql.com/doc/refman/8.0/en/data-types.html)를 참고하자.

숫자형 알아보기

숫자형은 정수, 실수 등의 숫자로 된 데이터 유형을 말한다. 각 숫자 데이터 유형별로 정리된 표를 통해 그 내용을 알아 두자.

▶ 이 책에서 다룬 내용 외에 숫자형을 더 알고 싶다면 공식 문서(https://dev.mysql.com/doc/refman/8.0/en/numeric-types.html)를 살펴보도록 하자.

정수형

정수는 기본적으로 부호를 갖는 SIGNED 형식으로 저장되어 음수와 양수를 동시에 저장할 수 있다. 부호를 갖지 않는 UNSIGNED라는 형식도 사용할 수 있는데, 이 형식으로 설정되면 0보다 큰 양의 정수를 더 많이 저장할 수 있어 최댓값은 SIGNED 형식보다 2배 커진다. AUTO_INCREMENT가 적용되는 열에는 음수를 저장할 수 없으므로 UNSIGNED을 명시하면 작은 데이터 공간에 더 많은 값을 저장할 수 있다. SINGNED나 UNSIGNED에 따른 성능 문제는 없지만 최솟값과 최댓값의 범위가 다르므로 사용할 때 데이터 오류가 발생하지 않도록 주의한다. 다음 표는 각 정수형의 데이터 크기와 범위를 정리한 것이다.

데이터 유형	데이터 크기(byte)	숫자 범위(SIGNED)	숫자 범위(UNSIGNED)
TINYINT	1	-128 ~ 127	0 ~ 255
SMALLINT	2	-32,768 ~ 32,767	0 ~ 65535
MEDIUMINT	3	-8388608 ~ 8388607	0 ~ 16777215
INT	4	-2^31(약 -21억) ~ 2^31-1(약 21억)	0 ~ 2^32-1(약 42억)
BIGINT	8	-2^63 ~ 2^63-1	0 ~ 2^64-1

매우 큰 숫잣값이나 고정 소수점 숫자를 저장해야 하는 것이 아니라면 일반적으로 INT나 BIGINT을 자주 사용한다.

실수형

MySQL에서는 고정 소수점 형식과 부동 소수점 형식을 사용할 수 있다. 부동 소수점 숫자를 저장하기 위해 FLOAT와 DOUBLE을 사용할 수 있다. 고정 소수점 숫자를 저장하기 위해서는 DECIMAL와 NUMERIC을 사용할 수 있다.

부동 소수점floating point에서 '부동'이란 소수점의 위치가 고정적이지 않다는 뜻으로, 숫자 값의 길이에 따라 유효 범위의 소수점 자리가 바뀐다. 이러한 이유로 부동 소수점을 사용하면 정확한 유효 소수점의 값을 식별하기 어렵고, 부동 소수점으로 된 값끼리 비교하기가 쉽지 않다. 또한 동등 비교를 사용할 수 없는 제약도 있다.

실습을 통해 더 자세히 알아보자. 먼저, 실습을 위해 doit_float 테이블을 생성해 보자. col_1 열을 생성할 때 데이터 유형을 FLOAT로 지정하였다. 그리고 0.7을 입력 후 조회해 보자.

Do it! 🗄 실수형 데이터가 있는 테이블 생성

```
USE doitsql;
CREATE TABLE doit_float (col_1 FLOAT);
INSERT INTO doit_float VALUES (0.7);


SELECT * FROM doit_float WHERE col_1 = 0.7;
```

실행 결과

col_1

FLOAT 타입은 부동 소수점 숫자를 저장하기 때문에 정확한 값이 아닌 근사치를 저장한다. 때문에 0.7을 입력했을 때 0.7과 정확히 일치하는 값이 없기 때문에 이와 같이 빈 결과를 반환하게 된 것이다.

FLOAT와 DOUBLE은 부동 소수점을 갖는 숫자 데이터에 사용하는 데이터 유형으로, FLOAT는 기본적으로 4바이트를 사용하여 유효 자릿수 8개를 유지하며 정밀도가 명시된 경우에는 최대 8바이트까지 저장 공간을 사용한다. DOUBLE은 8바이트 공간을 사용하여 최대 16개의 유효 자릿수를 유지한다.

데이터 유형	데이터 크기(byte)	숫자 범위
FLOAT(n)	4 ~ 8	-3.40E+30 ~ 1.17E-38
DOUBLE	8	-1.22E-308 ~ 1.79E+308

▶ (n)에서 n은 숫자를 의미한다.

부동 소수점에서는 유효 범위 이외의 값은 가변적이므로 정확한 값을 보장할 수 없다. 만약 금융 데이터나 소수점이 확실히 고정되어야 하는 숫자라면 FLOAT나 DOUBLE을 사용할 수 없다. 이 경우 DECIMAL 또는 NUMERIC을 사용한다. 전체 자릿수와 소수 자릿수가 고정된 데이터 유형으로 최대 38자리 숫자를 사용할 수 있도록 한다. 예를 들어 DECIMAL(20, 5)라고 하면 정수 15자리, 소수 5자리를 표현한다. 하지만 DECIMAL(20)이라고 표현하면 정수 20자리까지만 저장할 수 있다. DECIMAL 형식의 숫자 데이터 하나를 저장하는 데 1/2바이트가 필요하다. 그래서 자릿수를 계산할 때 (전체 자릿수)/2의 결괏값을 올림 처리한 만큼의 바이트 수가 필요하다.

데이터 유형	데이터 크기(byte)	숫자 범위
DECIMAL(p,s)	5 ~ 17	-10^38+1 ~ 10^38+1
NUMERIC(p,s)	5 ~ 17	-10^38+1 ~ 10^38+1

▶ (p,s)에서 p는 전체 자릿수를, s는 소수 자릿수를 의미한다.

숫자형 변환

숫자형 데이터를 사용할 때는 형 변환에 주의해야 한다. 형 변환$^{type\ casting}$이란 암시적, 명시적으로 자료형을 변경하는 것이다. 암시적 형 변환이란 자료형을 직접 변경하지 않아도 실행 환경에서 자동으로 자료형을 변경하는 것을 말하고, 명시적 형 변환이란 CAST, CONVERT 등의 함수를 사용하여 사용자가 자료형을 직접 변경하는 것을 말한다.

▶ CAST, CONVERT 함수는 06-1절에서 더 자세히 다룰 예정이다.

다음과 같이 10/3을 계산하면 10은 정수, 3은 정수이므로 결괏값은 정수인 3이 출력되어야 하지만 실수 3.3333이 출력된다. 이 경우는 계산 결과가 10과 3과 같은 정수가 아닌 3.33333인 실수로, 즉 우선순위 형 변환 정책에 따라 암시적 형 변환이 발생한 것이다.

▶ 암시적 형 변환은 연산 대상의 자료형이 다를 경우 데이터 우선순위에 따라 시스템이 상위 자료형으로 변경하므로 오류나 성능에 문제가 발생하기 쉬우므로 주의해야 한다.

Do it! 암시적 형 변환으로 계산 결과가 출력된 예

```
SELECT 10/3;
```

실행 결과
10/3
▶ 3.3333

이와 같이 일치하지 않는 데이터 유형은 MySQL에서 호환 가능한 형식으로 암시적으로 변환되는데, 우선순위가 정의된 프로세스에 따라 수행된다. 우선순위가 낮은 데이터 유형은 우선순위가 높은 데이터 유형으로 변환된다.

다음 표는 마이크로소프트 공식 문서에서 제공하는 데이터 우선순위이다. MySQL의 경우 공식 문서를 확인할 수 없는데, 관계형 데이터베이스는 국제 표준에 따라 비슷하게 동작하는 부분이 많아서 이 내용을 참고하도록 하자.

▶ 물론 MySQL에 없는 데이터 유형도 표시되어 있는데, 이 부분은 무시한다.

순위	데이터 유형	순위	데이터 유형	순위	데이터 유형
1	user-defined data types	11	real	21	text
2	sql_variant	12	decimal	22	image
3	xml	13	money	23	timestamp
4	datetimeoffset	14	smallmoney	24	uniqueidentifier
5	datetime2	15	bigint	25	nvarchar (including nvarchar(max))
6	datetime	16	int	26	nchar
7	smalldatetime	17	smallint	27	varchar (including varchar(max))
8	date	18	tinyint	28	char
9	time	19	bit	29	varbinary (including varbinary(max))
10	float	20	ntext	30	binary

숫자형 데이터는 합, 평균, 나누기 등 다양한 집계 함수에서 자주 사용한다. 실무에서는 여러 보고서에 숫자형 데이터를 많이 사용하므로 데이터 처리 시 발생할 수 있는 오류를 예방하려면 자료형과 형 변환을 이해하는 것은 무척 중요하다.

문자형 알아보기

문자형은 다양한 문자를 저장할 수 있는 데이터 유형이다. 문자형은 크게 고정 길이와 가변 길이로 구분할 수 있다. 고정 길이는 실제 값을 입력하지 않아도 지정한 만큼 저장 공간을 사용하며, 가변 길이는 실제 입력한 값의 크기만큼만 저장 공간을 사용한다. 다음 예를 살펴보자.

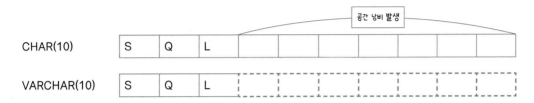

열에 저장되는 데이터 유형이 잘못 정해지거나 저장 길이가 너무 짧은 경우 불가피하게 열의 길이를 변경하는 작업이 필요할 수도 있다. 이러한 스키마 변경 작업은 현재 운영중인 시스템을 중단해야 하는 등 부담스런 일이 될 수도 있으므로 실제로 저장되는 데이터의 성격을 파악하고 최적의 데이터 유형과 길이를 선정하는 것이 매우 중요하다.

문자열 데이터의 길이가 항상 고정이라면(예를 들어 주민등록번호나 전화번호 같이 변화가 없는 자릿수를 가진 데이터인 경우) CHAR를 사용하고, 글자 길이를 예측할 수 없지만 최대 글자 수를 예측할 수 있을 때에는 VARCHAR를 사용한다. 하지만 입력되는 문자열이 2~3바이트 정도의 범위 내에서 예측하기 어려운 경우에는 넉넉한 CHAR로 설정하는 것이 좋다.

▶ 최근에는 디스크 비용도 저렴하고 관리 차원에서 VARCHAR 타입으로만 사용하는 추세이다.

고정 길이 문자열은 미리 길이가 정해져 있기 때문에 실제 입력되는 값에 따라 저장 공간의 크기가 변하지 않는다. 하지만 가변 길이 문자열은 최대 저장할 수 있는 값의 길이는 제한하고 제한된 길이 이하 크기의 값이 저장되면 그만큼 저장 공간의 크기가 줄어든다. 가변 길이에 저장된 값의 유효 크기가 얼마인지를 관리하기 위해서는 별도의 저장 공간이 필요하기 때문에 고정 길이 문자열에 비해 1~2바이트의 저장 공간이 추가로 더 필요하다.

데이터 유형	데이터 크기(byte)	설명
CHAR(n)	1 ~ 255	고정 길이 문자열로, 0 ~ 255 크기의 문자열까지 저장 가능 기본값
VARCHAR(n)	1 ~ 65535	가변 길이 문자열로, n만큼의 크기를 지정. 0 ~ 16383 크기의 문자열까지 저장 가능(한 문자당 최대 4바이트 사용)
BINARY(n)	1 ~ 255	고정 길이 문자열로, 0 ~ 255 크기의 문자열까지 저장 가능
VARBINARY(n)	1 ~ 65535	가변 길이 문자열로, 0 ~ 16383 크기의 문자열까지 저장 가능

	TINYTEXT	1 ~ 255	최대 길이가 255자인 문자열을 저장
TEXT 형식	TEXT(n)	1 ~ 65535	최대 길이가 65,535바이트인 문자열 데이터 저장
	MEDIUMTEXT	1 ~ 16777215	최대 길이가 16,777,215바이트인 문자열 데이터 저장
	LONGTEXT	1 ~ 4294967295	최대 길이가 4,294,967,295바이트인 문자열 데이터 저장
BLOB 형식	TINYBLOB	1 ~ 255	최대 길이가 255바이트인 문자열 데이터 저장
	BLOB(n)	0 ~ 65535	최대 길이가 65,535바이트인 데이터 저장
	MEDIUMBLOB	1 ~ 16777215	최대 길이가 16,777,215바이트인 문자열 데이터 저장
	LONGBLOB	1 ~ 4294967295	최대 길이가 4,294,967,295바이트인 문자열 데이터 저장
ENUM		1 ~ 2	가능한 값 목록에서 선택한 하나의 값만 가질 수 있는 문자열 개체로, ENUM 목록에 최대 65535개의 값을 나열할 수 있다.
SET		1, 2, 3, 4, 8	가능한 값 목록에서 선택한 0개 이상의 값을 가질 수 있는 문자열 개체로, 최대 64개의 값을 나열할 수 있다.

▶ BLOB^{Binary Large OBjects}는 하나의 개체로 구성된 이진수 데이터 집합이다. 용량이 큰 데이터를 저장하며 주로 영상이나 이미지 같은 그기기 큰 데이터를 저상할 때 사용한다.

MySQL의 경우 문자열 데이터 유형을 사용할 때, CHAR 또는 VARCHAR 뒤에 인자(괄호 안의 숫자)로 사용하는 숫잣값의 의미는 다른 DBMS과 달라서 정확히 알고 사용해야 한다. MySQL에서는 CHAR 또는 VARCAHR 뒤에 나오는 숫자는 바이트가 아닌 문자열의 문자 수이다. 즉, CHAR(5) 또는 VARCHAR(5)이면 5byte를 저장할 수 있는 것이 아니라 문자 5개를 저장할 수 있다는 뜻이다. 그래서 CHAR(5)을 사용하더라도 실제 저장 공간은 입력되는 데이터에 따라 크기가 다른 공간을 사용한다.

다음 예제를 작성하여 이 내용을 이해해 보자.

Do it! 🗄 문자열 데이터의 길이와 크기 확인

```
USE doitsql;
CREATE TABLE doit_char_varchar (
col_1 CHAR(5),
col_2 VARCHAR(5)
);


INSERT INTO doit_char_varchar VALUES ('12345', '12345');
INSERT INTO doit_char_varchar VALUES ('ABCDE', 'ABCDE');
INSERT INTO doit_char_varchar VALUES ('가나다라마', '가나다라마');
INSERT INTO doit_char_varchar VALUES ('hello', '안녕하세요');
INSERT INTO doit_char_varchar VALUES ('安寧安寧安', '安寧安寧安');


SELECT
col_1, CHAR_LENGTH(col_1) as char_length, LENGTH(col_1) AS char_byte,
```

```
col_2, CHAR_LENGTH(col_2) as char_length, LENGTH(col_2) AS char_byte
FROM doit_char_varchar;
```

실행 결과

col_1	char_length	char_byte	col_2	char_length	char_byte
12345	5	5	12345	5	5
ABCDE	5	5	ABCDE	5	5
가나다라마	5	15	가나다라마	5	15
hello	5	5	안녕하세요	5	15
安寧安寧安	5	15	安寧安寧安	5	15

결과를 살펴보면 숫자와 영어는 한 글자당 1바이트, 그리고 한글과 한문은 한 글자당 3바이트를 사용한 것을 확인할 수 있다. 그런데 다른 DBMS를 살펴보면 숫자, 영어 이외의 문자는 유니코드라고 하여 2바이트를 사용한다고 한다. MySQL에서는 왜 3바이트를 사용할까? 그 이유는 MySQL에서는 더 다양한 문자 집합을 사용하기 때문이다. MySQL에서는 유니코드 UTF-8은 3바이트를, UTF-16은 2바이트를 사용한다. 최근에는 다양한 이모티콘 등을 표현하기 위해 utf8mb4라는 형식을 기본으로 사용하기도 한다. 따라서 이와 같이 문자 집합별로 사용하는 데이터 크기가 다양하기 때문에 실제 문자열의 개수와 사용되는 물리적 바이트 수가 달라질 수도 있다.

다음은 문자 집합별로 사용하는 저장 공간을 정리한 것이다. 앞으로 이를 잘 활용해 보자.

▶ 문자 집합이란 글자나 기호들의 집합을 정의한 것으로, 글자나 기호에 따라 부호화한 것을 말한다. 문자 집합은 다양하며, 각 국가마다 문자 집합이 있고 국제 공용인 문자 집합도 있다.

문자 집합별 UTF-8로 인코딩 시 사용하는 저장 공간의 크기

- **아스키 문자**: 1바이트의 저장 공간을 사용
- **추가 알파벳 문자**: 2바이트의 저장 공간을 사용
- **BMP 문자**: 3바이트의 저장 공간을 사용
- **SMP, SIP 문자 등**: 4바이트의 저장 공간을 사용

▶ 더 자세한 내용이 궁금하다면 '인코딩 형식'을 검색해서 학습해도 좋다.

유니코드란?

국가마다 고유의 언어와 문자가 있어 문자 데이터를 저장하고 관리할 때 국가별 언어에 할당된 코드가 달라 서로 호환되지 않는 문제가 있었다. 예를 들어, 한국어 데이터베이스에 한국어만 사용하고, 영어 데이터베이스에 영어만 사용할 경우 큰 문제가 발생하지 않지만, 하나의 데이터베이스 안에 영어, 한국어, 중국어 등 다른 국가의 언어

를 함께 저장하여 사용할 때 문자별로 서로 다른 코드 형식을 따르므로 문제가 발생한다. 이러한 문제를 해결하기 위해 유니코드^{Unicode}가 탄생하게 되었다. 유니코드는 전 세계에서 사용하는 대부분의 문자에 대해서 단일 인코딩 방법을 정의한다.

저장 공간에 주의하자

MySQL에서는 하나의 행(레코드)에서 TEXT와 BLOB 형식을 제외한 열 전체 크기가 64KB를 초과할 수 없다. 예를 들어 테이블에서 열 하나가 40KB를 사용한다고 할 때, 다른 열에서 최대 24KB만 사용할 수 있다. 만약 24KB를 초과하는 열을 새로 만들 때에는 오류가 발생하거나 VARCHAR 형식은 TEXT로 대체된다. 이때 자동으로 변환되기 때문에 데이터 유형의 길이를 초과할 경우 반드시 확인해 보자.

저장 공간을 초과한 예

```
USE doitsql;

--생성 성공
CREATE TABLE doit_table_byte (
col_1 VARCHAR(16383)
);

--생성 실패
CREATE TABLE doit_table_byte (
col_1 VARCHAR(16383),
col_2 VARCHAR(10)
);
```

오류를 살펴보면 다음과 같은 메시지가 출력되었다. 메시지를 살펴보면 한 행의 최대 저장 공간을 초과하여 발생한 것으로, BLOB 또는 TEXT 형식으로 변경하여 사용하라고 경고한다. 그리고 이때 BLOB, TEXT 타입은 저장소에 대한 오버헤드가 발생할 수 있음을 함께 알려주고 있다.

```
Error Code: 1118. Row size too large. The maximum row size for the
used table type, not counting BLOBs, is 65535. This includes storage
overhead, check the manual. You have to change some columns to TEXT
or BLOBs
```

문자 집합

문자형을 배울 때 반드시 알아 두어야 할 개념이 바로 문자 집합이다. MySQL에서는 데이터베이스뿐만 아니라 테이블, 열까지 모두 서로 다른 문자 집합^{character set, 캐릭터셋}을 사용할 수 있지만 문자열을 저장하는 CHAR, VARCHAR, TEXT이 적용된 열에만 사용할 수 있다. 앞에서 실습할 때 숫자, 영어 또는 한글 입력에 따라 다양한 크기(바이트 단위)로 저장되는 것을 확인했었는데, 이렇게 다양한 이유는 인코딩에 따른 특징이라고 설명했다. 일반적으로 한글은 EUC-KR 또는 utf8mb4 문자 집합을 사용하고, 일본어는 CP932 또는 utf8mb4 등을 사용한다.

MySQL 서버에서 사용할 수 있는 문자 집합은 다음 쿼리로 확인할 수 있으며 여러 가지 문자 집합을 사용한 것을 확인할 수 있다. 보통 utf8mb4를 사용하면 문제없이 전 세계 문자 및 이모티콘을 저장할 수 있다.

▶ 문자 집합은 함부로 수정하지 않기를 바란다.

Do it! 🗄 MySQL의 문자 집합 확인

```
SHOW CHARACTER SET;
```

실행 결과

Charset	Description	Default collation	Maxlen
macce	Mac Central European	macce_general_ci	1
macroman	Mac West European	macroman_genera...	1
sjis	Shift-JIS Japanese	sjis_japanese_ci	2
swe7	7bit Swedish	swe7_swedish_ci	1
tis620	TIS620 Thai	tis620_thai_ci	1
ucs2	UCS-2 Unicode	ucs2_general_ci	2
ujis	EUC-JP Japanese	ujis_japanese_ci	3
utf16	UTF-16 Unicode	utf16_general_ci	4
utf16le	UTF-16LE Unicode	utf16le_general_ci	4
utf32	UTF-32 Unicode	utf32_general_ci	4
utf8mb3	UTF-8 Unicode	utf8mb3_general_ci	3
utf8mb4	UTF-8 Unicode	utf8mb4_0900_ai_ci	4

콜레이션

콜레이션^{collation}은 문자열 데이터가 담긴 열의 비교나 정렬 순서를 위한 규칙이다. 즉, 콜레이션에 따라 우선순위를 한글로 할지, 영어로 할지, 대소 문자를 구분할지 등이 결정된다.

앞에서 ORDER BY 절을 사용하면 데이터가 정렬되어 반환된다고 설명했다. 이때 ORDER BY에서는 정렬할 때 단순히 오름차순(ASC) 또는 내림차순(DESC) 정의만 할 수 있었다. 그런데 오름차순, 내림차순의 기준은 무엇일까? 이때 정렬 우선순위라고 하는 콜레이션이 이미 적용된 것이다. 한 데이터베이스 또는 테이블 안에서 혹은 열 안에서 콜레이션이 다를 경우 정렬 작업을 한 결과가 달라질 수 있으므로 매우 주의한다.

다음 쿼리를 통해 콜레이션에 따라 정렬 순서가 어떻게 달라지는지 확인해 보자. 먼저 다음 내용을 입력해 테이블을 생성해 보자.

Do it! 🗄 **콜레이션에 따른 정렬 순서 비교를 위한 테이블 생성**

```
CREATE TABLE doit_collation (

col_latin1_general_ci VARCHAR(10) COLLATE latin1_general_ci,
col_latin1_general_cs VARCHAR(10) COLLATE latin1_general_cs,       ◀— 콜레이션 설정
col_latin1_bin VARCHAR(10) COLLATE latin1_bin,
col_latin7_general_ci VARCHAR(10) COLLATE latin7_general_ci
);
INSERT INTO doit_collation VALUES ('a', 'a', 'a', 'a');
INSERT INTO doit_collation VALUES ('b', 'b', 'b', 'b');
INSERT INTO doit_collation VALUES ('A', 'A', 'A', 'A');
INSERT INTO doit_collation VALUES ('B', 'B', 'B', 'B');
INSERT INTO doit_collation VALUES ('*', '*', '*', '*');       ◀— 여러 유형의 데이터를 테이블에 삽입
INSERT INTO doit_collation VALUES ('_', '_', '_', '_');
INSERT INTO doit_collation VALUES ('!', '!', '!', '!');
INSERT INTO doit_collation VALUES ('1', '1', '1', '1');
INSERT INTO doit_collation VALUES ('2', '2', '2', '2');
```

다음 쿼리를 한 줄씩 실행하며 정렬한 결과를 비교해 보자. 그러면 콜레이션에 따라 정렬 순서가 다른 것을 확인할 수 있다.

Do it! 🗄 **콜레이션에 따른 정렬 순서 확인**

```
SELECT col_latin1_general_ci FROM doit_collation ORDER BY col_latin1_general_ci;

SELECT col_latin1_general_cs FROM doit_collation ORDER BY col_latin1_general_cs;

SELECT col_latin1_bin FROM doit_collation ORDER BY col_latin1_bin;

SELECT col_latin7_general_ci FROM doit_collation ORDER BY col_latin7_general_ci;
```

한 줄씩 실행한 쿼리 결과와 함께 다음 내용을 살펴보자.

- latin1_general_ci 콜레이션으로 정렬된 알파벳 데이터들을 살펴보면 대소 문자를 구분하지 않고 정렬된 것을 확인할 수 있다.
- latin1_general_cs 콜레이션으로 정렬된 데이터 중 대문자 A와 소문자 a는 모두 대문자 B보다 먼저 정렬된다. 그리고 같은 알파벳에서는 대문자가 소문자보다 먼저 정렬된다.
- latin1_bin 콜레이션으로 정렬된 데이터를 살펴보면 대문자가 먼저 정렬되고 소문자가 정렬된다. 그리고 특수 문자가 알파벳 사이에 정렬된 것을 확인할 수 있다.
- latin7_general_ci 콜레이션으로 정렬된 데이터 중 특수 문자는 항상 알파벳보다 먼저 정렬된다.

이처럼 콜레이션에 따라 정렬 우선순위가 달라져서 데이터를 비교할 때 크다, 작다를 판단하는 데 예상치 못한 결과를 반환할 수 있다. 이는 정렬 순서에도 영향을 미친다. 데이터베이스 또는 테이블을 생성할 때 특별한 경우를 제외하고는 MySQL 기본 설정값을 사용하기 때문에 동일한 데이터베이스 내에서 정렬 순서로 인한 큰 문제는 없을 것이다. 콜레이션에 대한 개념만 알고 다음으로 넘어가 보자.

▶ 사실 콜레이션를 완벽하게 이해하려면 배울 것이 많다. 여기에서는 기본 설명만 하고 넘어가려고 한다. 더 자세히 알고 싶다면 '캐릭터셋', '콜레이션' 등으로 검색해서 학습하길 바란다.

날짜형 및 시간형 알아보기

날짜 또는 시간만 저장하거나 날짜와 시간을 함께 저장하는 데이터 유형도 있다. 어떤 형태으로 데이터를 저장하느냐에 따라 그 크기와 형식이 조금씩 다르다.

데이터 유형	데이터 크기(byte)	설명
TIME	3~6	HH:MM:SS(시:분:초) 형태의 데이터에 사용하고, 범위는 -838:59:59 ~838:59:59이다.
DATE	3	날짜만 있는 데이터에 사용하고, YYYY-MM-DD(연-월-일) 형태이다. 범위는 1000-01-01 ~ 9999-12-31이다.
DATETIME	5~8	날짜와 시간을 모두 포함하는 데이터에 사용하고, YYYY-MM-DD hh:mm:ss [.fraction] 형식으로, 범위는 1000-01-01 00:00:00.000000 ~ 9999-12-31 23:59:59.0000000이다.
TIMESTAMP	4~7	날짜와 시간 부분을 모두 포함하는 데이터에 사용하고, 범위는 1970-01-01 00:00:01 UTC ~ 2038-01-19 03:14:07 UTC이다.

DATETIME과 TIMESTAMP는 언뜻 보기엔 유사한 거 같지만 큰 차이가 있다. DATETIME은 최대 8byte까지 사용할 수 있는 반면, TIMESTAMP는 최대 7byte까지 사용할 수 있다. DATETIME은 직접 날짜와 시간을 입력한 데이터의 형식이지만, TIMESTAMP는 데이터를 저장할 때 자동으로 입력된 현재의 UTC 날짜 데이터의 형식이다.

다음 쿼리는 날짜 형식의 테이블을 생성한 다음, 현재 시간을 각 열에 동일하게 입력하여 데이터가 어떻게 저장되는지 확인한다. 정확도에 따라 초 단위에서 소수점 자릿수가 다른 것을 알 수 있다.

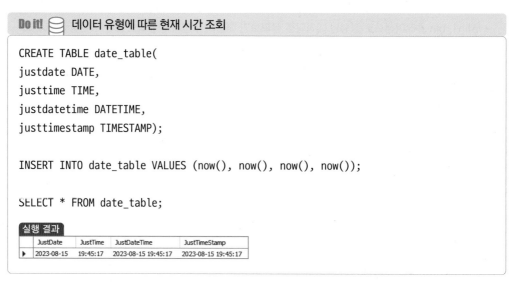

Do it! 🗄 데이터 유형에 따른 현재 시간 조회

```
CREATE TABLE date_table(
justdate DATE,
justtime TIME,
justdatetime DATETIME,
justtimestamp TIMESTAMP);


INSERT INTO date_table VALUES (now(), now(), now(), now());


SELECT * FROM date_table;
```

실행 결과

	JustDate	JustTime	JustDateTime	JustTimeStamp
▶	2023-08-15	19:45:17	2023-08-15 19:45:17	2023-08-15 19:45:17

▶ now()는 날짜 함수로, 현재 날짜와 시간을 가져올 수 있다. 06-2절에서 더 자세히 알아보자.

문자형과 날짜형 변환

문자 및 날짜 형식도 형 변환을 할 수 있다. 다음 표는 문자 형 변환을 할 수 있는 데이터 유형을 나타낸 것으로, 행의 데이터 유형이 열의 데이터 유형으로 각각 변환할 수 있는지 여부를 나타낸다.

from \ to	DATATIME	FLOAT	DECIMAL	INT	BIT	NVARVCHAR	VARCHAR
DATATIME		×	×	×	×	○	○
FLOAT	○		○	○	○	○	○
DECIMAL	○	○		○	○	○	○
INT	○	○	○		○	○	○
BIT	○	○	○	○		○	○
NVARVCHAR	○	○	○	○	○		○
VARCHAR	○	○	○	○	○	○	

▶ 날짜와 관련된 형 변환은 뒤에 나오는 06-2절에서 더 자세히 다룰 예정이다.

Q1 world 데이터베이스의 country 테이블에서 Code가 KOR인 데이터를 조회하는 쿼리를 작성하세요.

Q2 world 데이터베이스의 country 테이블에서 Region 열에 Asia라는 글자를 포함하는 데이터를 조회하는 쿼리를 작성하세요.

Q3 world 데이터베이스의 country 테이블에서 Name 열의 데이터가 5글자인 데이터를 조회하는 쿼리를 작성하세요.

Q4 world 데이터베이스의 country 테이블에서 Population열을 숫자가 높은 순으로 정렬하여 조회하는 쿼리를 작성하세요.

Q5 world 데이터베이스의 country 테이블에서 LifeExpectancy 열의 데이터가 60 이상 70 이하인 데이터를 조회하는 쿼리를 작성하세요.

Q6 world 데이터베이스의 country 테이블에서 Region 열의 데이터가 Asia를 포함하지 않으면서 name 열에서 g 또는 u 글자를 포함하는 데이터를 Population 열의 내림차순으로 조회하는 쿼리를 작성하세요

Q7 world 데이터베이스에서 country 테이블에서 Region 그룹별로 개수를 구하고, 개수가 높은 순서대로 조회하는 쿼리를 작성하세요.

05

조인으로
두 테이블 묶기

조인은 테이블을 2개 이상 통합하여 조회한다. 예를 들어 customer 테이블과 address 테이블을 붙여 고객의 이름과 주소 등을 조회할 때 '테이블을 조인한다'라고 한다. 지금까지는 한 테이블에서 데이터를 조회했지만 조인을 공부한 다음 잘 활용하면 여러 테이블에 흩어져 있는 데이터를 손쉽게 통합하여 분석할 수 있을 것이다.

지금까지는 한 테이블에서만 데이터를 조회하는 쿼리를 작성해 보았다. 이번에는 테이블 2개에서 데이터를 조회하는 쿼리를 작성하는 방법들 가운데 가장 유용하게 활용할 수 있는 조인 ᴶᴼᴵᴺ에 대해 알아볼 것이다. 그런데 테이블 2개 이상을 조인한다는 것은 무슨 의미할까?

조인의 의미

설계가 잘된 관계형 데이터베이스의 테이블은 엔티티를 1가지 이상 포함한다. 이와 같이 sakila 데이터베이스의 customer 테이블에는 이름, 이메일 등 고객 정보가 저장되어 있고, address 테이블에는 거리 이름, 우편번호, 전화번호 등의 정보가 저장되어 있다.

customer	
customer_id	고객 번호
store_id	스토어 번호
first_name	이름
last_name	성
email	이메일
address_id	주소 번호
active	활성화 유무
create_date	데이터 입력 시간
last_update	데이터 수정 시간

조인키

address	
address_id	주소 번호
address	상세 주소1
address2	상세 주소2
district	거리 이름
city_id	도시 번호
postal_code	우편번호
phone	전화번호
location	지역
last_update	데이터 수정 시간

그러면 다음과 같이 고객 정보와 함께 주소를 조회하고 싶다면 어떻게 해야 할까? 테이블이 분리되어 있는 상황이니 다음 표처럼 각 테이블의 데이터를 조합하면 되지 않을까?

customer_id	store_id	(…생략…)	address	postal_code
1	1	…	1913 Hanoi Way	35200
2	1	…	1121 Loja Avenue	17886
3	1	…	692 Joliet Street	83579

이럴 때 사용하는 것이 바로 조인이다. 조인은 테이블 A의 열을 테이블 B에 포함하여 조회할 수 있게 만들어 준다. 그런데 '테이블을 만들 때 처음부터 customer 테이블에 address, postal_code 열을 만들면 조인할 필요가 없는 것 아닌가요?'라고 질문할 수도 있다. 맞는 말이다. 하지만 그렇게 테이블을 만들면 customer 테이블에도 address 열이 있고 address 테이블에도 address 열이 있는 셈이니 데이터가 중복으로 저장되는 문제가 생긴다. 데이터가 중복으로 저장되면 데이터를 저장할 공간이 더 필요하게 되고, 중복 저장한 열 데이터를 수정할 때 해당 열이 있는 테이블의 데이터를 모두 찾아 수정해야 하는 문제가 생긴다. 데이터를 모델링할 때 데이터의 중복을 최소화하는 것이 중요하므로 조인을 사용하여 테이블 2개 이상을 조합한 결과를 조회하는 것이 훨씬 효율적인 방식이다.

▶ 데이터 중복 없이 구성한 데이터 구조를 데이터 모델링에서는 제2 정규화(2NF)라고 한다. 반면 데이터를 중복하여 저장하는 데이터 구조를 반정규화 또는 역정규화 테이블이라고 한다. 데이터베이스 정규화는 부록 A-1에서 좀 더 자세히 다루고 있으니 참고하자.

내부 조인

상황에 따라 알맞은 조인을 선택해 사용하면 된다. 먼저 가장 많이 사용하는 내부 조인^{INNER JOIN}을 알아보자. 보통 조인이라고 하면 내부 조인을 의미할 정도로 가장 많이 쓴다. 내부 조인으로는 두 테이블 모두 조건에 맞은 열을 조회할 수 있다. 다이어그램으로 표현하면 다음과 같다.

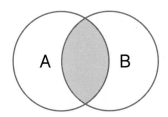

내부 조인 벤 다이어그램

아직은 내부 조인의 개념이 추상적으로 느껴질 것이다. 간단한 예를 통해 내부 조인을 알아보자. 다음과 같이 고객 테이블과 주문 테이블이 있다. 고객 테이블에는 고객 번호, 고객 이름이 저장되어 있고, 주문 테이블에는 주문 번호, 고객 번호, 주문 날짜가 저장되어 있다. 만약 고객의 주문 내역을 확인하고 싶다면 어떻게 해야 할까?

고객 테이블		주문 테이블		
고객 번호	고객 이름	주문 번호	고객 번호	주문 날짜
0001	한성우	100	0001	2024-02-16
0002	신지은	101	0002	2024-02-17
0003	이시연	102	0004	2024-02-18

이 두 테이블을 조인하려면 어떻게 해야 할까? 이때 두 개의 테이블에 공통 열인 '고객 번호'를 조인키로 사용하면 해결이 가능하다. '고객 번호'로 내부 조인을 한 뒤, 2개의 데이터를 조회한다고 했을 때 내부 조인 과정은 다음과 같다.

고객 테이블		주문 테이블		
고객 번호	고객 이름	주문 번호	고객 번호	주문 날싸
0001	한성우	100	0001	2024-02-16
0002	신지은	101	0002	2024-02-17
0003	이시연	102	0004	2024-02-18

내부 조인

고객 번호	고객 이름	주문 번호	고객 번호	주문 날짜
0001	한성우	100	0001	2024-02-16
0002	신지은	101	0002	2024-02-17

내부 조인의 기본 형식은 다음과 같다.

INNER JOIN의 기본 형식

```
SELECT
    [열]
FROM [테이블 1]
    INNER JOIN [테이블 2] ON [테이블 1.열] = [테이블 2.열]
WHERE [검색 조건]
```

참고로 앞서 살펴본 예를 활용해 INNER JOIN을 적용하면 다음과 같다.

Do it! 📖 INNER JOIN을 적용한 예

```
SELECT
    [고객.고객 번호], [고객.고객 이름], [주문.주문 번호], [주문.고객 번호], [주문.주문 날짜]
FROM [고객]
    INNER JOIN [주문] ON [고객.고객 번호] = [주문.고객 번호]
```

INNER JOIN으로 테이블 2개 조인하기

조인은 테이블 2개 이상을 전제로 하며 실제 쿼리를 작성할 때는 SELECT 문에는 조인할 테이블의 열을 나열하면 된다.

다음은 customer 테이블과 address 테이블을 INNER JOIN으로 조인하여 first_name이 ROSA인 데이터를 조회하는 쿼리이다.

Do it! 📖 내부 조인한 테이블에서 조건에 맞는 데이터 조회

```
SELECT
    a.customer_id, a.store_id, a.first_name, a.last_name, a.email, a.address_id
AS a_address_id,
    b.address_id AS b_address_id, b.address, b.district, b.city_id, b.postal_
code, b.phone, b.location
FROM customer AS a
    INNER JOIN address AS b ON a.address_id  = b.address_id
WHERE a.first_name = 'ROSA';
```

실행 결과

customer_id	store_id	first_name	last_name	email	a_address_id	b_address_id	address	district	city_id	postal_code	phone
112	2	ROSA	REYNOLDS	ROSA.REYNOLDS@sakilacustomer.org	116	116	793 Cam Ranh Avenue	California	292	87057	824370924746

쿼리를 살펴보면 SELECT 문에는 각 테이블마다 조회하고자 하는 열만 나열했다. 테이블의 열 이름이 유일하다면 별칭을 사용하지 않아도 되지만 현재는 조인할 두 테이블에 이름이 같은 열이 있으므로 이와 같이 a.address_id, b.address_id라고 각 테이블의 별칭을 붙여서 조회하도록 하였고, 사용자가 구분하기 쉽게 열 이름도 별칭을 사용해 `a_address_id`와 `b_address_id`를 입력해 별칭을 붙였다.

FROM 절에는 조인할 테이블 이름을 입력한다. 여기서도 테이블 이름을 나열할 때 AS를 활용했다.

▶ 테이블에 별칭을 부여하면 쿼리에 테이블 이름 대신 별칭을 사용할 수 있다. 이처럼 별칭은 테이블 이름이 길거나 중복될 경우에도 대체하여 사용하기 좋다.

ON은 테이블을 조인할 때 조인키라고 하는 조인 조건으로 사용할 열을 지정한다. 여기서는 각 테이블의 address_id 열을 조인 조건(조인키)으로 사용했다. 그리고 WHERE 절로 first_name 열이 ROSA인 데이터만 조회하도록 조건을 추가했다.

ON과 WHERE 절의 차이를 알아보자

많은 사람이 조인을 학습할 때 ON과 WHERE 절의 역할을 혼동하는 경우가 많다. 두 구문은 조건에 따라 데이터를 필터링한다는 점에서는 역할이 비슷해 보이지만 완전히 다르다. 먼저 ON은 조인할 때 조인 조건을 위해 사용하며, WHERE 절은 조인을 완료한 상태에서 조건에 맞는 데이터(값)를 가져오기 위해 사용한다. 물론 ON 문에 조건을 다양하게 부여하여 WHERE 절과 같은 결과를 가져올 수 있지만, 조인 조건을 만족하는 데이터를 가져오는 과정에서 오차가 발생할 수 있으므로 이 방법을 지양한다. 반드시 ON과 WHERE 절을 분리하여 사용하자.

조인 시 열 이름이 유일해야 한다

만약 조인할 때 열 이름이 유일하지 않으면 DBMS에서는 무슨 테이블의 열을 조회해야 하는지 모르므로 오류가 발생한다. 예를 들어 customer 테이블, address 테이블에는 모두 address_id라는 열이 있으므로 다음과 같이 쿼리를 입력한다면 오류가 발생한다.

열 이름이 유일하지 않은 경우

```
SELECT
    address_id
FROM customer AS a
    INNER JOIN address AS b ON a.address_id  = b.address_id
WHERE a.first_name = 'ROSA';
```

오류를 살펴보면 다음과 같은 메시지가 출력되었다. SELECT 절에 있는 address_id가 어느 테이블의 address_id인지 모호하다는 내용이다. 이러한 이유로 앞선 실습에서는 별칭을 사용해 열 이름을 구분한 것이다.

```
Error Code: 1052. Column 'address_id' in field list is ambiguous
```

INNER JOIN에 조인 조건 2개 이상 사용하기

조인 조건으로 열을 2개 이상 사용할 수도 있다. 이때 AND, OR 등의 연산자를 사용하여 여러 조건을 조합할 수도 있다.

customer와 address 각 테이블의 address_id와 customer 테이블의 create_date 열, address 테이블의 last_update 열을 사용해 INNER JOIN하여 조회하는 쿼리를 살펴보자.

> **Do it! 🗄 2개의 조인 조건으로 조인한 테이블에서 조건에 맞는 데이터 조회**

```
SELECT
    a.customer_id, a.first_name, a.last_name,
    b.address_id, b.address, b.district, b.postal_code
FROM customer AS a
    INNER join address AS b ON a.address_id  = b.address_id AND a.create_date =
b.last_update
WHERE a.first_name = 'ROSA';
```

실행 결과

customer_id	first_name	last_name	address_id	address	district	postal_code

두 조인 조건을 만족하는 데이터가 조회되었다. 여기서 조인 조건으로 열이 달라도 상관없음을 눈치챘을 것이다. 조인 조건의 열 이름이 같을 필요는 없다. 다만 비교를 위해 데이터 유형이 같아야 할 뿐이다. 실행 결과에서도 알 수 있듯 조건에 맞게 조회된 데이터는 없다. 데이터의 상관관계가 없지만 조인이 가능하다는 것을 이해하도록 작성한 쿼리일 뿐이다.

▶ 조인 조건으로 설정한 열의 데이터 유형이 서로 다르면 어떻게 될까? 암시적 형 변환을 할 수 있는 경우라면 형 변환과 조인 모두 문제없이 진행된다. 하지만 이는 데이터베이스 시스템 성능 저하의 요인이 되므로 주의해야 한다.

INNER JOIN으로 테이블 3개 이상 조인하기

이번에는 테이블을 3개 이상 조인해 보자. 테이블을 3개 이상 조인할 때는 두 테이블의 관계가 다대다 관계인 경우가 많다.

다음 그림을 통해 살펴보면 고객 정보, 고객 주소, 도시 이름의 데이터를 조회하기 위해서는 customer, address, city 테이블 3개를 조인해야 한다.

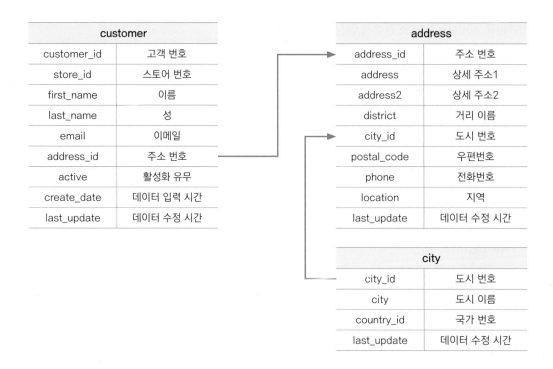

테이블 3개 이상을 조인하는 방법은 앞서 살펴본 테이블 2개를 조인하는 형식과 큰 차이는 없다.

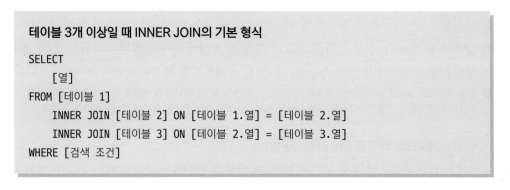

테이블 3개 이상일 때 INNER JOIN의 기본 형식

```
SELECT
    [열]
FROM [테이블 1]
    INNER JOIN [테이블 2] ON [테이블 1.열] = [테이블 2.열]
    INNER JOIN [테이블 3] ON [테이블 2.열] = [테이블 3.열]
WHERE [검색 조건]
```

직접 테이블 3개를 조인해 데이터를 조회해 보자. 다음은 first_name이 ROSA인 데이터의 고객 정보와 주소 그리고 해당 주소가 어느 도시인지를 조회하는 쿼리이다.

Do it! 🗄 3개의 테이블을 조인한 테이블에서 조건에 맞는 데이터 조회

```sql
SELECT
    a.customer_id, a.first_name, a.last_name,
    b.address_id, b.address, b.district, b.postal_code,
    c.city_id, c.city
FROM customer AS a
    INNER JOIN address AS b ON a.address_id  = b.address_id
    INNER JOIN city AS c ON b.city_id = c.city_id
WHERE a.first_name = 'ROSA';
```

실행 결과

customer_id	first_name	last_name	address_id	address	district	postal_code	city_id	city
112	ROSA	REYNOLDS	116	793 Cam Ranh Avenue	California	87057	292	Lancaster

address_id 열은 customer 테이블과 address 테이블이 공통으로 가지고 있고, city_id 열은 address 테이블과 city 테이블이 공통으로 가지고 있다. 테이블을 3개 이상 조인할 때 이와 같이 공통된 열을 활용해 조인한다. INNER JOIN은 조건에 맞는 데이터만 조회하므로 NULL이 발생하지 않는다.

사실 이와 같이 열이 중복된 상태라면 DBMS의 성능을 높이기 위해 인덱스를 활용하는 것이 일반적이다. 여기서는 테이블 3개를 조인할 때 이와 같은 형식으로 쿼리를 작성해야 한다는 정도만 익히고 넘어가자. ▶ 인덱스는 07-3절에서 더 자세히 다룰 예정이다.

외부 조인

내부 조인은 두 테이블을 조인하여 조인 조건으로 사용한 열에 있는 같은 데이터를 조합하여 조회했다. 하지만 두 테이블을 조인해 둘 중의 한 테이블에만 있는 데이터를 조회해야 하는 경우도 있다. 이러한 경우에 외부 조인OUTER JOIN을 사용하면 된다.

예를 들어 상품을 주문한 고객과 상품을 주문하지 않은 고객 데이터를 모두 조회하고 싶다면 외부 조인을 사용할 수 있다. 즉, 외부 조인은 열의 일치 여부를 고려하지 않고 한 쪽 테이블과 다른 쪽 테이블에 조인할 때 사용한다.

다음은 외부 조인의 기본 형식이다.

기본 형식에서 봤듯이 OUTER JOIN은 LEFT, RIGHT, FULL 중에서 한 옵션을 지정해야 한다. 이 옵션들은 기준이 되는 테이블을 정하는 것이다. 예를 들어 A, B 테이블이 좌우에 나란히 있다면 A 테이블을 기준으로 B 테이블을 조인하고 싶다면 LEFT를 사용하고 B 테이블을 기준으로 A 테이블을 소인하고 싶다면 RIGHT를 사용하면 된다.

LEFT OUTER JOIN으로 외부 조인하기

다음 그림은 LEFT OUTER JOIN을 벤 다이어그램으로 표현한 것이다. 여기서는 A 테이블을 기준으로 외부 조인을 하기위해 LEFT OUTER JOIN을 한다.

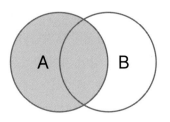

LEFT OUTER JOIN 벤 다이어그램

아직은 OUTER JOIN이 무엇인지 명확하게 감이 안 올 수도 있다. 실제 데이터를 놓고 LEFT OUTER JOIN을 진행하는 과정을 살펴보자. 다음은 고객 테이블이 왼쪽, 주문 테이블이 오른쪽에 있다고 가정한다.

고객 테이블			주문 테이블		
고객 번호	고객 이름		주문 번호	고객 번호	주문 날짜
0001	한성우		100	0001	2024-02-16
0002	신지은		101	0002	2024-02-17
0003	이시연		102	0004	2024-02-22

LEFT OUTER JOIN ON 고객 번호

고객 번호	고객 이름	주문 번호	고객 번호	주문 날짜
0001	한성우	100	0001	2024-02-16
0002	신지은	101	0002	2024-02-17
0003	이시연	NULL	NULL	NULL

LEFT OUTER JOIN을 하면 왼쪽에 놓인 고객 테이블이 우선 조회 결과에 포함된다. 그런 다음 고객 테이블의 고객 번호와 주문 테이블의 고객 번호를 비교하여 고객 테이블에 있는 고객 번호의 데이터를 결과에 포함시키고 고객 번호 0003에 해당하는 데이터는 없으므로 이와 같이 NULL로 처리한다. 즉, 고객 테이블의 데이터는 모두 표시된 상태이다. 그리고 주문 테이블에서 고객 번호가 0001, 0002인 행은 표시되었지만 0003인 행은 주문 테이블에 없으므로 NULL로 표시했다.

참고로 앞서 살펴본 예를 활용해 LEFT OUTER JOIN을 적용하면 다음과 같다.

Do it! 🗄 LEFT OUTER JOIN을 적용한 예

```
SELECT
    [고객.고객 번호], [고객.고객 이름], [주문.주문 번호], [주문.고객 번호], [주문.주문 날짜]
FROM [고객]
    LEFT OUTER JOIN [주문] ON [고객.고객 번호] = [주문.고객 번호]
```

---

1. 이제 실습을 하면서 외부 조인을 더 자세히 알아보자. 다음과 같이 쿼리를 입력해 address 테이블과 store 테이블을 address.id 열을 조인 조건으로 하여 LEFT OUTER JOIN해 보자.

Do it! 🗄 LEFT OUTER JOIN한 결과 조회

```
SELECT
    a.address, a.address_id AS a_address_id,
    b.address_id AS b_address_id, b.store_id
FROM address AS a
    LEFT OUTER JOIN store AS b ON a.address_id  = b.address_id;
```

실행 결과

address	a_address_id	b_address_id	store_id
▸ 47 MySakila Drive	1	1	1
28 MySQL Boulevard	2	2	2
23 Workhaven Lane	3	NULL	NULL
1411 Lillydale Drive	4	NULL	NULL
1913 Hanoi Way	5	NULL	NULL
1121 Loja Avenue	6	NULL	NULL
692 Joliet Street	7	NULL	NULL
1566 Inegl Manor	8	NULL	NULL

실행 결과, 두 테이블의 address_id 열을 사용하여 address 테이블을 기준으로 외부 조인했기에 때문에 store 테이블에 없는 address_id의 경우 NULL로 출력되었다.

2. 이번에는 다음 벤 다이어그램처럼 왼쪽에 있는 데이터, 즉 기준 테이블에 있는 데이터만 추출해 보자. 그러려면 LEFT OUTER JOIN 결과에서 NULL이 있는 데이터만 골라내면 된다.

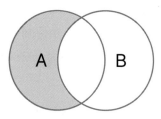

LEFT OUTER JOIN에서 기준 테이블의 데이터만 추출한 벤 다이어그램

다음은 address 테이블을 기준으로 store 테이블과 LEFT OUTER JOIN한 다음, address 테이블에만 있는 데이터를 조회한 쿼리이다.

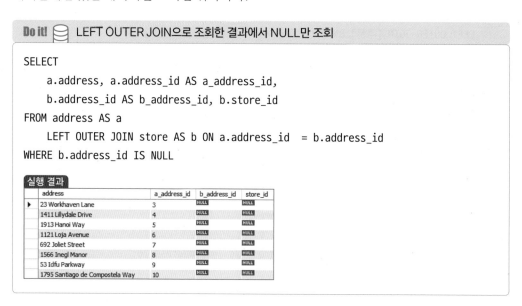

OUTER JOIN한 결과에서 NULL을 조회하면 이와 같이 기준 테이블(여기에서는 왼쪽)에만 존재하는 데이터를 조회할 때 사용할 수 있다. 실전에서는 A라는 상품과 B라는 상품이 있을 때, B 상품은 구매한 적이 없고 A 상품만 구매한 고객을 조회할 때 활용할 수 있다.

RIGHT OUTER JOIN으로 외부 조인하기

RIGHT OUTER JOIN은 LEFT OUTER JOIN과 원리는 같고 기준 테이블만 다르다. RIGHT OUTER JOIN을 벤 다이어그램으로 표현하면 다음과 같다.

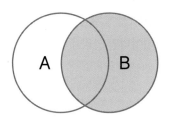

RIGHT OUTER JOIN 벤 다이어그램

이번에도 실제 데이터를 놓고 RIGHT OUTER JOIN을 진행하는 과정을 살펴보자.

고객 테이블	
고객 번호	고객 이름
0001	한성우
0002	신지은
0003	이시연

주문 테이블		
주문 번호	고객 번호	주문 날짜
100	0001	2024-02-16
101	0002	2024-02-17
102	0004	2024-02-22

RIGHT OUTER JOIN ON 고객 번호

고객 번호	고객 이름	주문 번호	고객 번호	주문 날짜
0001	한성우	100	0001	2024-02-16
0002	신지은	101	0002	2024-02-17
NULL	NULL	102	0004	2024-02-22

오른쪽의 주문 테이블의 모든 데이터가 포함되었고, 주문 테이블에서 고객 번호가 일치한 고객 테이블의 데이터만 표시되었다. 주문 테이블에는 있지만 고객 테이블에 없는 데이터는 NULL로 표시되었다.

1. 다음은 앞서 LEFT OUTER JOIN에 사용한 쿼리를 RIGHT OUTER JOIN으로 변경한 것이다. 두 테이블의 address_id 열을 사용해 store 테이블을 기준으로 외부 조인한다.

> **Do it!** 🗄 RIGHT OUTER JOIN한 결과 조회

```
SELECT
    a.address, a.address_id AS a_address_id,
    b.address_id AS b_address_id, b.store_id
FROM address AS a
    RIGHT OUTER JOIN store AS b ON a.address_id  = b.address_id;
```

실행 결과

	address	a_address_id	b_address_id	store_id
▶	47 MySakila Drive	1	1	1
	28 MySQL Boulevard	2	2	2

2. 이번에는 다음 벤 다이어그램처럼 오른쪽에 있는 데이터, 즉 기준 테이블에 있는 데이터만 추출해 보자. 그러려면 RIGHT OUTER JOIN 결과에서 NULL이 있는 데이터만 골라내면 된다.

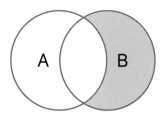

RIGHT OUTER JOIN에서 기준 테이블의 데이터만 추출한 벤 다이어그램

여기서는 왼쪽에 store 테이블이, 오른쪽에 address 테이블이 있다고 가정한다. address 테이블을 기준으로 store 테이블과 RIGHT OUTER JOIN한 다음, address 테이블에 있는 데이터만 조회해 보자.

Do it! 🗃 RIGHT OUTER JOIN으로 조회한 결과에서 NULL만 조회

```
SELECT
    a.address_id AS a_address_id, a.store_id,
    b.address, b.address_id AS b_address_id
FROM store AS a
    RIGHT OUTER JOIN address AS b ON a.address_id  = b.address_id
WHERE a.address_id IS NULL;
```

실행 결과

a_address_id	store_id	address	b_address_id
NULL	NULL	23 Workhaven Lane	3
NULL	NULL	1411 Lillydale Drive	4
NULL	NULL	1913 Hanoi Way	5
NULL	NULL	1121 Loja Avenue	6
NULL	NULL	692 Joliet Street	7
NULL	NULL	1566 Inegl Manor	8
NULL	NULL	53 Idfu Parkway	9
NULL	NULL	1795 Santiago de Compostela Way	10

FULL OUTER JOIN으로 외부 조인하기

FULL OUTER JOIN은 LEFT OUTER JOIN과 RIGHT OUTER JOIN을 합친 것이다. FULL OUTER JOIN의 경우 양쪽 테이블에서 일치하지 않는 행도 모두 조회한다. 즉, 조인 조건에 일치하지 않는 항목, 일치하는 항목 모두 표시된다.

하지만 FULL OUTER JOIN은 실제 사용하는 경우는 드물다. 가끔 데이터베이스 디자인이나 데이터에 몇 가지 문제가 있어서 데이터의 누락이나 오류를 찾아낼 때 사용한다. 예를 들어 잘못된 고객 번호로 주문 내역이 기록된 것은 없는지 확인하고 싶다면 FULL OUTER JOIN이 적절하다.

다음은 FULL OUTER JOIN을 벤 다이어그램으로 표현한 것이다.

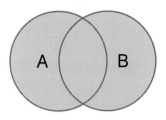

FULL OUTER JOIN 벤 다이어그램

다음은 고객 번호를 조인 조건으로 하여 FULL OUTER JOIN하는 과정을 보여 준다. 결과에서 보듯 고객 테이블과 주문 테이블을 표시하고 각 테이블에서 존재하지 않는 데이터는 NULL로 표시한다.

고객 테이블	
고객 번호	고객 이름
0001	한성우
0002	신지은
0003	이시연

주문 테이블		
주문 번호	고객 번호	주문 날짜
100	0001	2024-02-16
101	0002	2024-02-17
102	0004	2024-02-22

FULL OUTER JOIN ON 고객 번호

고객 번호	고객 이름	주문 번호	고객 번호	주문 날짜
0001	한성우	100	0001	2024-02-16
0002	신지은	101	0002	2024-02-17
0003	이시연	NULL	NULL	NULL
NULL	NULL	102	0004	2024-02-22

1. 다른 DBMS의 경우 FULL OUTER JOIN을 지원하지만 사실 MySQL에서는 FULL OUTER JOIN을 지원하지 않는다. 그러므로 FULL OUTER JOIN 효과를 내려면 LEFT OUTER JOIN의 결과와 RIGHT OUTER JOIN의 결과를 합쳐서 FULL OUTER JOIN처럼 구현한다. 다음 쿼리를 살펴보자. 이때 결과를 합치는 명령어로 UNION이 사용된다.

```
SELECT
    a.address_id AS a_address_id, a.store_id,
    b.address, b.address_id AS b_address_id
FROM store AS a
    LEFT OUTER JOIN address AS b ON a.address_id  = b.address_id

UNION

SELECT
    a.address_id AS a_address_id, a.store_id,
    b.address, b.address_id AS b_address_id
FROM store AS a
    RIGHT OUTER JOIN address AS b ON a.address_id  = b.address_id;
```

실행 결과

a_address_id	store_id	address	b_address_id
NULL	NULL	936 Salzburg Lane	82
NULL	NULL	586 Tete Way	83
NULL	NULL	1888 Kabul Drive	84
NULL	NULL	320 Baiyin Parkway	85
NULL	NULL	927 Baha Blanca Parkway	86
NULL	NULL	929 Tallahassee Loop	87
NULL	NULL	125 Citt del Vaticano Boulevard	88
NULL	NULL	1557 Ktahya Boulevard	89

출력된 결과를 살펴보면, 데이터가 많아 책에서는 모든 데이터를 싣지 못했지만 LEFT OUTER JOIN의 결과와 RIGHT OUTER JOIN의 결과가 합쳐져서 출력된 것을 확인할 수 있다.

2. 다음 벤 다이어그램과 같이 FULL OUTER JOIN을 사용하여 LEFT 테이블, RIGHT 테이블에 있는 테이블만 추출하려면 NULL 데이터를 조회하면 된다.

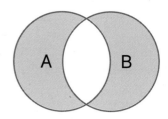

FULL OUTER JOIN에서 양쪽 테이블의 데이터만 추출한 벤 다이어그램

```
SELECT
    a.address_id AS a_address_id, a.store_id,
    b.address, b.address_id AS b_address_id
FROM store AS a
```

```
      LEFT OUTER JOIN address AS b ON a.address_id  = b.address_id
WHERE b.address_id IS NULL


UNION


SELECT
    a.address_id AS a_address_id, a.store_id,
    b.address, b.address_id AS b_address_id
FROM store AS a
    RIGHT OUTER JOIN address AS b ON a.address_id  = b.address_id
WHERE a.address_id IS NULL;
```

실행 결과

a_address_id	store_id	address	b_address_id
NULL	NULL	287 Cuautla Boulevard	436
NULL	NULL	1766 Almirante Brown Street	437
NULL	NULL	596 Huixquilucan Place	438
NULL	NULL	1351 Aparecida de Goinia Parkway	439
NULL	NULL	722 Bradford Lane	440
NULL	NULL	983 Santa F Way	441
NULL	NULL	1245 Ibirit Way	442
NULL	NULL	1836 Korla Parkway	443
NULL	NULL	231 Kaliningrad Place	444
NULL	NULL	495 Bhimavaram Lane	445

store와 address 테이블을 LEFT OUTER JOIN한 결과에서 address 테이블의 NULL 데이터만 조회한 결과와 store와 address 테이블을 RIGHT OUTER JOIN 한 결과에서 NULL 데이터만 조회한 결과를 합쳐 이와 같은 결과를 얻었다. 즉, 교집합을 제외한 양쪽 테이블에만 있는 데이터를 조회한 결과이다.

교차 조인

자주 사용하지는 않지만 각 테이블의 모든 경우의 수를 조합한 데이터가 필요할 경우 교차 조인CROSS JOIN을 사용할 수 있다. 교차 조인은 카르테시안cartesian 곱이라고도 한다.
다음은 교차 조인의 기본 형식이다.

CROSS JOIN의 기본 형식

```
SELECT [열]
FROM [테이블 1]
    CROSS JOIN [테이블 2]
WHERE [검색 조건]
```

기본 형식을 자세히 보면 FROM 절에는 조인 조건이 없다. 한 테이블에서 모든 행이 다른 테이블의 모든 행을 조인하므로 조인 조건이 필요 없는 것이다.

오른쪽 그림은 교차 조인을 표현한 것이다. 1, 2, 3은 A 테이블의 행을 의미하고 a, b, c는 B 테이블의 행을 의미한다.

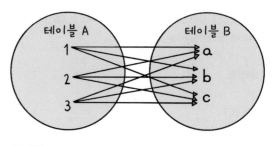

교차 조인

이 그림은 조금 추상적이라 바로 이해하기 힘들 수도 있어서 다음과 같이 두 테이블이 교차 조인하는 과정을 담은 그림을 통해 이해해 보자.

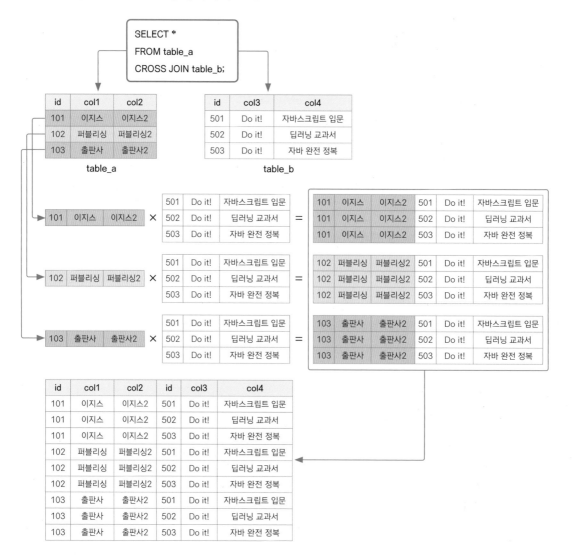

결과를 보면 table_a의 데이터 3개, table_b의 데이터 3개 조합하여 9건의 결과가 출력되었다. 앞서 언급했듯 교차 조인은 사용할 일이 많지 않지만 샘플 데이터를 만들거나 각 행에 동일한 숫자의 데이터를 만들어야 할 때 활용할 수 있다.

1. 본격적인 CROSS JOIN을 실습을 위해 먼저 샘플 데이터를 생성해 보자.

Do it! 샘플 데이터 생성

```
CREATE TABLE doit_cross1(num INT);
CREATE TABLE doit_cross2(name VARCHAR(10));
INSERT INTO doit_cross1 VALUES (1), (2), (3);
INSERT INTO doit_cross2 VALUES ('Do'), ('It'), ('SQL');
```

2. 샘플 데이터를 생성한 후 다음과 같이 CROSS JOIN을 작성하여 실행해 보자.

Do it! CROSS JOIN을 적용한 쿼리

```
SELECT
    a.num, b.name
FROM doit_cross1 AS a
    CROSS JOIN doit_cross2 AS b
ORDER BY a.num;
```
└─ a.num 열을 기준으로 정렬

실행 결과

num	name
1	Do
1	It
1	SQL
2	Do
2	It
2	SQL
3	Do
3	It
3	SQL

결과를 살펴보면 doit_cross1, doit_corss2 테이블의 데이터가 총 9개 생성된 것을 확인할 수 있다.

3. 이번에는 WHERE 절을 사용해 조건으로 num이 1인 데이터를 조회하는 쿼리도 진행해 보자.

```
SELECT
    a.num, b.name
FROM doit_cross1 AS a
    CROSS JOIN doit_cross2 AS b
WHERE a.num = 1;
```

실행 결과

num	name
▸ 1	Do
1	It
1	SQL

CROSS JOIN의 결과에서 doit_cross1 테이블의 num 열값이 1인 것만 출력되는 것을 확인할 수 있다.

셀프 조인

셀프 조인SELF JOIN은 동일한 테이블을 사용하는 특수한 조인이다. 내부 조인, 외부 조인, 교차 조인은 모두 2개 이상의 테이블을 조인한 반면 셀프 조인의 경우 자기 자신과 조인한다는 의미이다.

셀프 조인

셀프 조인을 사용하는 방법은 지금까지 배운 조인과 동일하지만 자기 자신을 조인에 사용한다는 것만 기억하면 된다. 그리고 하나 주의할 사항은 반드시 테이블의 별칭을 사용해야 한다는 것이다. 소스는 하나의 테이블이지만 2개의 테이블처럼 사용하기 때문에 각 테이블에 서로 다른 별칭을 붙여 조인해야 한다. ▶ 셀프 조인의 경우 별칭을 사용하지 않으면 오류가 발생한다.

1. 다음과 같이 별칭을 사용하여 SELF JOIN을 이용해 셀프 조인을 실행해 보자.

```
SELECT a.customer_id AS a_customer_id, b.customer_id AS b_customer_id
FROM customer AS a
    INNER JOIN customer AS b ON a.customer_id = b.customer_id
```

a_customer_id	b_customer_id
1	1
2	2
3	3
5	5
7	7
10	10
12	12
15	15
17	17
19	19

다른 조인들과 달리 SELF JOIN은 별도의 구문이 없으며 여기서는 INNER JOIN을 활용해 같은 테이블이지만 마치 테이블이 두 개인 것처럼 조인해서 사용할 수 있다. 단, 별칭을 사용해 구분해야 하는 것을 기억해 두자.

2. 좀 더 실전에 가까운 예로 다른 쿼리도 작성해 보자. 다음은 payment 테이블에서 전일 대비 수익이 얼마인지를 알아보는 쿼리이다.

Do it! 🗄 SELF JOIN을 적용한 쿼리 2

```
SELECT
    a.payment_id, a.amount, b.payment_id, b.amount, b.amount - a.amount AS prof-
it_amount
FROM payment AS a
    LEFT OUTER JOIN payment AS b ON a.payment_id = b.payment_id -1;
```

실행 결과

payment_id	amount	payment_id	amount	profit_amount
1	2.99	2	0.99	-2.00
2	0.99	3	5.99	5.00
3	5.99	4	0.99	-5.00
4	0.99	5	9.99	9.00
5	9.99	6	4.99	-5.00
6	4.99	7	4.99	0.00
7	4.99	8	0.99	-4.00
8	0.99	9	3.99	3.00
9	3.99	10	5.99	2.00
10	5.99	11	5.99	0.00

payment 테이블을 2번 사용하는 것이므로 a와 b를 활용한 별칭을 사용하여 테이블을 구분했다. ON을 살펴보면 a.payment_id = payment_id -1으로 왼쪽 테이블의 id와 오른쪽 테이블의 id -1의 ID를 나열했고, a의 amount 가격과 b의 amount 가격 차이를 계산했다. 이를 응용하면 전일과 오늘의 매출을 비교하여 수익의 증감을 알 수 있다.

서브 쿼리^{subqueries}는 쿼리 안에 포함되어 있는 또 다른 쿼리를 말한다. 서브 쿼리는 조인하지 않은 상태에서 다른 테이블과 일치하는 행을 찾거나 조인 결과를 다시 조인할 때 사용할 수 있다. 서브 쿼리의 특징은 다음과 같다.

▶ 서브 쿼리는 포함하는 위치에 따라 중첩 서브 쿼리, 스칼라 서브 쿼리, 인라인뷰 서브 쿼리 등으로 부르지만 이 책에서는 서브 쿼리라 통칭한다.

> **서브 쿼리의 특징**
> 1. 서브 쿼리는 반드시 소괄호로 감싸 사용한다.
> 2. 서브 쿼리는 주 쿼리를 실행하기 전에 1번만 실행된다.
> 3. 비교 연산자와 함께 서브 쿼리를 사용하는 경우 서브 쿼리를 연산자 오른쪽에 기술해야 한다.
> 4. 서브 쿼리 내부에는 정렬 구문인 ORDER BY 절을 사용할 수 없다.

WHERE 절에 서브 쿼리 사용하기

서브 쿼리 중에서 WHERE 절에 사용하는 서브 쿼리를 중첩 서브 쿼리^{nested subquery}라고 한다. 중첩 서브 쿼리는 WHERE 다음에 오는 조건문의 일부로 사용한다. 다시 말해 중첩 서브 쿼리는 또 다른 SELECT 문을 사용한 결과를 주 쿼리의 조건값으로 사용한다.

그리고 서브 쿼리를 비교 연산자와 함께 사용할 때는 반드시 서브 쿼리의 반환 결과가 1건이라도 있어야 한다. 만약 서브 쿼리의 반환 결과가 2건 이상인 경우에는 비교 연산자가 아닌 다중 행 연산자를 사용해야 한다.

▶ 중첩 서브 쿼리는 WHERE 절 외에도 HAVING 절에도 사용할 수 있음을 기억해 두고, 기회가 될 때 활용해 보자.

다중 행 연산자란?

서브 쿼리의 결과가 2건 이상인 것을 다중 행이라고 한다. 다음 표는 다중 행을 처리하기 위해서 사용되는 연산자를 정리한 것이다.

연산자	설명
IN	서브 쿼리의 결과에 존재하는 임의의 값과 동일한 조건 검색
ALL	서브 쿼리의 결과에 존재하는 모든 값을 만족하는 조건 검색
ANY	서브 쿼리의 결과에 존재하는 어느 하나의 값이라도 만족하는 조건 검색
EXISTS	서브 쿼리의 결과를 만족하는 값이 존재하는지 여부 확인

단일 행 서브 쿼리 사용하기

단일 행 서브 쿼리란 서브 쿼리의 결과로 1행만 반환되는 쿼리이다. 다음 내용을 보며 기본 형식을 익혀 보자.

> **단일 행 서브 쿼리의 기본 형식**
>
> SELECT [열]
> FROM [테이블]
> WHERE [열] = (SELECT [열] FROM [테이블])

서브 쿼리를 직접 입력해 결과를 보는 편이 더 이해하기 쉬울 것이다.

다음은 WHERE 절에 사용한 서브 쿼리가 한 행을 반환해 1건의 데이터만 조회되는 쿼리이다. 이 쿼리를 실행한 뒤 결과를 확인해 보자.

Do it! 🗄 단일 행 서브 쿼리 적용

```
SELECT * FROM customer
WHERE customer_id = (SELECT customer_id FROM customer WHERE first_name = 'ROSA');
```

실행 결과

customer_id	store_id	first_name	last_name	email	address_id	active	create_date	last_update
112	2	ROSA	REYNOLDS	ROSA.REYNOLDS@sakilacustomer.org	116	1	2006-02-14 22:04:36	2006-02-15 04:57:20

결과를 살펴보면 WHERE 절에 사용된 조건이 WHERE 절에 사용된 SELECT의 결괏값으로 사용된 것을 알 수 있다.

만약 WHERE 절에 사용한 서브 쿼리가 여러 행을 반환하면 비교 연산자 규칙에 어긋나므로 오류가 발생한다.

```
SELECT * FROM customer
WHERE customer_id = (SELECT customer_id FROM customer WHERE first_name IN
('ROSA', 'ANA'));
```

오류를 살펴보면 다음과 같은 메시지가 출력되었다. 서브 쿼리의 결괏값이 1행이 아니어서 오류가 발생했다는 내용을 담고 있다.

```
Error Code: 1242. Subquery returns more than 1 row
```

다중 행 서브 쿼리 사용하기

다중 행 서브 쿼리란 서브 쿼리에서 결과로 2행 이상인 반환되는 경우를 말한다. 이처럼 서브 쿼리가 다중 행을 반환하기 위해서는 앞에서 잠깐 살펴본 IN, ANY, EXISTS, ALL 등의 다중 행 연산자를 활용한다. 이를 활용한 다중 행 서브 쿼리를 하나씩 살펴보자.

1. 첫 번째로 IN 연산자를 활용한 다중 행 서브 쿼리를 알아보자. IN을 활용한 다중 행 서브 쿼리의 기본 형식은 다음과 같다. 쿼리의 형태를 보면 WHERE 절에 있는 IN의 소괄호 안에 서브 쿼리를 작성한다.

IN을 활용한 다중 행 서브 쿼리의 기본 형식

```
SELECT [열]
FROM [테이블]
WHERE [열] IN (SELECT [열] FROM [테이블])
```

다중 행 서브 쿼리의 사용 방법은 단일 행 서브 쿼리와 같다. 쿼리를 직접 입력해 결과를 살펴보면 이해하기가 더 쉽다. IN을 활용한 다중 행 서브 쿼리를 적용한 두 가지 쿼리를 함께 살펴보자. 두 쿼리의 실행 결과는 같다.

```
SELECT * FROM customer
WHERE first_name IN ('ROSA', 'ANA');
```

이 쿼리는 SELECT 문 대신 직접 값을 넣어 데이터를 조회하였다. 반면에 다음 쿼리는 SELECT 문으로 조회한 결과를 활용해 데이터를 조회할 수 있다.

Do it! 🗄 IN을 활용한 다중 행 서브 쿼리 적용 2

```
SELECT * FROM customer
WHERE customer_id IN (SELECT customer_id FROM customer WHERE first_name IN
('ROSA', 'ANA'));
```

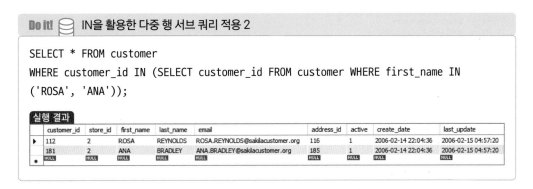

결과를 보면 서브 쿼리에서 검색된 2개의 행이 주 쿼리의 조건으로 사용된 것을 알 수 있다.

2. 이번에도 결과는 같지만 다른 쿼리 형식으로 작성해 보자. 테이블 3개를 조인하는 쿼리와 같은 결과를 내는 쿼리를 IN을 활용한 서브 쿼리로도 작성해 보자. 두 번째 쿼리를 살펴보면 WHERE 절에 사용한 서브 쿼리 안에서 테이블 2개를 조인한 결과 행을 IN의 소괄호 안에 작성했다.

Do it! 🗄 테이블 3개를 조인하는 쿼리

```
SELECT
    a.film_id, a.title
FROM film AS a
    INNER JOIN film_category AS b ON a.film_id = b.film_id
    INNER JOIN category AS c ON b.category_id = c.category_id
WHERE c.name = 'Action';
```

Do it! 🗄 IN을 활용한 서브 쿼리 적용

```
SELECT
    film_id, title
FROM film
WHERE film_id IN (
    SELECT a.film_id
    FROM film_category AS a
        INNER JOIN category AS b ON a.category_id = b.category_id
    WHERE b.name = 'Action');
```

실행 결과

film_id	title
19	AMADEUS HOLY
21	AMERICAN CIRCUS
29	ANTITRUST TOMATOES
38	ARK RIDGEMONT
56	BAREFOOT MANCHURIAN
67	BERETS AGENT
97	BRIDE INTRIGUE
105	BULL SHAWSHANK
111	CADDYSHACK JEDI
115	CAMPUS REMEMBER
126	CASUALTIES ENCINO

두 가지 방식으로 작성된 쿼리는 이와 같이 같은 결과를 출력한다. 쿼리문 작성 방법에는 하나의 정답이 있는 것이 아니다. 다양한 코드 작성법이 있으며, 여기서는 조인으로 나온 결과를 서브 쿼리로도 동일하게 할 수 있다는 것을 알려 주기 위해 이와 같이 작성한 것이다.

3. 이번에는 IN에 NOT 연산자를 추가하여 다른 테이블의 값과 일치하지 않는 행을 찾을 수도 있다. 다음은 NOT IN으로 film이 Action이 아닌 행을 조회해 보자.

Do it! 🗄 NOT IN을 활용한 서브 쿼리 적용

```
SELECT
    film_id, title
FROM film
WHERE film_id NOT IN (
    SELECT a.film_id
    FROM film_category AS a
        INNER JOIN category AS b ON a.category_id = b.category_id
    WHERE b.name = 'Action');
```

실행 결과

film_id	title
1	ACADEMY DINOSAUR
2	ACE GOLDFINGER
3	ADAPTATION HOLES
4	AFFAIR PREJUDICE
5	AFRICAN EGG
6	AGENT TRUMAN
7	AIRPLANE SIERRA
8	AIRPORT POLLOCK
9	ALABAMA DEVIL
10	ALADDIN CALENDAR
11	ALAMO VIDEOTAPE

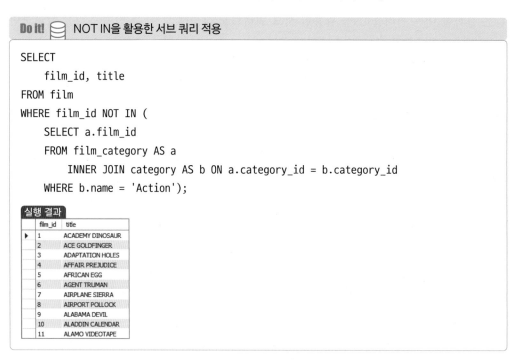

결과를 살펴보면 WHERE에 사용된 서브 쿼리의 결과를 포함하지 않는 데이터를 조회한 결과임을 확인할 수 있다.

4. ANY 연산자로는 서브 쿼리 결과에서 값이 하나라도 만족하는 조건으로 데이터를 조회할 수 있다. 언뜻 보면 비교 연산자가 잘못 사용된 것 같지만 ANY를 함께 사용했으므로 서브 쿼리의 결괏값이 여러 개여도 일치하는 모든 행을 주 쿼리에서 조회할 수 있다. 다음은 서브 쿼리 결괏값과 비교하여 결괏값과 일치하는 데이터(행)를 반환하는 쿼리이다.

> **Do it!** 🗄 = ANY를 활용한 서브 쿼리 적용

```
SELECT * FROM customer
WHERE customer_id = ANY (SELECT customer_id FROM customer WHERE first_name IN
('ROSA', 'ANA'));
```

실행 결과

	customer_id	store_id	first_name	last_name	email	address_id	active	create_date	last_update
▶	112	2	ROSA	REYNOLDS	ROSA.REYNOLDS@sakilacustomer.org	116	1	2006-02-14 22:04:36	2006-02-15 04:57:20
	181	2	ANA	BRADLEY	ANA.BRADLEY@sakilacustomer.org	185	1	2006-02-14 22:04:36	2006-02-15 04:57:20
*	HULL	HULL	HULL	HULL	HULL	HULL	HULL	HULL	HULL

결과를 살펴보면 WHERE에 사용된 서브 쿼리의 결괏값이 조건이 되어 데이터를 조회된 것을 알 수 있다.

5. 계속해서 다른 형태도 살펴보자. 다음은 서브 쿼리의 결과값보다 작은 값을 조건으로 하여 데이터(행)를 반환하는 쿼리이다.

> **Do it!** 🗄 < ANY를 활용한 서브 쿼리 적용

```
SELECT * FROM customer
WHERE customer_id < ANY (SELECT customer_id FROM customer WHERE first_name IN
('ROSA', 'ANA'));
```

실행 결과

	customer_id	store_id	first_name	last_name	email	address_id	active	create_date	last_update
	1	1	MARY	SMITH	MARY.SMITH@sakilacustomer.org	5	1	2006-02-14 22:04:36	2006-02-15 04:57:20
	2	1	PATRICIA	JOHNSON	PATRICIA.JOHNSON@sakilacustomer.org	6	1	2006-02-14 22:04:36	2006-02-15 04:57:20
	3	1	LINDA	WILLIAMS	LINDA.WILLIAMS@sakilacustomer.org	7	1	2006-02-14 22:04:36	2006-02-15 04:57:20
	4	2	BARBARA	JONES	BARBARA.JONES@sakilacustomer.org	8	1	2006-02-14 22:04:36	2006-02-15 04:57:20
	5	1	ELIZABETH	BROWN	ELIZABETH.BROWN@sakilacustomer.org	9	1	2006-02-14 22:04:36	2006-02-15 04:57:20
	6	2	JENNIFER	DAVIS	JENNIFER.DAVIS@sakilacustomer.org	10	1	2006-02-14 22:04:36	2006-02-15 04:57:20
	7	1	MARIA	MILLER	MARIA.MILLER@sakilacustomer.org	11	1	2006-02-14 22:04:36	2006-02-15 04:57:20
▶	8	2	SUSAN	WILSON	SUSAN.WILSON@sakilacustomer.org	12	1	2006-02-14 22:04:36	2006-02-15 04:57:20
	9	2	MARGARET	MOORE	MARGARET.MOORE@sakilacustomer.org	13	1	2006-02-14 22:04:36	2006-02-15 04:57:20
	10	1	DOROTHY	TAYLOR	DOROTHY.TAYLOR@sakilacustomer.org	14	1	2006-02-14 22:04:36	2006-02-15 04:57:20
	11	2	LISA	ANDERSON	LISA.ANDERSON@sakilacustomer.org	15	1	2006-02-14 22:04:36	2006-02-15 04:57:20

결과를 살펴보면 서브 쿼리의 결괏값은 customer_id가 112, 181인 데이터들이고 이보다 적은 값을 조회하는 조건으로 데이터가 조회된 것을 알 수 있다.

6. 다음은 서브 쿼리의 결과값보다 큰 값을 조건으로 하여 데이터(행)를 반환하는 쿼리이다.

Do it! 🗄 〉ANY를 활용한 서브 쿼리 적용

```
SELECT * FROM customer
WHERE customer_id > ANY (SELECT customer_id FROM customer WHERE first_name IN
('ROSA', 'ANA'));
```

실행 결과

	customer_id	store_id	first_name	last_name	email	address_id	active	create_date	last_update
▶	113	2	CINDY	FISHER	CINDY.FISHER@sakilacustomer.org	117	1	2006-02-14 22:04:36	2006-02-15 04:57:20
	114	2	GRACE	ELLIS	GRACE.ELLIS@sakilacustomer.org	118	1	2006-02-14 22:04:36	2006-02-15 04:57:20
	115	1	WENDY	HARRISON	WENDY.HARRISON@sakilacustomer.org	119	1	2006-02-14 22:04:36	2006-02-15 04:57:20
	116	1	VICTORIA	GIBSON	VICTORIA.GIBSON@sakilacustomer.org	120	1	2006-02-14 22:04:36	2006-02-15 04:57:20
	117	1	EDITH	MCDONALD	EDITH.MCDONALD@sakilacustomer.org	121	1	2006-02-14 22:04:36	2006-02-15 04:57:20
	118	1	KIM	CRUZ	KIM.CRUZ@sakilacustomer.org	122	1	2006-02-14 22:04:36	2006-02-15 04:57:20
	119	1	SHERRY	MARSHALL	SHERRY.MARSHALL@sakilacustomer.org	123	1	2006-02-14 22:04:36	2006-02-15 04:57:20
	120	2	SYLVIA	ORTIZ	SYLVIA.ORTIZ@sakilacustomer.org	124	1	2006-02-14 22:04:36	2006-02-15 04:57:20
	121	1	JOSEPHINE	GOMEZ	JOSEPHINE.GOMEZ@sakilacustomer.org	125	1	2006-02-14 22:04:36	2006-02-15 04:57:20
	122	1	THELMA	MURRAY	THELMA.MURRAY@sakilacustomer.org	126	1	2006-02-14 22:04:36	2006-02-15 04:57:20
	123	2	SHANNON	FREEMAN	SHANNON.FREEMAN@sakilacustomer.org	127	1	2006-02-14 22:04:36	2006-02-15 04:57:20

결과를 살펴보면 서브 쿼리의 결괏값은 customer_id가 112, 181인 데이터들이고 이보다 큰 값을 조회하는 조건으로 데이터가 조회된 것을 알 수 있다.

7. EXISTS 연산자는 서브 쿼리의 결괏값이 있는지 없는지를 확인해서 1행이라도 있으면 TRUE, 없으면 FALSE를 반환한다. 다음은 WHERE 절에 EXIST를 사용해 서브 쿼리의 결괏값이 1행이라도 있으면 TRUE가 되어 주 쿼리를 실행하고, 주 쿼리에 작성된 전체 데이터를 검색하는 쿼리이다.

Do it! 🗄 EXISTS를 활용한 서브 쿼리 적용: TRUE를 반환하는 경우

```
SELECT * FROM customer
WHERE EXISTS(SELECT customer_id FROM customer WHERE first_name IN ('ROSA', 'ANA'));
```

실행 결과

	customer_id	store_id	first_name	last_name	email	address_id	active	create_date	last_update
▶	1	1	MARY	SMITH	MARY.SMITH@sakilacustomer.org	5	1	2006-02-14 22:04:36	2006-02-15 04:57:20
	2	1	PATRICIA	JOHNSON	PATRICIA.JOHNSON@sakilacustomer.org	6	1	2006-02-14 22:04:36	2006-02-15 04:57:20
	3	1	LINDA	WILLIAMS	LINDA.WILLIAMS@sakilacustomer.org	7	1	2006-02-14 22:04:36	2006-02-15 04:57:20
	4	2	BARBARA	JONES	BARBARA.JONES@sakilacustomer.org	8	1	2006-02-14 22:04:36	2006-02-15 04:57:20
	5	1	ELIZABETH	BROWN	ELIZABETH.BROWN@sakilacustomer.org	9	1	2006-02-14 22:04:36	2006-02-15 04:57:20
	6	2	JENNIFER	DAVIS	JENNIFER.DAVIS@sakilacustomer.org	10	1	2006-02-14 22:04:36	2006-02-15 04:57:20
	7	1	MARIA	MILLER	MARIA.MILLER@sakilacustomer.org	11	1	2006-02-14 22:04:36	2006-02-15 04:57:20
	8	2	SUSAN	WILSON	SUSAN.WILSON@sakilacustomer.org	12	1	2006-02-14 22:04:36	2006-02-15 04:57:20
	9	2	MARGARET	MOORE	MARGARET.MOORE@sakilacustomer.org	13	1	2006-02-14 22:04:36	2006-02-15 04:57:20
	10	1	DOROTHY	TAYLOR	DOROTHY.TAYLOR@sakilacustomer.org	14	1	2006-02-14 22:04:36	2006-02-15 04:57:20
	11	2	LISA	ANDERSON	LISA.ANDERSON@sakilacustomer.org	15	1	2006-02-14 22:04:36	2006-02-15 04:57:20

결과를 살펴보면 WHERE 절에 사용된 서브 쿼리의 결과가 2건이므로 TRUE로 판단해 주 쿼리가 실행된 것을 알 수 있다.

8. 서브 쿼리의 결괏값이 없으면 FALSE이므로 주 쿼리를 실행하지 않으며, 아무것도 나타나지 않을 것이다. 다음 쿼리를 입력해 확인해 보자.

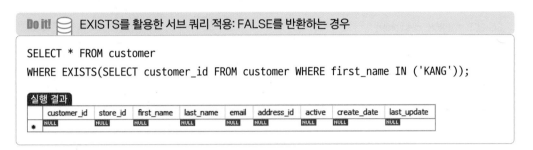

결과를 살펴보면 WHERE 절에 사용된 서브 쿼리에 결괏값이 없으므로 FALSE로 판단되어 주 쿼리가 실행되지 않아서 아무런 결과가 나타나지 않았다.

9. NOT EXISTS는 EXISTS와 반대로 동작한다. 다음은 바로 앞서 실습한 쿼리를 반대로 적용한 것이다. 결과는 EXISTS를 활용해 TRUE를 반환한 쿼리와 같을 것이다.

결과를 살펴보면 WHERE 절에 사용된 서브 쿼리에 결괏값이 없기 때문에 반대인 TRUE로 판단되어 주 쿼리가 실행되고 customer 테이블 전체가 출력된 것을 확인할 수 있다.

10. ALL 연산자는 서브 쿼리와 자주 사용하지는 않지만 잘 알아 두자. ALL은 서브 쿼리 결괏값에 있는 모든 값을 만족하는 조건을 주 쿼리에서 검색하여 결과를 반환한다. 다음 쿼리를 작성하면 서브 쿼리의 결괏값 모두를 만족하는 결과가 주 쿼리 결괏값에 없어 아무것도 나오지 않는다.

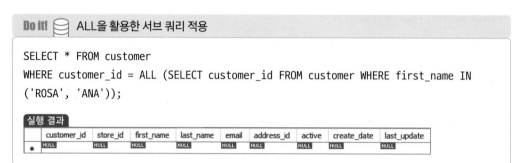

Do it! ☌ ALL을 활용한 서브 쿼리 적용

```
SELECT * FROM customer
WHERE customer_id = ALL (SELECT customer_id FROM customer WHERE first_name IN
('ROSA', 'ANA'));
```

실행 결과

	customer_id	store_id	first_name	last_name	email	address_id	active	create_date	last_update
▸	NULL	NULL	NULL	NULL	NULL	NULL	NULL	NULL	NULL

결과를 살펴보면 아무런 데이터가 조회되지 않았다. 그 이유는 WHERE 절에 사용된 서브 쿼리의 결과가 2개가 있긴 하지만 2개의 결괏값을 모두 만족하는 customer_id 열의 값은 없기 때문이다. ALL에 의해 반환된 행의 결과가 AND 연산자에 의해 주 쿼리의 검색 조건으로 사용된다고 할 수 있다. 즉, WHERE customer_id = 112 AND customer_id = 181인 조건과 같다.

FROM 절에 서브 쿼리 사용하기

FROM 절에 사용한 서브 쿼리 결과는 테이블처럼 사용되어 다른 테이블과 다시 조인할 수 있다. 즉, 쿼리를 논리적으로 격리할 수 있다.

FROM 절에 사용하는 서브 쿼리의 기본 형식은 다음과 같다. 이때, FROM 절에 사용하는 서브 쿼리는 인라인뷰^inline view라고 한다.

FROM 절에 사용하는 서브 쿼리의 기본 형식

```
SELECT
    [열]
FROM [테이블] AS a
    INNER JOIN (SELECT [열] FROM [테이블] WHERE [열] = [값]) AS b ON [a.열] = [b.열]
WHERE [열] = [값]
```

▶ FROM 절에 사용하는 서브 쿼리의 기본 형식에는 INNER JOIN만 표현했지만 OUTER JOIN도 사용할 수 있다.

다음은 INNER JOIN을 인라인뷰에 활용해 보자. 쿼리를 작성한 뒤, 인라인뷰 즉 소괄호로 묶은 쿼리만 따로 드래그하여 실행해 보자. 아마 드래그를 제대로 했다면 해당 쿼리는 잘 실행될 것이고, 실행된 것을 보면 FROM 절에 사용한 서브 쿼리는 격리된 것을 알 수 있다.

쉽게 비교하기 위해 우선은 INNER JOIN으로 구성된 쿼리를 작성해 본다.

Do it! 🗄 테이블 조인

```
SELECT
    a.film_id, a.title, a.special_features, c.name
FROM film AS a
    INNER JOIN film_category AS b ON a.film_id = b.film_id
    INNER JOIN category AS c ON b.category_id = c.category_id
WHERE a.film_id > 10 AND a.film_id < 20;
```

실행 결과

	film_id	title	special_features	name
▶	11	ALAMO VIDEOTAPE	Commentaries,Behind the Scenes	Foreign
	12	ALASKA PHANTOM	Commentaries,Deleted Scenes	Music
	13	ALI FOREVER	Deleted Scenes,Behind the Scenes	Horror
	14	ALICE FANTASIA	Trailers,Deleted Scenes,Behind the Scenes	Classics
	15	ALIEN CENTER	Trailers,Commentaries,Behind the Scenes	Foreign
	16	ALLEY EVOLUTION	Trailers,Commentaries	Foreign
	17	ALONE TRIP	Trailers,Behind the Scenes	Music
	18	ALTER VICTORY	Trailers,Behind the Scenes	Animation
	19	AMADEUS HOLY	Commentaries,Deleted Scenes,Behind the Scenes	Action

이번에는 조인을 서브 쿼리로 작성해 보자. 서브 쿼리의 결과가 마치 테이블처럼 동작하여 다시 다른 테이블과 조인하는 방식으로 처리된다.

Do it! 🗄 FROM 절에 서브 쿼리 적용

```
SELECT
    a.film_id, a.title, a.special_features, x.name
FROM film AS a
    INNER JOIN (
    SELECT
        b.film_id, c.name
    FROM film_category AS b
        INNER JOIN category AS c ON b.category_id = c.category_id
    WHERE b.film_id > 10 AND b.film_id < 20) AS x ON a.film_id = x.film_id;
```

실행 결과

	film_id	title	special_features	name
▶	11	ALAMO VIDEOTAPE	Commentaries,Behind the Scenes	Foreign
	12	ALASKA PHANTOM	Commentaries,Deleted Scenes	Music
	13	ALI FOREVER	Deleted Scenes,Behind the Scenes	Horror
	14	ALICE FANTASIA	Trailers,Deleted Scenes,Behind the Scenes	Classics
	15	ALIEN CENTER	Trailers,Commentaries,Behind the Scenes	Foreign
	16	ALLEY EVOLUTION	Trailers,Commentaries	Foreign
	17	ALONE TRIP	Trailers,Behind the Scenes	Music
	18	ALTER VICTORY	Trailers,Behind the Scenes	Animation
	19	AMADEUS HOLY	Commentaries,Deleted Scenes,Behind the Scenes	Action

이와 같이 두 쿼리문의 결과는 동일하다. 이 역시도 조인으로 나온 결과를 서브 쿼리로도 동일하게 작성할 수 있다는 것을 알려 주기 위해 이와 같이 작성한 것이다.

SELECT 절에 서브 쿼리 사용하기

SELECT 절에 사용하는 서브 쿼리는 반드시 1개의 행을 반환해야 하므로 SUM, COUNT, MIN, MAX 등과 같은 집계 함수와 함께 사용하는 경우가 많다. 하지만 이렇게 하면 성능 면에서 문제가 생기기 쉬우므로 필자는 집계 함수와 사용하는 것을 권하지는 않는다. SELECT 절에 사용한 서브 쿼리는 스칼라 서브 쿼리^{scalar subqueries}라고 한다.
다음은 스칼라 서브 쿼리의 기본 형식이다.

> **스칼라 서브 쿼리의 기본 형식**
>
> ```
> SELECT
>     [열], (SELECT <집계 함수> [열] FROM [테이블 2]
>     WHERE [테이블 2.열] = [테이블 1.열]) AS a
> FROM [테이블 1]
> WHERE [조건]
> ```

다음 쿼리는 조인으로 작성된 구문을 SELECT 서브 쿼리로 작성한다. 우선 조인으로 쿼리를 작성하여 결과를 확인한다.

Do it! 🗄 테이블 조인

```
SELECT
    a.film_id, a.title, a.special_features, c.name
FROM film AS a
    INNER JOIN film_category AS b ON a.film_id = b.film_id
    INNER JOIN category AS c ON b.category_id = c.category_id
WHERE a.film_id > 10 AND a.film_id < 20;
```

실행 결과

	film_id	title	special_features	name
▶	11	ALAMO VIDEOTAPE	Commentaries,Behind the Scenes	Foreign
	12	ALASKA PHANTOM	Commentaries,Deleted Scenes	Music
	13	ALI FOREVER	Deleted Scenes,Behind the Scenes	Horror
	14	ALICE FANTASIA	Trailers,Deleted Scenes,Behind the Scenes	Classics
	15	ALIEN CENTER	Trailers,Commentaries,Behind the Scenes	Foreign
	16	ALLEY EVOLUTION	Trailers,Commentaries	Foreign
	17	ALONE TRIP	Trailers,Behind the Scenes	Music
	18	ALTER VICTORY	Trailers,Behind the Scenes	Animation
	19	AMADEUS HOLY	Commentaries,Deleted Scenes,Behind the Scenes	Action

이번에는 SELECT 절에 서브 쿼리를 사용하였다.

SELECT 절에 서브 쿼리 적용

```
SELECT
    a.film_id, a.title, a.special_features, (SELECT c.name FROM film_category as
    b INNER JOIN category AS c ON b.category_id = c.category_id WHERE a.film_id =
    b.film_id) AS name
FROM film AS a
WHERE a.film_id > 10 AND a.film_id < 20;
```

실행 결과

film_id	title	special_features	name
11	ALAMO VIDEOTAPE	Commentaries,Behind the Scenes	Foreign
12	ALASKA PHANTOM	Commentaries,Deleted Scenes	Music
13	ALI FOREVER	Deleted Scenes,Behind the Scenes	Horror
14	ALICE FANTASIA	Trailers,Deleted Scenes,Behind the Scenes	Classics
15	ALIEN CENTER	Trailers,Commentaries,Behind the Scenes	Foreign
16	ALLEY EVOLUTION	Trailers,Commentaries	Foreign
17	ALONE TRIP	Trailers,Behind the Scenes	Music
18	ALTER VICTORY	Trailers,Behind the Scenes	Animation
19	AMADEUS HOLY	Commentaries,Deleted Scenes,Behind the Scenes	Action

이 쿼리로도 동일한 결과를 출력한다. 이 역시도 조인으로 나온 결과를 서브 쿼리로도 동일하게 작성할 수 있다는 것을 알려 주기 위해 이와 같이 작성한 것이다.

05-3 공통 테이블 표현식이란?

공통 테이블 표현식Common Table Expression, CTE은 실제 데이터베이스에 생성되는 테이블은 아니지만 쿼리 실행 결과를 테이블처럼 활용하기 위한 논리적인 테이블을 만들 때 활용한다. 주로 데이터베이스에 없는 테이블이 필요할 때 사용하며, 바로 다음에 실행할 SELECT 문에만 이러한 공통 테이블 표현식을 사용해 데이터를 조회할 수 있다. 공통 테이블 표현식은 목적에 따라 일반 공통 테이블 표현식과 결과를 재사용하는 재귀 공통 테이블 표현식으로 나뉜다.

▶ 앞으로 공통 테이블 표현식은 CTE로 줄여서 사용할 것이다.

일반 CTE

일반 CTE의 기본 형식은 다음과 같다. 일반 CTE는 쿼리 실행 결과인 데이터 집합을 하나의 테이블처럼 사용한다.

일반 CTE의 기본 형식

```
WITH [테이블] (열 1, 열 2, ...)
AS
(
    <SELECT 문>
)
SELECT [열] FROM [테이블];
```

WITH 절의 [테이블](열 1, 열 2, …)은 이 CTE 테이블을 구성하는 테이블 정보(테이블 이름, 구성할 열의 이름)를 담고 있다. AS 이하엔 <SELECT 문>을 입력하여 CTE 테이블에 들어갈 데이터들을 조회한다. 이때, <SELECT 문>과 함께 UNION, UNION ALL, INTERSECT, EXCEPT를 사용할 수도 있다. 일반 CTE는 복잡한 쿼리를 단순하게 만들 때 유용하게 사용된다.

1. 다음은 SELECT * FROM cte_customer와 같이 CTE 테이블을 참조하여 데이터를 조회하는 쿼리이다. CTE 내부 SELECT 문을 살펴보면 customer_id가 10보다 크거나 같으면서 100보다 작은 조건을 가진 customer_id, first_name, email 열을 반환한다.

```
WITH cte_customer (customer_id, first_name, email)
AS
(
    SELECT customer_id, first_name, email FROM customer WHERE customer_id >= 10
    AND customer_id < 100
)


SELECT * FROM cte_customer;
```

실행 결과

customer_id	first_name	email
10	DOROTHY	DOROTHY.TAYLOR@sakilacustomer.org
11	LISA	LISA.ANDERSON@sakilacustomer.org
12	NANCY	NANCY.THOMAS@sakilacustomer.org
13	KAREN	KAREN.JACKSON@sakilacustomer.org
14	BETTY	BETTY.WHITE@sakilacustomer.org
15	HELEN	HELEN.HARRIS@sakilacustomer.org
16	SANDRA	SANDRA.MARTIN@sakilacustomer.org
17	DONNA	DONNA.THOMPSON@sakilacustomer.org
18	CAROL	CAROL.GARCIA@sakilacustomer.org
19	RUTH	RUTH.MARTINEZ@sakilacustomer.org
20	SHARON	SHARON.ROBINSON@sakilacustomer.org
21	MICHELLE	MICHELLE.CLARK@sakilacustomer.org
22	LAURA	LAURA.RODRIGUEZ@sakilacustomer.org

결과를 살펴보면 CTE 내부에서 조회한 데이터 집합을 CTE 외부의 SELECT 문에서 테이블처럼 참조해서 사용하는 것을 확인할 수 있다.

2. 만약 CTE에서 정의한 열과 CTE 내부의 SELECT 절의 열 목록이 다르면 오류가 발생한다. 다음은 customer_id, first_name, email 열 목록으로 CTE를 정의하고 SELECT 문에서는 customer_id, first_name, last_name, email을 조회하도록 실행해 보자.

```
WITH cte_customer (customer_id, first_name, email)
AS
(
    SELECT customer_id, first_name, last_name, email FROM customer WHERE custom-
    er_id >= 10 AND customer_id < 100
)


SELECT * FROM cte_customer;
```

다음과 같은 오류 메시지가 출력되었다.

Error Code: 1353. In definition of view, derived table or common table expression, SELECT list and column names list have different column counts

오류 내용을 살펴보면 공통 테이블 표현식에 정의된 열과 SELECT 열에 정의된 열의 개수가 달라서 발생한 것임을 알 수 있다.

UNION으로 CTE 결합해 보기

UNION과 UNION ALL로 여러 CTE를 결합할 수 있다. UNION 연산자는 여러 쿼리의 결과를 하나의 데이터 집합으로 결합하는데 사용하는 명령문으로 CTE뿐만 아니라 다양한 쿼리문에서 사용할 수 있다. 그리고 중복을 제거한 결과를 보고 싶다면 UNION을 사용하면 되긴 하지만 중복 데이터를 제거하는 연산을 포함하는 UNION 대신 UNION ALL을 사용하는 것을 권장한다.

UNION과 UNION ALL의 차이점은 중복을 제거한 행 포함 여부이므로 여기에서는 UNION ALL을 사용한 쿼리를 입력하고 이를 실행해 보자.

Do it! 🗄 UNION ALL로 CTE 결합

```
WITH cte_customer (customer_id, first_name, email)
AS
(
    SELECT customer_id, first_name, email FROM customer WHERE customer_id >= 10
    AND customer_id <= 15
    UNION ALL
    SELECT customer_id, first_name, email FROM customer WHERE customer_id >= 25
    AND customer_id <= 30
)

SELECT * FROM cte_customer;
```

실행 결과

	customer_id	first_name	email
	10	DOROTHY	DOROTHY.TAYLOR@sakilacustomer.org
	11	LISA	LISA.ANDERSON@sakilacustomer.org
	12	NANCY	NANCY.THOMAS@sakilacustomer.org
	13	KAREN	KAREN.JACKSON@sakilacustomer.org
▶	14	BETTY	BETTY.WHITE@sakilacustomer.org
	15	HELEN	HELEN.HARRIS@sakilacustomer.org
	25	DEBORAH	DEBORAH.WALKER@sakilacustomer.org
	26	JESSICA	JESSICA.HALL@sakilacustomer.org
	27	SHIRLEY	SHIRLEY.ALLEN@sakilacustomer.org
	28	CYNTHIA	CYNTHIA.YOUNG@sakilacustomer.org
	29	ANGELA	ANGELA.HERNANDEZ@sakilacustomer....
	30	MELISSA	MELISSA.KING@sakilacustomer.org

CTE 내부에 정의한 첫 번째 SELECT 결과 집합과 두 번째 SELECT 결과 집합을 UNION ALL을 통해 합쳐 하나의 데이터 집합으로 조회된 것을 확인할 수 있다.

INTERSECT로 CTE 결합해 보기

일반 CTE에서 INTERSECT 연산자를 사용하면 05-1절에서 학습한 내부 조인과 비슷한 결과를 얻을 수 있다. 하지만 내부 조인은 테이블 사이의 조인 조건에 맞는 데이터를 반환하고, INTERSECT는 각 쿼리에서 반환한 결과에서 중복값을 걸러 반환한다는 차이점이 있다.

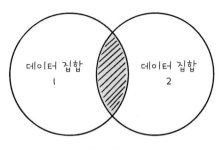

INTERSECT로 CTE를 결합한 벤 다이어그램

다음은 INTERSECT를 사용하여 CTE에 정의한 2개의 SELECT 문의 공통된 데이터 집합을 조회하는 쿼리이다.

Do it! 🗄 INTERSECT로 CTE 결합

```
WITH cte_customer (customer_id, first_name, email)
AS
(
    SELECT customer_id, first_name, email FROM customer WHERE customer_id >= 10
    AND customer_id <= 15
    INTERSECT
    SELECT customer_id, first_name, email FROM customer WHERE customer_id >= 12
    AND customer_id <= 20
)

SELECT * FROM cte_customer;
```

실행 결과

customer_id	first_name	email
12	NANCY	NANCY.THOMAS@sakilacustomer.org
13	KAREN	KAREN.JACKSON@sakilacustomer.org
14	BETTY	BETTY.WHITE@sakilacustomer.org
15	HELEN	HELEN.HARRIS@sakilacustomer.org

여기에서는 같은 customer 테이블을 사용했지만 만약 서로 다른 테이블, 예를 들어 지역 A와 지역 B에서 고객 테이블을 따로 관리하는 상황에서는 INTERSECT와 CTE로 복잡한 쿼리를 쉽게 풀 수도 있다. INTERSECT와 CTE를 사용해 SELECT 문에서 각 지역의 고객 테이블 데이터를 조회한 다음, 결과에서 중복된 데이터만 조회할 수 있다.

EXCEPT으로 CTE 결합해 보기

일반 CTE에서 EXCEPT 연산자를 사용하면 05-2절에서 학습한 NOT IN과 비슷한 결과를 얻지만, EXCEPT 연산자는 결괏값에서 중복을 제거한 유일한 행을 반환한다는 점에서 차이가 있다. 즉, CTE에서 먼저 작성한 SELECT 문을 기준으로 그다음 작성한 SELECT 문과 중복되지 않는 데이터를 반환한다. 바로 실습하면서 확인해 보자.

두 가지의 쿼리를 작성해 실행 결과를 확인해 보자. 두 쿼리의 차이는 CTE 내부의 SELECT 문 순서만 변경한 것이다.

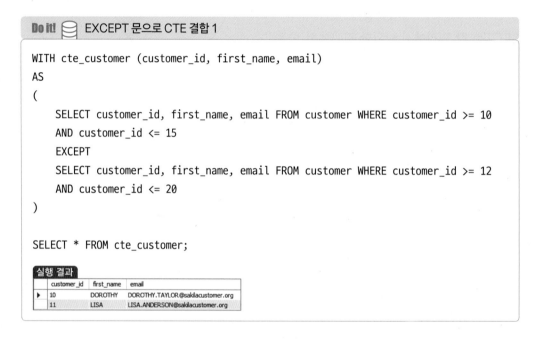

Do it! 🗒 EXCEPT 문으로 CTE 결합 1

```
WITH cte_customer (customer_id, first_name, email)
AS
(
    SELECT customer_id, first_name, email FROM customer WHERE customer_id >= 10
    AND customer_id <= 15
    EXCEPT
    SELECT customer_id, first_name, email FROM customer WHERE customer_id >= 12
    AND customer_id <= 20
)

SELECT * FROM cte_customer;
```

실행 결과

	customer_id	first_name	email
▶	10	DOROTHY	DOROTHY.TAYLOR@sakilacustomer.org
	11	LISA	LISA.ANDERSON@sakilacustomer.org

이번에는 첫 번째 쿼리에서 CTE에 정의한 SELECT 문의 순서를 변경하여 입력해 보자.

Do it! 🗒 EXCEPT 문으로 CTE 결합 2

```
WITH cte_customer (customer_id, first_name, email)
AS
(
    SELECT customer_id, first_name, email FROM customer WHERE customer_id >= 12
    AND customer_id <= 20
    EXCEPT
    SELECT customer_id, first_name, email FROM customer WHERE customer_id >= 10
    AND customer_id <= 15
)

SELECT * FROM cte_customer;
```

	customer_id	first_name	email
▶	16	SANDRA	SANDRA.MARTIN@sakilacustomer.org
	17	DONNA	DONNA.THOMPSON@sakilacustomer.org
	18	CAROL	CAROL.GARCIA@sakilacustomer.org
	19	RUTH	RUTH.MARTINEZ@sakilacustomer.org
	20	SHARON	SHARON.ROBINSON@sakilacustomer.org

두 쿼리 결과를 통해 EXCEPT로 SELECT 문을 결합할 때 순서에 따라 그 결과가 달라짐을 알 수 있다. 첫 번째 쿼리에서는 앞 SELECT 문을 기준으로 뒤 SELECT 문의 결과를 제외한 나머지를 반환하므로 customer_id가 10, 11인 데이터를 반환한다.

두 번째 쿼리에서는 SELECT 문의 순서가 바뀌었으므로 customer_id가 16~20인 데이터를 반환한다.

재귀 CTE

재귀란 함수 내부에서 함수가 자기 자신을 또다시 호출하는 것을 말하는데, 재귀 CTE는 CTE 결과를 CTE 내부의 쿼리에서 재사용함으로써 반복 실행하는 쿼리 구조를 갖는다. 재귀 CTE 는 주로 조직도와 같은 계층 데이터를 검색할 때 많이 사용한다. 재귀 CTE는 실행 과정이 복잡하므로 우선 기본 형식부터 살펴보며 천천히 알아보자.

재귀 CTE의 기본 형식

```
WITH RECURSIVE [CTE_테이블](열 1, 열 2, …)

AS(
        <SELECT * FROM 테이블 A> ─── 쿼리 1(앵커 멤버)
        UNION ALL
        <SELECT * FROM 테이블 B JOIN CTE_테이블> ─── 쿼리 2(재귀 멤버)
)
SELECT * FROM [CTE_테이블];
```

기본 형식에서 알 수 있듯 재귀 CTE는 2개 이상의 SELECT 문을 사용하고, 앵커 멤버[anchor member]와 재귀 멤버[recursive member]를 포함해야 한다. 앵커 멤버는 정의한 CTE를 참조하지 않는다. 주의할 점은 앵커 멤버는 첫 번째 재귀 멤버 앞에 있어야 한다는 것과 재귀 멤버 열의 데이터 유형은 반드시 앵커 멤버 열의 데이터 유형과 일치해야 한다는 것이다. 또한 앵커 멤버와 재귀 멤버는 여러 개 정의할 수 있다. 재귀 CTE의 실행 순서는 실습을 통해 바로 알아 보자.

다음 예제는 피보나치 수열을 생성하는 쿼리이다. 피보나치 수열은 숫자 0과 1(또는 1과 1)로 시작하며 두 숫자를 합친 값이 그 다음 숫자가 되어 이어진다. 0, 1, 1, 2, 3, 5, … 이런 식으로 말이다. 재귀 CTE는 재귀 멤버에 의해 생성된 각 행이 이전의 결과 행을 참조하여 다시 계산하는 방식으로 피보나치 수열을 생성할 수 있다.

다음은 처음 두 개의 숫자로 0과 1을 사용하여 20개의 피보나치 수열을 만드는 쿼리이다.

Do it! 🗄 **재귀 CTE로 피보나치 수열 생성**

```
WITH RECURSIVE fibonacci_number (n, fibonacci_n, next_fibonacci_n)
AS(
    SELECT 1, 0, 1
    UNION ALL
    SELECT n + 1, next_fibonacci_n, fibonacci_n + next_fibonacci n
        FROM fibonacci_number WHERE n < 20
)
SELECT * FROM fibonacci_number;
```

실행 결과

n	fibonacci_n	next_fibonacci_n
1	0	1
2	1	1
3	1	2
4	2	3
5	3	5
6	5	8
7	8	13
8	13	21
9	21	34
10	34	55

CTE 내부의 첫 번째 SELECT 문의 `SELECT 1, 0, 1`을 보면 최초의 값을 조회한다. 두 번째 SELECT 문은 1번째 SELECT 문이 반환한 값을 UNION ALL로 결과를 결합하면서 앞 행의 결과에 1씩 더하며 재귀 호출한다. 재귀 호출은 테이블 행 끝까지 진행한다. 마지막 CTE 외부의 SELECT 문으로 fibonacci_number 테이블을 조회해 결과를 확인한다. 다음은 여기서 활용한 재귀 CTE의 실행 순서를 정리한 것이다.

재귀 CTE의 실행 순서

① 초기 쿼리를 실행한다. 이때 재귀 쿼리의 기본값은 0으로 초기화된다.

② 재귀 쿼리를 실행한다. 이때 재귀 쿼리의 기본값은 1만큼 증가한다. 초기 쿼리의 결과 행 개수만큼 재귀 쿼리에서 CTE_테이블 이름을 재귀 호출하고, 재귀 쿼리의 기본값이 1씩 증가하면서 초기 쿼리의 결과 행 개수까지 도달해 결과가 더 없다면 재귀 호출을 중단한다.

③ 외부 SELECT 문에서 ①, ②에서 만든 CTE 누적 결과를 검색한다.

Q1 world 데이터베이스에는 country, city 테이블이 있습니다. country 테이블의 Name 열에서 'United States'인 데이터와 city 테이블에서 해당 국가와 일치하는 데이터를 조회하는 쿼리를 작성하세요. 이때, 조인을 활용한 쿼리를 작성해 보세요.

Q2 world 데이터베이스의 city 테이블에서 인구가 가장 많은 도시 상위 10개를 구하고 country 테이블에서 해당 도시의 국가 이름과 국가 총 인구, GNP, 수명 등의 정보를 조회하는 쿼리를 작성하세요. 이때, 조인 또는 서브 쿼리를 활용해 쿼리를 작성해 보세요.

Q3 world 데이터베이스에서 countrylanguage 테이블과 country 테이블을 조합하여 사용 언어가 English인 국가의 정보를 조회하는 쿼리를 작성하세요. 이때, 조인으로 조회하는 쿼리와 서브 쿼리로 조회하는 쿼리 등 원하는 방법으로 쿼리를 작성하세요.

Q4 sakila 데이터베이스에는 actor, film, film_actor, film_category, category 테이블이 있습니다. category 테이블의 name 열이 'Action'인 데이터와 관련된 배우 이름 (first_name, last_name), 영화 제목(title)과 개봉 연도(release_year)를 조회하는 쿼리를 작성하세요.

Q5 sakila 데이터베이스의 film, category, rental, inventory, payment 테이블을 활용해 고객이 어떤 장르를 주로 선호하는지 알기 위해 장르별 dvd 렌탈 횟수와 장르별 결제한 금액을 조회하고 이를 고객 번호와 고객 이름을 함께 넣어 조회하는 쿼리를 작성하세요.

Q6 다음과 같이 어떤 조직의 데이터가 있을 때, 각 직원의 레벨 및 관리자 이름을 조회하는 쿼리를 작성하세요. 이때, 레벨 숫자가 낮을수록 높은 직급입니다.

```
DROP TABLE IF EXISTS emp;
CREATE TABLE emp
(
employee_id int NOT NULL PRIMARY KEY,
employee_name varchar(50) NOT NULL,
manager_id int NULL
);

INSERT INTO emp VALUES (101, '이지연', NULL);
INSERT INTO emp VALUES (102, '강정훈', 101);
INSERT INTO emp VALUES (103, '임도환', 101);
INSERT INTO emp VALUES (104, '민가영', 102);
INSERT INTO emp VALUES (105, '김민찬', 102);
INSERT INTO emp VALUES (106, '장미선', 103);
INSERT INTO emp VALUES (107, '김시영', 103);
INSERT INTO emp VALUES (108, '이재윤', 105);
INSERT INTO emp VALUES (109, '오하나', 105);
INSERT INTO emp VALUES (110, '심성우', 106);

SELECT * FROM emp;
```

06

다양한 SQL 함수
사용하기

06장에서는 데이터를 검색할 때 유용한 SQL 함수를 공부한다. 함수는 크게 문자, 숫자, 날짜, 집계, 수학 관련 함수로 나눌 수 있다. SQL 함수를 잘 활용하면 계산식을 직접 작성하거나 여러 단계로 쿼리를 작성해야 했던 불편함을 쉽게 해소할 수 있고, 작업 능률도 크게 오른다. 함수는 반드시 여러 번 연습하기를 권장한다.

06-1 문자열 함수

처음 알아볼 SQL 함수는 문자열 함수로, 문자열 함수는 문자열 연결, 형 변환, 공백 제거, 치환 등에서 다양하게 사용한다. 문자열 함수는 문자열뿐만 아니라 열 이름을 인자로 활용할 수 있다.

▶ 여기서 소개하는 문자열 함수 외에 더 많은 문자열 함수를 더 알고 싶다면 MySQL 공식 웹 사이트(https://dev.mysql.com/doc/refman/8.0/en/string-functions.html)를 참고하기 바란다.

문자열과 문자열을 연결하는 함수 — CONCAT

문자열과 문자열은 CONCAT 함수를 사용해 연결한다. CONCAT 함수의 사용 방법은 간단하다. 연결할 문자열을 괄호 안에 쉼표로 구분하여 함수의 인자로 나열하면 된다. 단어가 아닌 열 이름을 나열할 때도 마찬가지이다.

> **CONCAT 함수 예**
>
> ```
> SELECT CONCAT('I ', 'Love ', 'MySQL') AS col_1;
> ```

▶ 인자란 함수가 호출될 때 함수에 전달되는 값을 말한다.

1. 다음은 열 이름과 문자열을 인자로 전달하는 쿼리이다.

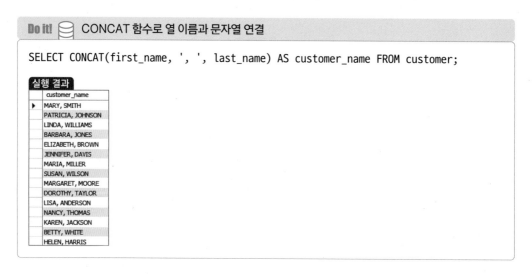

Do it! 🗄 CONCAT 함수로 열 이름과 문자열 연결

```
SELECT CONCAT(first_name, ', ', last_name) AS customer_name FROM customer;
```

실행 결과

customer_name
▶ MARY, SMITH
PATRICIA, JOHNSON
LINDA, WILLIAMS
BARBARA, JONES
ELIZABETH, BROWN
JENNIFER, DAVIS
MARIA, MILLER
SUSAN, WILSON
MARGARET, MOORE
DOROTHY, TAYLOR
LISA, ANDERSON
NANCY, THOMAS
KAREN, JACKSON
BETTY, WHITE
HELEN, HARRIS

결과를 살펴보면 first_name과 last_name 열을 연결할 때 이를 구분하기 위해 중간에 문자열인 ', '를 사용했다. 이렇게 열을 합치면서 필요한 문자열도 함께 사용할 수 있다.

2. 그런데 여러 열을 합칠 때 모든 열 이름 사이에 직접 일일이 쉼표를 입력하기는 번거로울 것이다. 이때 CONCAT_WS를 사용하면 구분자를 미리 정의해서 자동으로 적용할 수 있다. 다음과 같이 첫 번째 인수에 나머지 인수를 구분하기 위한 기호를 넣어 보자.

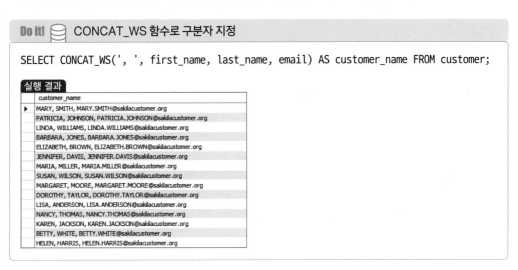

실행 결과를 살펴보면 연결할 문자열 사이에 구분 기호(,)가 추가된 것을 확인할 수 있다.

3. 만약 인수로 NULL을 입력할 경우 결과는 모두 NULL이 반환된다. 이는 NULL이 어떠한 문자열과 결합하거나 계산되더라도 결과가 NULL이기 때문이다.

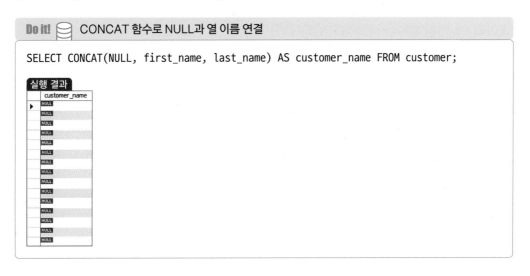

4. CONCAT_WS는 비어 있는 열을 그대로 적용한다. 그러나 구분 인수 뒤에 오는 NULL은 무시하여 건너뛴다. 그래서 합치려는 열에 NULL이 있을 경우 결과가 NULL이 아닌 NULL 을 제외한 결합 문자가 출력된다.

Do it! 🗄 CONCAT_WS 인자로 NULL이 있는 경우

```sql
SELECT CONCAT_WS(', ', first_name, NULL, last_name) as customer_name FROM customer;
```

실행 결과

customer_name
MARY, SMITH
PATRICIA, JOHNSON
LINDA, WILLIAMS
BARBARA, JONES
ELIZABETH, BROWN
JENNIFER, DAVIS
MARIA, MILLER
SUSAN, WILSON
MARGARET, MOORE
DOROTHY, TAYLOR
LISA, ANDERSON
NANCY, THOMAS
KAREN, JACKSON
BETTY, WHITE
HELEN, HARRIS

알아 두면 좋아요!

DBMS마다 사용하는 기호의 의미가 다르다

MS SQL에서는 문자열끼리 연결할 때 + 기호를, 오라클에서는 ‖ 기호를 사용하는데 MySQL에서 ‖ 기호는 논리 연산자 OR를 의미하므로 혼동하지 않도록 주의해야 한 다. DBMS마다 사용하는 기호나 특성이 조금씩 차이가 있으므로 반드시 이러한 점을 알아 두는 것이 좋다.

데이터 형 변환 함수 — CAST, CONVERT

숫자를 날짜로 또는 날짜를 숫자로 변환하는 등 데이터를 다양한 형태로 변환해야 하는 경우 가 있다. 사용자가 임의로 형 변환하는 과정을 명시적 형 변환이라고 하는데, 이때 형 변환을 위해 사용하는 함수로는 CAST, CONVERT가 있다.

다음은 CAST와 CONVERT 함수의 기본 형식이다. 두 함수 모두 데이터 유형을 변환하는데 사용되며 사용법도 비슷하지만, CONVERT 함수는 CAST 함수와 달리 문자열 집합을 다른 문자열 집합으로 변환할 수 있다.

그런데 CAST와 CONVERT를 이용해 형 변환을 할 수 있는 데이터 유형은 다음과 같이 한정적이다. 간단히 살펴보고 실습으로 넘어가 보자.

CAST 및 CONVERT에 사용 가능한 데이터 유형

BINARY	CHAR
DATE	DATETIME
TIME	DECIMAL
JSON	NCHAR
SIGNED[INTEGER]	UNSIGNED[INTEGER]

▶ JSON은 MySQL 5.7.8 버전부터 제공된다.

1. 다음은 CAST 함수를 활용해 문자열 '2'라는 글자를 부호가 없는 정수형 2로 변경한다.

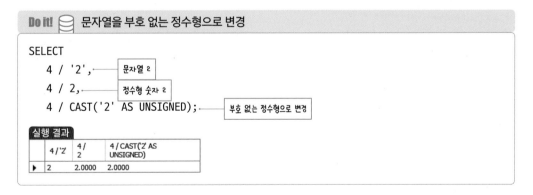

숫자 4와 문자열 2를 나누어 보면 정수로 2라는 결과가 반환된다. 그 다음, 숫자 4와 숫자 2를 나누었더니 2.0000으로 실수로 반환되었다. 마지막엔 숫자 4와 문자 2를 나눌 때 문자 '2'의 값을 USINGED로 명시적 형 변환을 했더니 결괏값이 실수로 표현된 것을 확인할 수 있다.

2. CAST 함수를 이용해 날짜형 데이터를 숫자형으로 변환해 보자. 먼저, 다음과 같이 NOW 함수를 활용해 현재 날짜와 시간을 가져와 출력해 보자.

▶ NOW 함수는 06-2절에서 더 자세히 알아 보자.

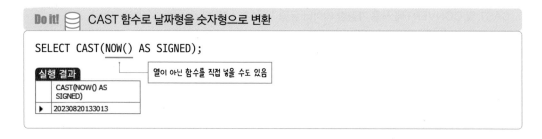

이번에는 CAST 함수를 이용해 NOW 함수로 가져온 값을 정수형으로 변환해 보자.

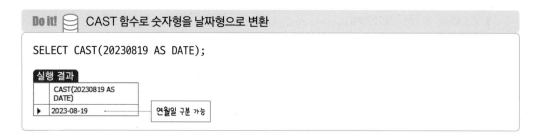

NOW 함수의 실행 결과와 비교해 보면 날짜와 시간을 구분하는 기호 없이 날짜가 숫자 형식으로 이루어진 데이터가 출력된다.

▶ 날짜형 데이터를 숫자형 데이터로 변환할 때마다 SELECT NOW()를 사용해 데이터를 확인하지 않아도 된다. 여기서는 숫자형이 어떻게 출력되는지 이해를 돕기 위해 작성한 것이다.

3. 이번에는 반대로 숫자형을 날짜형 또는 문자열로 변환해 보자. 마찬가지로 CAST 함수를 활용한다.

> **Do it!** 💾 CAST 함수로 숫자형을 날짜형으로 변환
>
> ```
> SELECT CAST(20230819 AS DATE);
> ```
>
> **실행 결과**
>
> | CAST(20230819 AS DATE) |
> |---|
> | ▶ 2023-08-19 ───── 연월일 구분 가능 |

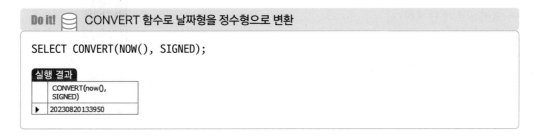

Do it! 🗄 CAST 함수로 숫자형을 문자열로 변환

```
SELECT CAST(20230819 AS CHAR);
```

실행 결과

CAST(20230819 AS CHAR)
▶ 20230819 ──── 변화는 없지만 데이터 유형이 문자형으로 변경됨

4. 이제 CONVERT 함수를 알아보자. CONVERT 함수는 다음과 같은 형태로 인자 2개를 넘겨 사용한다. 앞에서도 설명했듯이 CAST 함수와 사용법이 거의 비슷하지만 CONVERT에서는 CAST에서는 지원하지 않는 스타일을 정의할 수 있다.

다음 쿼리는 앞서 CAST 함수를 사용한 실습에서 CAST 대신 CONVERT를 사용한 것이다.

Do it! 🗄 CONVERT 함수로 날짜형을 정수형으로 변환

```
SELECT CONVERT(NOW(), SIGNED);
```

실행 결과

CONVERT(now(), SIGNED)
▶ 20230820133950

CAST 함수를 사용했을 때와 마찬가지로 날짜와 시간을 구분하는 기호 없이 숫자로만 이루어진 데이터가 출력된다.

5. 이번에는 CONVERT 함수를 사용해 숫자형으로 된 데이터를 날짜형 데이터로 변환해 보자.

Do it! 🗄 CONVERT 함수로 숫자형을 날짜형으로 변환

```
SELECT CONVERT(20230819, DATE);
```

실행 결과

CONVERT(20230819, DATE)
▶ 2023-08-19 ──── 연월일 구분 가능

6. CAST, CONVERT 함수를 사용할 때 `AS CHAR(5)` 또는 `CHAR(5)`와 같이 문자열의 길이를 지정할 수도 있다. 문자열 길이를 지정하면 문자열을 변환할 때 `CHAR(5)`로 지정한 값보다 문자열 길이가 작으면 문자열이 잘려 출력된다.

다음은 숫자 20230819를 문자열로 변환하되 문자열 길이를 5로 지정한 쿼리이다. 결과를 보면 문자열이 5개까지만 출력된 것을 확인할 수 있다.

Do it! 🗄 CHAR로 데이터 길이 지정

```
SELECT CONVERT(20230819, CHAR(5));
```

실행 결과

CONVERT(20230819, CHAR(5))
▶ 20230

7. 이번에는 엄청난 큰 수에 1을 더하는 쿼리를 작성해 보자. 이를 실행하면 가장 큰 숫자형(BIGINT)의 범위를 넘어 오버플로가 발생한다.

▶ 오버플로overflow란 일반적인 의미는 '넘쳐흐르다' 라는 뜻으로, 컴퓨터에서 오버플로는 데이터 유형에 따른 한계 값을 넘었다는 뜻이다.

Do it! 🗄 오버플로 발생 예

```
SELECT 9223372036854775807 + 1;
```

오버플로로 인한 오류를 살펴보면 입력한 식이 BIGTINT 값의 범위를 초과했다는 내용이 적혀 있다.

```
Error Code: 1690. BIGINT value is out of range in '(9223372036854775807 + 1)'
```

이런 오버플로를 예방하고 싶다면 CAST 함수를 활용해 입력값을 UNSIGNED로 변경하여 연산하면 된다.

Do it! 🗄 CAST 함수로 오버플로 방지

```
SELECT CAST(9223372036854775807 AS UNSIGNED) + 1;
```

실행 결과

CAST(9223372036854775807 AS UNSIGNED) + 1
▶ 9223372036854775808

이와 같이 9223372036854775807에 1을 더해도 오버플로 없이 출력되는 것을 확인할 수 있다.

8. CAST 대신 CONVERT 함수를 넣어 출력해 보자. 실행 결과는 같을 것이다.

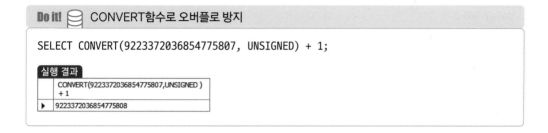

NULL을 대체하는 함수 — IFNULL, COALESCE

NULL은 어떠한 연산 작업을 진행해도 NULL이 반환되므로 NULL 때문에 예기치 못한 결과를 얻게 되는 경우가 종종 있다. 그래서 테이블에 NULL이 있는 경우 문자열 또는 숫자로 데이터를 바꾸는 것이 좋다. 이와 같이 NULL을 치환하기 위해 IFNULL 함수를 사용한다. 이 함수를 사용하면 NULL을 대체할 다른 값으로 변환한다. IFNULL 함수는 인자로 열 이름과 대체할 값을 전달하면 해당 열에 있는 NULL을 대체할 값으로 변환한다.

> **IFNULL 함수의 기본 형식**
>
> IFNULL(열, 대체할 값)

COALESCE 함수도 NULL을 대체하는데 COALESCE 함수의 경우 여러 열 이름을 인자로 전달한다.

> **COALESCE 함수의 기본 형식**
>
> COALESCE(열 1, 열 2, …)

이와 같이 IFNULL의 경우에는 NULL을 변환하기 위해 대체할 값 또는 열 한 개만 인자로 사용이 가능하지만, COALESCE는 NULL이 아닌 값이 나올 때까지 후보군의 여러 열을 입력할수 있다. 자세한 내용은 다음 이어지는 실습을 통해 알아본다.

1. 우선 실습을 위해 다음과 같이 doit_null이라 테이블을 생성하는 쿼리를 작성해 보자. 이 테이블에는 NULL이 존재한다.

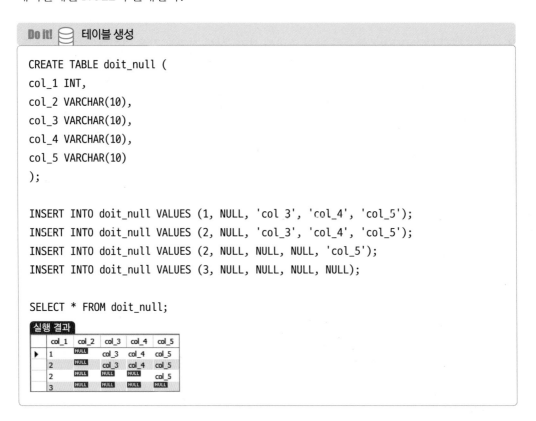

Do it! 🗄 테이블 생성

```
CREATE TABLE doit_null (
col_1 INT,
col_2 VARCHAR(10),
col_3 VARCHAR(10),
col_4 VARCHAR(10),
col_5 VARCHAR(10)
);

INSERT INTO doit_null VALUES (1, NULL, 'col 3', 'col_4', 'col_5');
INSERT INTO doit_null VALUES (2, NULL, 'col_3', 'col_4', 'col_5');
INSERT INTO doit_null VALUES (2, NULL, NULL, NULL, 'col_5');
INSERT INTO doit_null VALUES (3, NULL, NULL, NULL, NULL);


SELECT * FROM doit_null;
```

실행 결과

col_1	col_2	col_3	col_4	col_5
1	NULL	col_3	col_4	col_5
2	NULL	col_3	col_4	col_5
2	NULL	NULL	NULL	col_5
3	NULL	NULL	NULL	NULL

2. 먼저 col_2 열의 값이 NULL이면 IFNULL 함수를 사용해 공백('')으로 대체해 보자.

Do it! 🗄 IFNULL 함수로 col_2열의 NULL 대체

```
SELECT col_1, IFNULL(col_2, '') AS col_2, col_3, col_4, col_5
FROM doit_null WHERE col_1 = 1;
```

실행 결과

col_1	col_2	col_3	col_4	col_5
1		col_3	col_4	col_5

테이블을 생성했을 때와 비교해 보면 1행에서 col_2 열에 해당하는 값이 공백으로 출력되었음을 확인할 수 있다. 이 쿼리는 col_1 ~ col_5까지 검색하는데, col_2 열 데이터가 NULL이면 공백으로 표시한 결과를 보여 준다.

3. 이번에는 col_2열의 값이 NULL이면 col_3 열의 값으로 대체해 보자.

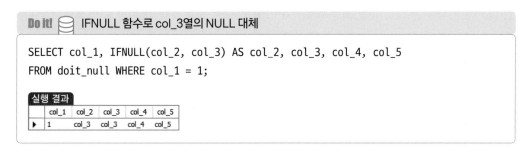

Do it! IFNULL 함수로 col_3열의 NULL 대체

```
SELECT col_1, IFNULL(col_2, col_3) AS col_2, col_3, col_4, col_5
FROM doit_null WHERE col_1 = 1;
```

실행 결과

col_1	col_2	col_3	col_4	col_5
1	col_3	col_3	col_4	col_5

이번에는 col_2 열의 데이터가 col_3 열에 있던 col_3 데이터로 대체된 것을 확인할 수 있다. 앞선 실습에서는 사용자가 지정한 문자를 사용해 NULL을 대체했지만 여기서는 다른 열로 NULL을 대체해 본 것이다.

4. 이제 COALESCE 함수를 사용해 보자. COALESCE 함수는 첫 번째 인자로 전달한 열에 NULL이 있을 때 그 다음 인자로 작성한 열의 데이터로 대체한다. 만약 이 함수에 N개의 인자를 작성했다면 순차로 대입한다.

다음 쿼리는 col_2의 값이 NULL일 때 다음 인자인 col_3의 데이터도 NULL이면 그다음 인자인 col_4의 데이터를 확인하여 대입한다.

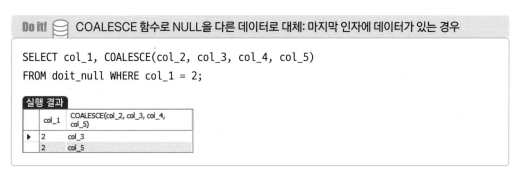

Do it! COALESCE 함수로 NULL을 다른 데이터로 대체: 마지막 인자에 데이터가 있는 경우

```
SELECT col_1, COALESCE(col_2, col_3, col_4, col_5)
FROM doit_null WHERE col_1 = 2;
```

실행 결과

col_1	COALESCE(col_2, col_3, col_4, col_5)
2	col_3
2	col_5

하지만 만약 마지막 인자까지도 NULL이 저장되어 있다면 결국 NULL을 반환한다.

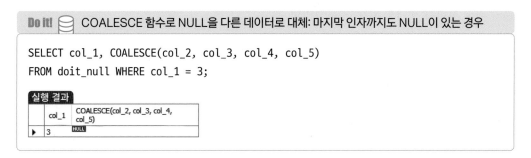

Do it! COALESCE 함수로 NULL을 다른 데이터로 대체: 마지막 인자까지도 NULL이 있는 경우

```
SELECT col_1, COALESCE(col_2, col_3, col_4, col_5)
FROM doit_null WHERE col_1 = 3;
```

실행 결과

col_1	COALESCE(col_2, col_3, col_4, col_5)
3	NULL

소문자 혹은 대문자로 변경하는 함수 — LOWER, UPPER

1. LOWER 함수는 대문자를 소문자로, UPPER 함수는 소문자를 대문자로 변경한다. 사용 방법은 매우 간단하므로 바로 실습을 통해 확인해 보자.

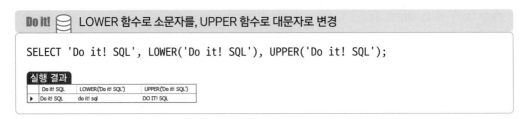

결과에서 알 수 있듯 LOWER 함수는 'Do it! SQL'을 모두 소문자로, UPPER 함수는 모두 대문자로 변경하였다.

2. 이번에는 문자열 대신 열 이름을 입력해 보자. 해당 열의 데이터들이 소문자 또는 대문자로 변경되어 출력된 것을 확인할 수 있다.

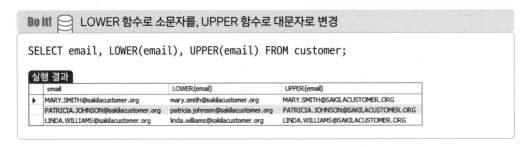

공백을 제거하는 함수 — LTRIM, RTRIM, TRIM

사용자가 어떤 데이터를 입력할 때 공백을 입력하는 경우가 있는데, 데이터 관리자에게는 공백이 문제를 일으킬 수 있으므로 관리 대상이다. 예를 들어 사용자가 회원 가입을 할 때 실수로 아이디나 비밀번호 뒤에 의도하지 않은 공백을 입력했고 데이터베이스에서 공백을 허용했다면 이후 사용자가 로그인할 때 아이디, 비밀번호를 제대로 입력해도 공백이 입력이 되지 않아 인증 처리가 제대로 되지 않을 것이다.

이와 같이 실수로 공백을 입력하더라도 데이터가 공백 없이 저장되도록 공백을 제거하는 LTRIM, RTRIM, TRIM 함수를 사용해 보자. LTRIM 함수의 L은 왼쪽을, RTRIM 함수의 R은 오른쪽을 의미하며 각각 문자열의 왼쪽(앞) 또는 오른쪽(뒤)의 공백을 제거한다. 만약 양쪽 공백을 모두 제거하려면 TRIM 함수를 사용하면 된다.

1. 다음과 같이 LTRIM을 사용해 'Do it!' 문자열 앞 공백을 삭제해 보자. 결과 왼쪽 열과 비교해 보면 차이를 확인해 볼 수 있다.

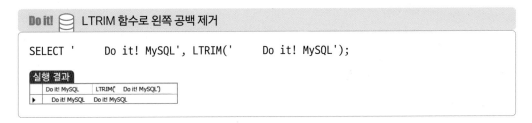

2. 이번에는 RTRIM을 사용해 'Do it!' 문자열 뒤 공백을 삭제해 보자. 마찬가지로 결과 왼쪽 열과 비교해 보면 차이를 확인해 볼 수 있다.

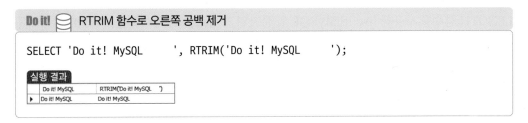

3. 이번에는 TRIM 함수를 사용해 문자열의 양쪽 공백을 모두 제거해 보자.

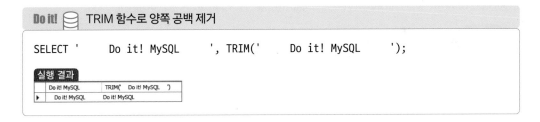

4. 그런데 TRIM 함수는 공백이 아닌 단어 앞뒤에 있는 특정 문자를 제거하는 기능도 있다. 다음 쿼리를 통해 문자열 양 끝에 있는 '#'을 삭제해 보자.

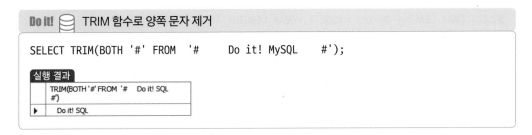

▶ BOTH는 왼쪽과 오른쪽의 접두사(여기서는 #)을 제거하는 명령문이다. TRIM 함수의 문자 제거 기능은 LTRIM 함수, RTRIM 함수에는 없다. 대신 이 쿼리에서 BOTH 자리에 LEADING을 입력하면 왼쪽 문자가, TRAILING을 입력하면 오른쪽 문자가 제거됨을 알아 두자.

문자열 크기 또는 개수를 반환하는 함수 — LENGTH, CHAR_LENGTH

LENGTH 함수는 문자열의 크기로 바이트를 반환한다. 실습을 통해 바로 알아보자.

1. 영어 문자열과 한글 문자열의 바이트 크기를 확인할 수 있다.

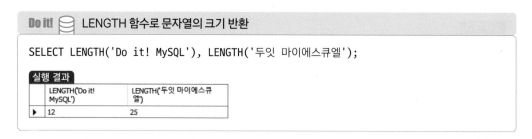

LENGTH 함수를 사용해 'Do it! MySQL'의 문자열 크기로는 12바이트를, '두잇 마이에스큐엘'의 문자열 크기로는 25바이트를 반환한 것을 확인할 수 있다.

2. 다음 실습으로 영어 및 공백은 1바이트, 한글과 한자는 3바이트, 특수문자는 3바이트를 사용함을 확인할 수 있다.

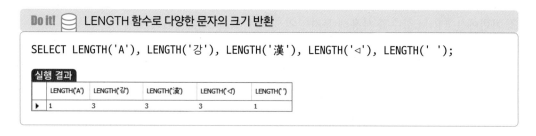

3. 바이트 크기로는 문자열의 개수를 정확히 알기 어렵다. 문자열 개수를 확인하고 싶다면 CHAR_LENGTH 함수를 사용하면 된다.

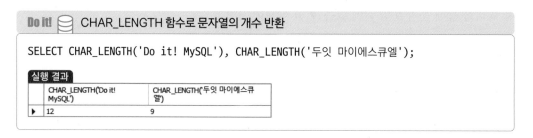

CHAR_LENGTH 함수를 사용해 'Do it! MySQL'의 문자열 개수로는 띄어쓰기를 포함해 12, '두잇 마이에스큐엘'은 9를 반환한 것을 확인할 수 있다.

4. LENGTH와 CHAR_LENGTH 함수에 문자열 대신 열 이름을 인수로 전달할 수도 있다. 여기서는 custom 테이블의 first_name 열 이름을 입력해 보자.

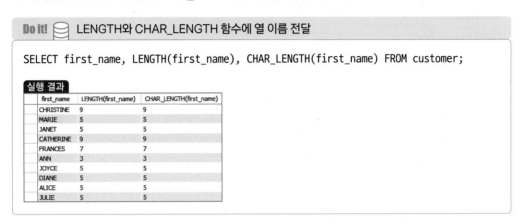

이와 같이 열 이름을 넣어 실행하면 각 행에 저장된 문자열의 크기와 개수를 반환한다.

특정 문자까지의 문자열 길이를 반환하는 함수 — POSITION

POSITION 함수는 지정한 특정 문자까지의 문자열 길이를 반환한다.

1. 다음 쿼리는 느낌표가 있는 문자까지의 문자열 길이를 반환한다.

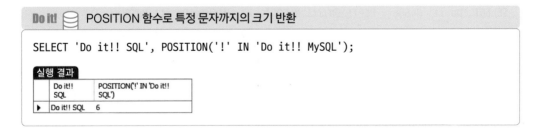

쿼리를 실행한 결과, 첫 번째 느낌표까지 해서 문자열 길이인 6을 반환한 것을 확인할 수 있다.

2. POSITION 함수는 지정한 문자가 탐색 대상이 되는 문자열에 존재하지 않으면 0을 반환하며, 찾을 대상인 문자열이 NULL인 경우 NULL을 반환한다. .

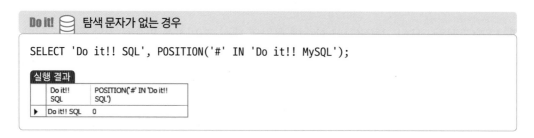

지정한 길이만큼 문자열을 반환하는 함수 — LEFT, RIGHT

LEFT 함수는 문자열의 왼쪽부터, RIGHT 함수는 오른쪽부터 정이한 위치만큼의 문자열을 반환한다. 다음과 같이 'DoitSQL'이라는 문장이 있다면 문자열을 셀 때 시작값은 1이다.

1	2	3	4	5	6	7
D	o	i	t	S	Q	L

다음은 LEFT와 RIGHT 함수를 사용해 주어진 문자열 왼쪽에서 2개, 오른쪽에서 2개의 문자열을 반환하는 쿼리이다. 이때 함수의 첫 번째 인자로는 문자열을, 두 번째 인자로는 숫자를 입력한다.

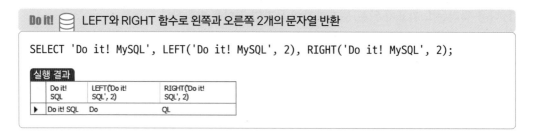

쿼리를 실행한 결과, LEFT 함수에 의해 문장 앞에서부터 1~2번째 문자열인 'Do'를 반환하고 RIGHT 함수에 의해 문장 뒤에서부터 1~2번째 문자열인 'QL'을 반환한다.

지정한 범위의 문자열을 반환하는 함수 — SUBSTRING

SUBSTRING 함수는 지정한 범위의 문자열을 반환한다. 함수의 2번째 인자에는 시작 위치를, 3번째 인자에는 시작 위치로부터 반환할 문자열 개수를 입력한다.

1. 다음은 4번째 문자부터 문자 2개를 반환하는 쿼리이다. ▶ 공백도 문자에 포함된다는 점을 참고하자.

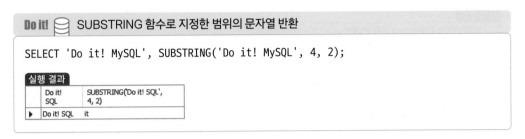

함수를 실행하면 'Do it! MySQL'의 4번째 위치에 있는 문자열인 i부터 시작해 2개의 문자열을 반환해야 하므로 결과로 it이 출력된 것을 확인할 수 있다.

2. SUBSTRING 함수도 다른 함수처럼 열 이름을 인수로 전달하여 사용할 수도 있다. 다음은 first_name 열에 저장된 데이터의 2번째 문자부터 문자 3개를 반환하는 쿼리이다. 결괏값을 비교하기 위해 원래 문자도 조회하도록 쿼리를 작성해 보자.

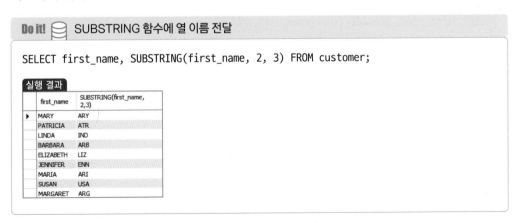

이와 같이 열 이름을 넣어 실행하면 실행 결과의 두 번째 열을 통해 문자열의 2번째 문자부터 시작해 3개의 문자열을 반환한 것을 확인할 수 있다.

3. SUBSTRING 함수는 POSITION 함수와 함께 사용할 수도 있다. 다음은 POSITION 함수로 @ 문자 위치를 계산한 다음, SUBSTRING 함수에 사용하여 @ 문자 바로 앞까지의 문자열을 조회하는 쿼리이다.

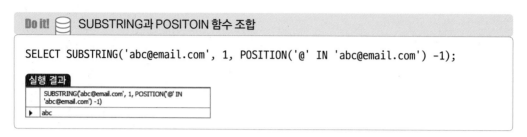

문자열의 1번째 문자부터 시작해 POSITION 함수를 통해 @까지의 문자열 크기를 반환해 그 수에서 −1을 더한 크기만큼 즉 3개의 문자열을 반환한 결과로 abc를 출력한다.

특정 문자를 다른 문자로 대체하는 함수 — REPLACE

REPLACE 함수는 이름만 봐도 알 수 있듯이 지정한 문자를 다른 문자로 대체한다. 다음은 문자 A를 C로 대체하는 쿼리이다. customer 테이블의 first_name 열에서 A로 시작하는 데이터를 조회해 이 데이터에 있는 문자열 A를 C로 대체해 보자.

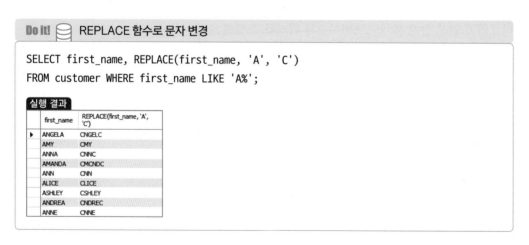

문자를 반복하는 함수 — REPEAT

REPEAT 함수는 지정한 문자를 반복할 때 사용한다. 이때, 반복할 문자와 반복 횟수를 인자로 전달하면 된다.

1. 다음은 문자 0을 10번 반복하여 출력하는 쿼리이다.

Do it! 🗄 REPEAT 함수로 문자 반복

```
SELECT REPEAT('0', 10);
```

실행 결과

REPEAT('0', 10)
▶ 0000000000

쿼리를 실행한 결과, 이와 같이 문자열 0을 10번 반복해 출 ▶ 숫자에 ' '를 붙이면 문자열이 됨을
력한 것을 확인할 수 있다.   잊지 말자.

2. REPEAT 함수도 다른 함수와 조합하여 사용할 수 있다. 다음은 REPLACE 함수를 함께 사
용하여 문자 A를 C로 바꾸되 대체하는 문자를 10번 반복해 출력하는 쿼리이다.

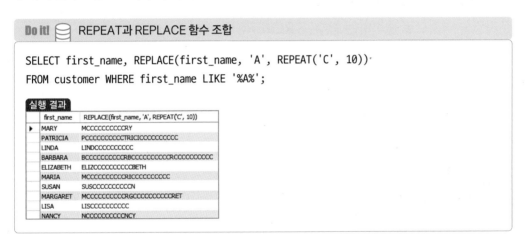

Do it! 🗄 REPEAT과 REPLACE 함수 조합

```
SELECT first_name, REPLACE(first_name, 'A', REPEAT('C', 10))
FROM customer WHERE first_name LIKE '%A%';
```

실행 결과

first_name	REPLACE(first_name, 'A', REPEAT('C', 10))
▶ MARY	MCCCCCCCCCCRY
PATRICIA	PCCCCCCCCCCTRICICCCCCCCCCC
LINDA	LINDCCCCCCCCCC
BARBARA	BCCCCCCCCCCRBCCCCCCCCCCRCCCCCCCCCC
ELIZABETH	ELIZCCCCCCCCCCBETH
MARIA	MCCCCCCCCCCRICCCCCCCCCC
SUSAN	SUSCCCCCCCCCCN
MARGARET	MCCCCCCCCCCRGCCCCCCCCCCRET
LISA	LISCCCCCCCCCC
NANCY	NCCCCCCCCCCNCY

%A%를 사용해 A가 포함된 모든 데이터를 조회한 뒤, 문자 A를 10개의 C로 대체한 것을 확
인할 수 있다.

공백 문자를 생성하는 함수 — SPACE

SPACE 함수는 지정한 인자만큼 공백을 생성한다.
다음은 CONCAT 함수로 문자열을 연결할 때 열과 열 사이에 공백 문자 10개를 추가하는 쿼
리이다.

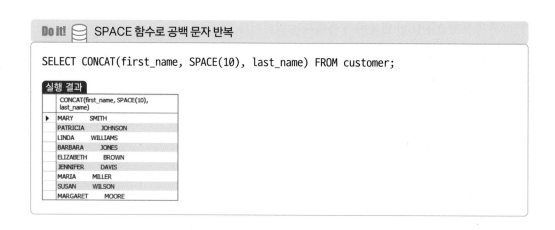

앞서 우리는 CONCAT 함수로 열 이름과 문자열을 인자로 사용해 지정한 두 열에 있는 데이터들을 연결할 때 데이터와 네이터 사이에 문자열을 넣어 구분한 적이 있다. 여기서는 문자열 대신 SPACE 함수를 통해 공백 문자 10개를 넣어 구분한 결과를 확인할 수 있다.

문자열을 역순으로 출력하는 함수 — REVERSE

REVERSE 함수는 문자열을 거꾸로 정렬하는 함수이다. 사용할 일이 없을 것 같지만 다양한 문자열 함수와 혼합하면 이메일에서 도메인의 자릿수나 IP 대역을 구할 때 등 다양하게 활용할 수 있다.

1. 다음은 REVERSE 함수를 사용해 문자열을 역순으로 반환해 보자.

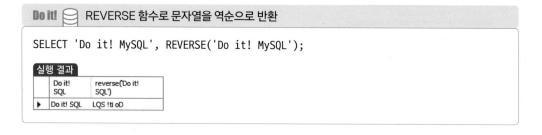

쿼리를 실행한 결과, 'Do it! SQL'을 거꾸로 출력한 'LQS !ti oD'를 확인할 수 있다.

2. REVERSE 함수도 여러 함수와 조합하여 사용하면 매우 유용하다. 다음 쿼리는 POSITION 함수, CHAR_LENGTH 함수, SUBSTRING 함수를 조합하여 IP 주소의 3번째 부분까지 정보만 조회한다.

```
WITH ip_list (ip)
AS (
    SELECT '192.168.0.1' UNION ALL
    SELECT '10.6.100.99' UNION ALL
    SELECT '8.8.8.8' UNION ALL
    SELECT '192.200.212.113'
)
SELECT ip, SUBSTRING(ip, 1, CHAR_LENGTH(ip) - POSITION('.' IN REVERSE(ip)))
FROM ip_list;
```

실행 결과

	ip	SUBSTRING(ip, 1, CHAR_LENGTH(ip) - POSITION('.' IN REVERSE(ip)))
▶	192.168.0.1	192.168.0
	10.6.100.99	10.6.100
	8.8.8.8	8.8.8
	192.200.212.113	192.200.212

▶ 여기서는 공통 테이블 표현식을 활용해 결과를 출력하였다.

CHAR_LENGTH(ip) 함수를 사용하여 IP 열에 대한 전체 길이를 구한 다음, POSITION('.' IN REVERSE(ip)) 함수를 사용하여 IP 열에 대해서 뒤에서부터 가장 먼저 나오는 점(.) 까지의 길이를 구한다. 마지막으로 SUBSTIRNG에서 IP 전체 길이에서 1부터 시작해서 POSITION 길이를 뺀 만큼 문자열을 출력한다.

문자열을 비교하는 함수 — STRCMP

STRCMP 함수는 두 문자열을 비교하여 동일한지를 알려 준다. 비교하는 두 문자열이 동일할 경우 0을, 다를 경우 -1을 반환한다.

1. 다음 쿼리를 실행하면 두 문자열이 동일한 경우이므로 0을 출력한다.

```
SELECT STRCMP('Do it! MySQL', 'Do it! MySQL');
```

실행 결과

	STRCMP('Do it! MySQL', 'Do it! MySQL')
▶	0

2. 다음은 앞선 실습에서 사용한 인자 중 오른쪽 문자열에 !를 추가한 쿼리이다. 비교 결과에서 −1을 반환하는 것을 확인할 수 있다.

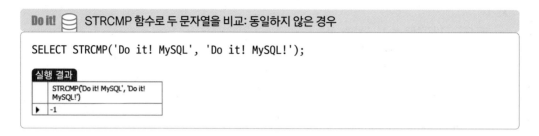

242 **Do it!** MySQL로 배우는 SQL 입문

06-2 날짜 함수

날짜 함수로는 날짜나 시간 데이터를 활용한 작업을 할 수 있다. 날짜 함수는 일정 기간의 데이터를 검색할 때 빈번히 사용하므로 반드시 알아 두는 게 좋다. 특히 같은 연, 월, 일, 요일 등 조건에 따라 데이터를 검색할 때 날짜 함수를 사용하면 매우 편리하다.

▶ 여기서 다룰 날짜 함수 외에도 다양한 날짜 함수가 많다. 공식 문서(https://dev.mysql.com/doc/refman/8.0/en/date-and-time-functions.html)를 참고하길 추천한다.

서버의 현재 날짜나 시간을 반환하는 다양한 함수

1. 접속 중인 데이터베이스 서버의 현재 날짜를 확인하려면 CURRENT_DATE 함수를, 그리고 시간을 알고 싶으면 CURRENT_TIME 함수를 사용하면 된다. 날짜와 시간을 합쳐 확인하고 싶다면 CURRENT_TIMESTAMP 또는 NOW 함수를 사용해 보자. 다음 쿼리를 입력해 이 내용을 확인해 보자.

> **Do it!** 🗄 날짜 함수로 현재 날짜나 시간 반환

```
SELECT CURRENT_DATE(), CURRENT_TIME(), CURRENT_TIMESTAMP(), NOW();
```

실행 결과

	CURRENT_DATE()	CURRENT_TIME()	CURRENT_TIMESTAMP()	NOW()
▶	2023-08-20	16:15:42	2023-08-20 16:15:42	2023-08-20 16:15:42

첫 번째 열에는 현재 연, 월, 일이 담긴 데이터가, 두 번째 열에는 현재 조회한 시간 데이터가, 세 번째 열과 마지막 열에는 현재 날짜와 시간 데이터가 출력된다.

2. 앞선 실습에서 시간까지 표시되는 함수의 결과를 살펴보면 초 단위까지만 표시됐다. 하지만 정밀한 시간을 확인하려면 밀리초나 마이크로초까지 필요할 수도 있다.

> **Do it!** 🗄 정밀한 시각을 반환

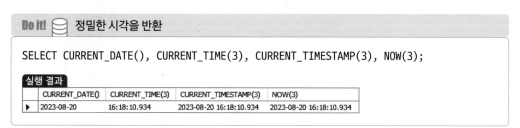

```
SELECT CURRENT_DATE(), CURRENT_TIME(3), CURRENT_TIMESTAMP(3), NOW(3);
```

실행 결과

	CURRENT_DATE()	CURRENT_TIME(3)	CURRENT_TIMESTAMP(3)	NOW(3)
▶	2023-08-20	16:18:10.934	2023-08-20 16:18:10.934	2023-08-20 16:18:10.934

여기서는 시간을 반환하는 함수에 인수로 3을 입력했는데, 이는 밀리초 단위까지 출력하도록 요청한다.

▶ 현재 시간을 확인하는 함수는 실행할 때마다 다른 값을 반환하는 비결정적 함수에 속한다. 반대로 결정적 함수는 데이터베이스 상태가 같다면 항상 같은 값을 반환하는 함수를 말한다.

3. UTC^{Coordinated Universal Time}는 세계 표준 시간으로, 즉 국제 표준 시간의 기준으로 쓰이는 시각을 의미한다. 현재 접속 중인 데이터베이스 서버의 UTC 날짜를 확인하려면 UTC_DATE 함수를, UTC 시간을 알고 싶으면 UTC_TIME 함수를 사용한다. 날짜와 시간을 합쳐 확인하고 싶다면 UTC_TIMESTAMP 함수를 사용한다. 다음 쿼리는 현재 서버의 로컬 시간과 UTC 시간을 비교하기 위해 처음 열엔 로컬 날짜와 시간을, 그리고 나머지 열엔 UTC 시간을 표시한다.

▶ 여기서도 밀리초까지 확인하려면 인수로 3을 입력했다.

Do it! 🗄 UTC_DATE, UTC_TIME, UTC_TIMESTAMP 함수로 세계 표준 날짜나 시간 반환

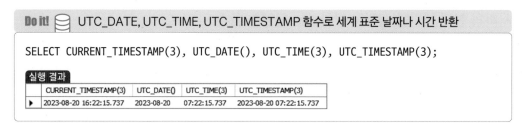

날짜를 더하거나 빼는 함수 — DATE_ADD, DATE_SUB

1. 날짜를 더하거나 빼려면 DATE_ADD 함수를 사용한다. DATE_ADD 함수는 첫 번째 인수로 날짜 데이터를 입력하고, 두 번째 인자로 INTERVAL과 함께 더하거나 빼고자 하는 숫자 그리고 연, 월, 일 등의 단위를 넣는다.

다음 쿼리를 작성해 보자. NOW 함수로 날짜 데이터를 불러와 여기에 1YEAR를 입력해 현재 연도에 1만큼 더한 연도를 출력한다.

Do it! 🗄 DATE_ADD 함수로 1년 증가한 날짜 반환

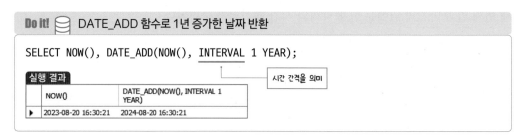

2. 만약 원하는 만큼의 날짜를 뺄 때에는 음수를 입력한다. 앞선 실습에서 입력한 쿼리에 1 대신 -1을 넣으면 현재 연도에 1만큼 뺀 연도를 출력한다.

Do it! 🗄 DATE_ADD 함수로 1년 감소한 날짜 반환

```
SELECT NOW(), DATE_ADD(NOW(), INTERVAL -1 YEAR);
```

실행 결과

	NOW()	DATE_ADD(NOW(), INTERVAL -1 YEAR)
▶	2023-08-20 16:43:52	2022-08-20 16:43:52

DATE_ADD 함수에서는 더하거나 빼는 숫자와 함께 사용하는 단위로 YEAR뿐만 아니라 다른 시간 단위도 사용할 수 있다. 오른쪽 표를 통해 살펴보자.

단위	의미
YEAR	년
QUARTER	분기
MONTH	월
DAY	일
WEEK	주
HOUR	시간
MINUTE	분
SECOND	초
MICROSECOND	마이크로초

3. 날짜를 뺄 때에는 DATE_ADD 함수에 −1과 같은 음수를 입력했지만 DATE_SUB 함수를 사용해도 원하는 만큼 날짜를 뺄 수 있다. 단, 이때는 숫자를 양수로 입력해야 한다. 음수로 입력하면 오히려 날짜를 더하게 된다. 다음 쿼리를 입력해 보자.

Do it! 🗄 DATE_SUB 함수로 1년 감소한 날짜 반환

```
SELECT NOW(), DATE_SUB(NOW(), INTERVAL 1 YEAR), DATE_SUB(NOW(), INTERVAL -1 YEAR);
```

실행 결과

	NOW()	DATE_SUB(NOW(), INTERVAL 1 YEAR)	DATE_SUB(NOW(), INTERVAL -1 YEAR)
▶	2023-08-20 16:49:14	2022-08-20 16:49:14	2024-08-20 16:49:14

첫 번째 열에는 현재 날짜와 시간을, 두 번째 열에는 DATE_SUB를 통해 현재 날짜에 1년을 뺀 날짜를, 세 번째 열에는 현재 날짜에 1년을 더한 날짜를 출력한다.

날짜 간 차이를 구하는 함수 — DATEDIFF, TIMESTAMPDIFF

DATEDIFF 함수는 날짜 간의 시간 차이를 구할 수 있다. 이 함수는 시작 날짜, 종료 날짜를 인자로 받는다. 함수 실행 결과는 일수를 반환하는 것을 기본으로 한다.

1. 다음 쿼리를 입력해 보자.

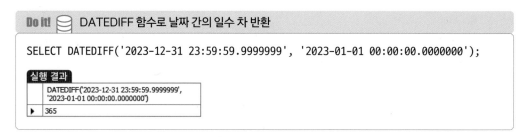

2023년 12월 31일에서 2023년 01월 01일까지의 일수 차이는 365일로 출력된 것을 확인할 수 있다.

2. 앞선 실습과 같은 일수가 아닌 연 또는 시간 등 다양한 단위로 확인하고 싶다면 TIME STAMPDIFF 함수를 사용해 보자. 다음 쿼리는 MONTH를 입력해 개월 수를 반환한다.

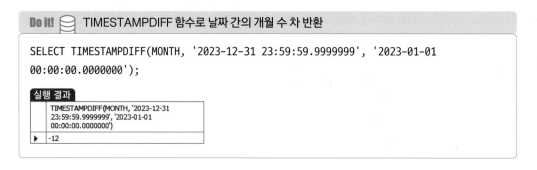

23년 12월 31에서 23년 01월 01일까지의 개월 수 차이는 12개월로 출력된 것을 확인할 수 있다. MONTH 대신 앞서 살펴본 시간 단위(YEAR, QUARTER 등)을 넣으면 원하는 단위로 날짜 간 차이를 확 인할 수 있을 것이다. ▶ 시간 단위는 앞서 DATE_ADD 함수 에서 살펴본 표를 참고하면 된다.

지정한 날짜의 요일을 반환하는 함수 — DAYNAME

DAYNAME 함수는 지정한 날짜의 요일을 반환한다. 이 함수를 사용하면 날짜에 해당하는 요일을 보고서에 표시할 수 있을 것이다. 다음 쿼리를 입력해 보자.

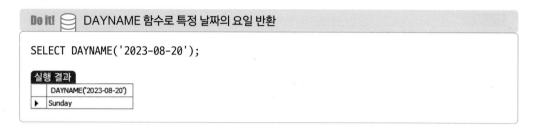

Do it! 🗄 DAYNAME 함수로 특정 날짜의 요일 반환

```
SELECT DAYNAME('2023-08-20');
```

실행 결과	
	DAYNAME('2023-08-20')
▶	Sunday

쿼리를 실행한 결과, 2023년 08월 20일은 일요일이었음을 확인할 수 있다.

날짜에서 연, 월, 주, 일을 값으로 가져오는 함수 — YEAR, MONTH, WEEK, DAY

YEAR, MONTH, WEEK, DAY 함수는 날짜 데이터에서 년, 월, 주, 일 값을 각각 가져온다. 날짜 데이터의 일부만 사용하고 싶은 경우 유용하게 사용할 수 있는 함수이다. 다음 쿼리를 입력해 보자.

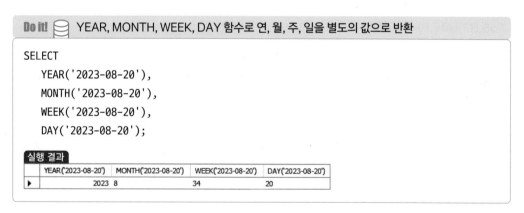

Do it! 🗄 YEAR, MONTH, WEEK, DAY 함수로 연, 월, 주, 일을 별도의 값으로 반환

```
SELECT
    YEAR('2023-08-20'),
    MONTH('2023-08-20'),
    WEEK('2023-08-20'),
    DAY('2023-08-20');
```

실행 결과			
YEAR('2023-08-20')	MONTH('2023-08-20')	WEEK('2023-08-20')	DAY('2023-08-20')
▶ 2023	8	34	20

WEEK 함수의 경우 해당 날짜가 일 년 중 몇 번째 주에 해당하는지를 반환한다.

날짜 형식을 변환하는 함수 — DATE_FORMAT, GET_FORMAT

1. DATE_FORMAT 함수는 날짜를 다양한 형식으로 표현해야 할 때 사용한다. 나라마다 날짜를 표현하는 방식이 다르므로 날짜 형식으로 변환해야 할 때 DATE_FORMAT 함수가 필요하다.

다음 쿼리는 표준 날짜 형식을 미국에서 사용하는 날짜 형식으로 표시한다.

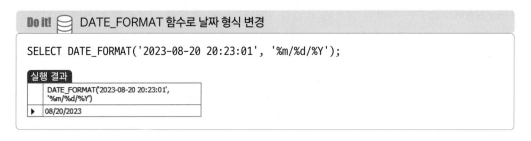

Do it! 🗄 DATE_FORMAT 함수로 날짜 형식 변경

```
SELECT DATE_FORMAT('2023-08-20 20:23:01', '%m/%d/%Y');
```

DATE_FORMAT('2023-08-20 20:23:01', '%m/%d/%Y')
▶ 08/20/2023

DATE_FORMAT 함수를 사용해 연, 월, 일 순으로 출력됐던 것을 월, 일, 연 순으로 날짜가 출력되도록 만들었다.

2. 앞선 쿼리에서 작성한 %m/%d/%Y 외에도 다양한 조합으로 자신이 원하는 날짜 형식으로 결과를 출력할 수 있다.

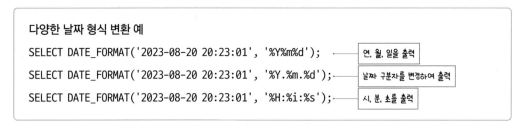

다양한 날짜 형식 변환 예
```
SELECT DATE_FORMAT('2023-08-20 20:23:01', '%Y%m%d');       ← 연, 월, 일을 출력
SELECT DATE_FORMAT('2023-08-20 20:23:01', '%Y.%m.%d');     ← 날짜 구분자를 변경하여 출력
SELECT DATE_FORMAT('2023-08-20 20:23:01', '%H:%i:%s');     ← 시, 분, 초를 출력
```

▶ DATE_FORMAT 함수는 다양한 형식을 지원하고 있으므로, MySQL 공식 문서(https://dev.mysql.com/doc/ref-man/8.0/en/date-and-time-functions.html#function_date-format)를 꼭 한번 살펴보기 바란다.

3. 앞서 말한 것처럼 일부 국가에서는 연, 월, 일 순서를 다르게 사용하는데, 우리가 각 국가나 지역별 표준 날짜 형식을 모두 알기는 어렵다. 이러한 문제를 해결하기 위해 국가나 지역별 날짜 형식이 어떠한지 알기 위해 GET_FORMAT 함수를 사용할 수 있다. 다음 쿼리를 작성해 보자.

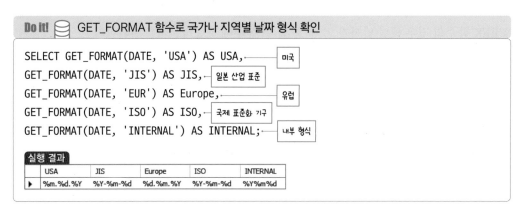

Do it! 🗄 GET_FORMAT 함수로 국가나 지역별 날짜 형식 확인

```
SELECT GET_FORMAT(DATE, 'USA') AS USA,            ← 미국
GET_FORMAT(DATE, 'JIS') AS JIS,                   ← 일본 산업 표준
GET_FORMAT(DATE, 'EUR') AS Europe,                ← 유럽
GET_FORMAT(DATE, 'ISO') AS ISO,                   ← 국제 표준화 기구
GET_FORMAT(DATE, 'INTERNAL') AS INTERNAL;         ← 내부 형식
```

	USA	JIS	Europe	ISO	INTERNAL
▶	%m.%d.%Y	%Y-%m-%d	%d.%m.%Y	%Y-%m-%d	%Y%m%d

My SQL의 내부 형식 즉, 기본 형식(INTERNAL로 얻은 데이터)과 다른 형식들을 비교해 그 차이를 확인해 보자.

4. DATE_FORMAT 함수와 GET_FORMAT 함수를 조합하여 현재 시간을 다양한 형식으로 표현할 수 있다. 다음 쿼리를 입력해 보자.

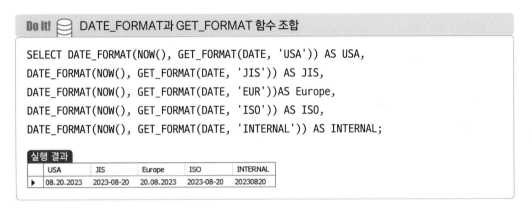

Do it! 🗄 DATE_FORMAT과 GET_FORMAT 함수 조합

```
SELECT DATE_FORMAT(NOW(), GET_FORMAT(DATE, 'USA')) AS USA,
DATE_FORMAT(NOW(), GET_FORMAT(DATE, 'JIS')) AS JIS,
DATE_FORMAT(NOW(), GET_FORMAT(DATE, 'EUR'))AS Europe,
DATE_FORMAT(NOW(), GET_FORMAT(DATE, 'ISO')) AS ISO,
DATE_FORMAT(NOW(), GET_FORMAT(DATE, 'INTERNAL')) AS INTERNAL;
```

실행 결과

	USA	JIS	Europe	ISO	INTERNAL
▶	08.20.2023	2023-08-20	20.08.2023	2023-08-20	20230820

이와 같이 GET_FORMAT으로 날짜 형식을 불러온 다음, 그 형식에 따라 날짜를 출력한 것을 확인할 수 있다.

06-3 집계 함수

집계 함수는 데이터를 그룹화해 계산할 때 자주 사용한다. 이번 절에서는 기초적인 집계 함수
인 합계, 평균, 최댓값, 최솟값과 이어서 중간 합계, 표준편차 함수까지 다룬다.

조건에 맞는 데이터 개수를 세는 함수 — COUNT

1. 조건에 맞는 데이터의 개수를 세고 싶다면 COUNT 함수를 사용한다. 이때, COUNT 함수
가 반환하는 데이터의 범위는 BIGINT이다.

다음은 customer 테이블의 행 개수를 모두 집계한 쿼리이다. 결과를 살펴보면 행(데이터) 개
수가 총 599개라는 것을 알 수 있다.

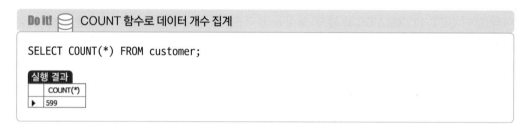

Do it! 🗄 COUNT 함수로 데이터 개수 집계

```
SELECT COUNT(*) FROM customer;
```

COUNT(*)
599

2. 이번에는 stored_id 열 기준으로 그룹화하여 stored_id 열의 그룹마다 데이터가 몇 개씩
있는지 확인하는 쿼리를 작성해 보자.

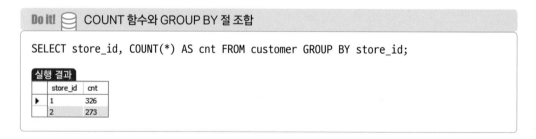

Do it! 🗄 COUNT 함수와 GROUP BY 절 조합

```
SELECT store_id, COUNT(*) AS cnt FROM customer GROUP BY store_id;
```

store_id	cnt
1	326
2	273

이와 같이 customer 테이블의 store_id 열에 있는 데이터를 GROUP BY 절로 묶은 뒤, 각
그룹별 데이터 개수를 출력한 것을 확인할 수 있다.

3. 계속해서 store_id 열과 active 열 기준으로 그룹화해서 store_id 열과 active 열 그룹마다 데이터가 각각 몇 개씩 있는지 확인하는 쿼리를 작성해 보자.

Do it! 📖 COUNT 함수와 GROUP BY 문 조합: 열 2개 활용

```
SELECT store_id, active, COUNT(*) AS cnt FROM customer GROUP BY store_id, active;
```

실행 결과

store_id	active	cnt
1	1	318
2	1	266
2	0	7
1	0	8

4. COUNT 함수를 사용할 때 주의할 점이 있다. COUNT 함수에 전체 열이 아닌 특정 열만 지정하여 집계할 때 해당 열에 있는 NULL값은 제외한다. 그래서 전체 데이터 개수와 COUNT 함수로 얻은 데이터 개수가 다를 수 있다.

다음은 address 테이블 전체의 행 개수와 address2 열의 행 개수를 센 것이다. 결과를 보면 address2 열의 NULL은 COUNT 함수의 집계 대상이 아니므로 전체 행 개수와 다르다.

Do it! 📖 NULL을 제외한 집계 확인

```
SELECT COUNT(*) AS all_cnt,
COUNT(address2) AS ex_null FROM address;
```

실행 결과

all_cnt	ex_null
603	599

5. COUNT 함수를 사용할 때 DISTINCT를 조합하면 중복된 값을 제외한 데이터 개수를 집계할 수 있다. 다음 쿼리는 customer 테이블에서 전체 행 개수와 store_id 열의 행 개수 그리고 store_id 열에서 중복된 값을 제외한 행 개수를 조회한다.

Do it! 📖 COUNT 함수와 DISTINCT 문 조합

```
SELECT COUNT(*), COUNT(store_id), COUNT(DISTINCT store_id) FROM customer;
```

실행 결과

COUNT(*)	COUNT(store_id)	COUNT(DISTINCT store_id)
599	599	2

store_id 열에는 1과 2 데이터가 중복되어 있다. 때문에 `DISTINCT store_id`를 통해 중복 데이터를 제외하여 조회한 뒤, COUNT 함수로 행 개수를 세면 2로 집계된다.

데이터의 합을 구하는 함수 — SUM

숫자 데이터를 더할 때는 SUM 함수를 사용한다. SUM 함수는 모든 행의 값을 합한다.

1. 다음은 payment 테이블에 있는 amount 열의 모든 데이터를 더하는 쿼리이다. 이 쿼리는 아주 간단하므로 쉽게 이해할 수 있을 것이다.

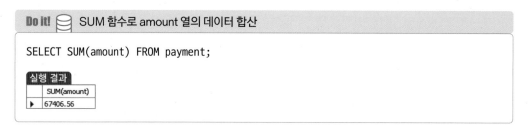

이와 같이 SUM 함수의 인자로 열 이름을 넣으면 그 열에 있는 숫자 데이터를 모두 합산한 결과를 얻을 수 있다.

▶ 참고로 COUNT 함수를 실습했을 때처럼 DISTINCT를 조합해 중복값을 무시하고 고윳값에만 SUM 함수를 적용할 수도 있다.

2. 계속해서 다른 쿼리도 입력해 보자. 다음은 SUM 함수와 GROUP BY 절을 조합하여 amount 열의 데이터를 합산하되 customer_id 열의 데이터를 그룹으로 나누어 합산하는 쿼리이다.

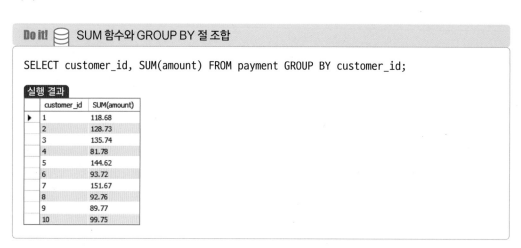

실행 결과를 살펴보면 전체 16044행에서 599개 행이 customer_id로 그룹화되고, 각 그룹에 해당하는 amount 열의 값이 더해진 결과를 얻을 수 있다.

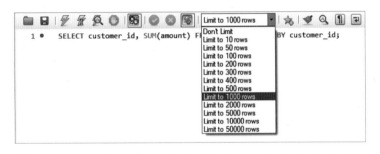
3. 만약 SUM 함수를 사용했을 때, SUM 함수로 합산한 데이터가 기존 데이터 유형의 범위를 넘는 경우가 있다. 보통은 암시적 형 변환으로 오류가 발생하지는 않았지만 형 변환된 데이터 유형으로 결과가 반환된 것을 볼 수 있다.

다음 쿼리는 정수(int)로 된 데이터들을 더한다. col_1열의 데이터를 합산한 결과가 30억을 넘어 오버플로가 발생해야 정상이다. 하지만 MySQL에서는 암시적 형 변환으로 DECIMAL 또는 BIGINT로 합산한 결과를 반환한다. ▶ int의 범위는 -2,147,483,648 ~ 2,147,483,647이다.

Do it! 🗄 암시적 형 변환으로 오버플로 없이 합산 결과를 반환

```
CREATE TABLE doit_overflow (
col_1 int,
col_2 int,
col_3 int
);                              ← 테이블 생성


INSERT INTO doit_overflow VALUES (1000000000,1000000000, 1000000000);
INSERT INTO doit_overflow VALUES (1000000000,1000000000, 1000000000);   ← 데이터 삽입
INSERT INTO doit_overflow VALUES (1000000000,1000000000, 1000000000);
```

```
SELECT SUM(col_1) FROM doit_overflow;──── SUM 함수로 데이터 합산
```

실행 결과

SUM(col_1)
▶ 3000000000

▶ 데이터 유형을 확인하기 위해 쿼리 결과의 우측에 ▦(Field Types)을 클릭한다.

데이터의 평균을 구하는 함수 — AVG

AVG 함수는 데이터들의 평균을 구할 때 사용한다. AVG 함수의 특징 또한 NULL은 무시한다는 것이다.

1. 다음은 payment 테이블에서 amount 열의 데이터 평균을 구하는 쿼리이다.

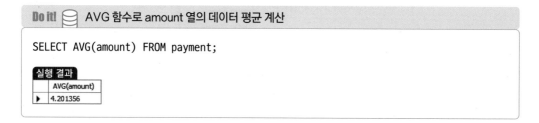

Do it! 🗄 AVG 함수로 amount 열의 데이터 평균 계산

```
SELECT AVG(amount) FROM payment;
```

실행 결과

AVG(amount)
▶ 4.201356

이와 같이 AVG 함수의 인자로 열 이름을 넣으면 그 열에 있는 숫자 데이터의 평균을 계산한 결과를 얻을 수 있다.

▶ 다른 집계함수와 마찬가지로 DISTINCT 를 조합해 중복값을 무시하고 고윳값에만 AVG 함수를 적용할 수도 있다.

2. 이번에는 AVG 함수와 GROUP BY 절을 조합해 customer_id 열을 그룹화하고, 각 그룹별로 amount 열의 데이터 평균을 계산하는 쿼리를 작성해 보자.

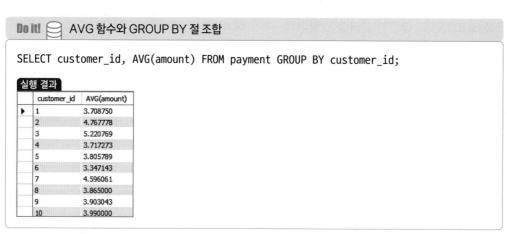

Do it! 🗄 AVG 함수와 GROUP BY 절 조합

```
SELECT customer_id, AVG(amount) FROM payment GROUP BY customer_id;
```

실행 결과

customer_id	AVG(amount)
▶ 1	3.708750
2	4.767778
3	5.220769
4	3.717273
5	3.805789
6	3.347143
7	4.596061
8	3.865000
9	3.903043
10	3.990000

결과를 살펴보면 SUM 함수에서 다뤘던 것과 동일하게 customer_id로 그룹화되고, 각 그룹의 평균값을 나타낸다.

최솟값 또는 최댓값을 구하는 함수 — MIN, MAX

많은 데이터 가운데 최솟값을 구할 때는 MIN을, 최댓값을 구할 때는 MAX 함수를 사용한다.

1. 이번에도 역시 payment 테이블에 있는 amount 열의 최솟값, 최댓값을 조회하는 쿼리이다.

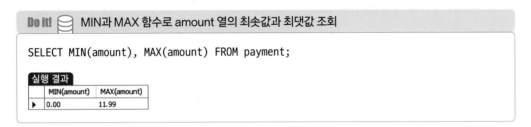

Do it! 🗄 MIN과 MAX 함수로 amount 열의 최솟값과 최댓값 조회

```
SELECT MIN(amount), MAX(amount) FROM payment;
```

MIN(amount)	MAX(amount)
0.00	11.99

이와 같이 MIN 또는 MAX 함수의 인자로 열 이름을 넣으면 그 열에 있는 숫자 데이터 중 최솟값 또는 최댓값을 각각 조회한 것을 확인할 수 있다.

▶ MIN과 MAX 함수 역시 DISTINCT와 조합할 수 있다. 하지만 최솟값, 최댓값은 전체 데이터에서 1개만 있는 값이므로 DISTINCT는 별 의미가 없다.

2. 앞서 실습한 다른 집계 함수처럼 그룹화된 데이터들 중에서 최솟값과 최댓값을 구할 수 있다. 다음은 customer_id의 그룹별로 최솟값, 최댓값을 구한 쿼리이다.

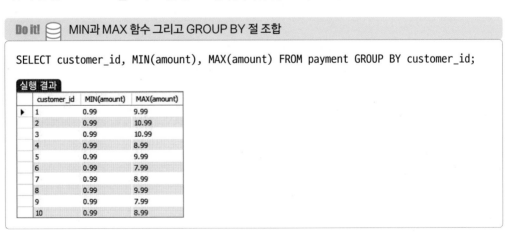

Do it! 🗄 MIN과 MAX 함수 그리고 GROUP BY 절 조합

```
SELECT customer_id, MIN(amount), MAX(amount) FROM payment GROUP BY customer_id;
```

customer_id	MIN(amount)	MAX(amount)
1	0.99	9.99
2	0.99	10.99
3	0.99	10.99
4	0.99	8.99
5	0.99	9.99
6	0.99	7.99
7	0.99	8.99
8	0.99	9.99
9	0.99	7.99
10	0.99	8.99

결과를 살펴 보면 customer_id별로 그룹화하고, 각 customer_id에 따라 최솟값과 최댓값이 조회된 것을 확인할 수 있다.

부분합과 총합을 구하는 함수 — ROLLUP

데이터의 부분합과 총합을 구하고 싶다면 GROUP BY 문과 ROLLUP 함수에 조합하면 된다. ROLLUP 함수는 GROUP BY (열 이름) WITH ROLLUP에서 입력한 열을 기준으로 오른쪽에서 왼쪽으로 이동하면서 부분합과 총합을 구한다. 이 설명만으로는 충분히 이해하기 힘들 수도 있어 우선 쿼리를 입력하여 결과를 보며 알아보자.

Do it! ROLLUP 함수로 부분합 계산

```
SELECT customer_id, staff_id, SUM(amount)
FROM payment
GROUP BY customer_id, staff_id WITH ROLLUP;
```

실행 결과

customer_id	staff_id	SUM(amount)
1	1	64.83
1	2	53.85
1	NULL	118.68
2	1	60.85
2	2	67.88
2	NULL	128.73
3	1	64.86
3	2	70.88
3	NULL	135.74
4	1	49.88

596	1	54.83
596	2	41.89
596	NULL	96.72
597	1	49.86
597	2	49.89
597	NULL	99.75
598	1	43.90
598	2	39.88
598	NULL	83.78
599	1	28.92
599	2	54.89
599	NULL	83.81
NULL	NULL	67406.56

결과를 보면 customer_id와 staff_id 열을 그룹화한 것의 부분합이라는 것을 알 수 있다. 예를 들어 3행은 customer_id가 1이고, staff_id 열에 속한 데이터의 총합인 셈이다. 오른쪽에서 왼쪽으로 이동한다고 했던 것은 staff_id가 변하면서 customer_id가 변하지 않는 것을 보면 쉽게 이해할 수 있을 것이다. 그리고 마지막 행을 확인해 보면 customer_id, staff_id 모두 NULL인 행의 전체 총합을 알 수 있다.

ROLLUP을 사용할 때 GROUP BY 뒤의 순서에 따라 계층화 부분도 달라진다. 그러므로 계층화해서 합계를 보려면 열의 순서를 잘 정할 수 있어야 한다.

▶ 여기서 계층화란 열을 그룹화할 때 그 그룹을 나열한 순서를 말한다.

데이터의 표준편차를 구하는 함수 — STDDEV, STDDEV_SAMP

표준편차를 구하려면 STDDEV 또는 STDDEV_SAMP 함수를 사용하면 된다. STDDEV 함수는 모든 값에 대한 표준편차를, STDDEV_SAMP 함수는 표본에 대한 표준편차를 구한다. 다음 쿼리를 입력해 보자.

```
SELECT STDDEV(amount), STDDEV_SAMP(amount) FROM payment;
```

STDDEV(amount)	STDDEV_SAMP(amount)
2.3628869202372846	2.3629605613923124

이와 같이 STDDEV와 STEDEV_SAMP 함수의 인자로 열 이름을 넣으면 그 열에 있는 숫자 데이터의 표준편차를 얻을 수 있다.

06-4 수학 함수

여기에서는 ABS, SIGN, ROUND, RAND 등의 여러 수학 함수를 다룬다. 수학 함수는 대부분 입력값과 같은 데이터 유형으로 값을 반환하지만 LOG, EXP, SQRT 함수와 같은 함수는 입력값을 실수형인 float으로 자동 변환하고 반환한다.

절댓값을 구하는 함수 — ABS

ABS 함수는 절댓값을 반환한다. 예를 들어 ABS 함수에 음수 −1.0을 입력하면 양수 1.0로 변환하는 반면 0이나 양수를 입력하면 변화가 없다. 이때 ABS 함수의 인자에는 숫자가 아닌 수식을 입력해 절댓값을 반환받을 수도 있다.

1. 다음 쿼리를 입력해 값을 확인해 보자. 다음은 음수, 0, 양수를 차례로 함수에 입력한 쿼리이다.

Do it! 🗄 ABS 함수에 입력한 숫자를 절댓값으로 반환

```
SELECT ABS(-1.0), ABS(0.0), ABS(1.0);
```

실행 결과		
ABS(-1.0)	ABS(0.0)	ABS(1.0)
▶ 1.0	0.0	1.0

앞서 예로 들었던 내용 그대로 반환된 결과를 확인할 수 있다.

2. 이번에는 수식을 입력해 수식을 계산한 결과를 절댓값으로 반환하는 쿼리이다.

Do it! 🗄 ABS 함수에 입력한 수식의 결과를 절댓값으로 반환

```
SELECT a.amount - b.amount AS amount, ABS(a.amount - b.amount) AS abs_amount
FROM payment AS a
    INNER JOIN payment AS b ON a.payment_id = b.payment_id-1;
```

	amount	abs_amount
▶	2.00	2.00
	-5.00	5.00
	5.00	5.00
	-9.00	9.00
	5.00	5.00
	0.00	0.00

payment 테이블에서 payment_id가 현재보다 -1 값인 paymeny_id를 찾아서 amount값을 뺀 결과이다. 결과에 따라 음수 또는 양수일 수 있다. 하지만 ABS 함수로 모두 양수로 결과를 반환한다.

3. ABS 함수는 자료형의 범위를 넘으면 오버플로가 발생한다. 하지만 MySQL 서버에서는 BIGINT로 암시적 형 변환이 되어 값이 반환된다.

다음은 -2,147,483,648을 절댓값으로 변환하는 쿼리이다. 인자로 전달한 값이 정수이므로 범위 외의 값이다. 이러한 이유로 오류가 발생해야 하지만 자동으로 BIGINT로 형 변환된 것을 확인할 수 있다.

> **Do it!** 🗄 암시적 형 변환으로 오버플로 없이 절댓값을 반환

```
SELECT ABS(-2147483648);
```

실행 결과

	ABS(-2147483648)
▶	2147483648

결과 오른쪽에 [Field Types]를 클릭해 보자. 그러면 데이터 유형을 확인할 수 있는데 여기서는 자동으로 BIGINT로 형 변환된 것을 확인할 수 있다.

#	Field	Schema	Table	Type	Character Set	Display Size	Precision	Scale
1	ABS(-2147483648)			BIGINT	binary	11	10	0

양수 또는 음수 여부를 판단하는 함수 — SIGN

SIGN 함수는 지정한 값이나 수식 결과값이 양수, 음수, 0인지를 판단하여 각각 1, -1, 0을 반환한다.

1. 다음과 같이 SIGN 함수에 숫자로 된 인수를 넣어 쿼리를 입력해 보자.

Do it! 📦 **SIGN 함수로 입력한 숫자가 양수, 음수, 0인지를 판단**

```
SELECT SIGN(-256), SIGN(0), SIGN(256);
```

실행 결과

SIGN(-256)	SIGN(0)	SIGN(256)
▶ -1	0	1

결과를 살펴보면 −256은 음수를 의미하는 −1로, 256은 양수를 의미하는 1로 반환한 것을 확인할 수 있다.

2. 이번에는 인자로 수식을 입력해 수식을 계산한 결과가 양수인지, 음수인지를 판단해 보자.

Do it! 📦 **SIGN 함수로 수식의 결과가 양수, 음수, 0인지를 판단**

```
SELECT a.amount - b.amount AS amount, SIGN(a.amount - b.amount) AS abs_amount
FROM payment AS a
    INNER JOIN payment AS b ON a.payment_id = b.payment_id-1;
```

실행 결과

amount	abs_amount
▶ 2.00	1
-5.00	-1
5.00	1
-9.00	-1
5.00	1

결과를 보면 amount 열의 계산 결과 값에 따라 음수이면 −1, 양수이면 1이 반환되는 것을 확인할 수 있다.

천장값과 바닥값을 구하는 함수 ─ CEILING, FLOOR

CEILING 함수는 천장값을 구한다. 천장값은 입력한 숫자보다 크거나 같은 최소 정수를 말한다. 예를 들어 2.4라면 3을 반환한다. 반대로 FLOOR 함수는 바닥값을 구하는데, 바닥값은 지정한 숫자보다 작거나 같은 최대 정수를 말한다. 예를 들어 2.4라면 2를 반환한다.

1. 다음 쿼리를 통해 CEILING 함수를 이해해 보자.

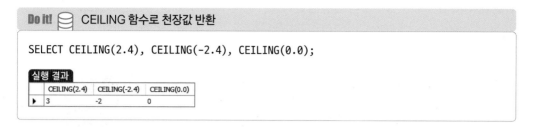

쿼리를 실행한 결과 2.4는 천장값으로 3을, −2.4는 −2를, 0.0은 0을 출력하는 것을 확인할 수 있다.

2. 이번에는 FLOOR 함수를 이해해 보자.

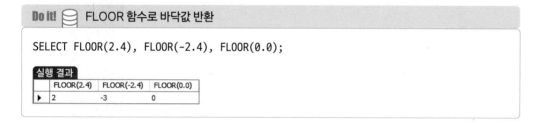

쿼리를 실행한 결과 2.4는 바닥값으로 2를, −2.4는 −3을 출력하는 것을 확인할 수 있다.

반올림을 반환하는 함수 — ROUND

ROUND 함수는 입력된 숫자의 반올림을 반환한다. 함수 자체는 간단하지만 사용할 때 고려해야 할 것이 많다. ROUND 함수는 인자로 2개가 필요하며 기본 형식은 다음과 같다.

> **ROUND 함수의 기본 형식**
>
> ROUND(숫자, 자릿수)

첫 번째 인수에는 반올림할 대상인 숫자값 또는 열 이름을 넣어 사용한다. 두 번째 인수에는 반올림하여 표현할 자릿수를 입력한다. 예를 들어 첫 번째 인수는 123.1234이고, 두 번째 인수가 3이라면 ROUND 함수는 123.123을 반환한다.

자릿수의 데이터 유형은 정수이다. 또한 양수나 음수를 지정할 수 있는데 양수로는 소수부터 반올림하고, 음수로는 정수부터 반올림한다.

1. 이제 쿼리를 입력해 ROUND 함수를 이해해 보자. 다음은 자릿수에 3을 입력해 소수 셋째 자리까지 표현한다. 즉, 넷째 자리에서 반올림한 결과를 보여주는 쿼리이다.

2. 이번에는 자릿수에 양수와 음수를 입력해 보자. 결과에서 알 수 있듯 음수는 정수부터 반올림을 시작한다.

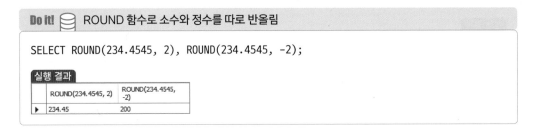

첫 번째는 소수점 둘째 자리로 반올림하여 234.45를, 두 번째는 10의 자리에서 반올림해 200을 반환한다.

3. ROUND 함수는 자릿수에 음수를 전달할 때 입력된 정수의 자릿수보다 더 큰 자릿수(절대값으로 비교)를 입력하면 0을 반환한다. 다음 쿼리를 입력해 보자.

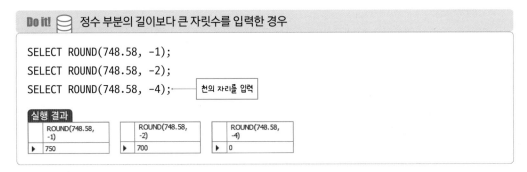

▶ 쿼리문을 한 줄씩 실행해야 이와 같은 실행 결과를 확인할 수 있다.

첫 번째 쿼리는 1의 자리에서 반올림하여 750을, 두 번째 쿼리는 10의 자리에서 반올림하여 700을, 마지막 쿼리의 경우 1000의 자리에서 반올림을 해야 하는데 정수부인 748의 길이인 3보다 -4의 절댓값, 즉 4가 크므로 0을 반환한다.

로그를 구하는 함수 — LOG

LOG 함수는 지정된 밑의 로그값을 구할 수 있다. 로그 개념이 가물가물한 독자도 있을 테니 로그의 정의를 보고 넘어가자. 로그 함수는 지수 함수의 역함수이므로 다음과 같은 관계를 나타낸다.

$$\log_b(a)=c \;\longleftrightarrow\; b^c=a$$

다음은 LOG 함수의 기본 형식이다.

> **LOG 함수의 기본 형식**
>
> LOG(로그 계산할 숫자 또는 식, 밑)

LOG 함수의 첫 번째 인수에는 로그 계산할 숫자나 수식이 들어가는데, 결과는 실수형(float)으로 반환한다. 두 번째 인수로 밑을 입력할 수 있는데 말 그대로 로그의 밑을 설정하는 값이다. 밑은 생략이 가능하다. 밑을 생략한 경우에는 자연 로그가 되며 이때 기본값으로 e가 설정된다. ▶ e는 약 2.718281828…로 무리수 상수이다.

1. 다음과 같이 쿼리를 입력해 보자. 로그 10을 계산하는 쿼리이다.

Do it! 🗄 LOG 함수로 로그 10을 계산

```
SELECT LOG(10);
```

실행 결과
LOG(10)
▶ 2.3025850929940456

이와 같이 로그의 밑을 생략해도 로그를 계산할 수 있는데, 이때 밑을 입력하지 않아도 자동으로 e가 기본값으로 설정된 것이다.

2. 이번에는 로그 10을 계산하는데 밑을 5로 설정해 계산해 보자.

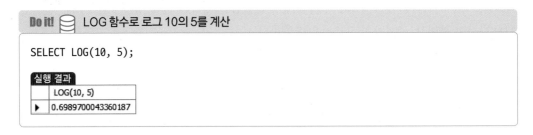

Do it! 🗄 LOG 함수로 로그 10의 5를 계산

```
SELECT LOG(10, 5);
```

실행 결과
LOG(10, 5)
▶ 0.6989700043360187

e의 n 제곱값을 구하는 함수 — EXP

EXP 함수는 e의 n 제곱값을 반환한다. 여기서 e는 앞서 LOG 함수에서 만난 로그 함수의 기본 밑과 동일하다. 이 함수 역시 결과는 실수형(float)로 반환한다. 이때 실수 다음은 EXP 함수의 기본 형식이다.

> **EXP 함수 기본 형태**
>
> EXP(지수 계산할 숫자 또는 식)

1. 다음 쿼리로 EXP(1.0)를 계산해 보자.

Do it! 🗄 EXP 함수로 지수 1.0을 계산

```
SELECT EXP(1.0);
```

실행 결과
EXP(1.0)
▶ 2.718281828459045

EXP(1.0)은 e^1.0이므로 결괏값으로 2.718281828459045을 얻는다.

2. 이번에는 다음 쿼리로 EXP(10)을 계산해 보자.

Do it! 🗄 EXP 함수로 지수 10을 계산

```
SELECT EXP(10);
```

실행 결과
EXP(10)
▶ 22026.465794806718

3. 아마 계산한 결괏값이 제대로 된 것인지 의심스러울 수 있다. 그럴 때는 LOG 함수가 EXP 함수의 역함수임을 기억하자. 다음은 자연 로그 20을 계산한 다음, 그 값을 EXP 함수로 지수 계산을 하고 거꾸로도 계산해 본 쿼리이다.

우리가 아는 이론으로는 두 함수 결괏값 모두 20을 반환해야 하지만 차이가 있다. 그 이유는 실수 변환에서 반올림의 처리 때문이다. 그러므로 사실상 결과는 같다고 볼 수 있다. ▶ 다른 DBMS인 MS의 SQLServer에 서는 모두 20, 20으로 반환된다.

거듭제곱값을 구하는 함수 — POWER

POWER 함수는 거듭제곱값을 구한다. 기본 형식을 보면 이 함수는 밑인 숫자 또는 수식과 지수를 인자로 입력받는다.

> **POWER 함수의 기본 형식**
>
> POWER(숫자 또는 수식, 지수)

POWER 함수의 첫 번째 인자는 정수 또는 실수형(float)만 입력받을 수 있다. 두 번째 인자는 거듭제곱할 정수 또는 실수를 입력 받는다. 다음은 2의 3 거듭제곱, 2의 10 거듭제곱, 2.0의 3 거듭제곱을 POWER 함수로 계산한 쿼리이다.

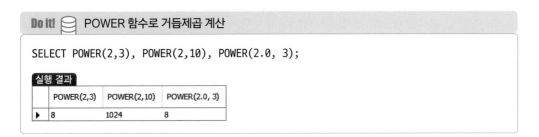

결과를 보면 첫 번째 열에는 2^3인 결과 8, 두 번째 열에는 2^10 거듭제곱인 1024, 세 번째 열에서는 2.0^3으로 8이 반환되었다.

제곱근을 구하는 함수 — SQRT

SQRT 함수는 숫자나 수식을 인자로 받아 제곱근을 반환한다. 이때 실수형(float)을 입력받는다.

> **SQRT 함수의 기본 형식**
>
> SQRT(숫자 또는 수식)

다음 쿼리는 1의 제곱근, 10의 제곱근을 반환한다.

Do it! 🗄 SQRT 함수로 제곱근 계산

```
SELECT SQRT(1.00), SQRT(10.00);
```

실행 결과

	SQRT(1.00)	SQRT(10.00)
▶	1	3.1622776601683795

제곱근을 계산할 때 양수 값을 넣어야 하며 음수 값을 입력하면 결과가 허수일 경우 NULL이 반환된다.

난수를 구하는 함수 — RAND

RAND 함수는 0부터 1 사이의 실수형 난수를 반환한다.

> **RAND 함수의 기본 형식**
>
> RAND(인자)

인자로 전달하는 값의 데이터 유형은 tinyint, smallint, int이다. 만약 인자를 지정하지 않으면 임의로 초깃값을 설정한다.

1. RAND 함수의 인자는 난수 종류를 결정하는 값이며 같은 인자를 설정하면 RAND 함수는 같은 결과를 반환한다. 다음과 같이 결과 비교를 위해 RAND 함수를 3번 입력해 보자.

> **Do it!** 🗄 RAND 함수로 난수 계산

```
SELECT RAND(100), RAND(), RAND();
```

실행 결과

	RAND(100)	RAND()	RAND()
▶	0.17353134804734155	0.0726371417498562	0.9080051518119919

난수를 구하는 RAND 함수가 인자에 의해 같은 난수 종류를 반환한다는 것이 당황스럽겠지만, 쿼리를 실행한 컴퓨터마다 다른 결과를 반환하므로 어찌 보면 난수를 제대로 반환한다고 보아도 무방할 것이다.

그런데 난수라고 설명했는데도 어째서 계속 같은 값이 반환될까? 그 이유는 현재 쿼리 창에서 처음 함수를 실행할 때 임의로 정해진 초깃값을 계속 재사용하기 때문이다. 다른 쿼리 창을 열어 쿼리를 실행해 보면 다른 결괏값이 검색되는 것을 확인할 수 있다.

2. 다음은 인자를 설정하지 않은 채로 WHILE 문을 사용하여 난수를 4회 생성한 쿼리이다. 이 경우 RAND 함수 인자에 아무것도 전달하지 않았으므로 데이터베이스가 설정한 임의의 값으로 난수 종류를 보여 주므로 실행할 때마다 다른 난수를 볼 수 있다. MySQL에서 WHILE을 사용하려면 스토어드 프로시저를 생성해서 사용해야 한다. 스토어드 프로시저를 아직 배우지 않았지만 우선 해당 쿼리를 따라 작성해 실습을 진행한다.

▶ 스토어드 프로시저는 일련의 쿼리를 마치 하나의 함수처럼 실행하기 위한 쿼리의 집합이다. 자세한 내용은 07-1절에서 다룬다.

> **Do it!** 🗄 인수가 없는 RAND 함수로 난수 계산

```
DELIMITER $$
CREATE PROCEDURE rnd()
BEGIN
DECLARE counter INT;
SET counter = 1;

WHILE counter < 5 DO
    SELECT RAND() Random_Number;
    SET counter = counter + 1;
END WHILE;
```

```
END $$
DELIMITER ;

call rnd();
```

실행 결과

	Random_Number
▶	0.9633106123314338

삼각 함수 — COS, SIN, TAN, ATAN

삼각 함수는 COS 함수부터 DEGREES 함수에 이르기까지 매우 다양하지만 여기서는 COS, SIN, TAN, ATAN 함수를 간단히 살펴보고 넘어가려고 한다.

▶ MySQL에서 지원하는 삼각 함수를 더 알고 싶다면 MySQL 공식 문서(https://dev.mysql.com/doc/refman/8.0/en/mathematical-functions.html)를 살펴보기 바란다.

모든 삼각 함수는 실수형 인자를 받는다. 기본 형식은 COS 함수만 소개한다. 다른 삼각 함수도 마찬가지 형식으로 사용되므로 실습에 참고하기 바란다.

COS 함수의 기본 형식

COS(숫자 또는 식)

1. 바로 쿼리를 입력하여 COS 함수의 결과를 살펴보자. 다음은 COS에 14.78(=14.78°)을 입력하여 얻은 결과이다.

Do it! 🗄 COS 함수 계산

```
SELECT COS(14.78);
```

실행 결과

	COS(14.78)
▶	-0.5994654261946543

2. SIN 함수, TAN 함수, ATAN 함수에도 다음과 같이 인자를 넣어 차례로 실행해 보자.

Do it! SIN 함수 계산

```
SELECT SIN(45.175643);
```

실행 결과

SIN(45.175643)
▶ 0.929607286611012

Do it! TAN 함수 계산

```
SELECT TAN(PI()/2), TAN(.45)
```

실행 결과

TAN(PI()/2)	TAN(.45)
▶ 1.633123935319537e16	0.4830550656165784

Do it! ATAN 함수 계산

```
SELECT ATAN(45.87) AS atanCalc1,
    ATAN(-181.01) AS atanCalc2,
    ATAN(0) AS atanCalc3,
    ATAN(0.1472738) AS atanCalc4,
    ATAN(197.1099392) AS atanCalc5;
```

실행 결과

atanCalc1	atanCalc2	atanCalc3	atanCalc4	atanCalc5
▶ 1.548999038348081	-1.5652718263440326	0	0.1462226769376524	1.5657230594360985

06-5 순위 함수

순위 함수는 조회 결과에 순위를 부여한다. MySQL은 순위 함수로 ROW_NUMBER, RANK, DENSE_RANK, NTILE 등을 제공한다. 순위 함수는 전체 데이터에 순위를 부여할 수도 있고, PARTITION 옵션을 함께 사용해 사용자가 설정한 그룹에 따라 그룹 내에서만 순위를 부여할 수도 있다.

유일한 값으로 순위를 부여하는 함수 — ROW_NUMBER

ROW_NUMBER 함수는 모든 행에 유일한 값으로 순위를 부여한다. 다시 말해 함수를 실행한 결과에는 같은 순위가 없다. 만약 같은 순위라면 정렬 순서에 따라 순위를 다르게 부여하여 반환한다. ROW_NUMBER 함수의 기본 형식은 다음과 같다.

> **ROW_NUMBER 함수의 기본 형식**
>
> ```
> ROW_NUMBER() OVER([PARTITION BY 열] ORDER BY 열)
> ```

ROW_NUMBER 함수는 순위를 부여하기 위한 정렬 조건으로 `OVER(ORDER BY 열)`을 명시하여 오름차순 또는 내림차순으로 해당 열 데이터의 순위를 부여한다. 이때 데이터 그룹별 순위를 부여하고 싶다면 `PARTITION BY 열` 옵션을 사용한다.

1. 다음은 payment 테이블에서 customer_id, amount 열을 조회하는데, 먼저 customer_id 열을 그룹화한 뒤, 그룹별로 amount의 값을 합한 결과를 내림차순 정렬한 결과에 따라 ROW_NUMBER 함수로 순위를 부여하는 쿼리이다.

Do it! 🗄 ROW_NUMBER 함수로 순위 부여

```
SELECT ROW_NUMBER() OVER(ORDER BY amount DESC) AS num, customer_id, amount
FROM (
    SELECT customer_id, SUM(amount) AS amount
    FROM payment GROUP BY customer_id
```

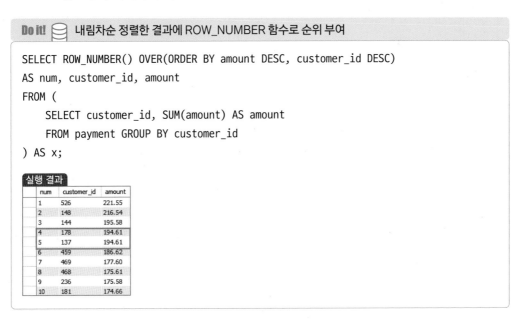

```
) AS x;
```

서브 쿼리 결과로 만들어진
임의의 테이블에 대한 별칭을 지정

실행 결과

num	customer_id	amount
1	526	221.55
2	148	216.54
3	144	195.58
4	137	194.61
5	178	194.61
6	459	186.62
7	469	177.60
8	468	175.61
9	236	175.58
10	181	174.66

결과를 살펴보면 amount값이 클수록 순위가 높다. 동일한 amount값에도 순위가 다른 점도 확인하자. 순위의 결과인 num열의 4, 5위를 보면 amount값이 같음에도 순위가 다른 것을 확인할 수 있다. 같은 순위 데이터의 경우 어떤 데이터에 어떤 순위를 결정할지는 데이터 정렬 순서에 따라 달라진다. 여기서는 customer_id 숫자가 작을수록 우선순위를 부여받는다.

2. 만약 동점에 대해서 순위를 MySQL이 임의로 부여하지 않게 하려면 ORDER BY 절에 정렬 조건을 추가하자. 다음 쿼리는 앞선 실습과 쿼리가 거의 동일하나 ORDER BY 절에 customer_id 열을 내림차순으로 정렬하는 조건을 추가했다. 이 쿼리는 amount 열의 데이터가 같으면 customer_id 열의 데이터가 더 클수록 우선순위를 부여받는다.

Do it! 🗄 내림차순 정렬한 결과에 ROW_NUMBER 함수로 순위 부여

```
SELECT ROW_NUMBER() OVER(ORDER BY amount DESC, customer_id DESC)
AS num, customer_id, amount
FROM (
    SELECT customer_id, SUM(amount) AS amount
    FROM payment GROUP BY customer_id
) AS x;
```

실행 결과

num	customer_id	amount
1	526	221.55
2	148	216.54
3	144	195.58
4	178	194.61
5	137	194.61
6	459	186.62
7	469	177.60
8	468	175.61
9	236	175.58
10	181	174.66

앞선 실습과는 반대의 결과가 출력됐다.

3. 전체 데이터가 아니라 그룹별로 순위를 부여해야 할 때 가 있다. 예를 들어 전교생 대상으로 석차를 구할 때와 학년 별 석차를 구할 때를 생각하면 된다. 그룹별 순위를 부여하 려면 PARTITION 절을 사용해야 한다.

▶ PARTITION 절은 이후 실습을 통해 만 나 볼 모든 순위 함수에서 활용하므로 여기서 잘 익혀 두자.

다음은 앞에서 실습한 쿼리를 다시 변경하여 staff_id 열을 그룹화한 결과에 순위를 부여하는 쿼리이다. staff_id 열을 그룹화하기 위해 다음과 같이 `PARTITION BY staff_id`를 추가했다.

Do it! 🗄 PARTITION BY 절로 사용해 그룹별 순위 부여

```
SELECT staff_id,
ROW_NUMBER() OVER(PARTITION BY staff_id ORDER BY amount DESC, customer_id ASC)
AS num, customer_id, amount
FROM (
    SELECT customer_id, staff_id, SUM(amount) AS amount
    FROM payment GROUP BY customer_id, staff_id
) AS x;
```

실행 결과

staff_id	num	customer_id	amount
1	1	176	126.74
1	2	137	115.77
1	3	526	111.79
1	4	178	108.81
1	5	459	108.78
1	596	281	15.95
1	597	248	15.93
1	598	344	12.95
1	599	320	10.95
2	1	187	110.81
2	2	148	110.78
2	3	526	109.76
2	4	522	108.79
2	5	211	108.77
2	6	309	104.81

결과를 보면 staff_id 열이 1과 2 그룹으로 묶였는데, 각 그룹마다 순위가 부여되었음을 확인 할 수 있다.

우선순위를 고려하지 않고 순위를 부여하는 함수 — RANK

RANK 함수는 ROW_NUMBER 함수와 비슷하지만 같은 순위를 처리하는 방법은 다르다. RANK 함수를 활용할 때에는 우선순위를 따지지 않고 같은 순위를 부여한다. 다음은 RANK 함수의 기본 형식이다.

RANK 함수의 기본 형식

```
RANK() OVER([PARTITION BY 열] ORDER BY 열)
```

RANK 함수도 순위를 부여하는 함수이다. ROW_NUMBER 함수와 마찬가지로 순위를 부여하기 위한 정렬 조건으로 OVER(ORDER BY 열)을 명시하여 해당 열을 기준으로 오름차순 또는 내림차순으로 해당 열 데이터의 순위를 부여한다. 이때 데이터 그룹별 순위를 부여하고 싶다면 PARTITION BY 열 옵션을 사용한다.

다음은 payment 테이블에서 amount 열을 내림차순 정렬하여 RANK 함수로 순위를 부여하는 쿼리이다.

Do it! 🗄 RANK 함수로 순위 부여

```
SELECT RANK() OVER(ORDER BY amount DESC) AS num, customer_id, amount
FROM (
    SELECT customer_id, SUM(amount) AS amount
    FROM payment GROUP BY customer_id
) AS x;
```

실행 결과

num	customer_id	amount
1	526	221.55
2	148	216.54
3	144	195.58
4	137	194.61
4	178	194.61
6	459	186.62
7	469	177.60
8	468	175.61
9	236	175.58
10	181	174.66

결과를 살펴보면 amount값이 같은 경우 같은 순위를 부여한 것을 알 수 있다. 순위를 보여주는 num 열의 4위를 보면 이 내용을 확인할 수 있다. 공동 순위가 있으면 그다음 순위는 같은 순위에 있는 데이터 개수만큼 건너뛴 순위가 부여된다. 때문에 여기서는 4위 다음에 6위로 매겨졌다. 만약 1위가 3개면 그다음 순위는 2가 아니라 4가 된다.

RANK 함수 역시 그룹별로 순위를 부여할 때는 PARTITION 절을 사용하면 되는데, 사용 방법은 ROW_NUMBER 함수와 동일하므로 한번 도전해 보자.

건너뛰지 않고 순위를 부여하는 함수 — DENSE_RANK

DENSE_RANK 함수는 RANK 함수와 동일하지만 RANK 함수와 달리 같은 순위에 있는 데이터 개수를 무시하고 순위를 매긴다는 점은 다르다. 예를 들어 1위가 3개여도 그다음 데이터는 4위가 아닌 2위가 되는 것이다.

DENSE_RANK 함수의 기본 형식은 다음과 같다.

> ### DENSE_RANK 함수의 기본 형식
>
> ```
> DENSE_RANK() OVER([PARTITION BY 열] ORDER BY 열)
> ```

다음은 payment 테이블에서 amount 열을 내림차순 정렬하여 DENSE_RANK 함수로 순위를 부여하는 쿼리이다.

Do it! 🗄 DENSE_RANK 함수로 순위 부여

```
SELECT DENSE_RANK() OVER(ORDER BY amount DESC)
AS num, customer_id, amount
FROM (
    SELECT customer_id, SUM(amount) AS amount
    FROM payment GROUP BY customer_id
) AS x;
```

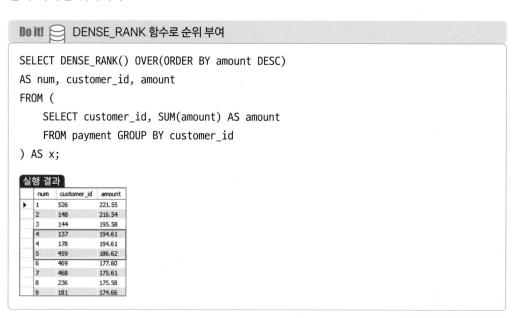

실행 결과

num	customer_id	amount
1	526	221.55
2	148	216.54
3	144	195.58
4	137	194.61
4	178	194.61
5	459	186.62
6	469	177.60
7	468	175.61
8	236	175.58
9	181	174.66

결과를 살펴보면 amount값이 같은 경우 같은 순위를 부여한 것을 알 수 있다. 그리고 순위를 저장한 num 열의 4위를 보면 RANK 함수와 달리 그다음 순위는 건너뛰지 않고 바로 5위가 부여된 것을 확인할 수 있다.

그룹 순위를 부여하는 함수 — NTILE

NTILE 함수는 인자로 지정한 개수만큼 데이터 행을 그룹화한 다음 각 그룹에 순위를 부여한다. 각 그룹은 1부터 순위가 매겨지며, 이때 순위는 각 행의 순위가 아니라 행이 속한 그룹의 순위이다.

다음은 NTILE 함수의 기본 형식이다. 이때, NTILE 함수의 인자는 반드시 정수로 입력해야 한다.

다음은 payment 테이블에서 amount 열을 내림차순 정렬한 다음, 그룹에 대한 순위를 부여하는 쿼리이다.

Do it! 🗄 내림차순으로 정렬한 결과에 NTILE 함수로 순위 부여

```
SELECT NTILE(100) OVER(ORDER BY amount DESC)
AS num, customer_id, amount
FROM (
    SELECT customer_id, SUM(amount) AS amount
    FROM payment GROUP BY customer_id
) AS x;
```

실행 결과

num	customer_id	amount
1	526	221.55
1	148	216.54
1	144	195.58
1	137	194.61
1	178	194.61
1	459	186.62
2	469	177.60
2	468	175.61
2	236	175.58
2	181	174.66

결과를 보면 전체 행을 100개의 그룹으로 쪼갠 뒤, 각 행마다 속한 그룹의 순위를 부여한 것을 확인할 수 있다. NTILE 함수는 전체 행을 균등하게 나누어서 1순위 그룹, 2순위 그룹에 차등으로 혜택을 지급할 때 활용하기 좋은 함수다.

▶ 그룹화할 전체 행 개수가 인수로 정확하게 나누어 떨어지지 않으면 나머지 행은 마지막 그룹에 할당된다.

06-6 분석 함수

분석 함수는 데이터 그룹을 기반으로 앞뒤 행을 계산하거나 그룹에 대한 누적 분포, 상대 순위 등을 계산한다. 앞에서 배운 집계 함수와 달리 분석 함수는 그룹마다 여러 행을 반환할 수있다.

앞 또는 뒤 행을 참조하는 함수 — LAG, LEAD

우리는 05-1절에서 하루 전 날짜 데이터와 오늘 날짜 데이터를 비교할 때 SELF JOIN을 전일 대비 오늘의 수익을 구할 수 있었다. 이렇게 앞뒤 행을 비교하여 데이터 처리를 해야 하는 경우 LAG 또는 LEAD 함수를 사용하면 된다. 이 함수들을 사용하면 SELF JOIN을 따로 작성하지 않아도 돼 간편하다.

LAG 함수는 현재 행에서 바로 앞의 행을, LEAD 함수는 현재 행에서 바로 뒤의 행을 조회해 데이터를 처리한다. 물론 인자에 전달한 값에 따라 이전 또는 이후 몇 번째 행(데이터)를 참조할지 결정할 수도 있다. 다음은 LAG 함수, LEAD 함수의 기본 형식이다.

> **LAG와 LEAD 함수의 기본 형식**
>
> ```
> LAG(또는 LEAD)(열 이름, 참조 위치)
> OVER([PARTITION BY 열] ORDER BY 열)
> ```

인자로 참조 위치를 입력할 경우 기본값은 1이므로 아무것도 전달하지 않으면 1칸 앞이나 1칸 뒤의 데이터를 참조한다.

1. 다음은 payment 테이블에서 현재 행 기준으로 앞 또는 뒤의 행을 참조한다. 여기서는 앞뒤 데이터를 쉽게 비교할 수 있도록 기준 열 amount를 가운데로 하여 결과를 출력한다.

```
SELECT x.payment_date,
    LAG(x.amount) OVER(ORDER BY x.payment_date ASC) AS lag_amount, amount,
    LEAD(x.amount) OVER(ORDER BY x.payment_date ASC) AS lead_amount
FROM (
    SELECT date_format(payment_date, '%y-%m-%d') AS payment_date,
    SUM(amount) AS amount
    FROM payment GROUP BY date_format(payment_date, '%y-%m-%d')
) AS x
ORDER BY x.payment_date;
```

실행 결과

payment_date	lag_amount	amount	lead_amount
05-05-24	NULL	29.92	573.63
05-05-25	29.92	573.63	754.26
05-05-26	573.63	754.26	684.34
05-05-27	754.26	684.34	804.04
05-05-28	684.34	804.04	648.46
05-05-29	804.04	648.46	628.42
05-05-30	648.46	628.42	700.37
05-05-31	628.42	700.37	57.84
05-06-14	700.37	57.84	1376.52
05-06-15	57.84	1376.52	1349.76

결과를 보면 amount 열 기준으로 왼쪽은 현재 행의 앞, 오른쪽은 현재 행의 뒤에 있는 행을 보여준다는 것을 알 수 있다. 첫 행인 29.92의 경우 앞의 값이 없으므로 NULL이 출력되었다.

2. 이번에는 LAG와 LEAD 함수의 인자로 2를 설정해 2행 앞이나 뒤를 참조하도록 작성해 보자.

```
SELECT x.payment_date,
    LAG(x.amount, 2) OVER(ORDER BY x.payment_date ASC) AS lag_amount, amount,
    LEAD(x.amount, 2) OVER(ORDER BY x.payment_date ASC) AS lead_amount
FROM (
    SELECT date_format(payment_date, '%y-%m-%d') AS payment_date,
    SUM(amount) AS amount
    FROM payment GROUP BY date_format(payment_date, '%y-%m-%d')
) AS x
ORDER BY x.payment_date;
```

	payment_date	lag_amount	amount	lead_amount
▶	05-05-24	NULL	29.92	754.26
	05-05-25	NULL	573.63	684.34
	05-05-26	29.92	754.26	804.04
	05-05-27	573.63	684.34	648.46
	05-05-28	754.26	804.04	628.42
	05-05-29	684.34	648.46	700.37
	05-05-30	804.04	628.42	57.84
	05-05-31	648.46	700.37	1376.52
	05-06-14	628.42	57.84	1349.76
	05-06-15	700.37	1376.52	1332.75

결과를 살펴보면 amount 열을 기준으로 lag_amount 열에서 반환하는 데이터는 이전 2행의 데이터이며, lead_amount에서 반환하는 데이터는 이후 2행의 데이터이다. 이렇게 LAG 또는 LEAD 함수를 사용하면 전후 데이터 차이 값 등을 자유롭게 연산할 때 편리하게 사용할수 있다.

누적 분포를 계산하는 함수 — CUME_DIST

CUME_DIST 함수는 그룹 내에서 누적 분포를 계산한다. 다시 말해 그룹에서 데이터 값이 포함되는 위치의 누적 분포를 계산한다.

CUME_DIST 함수의 기본 형식은 다음과 같다.

> **CUME_DIST 함수의 기본 형식**
>
> ```
> CUME_DIST() OVER([PARTITION BY 열] ORDER BY 열)
> ```

CUME_DIST 함수는 0 초과~1 이하 범위의 값을 반환하며, 같은 값은 항상 같은 누적 분폿값으로 계산한다. 그동안 NULL은 정의되지 않은 값이라고 설명했지만 CUME_DIST 함수는 기본적으로 NULL값을 포함하며 NULL값은 해당 데이터 집합에서 가장 낮은 값으로 취급한다.

다음 쿼리를 통해 CUME_DIST 함수로 payment 테이블의 amount 열의 누적 분폿값을 계산해 보자. 쿼리를 살펴보면, customer_id 열의 데이터 그룹별로 amount 열의 데이터를 합산한다. 그리고 각 합산한 값에 CUME_DIST 함수를 사용하여 누적 분포를 조회한다.

```
SELECT x.customer_id, x.amount, CUME_DIST() OVER(ORDER BY x.amount DESC)
FROM (
    SELECT customer_id, sum(amount) AS amount
    FROM payment GROUP BY customer_id
) AS X
ORDER BY x.amount DESC;
```

실행 결과

customer_id	amount	CUME_DIST() OVER (ORDER BY x.amount DESC)
526	221.55	0.0016694490811803005
148	216.54	0.0033338898163606601
144	195.58	0.005008347245409015
137	194.61	0.008347245409015025
178	194.61	0.008347245409015025
459	186.62	0.01001669449081803
469	177.60	0.011686143572621035
468	175.61	0.01335559265442404
236	175.58	0.015025041736227046
181	174.66	0.01669449081803005
176	173.63	0.0183639398990833055
50	169.65	0.02003338898163606

결과를 살펴보면 amount 열의 데이터를 내림차순으로 정렬한 결과에 누적 분포를 계산한다. 그렇기 때문에 amount 열에서 가장 높은 customer=526의 amount 합계 값이 전체 데이터 중 상위 0.0016입니다. 즉, 상위 0.16%의 누적 분포 값을 가지고 있으며, 그 다음 내림차순에 따라 누적 분포가 증가하는 값으로 마지막 행은 누적 분포 1을 반환하는 것을 확인할 수 있다.

상대 순위를 계산하는 함수 — PERCENT_RANK

PERCENT_RANK 함수는 지정한 그룹 또는 쿼리 결과로 이루어진 그룹 내의 상대 순위를 계산할 수 있다. PERCENT_RANK 함수는 앞에서 배운 CUME_DIST 함수와 유사하지만 누적 분포가 아닌 분포 순위라는 점이 다르다.

PERCENT 함수의 기본 형식은 다음과 같다.

PERCENT_RANK 함수의 기본 형식

```
PERCENT_RANK() OVER([PARTITION BY 열] ORDER BY 열)
```

PERCENT_RANK 함수의 반환값 범위는 0 이상~1 이하이다. 데이터 집합에서 첫 번째 행은 0 값부터 시작하며 마지막 값은 1이다. PERCENT_RANK 함수에서도 NULL은 해당 데이터 그룹에서 가장 낮은 값으로 취급되어, 상위 분포 순위를 계산할 때 하나의 데이터로 간주된다.

다음 쿼리를 통해 PERCENT_RANK 함수로 고객을 나타내는 customer_id 열의 데이터별로 결제한 총 금액을 합산해 이를 내림차순으로 정렬하고 각각의 결제 금액이 전체 결제 금액에서 어느 정도 위치하는지를 백분율로 계산한다. 즉, 어떤 고객이 전체 고객 중 상위 몇 퍼센트에 위치하는지를 확인할 수 있다.

> **Do it!** 🗄 PERCENT_RANK 함수로 상위 분포 순위를 계산

```
SELECT x.customer_id, x.amount, PERCENT_RANK() OVER (ORDER BY x.amount DESC)
FROM (
    SELECT customer_id, sum(amount) AS amount
    FROM payment GROUP BY customer_id
) AS X
ORDER BY x.amount DESC;
```

실행 결과

	customer_id	amount	PERCENT_RANK() OVER (ORDER BY x.amount DESC)
▶	526	221.55	0
	148	216.54	0.0016722408026755853
	144	195.58	0.0033444816053511705
	137	194.61	0.005016722408026756
	178	194.61	0.005016722408026756
	459	186.62	0.008361204013377926
	469	177.60	0.010033444816053512
	468	175.61	0.011705685618729096
	236	175.58	0.013377926421404682
	181	174.66	0.015050167224080268

amount 열의 데이터를 내림차순하여 높은 값이 상위 몇 퍼센트인지를 계산하여 보여준다. 이때 가장 첫 번째 데이터는 무조건 0이 반환되며 이후 내림차순한 데이터에 따라 상위 분포를 나타내고 있다. 행 마지막을 확인해 보면 1을 반환하는 것을 확인할 수 있다.

첫 행 또는 마지막 행의 값을 구하는 함수 — FIRST_VALUE, LAST_VALUE

여기서 소개하는 함수는 그룹에서 첫 행 또는 마지막 행의 값을 구하여 데이터를 비교할 때 많이 사용한다. 예를 들어 첫 행에 있는 날짜와 매출을 기준으로 지금까지의 매출 변화를 확인할 때 사용할 수 있다.

FIRST_VALUE 함수는 그룹에서 정렬된 데이터에서 첫 번째 행의 값을, LAST_VALUE 함수는 마지막 행의 값을 반환한다. 다음은 각 함수의 기본 형식이다.

FIRST_VALUE와 LAST_VALUE의 기본 형식

```
FIRST_VALUE(열) OVER ([PARTITION BY] ORDER BY 열)
LAST_VALUE(열) OVER ([PARTITION BY] ORDER BY 열)
```

다음은 payment 테이블에서 각 일자별로 amount 합계를 구한 다음 payment_date 열을 기준으로 오름차순 정렬하여, FIRST_VALUE 함수를 통해 가장 낮은 일자에 대한 amount 값을 구하고, LAST VALUE 함수를 사용하여 가장 높은 일자에 대한 amount 값을 구한다. 그리고 가장 FIRST_VALUE 값과 현재 값의 차이가 얼마인지를 조회하는 쿼리이다. 즉, 첫 행을 기준으로 각 행에서의 값 차이를 구하는 것이다.

Do it! 📊 FIRST_VALUE 함수로 가장 높은 값 조회

```
SELECT x.payment_date, x.amount,
    FIRST_VALUE(x.amount) OVER(ORDER BY x.payment_date) AS f_value,
    LAST_VALUE(x.amount) OVER(ORDER BY x.payment_date RANGE BETWEEN UNBOUNDED
PRECEDING AND UNBOUNDED FOLLOWING) AS l_value,
    x.amount - FIRST_VALUE(x.amount) OVER(ORDER BY x.payment_date) AS increase_
amount
FROM (
    SELECT date_format(payment_date, '%y-%m-%d') AS payment_date,
    SUM(amount) AS amount
    FROM payment GROUP BY date_format(payment_date, '%y-%m-%d')
) AS x
ORDER BY x.payment_date;
```

실행 결과

payment_date	amount	f_value	l_value	increase_amount
05-05-24	29.92	29.92	514.18	0.00
05-05-25	573.63	29.92	514.18	543.71
05-05-26	754.26	29.92	514.18	724.34
05-05-27	684.34	29.92	514.18	654.42
05-05-28	804.04	29.92	514.18	774.12
05-05-29	648.46	29.92	514.18	618.54
05-05-30	628.42	29.92	514.18	598.50
05-05-31	700.37	29.92	514.18	670.45
05-06-14	57.84	29.92	514.18	27.92
05-06-15	1376.52	29.92	514.18	1346.60

결과를 살펴 보면 날짜를 나타내는 payment_date 열 기준으로 오름차순에서 첫 행의 amount값(여기에선 29.92)을 찾은 다음, 각 일자별 amount 값의 차이를 보여준다. 이러한 쿼리는 특정 행 기준으로 데이터를 비교하고 싶을 때 사용할 수 있다.

여기서 LAST_VALUE 함수 부분을 살펴보면 RANGE BETWEEN UNBOUNDED PRECEDING AND UNBOUNDED FOLLOWING라는 윈도우 함수가 사용된 것을 볼 수 있다. 이렇게 윈도우 함수를 사용하지 않으면 LAST_VALUE 함수로 정확한 결과를 얻을 수 없다는 점을 기억해 두자.

▶ 윈도우 함수^{Windows Function}는 행과 행 사이의 관계를 정의하기 위해 제공되는 함수로, 데이터를 분석할 때 많이 활용된다. 윈도우 함수 종류는 제조사마다 공통적인 것도 있고, 다른 것도 있으므로 그때그때 알아 두는 것이 좋다.

Q1 world 데이터베이스의 country 테이블에서 Name, Continent, Population 열을 하나의 열로 만들기 위해 문자열을 연결하고 각 문자열 사이를 구분할 수 있도록 빈칸을 추가하여 그 결과를 조회하는 쿼리를 작성하세요.

Q2 world 데이터베이스의 country 테이블에서 IndepYear 열이 NULL인 데이터를 조회하고 이러한 NULL을 '데이터 없음'으로 표시하는 쿼리를 작성하세요.

Q3 world 데이터베이스의 country 테이블에서 Name 열을 모두 대문자로 조회하거나 모두 소문자로 조회하도록 쿼리를 작성하세요.

Q4 world 데이터베이스의 country 테이블에서 Name 열의 왼쪽, 오른쪽, 양쪽 공백을 제거하고 데이터를 조회하는 쿼리를 작성하세요.

Q5 world 데이터베이스의 country 테이블에서 Name 열의 길이가 20보다 큰 데이터를 열 길이가 높은 순서로 내림차순으로 정렬하는 쿼리를 작성하세요.

Q6 world 데이터베이스의 country 테이블에서 SurfaceArea 열의 소수점 자리까지만 조회하는 쿼리를 작성하세요.

Q7 world 데이터베이스의 country 테이블에서 Name 열의 2번째 문자부터 4개의 문자를 조회하는 쿼리를 작성하세요.

Q8 world 데이터베이스의 country 테이블에서 Code 열에 있는 A라는 글자를 Z로 변환하는 쿼리를 작성하세요.

Q9 world 데이터베이스의 country 테이블에서 Code 열에 있는 A를 Z로 변환하고 Z를 10번 반복하여 표시한 결과를 조회하는 쿼리를 작성하세요.

Q10 현재 날짜 및 시간에서 24시간을 더하는 쿼리를 작성하세요.

Q11 현재 날짜 및 시간에서 24시간을 빼는 쿼리를 작성하세요.

Q12 2024년은 1월 1일은 어떤 요일인지 조회하는 쿼리를 작성하세요.

Q13 world 데이터베이스의 country 테이블 전체 행 개수를 구하는 쿼리를 작성하세요.

Q14 world 데이터베이스의 country 테이블에서 GNP 열의 합 및 평균, 최댓값, 최솟값을 구하는 쿼리를 작성하세요.

Q15 world 데이터베이스의 country 테이블에서 LifeExpectancy 열을 소수 첫 번째 자리에서 반올림한 결과를 조회하는 쿼리를 작성하세요.

Q16 world 데이터베이스의 country 테이블에서 LifeExpectancy 열의 값이 높은 순서대로 순위를 부여하되 동점일 경우 알파벳순으로 하여 더 높은 순위를 부여하는 쿼리를 작성하세요.

Q17 world 데이터베이스의 country 테이블에서 LifeExpectancy 열의 값이 높은 순서대로 순위를 부여하되 동점일 경우 같은 순위를 부여하고, 그다음 순위는 동점 순위 개수만큼 건너뛰고 다음 순위를 부여하는 쿼리를 작성하세요.

Q18 world 데이터베이스의 country 테이블에서 LifeExpectancy 열의 값이 높은 순서대로 순위를 부여하되 동점일 경우 같은 순위를 부여하고, 그다음 순위는 동점 순위 개수를 무시하고 바로 다음 순위를 부여하는 쿼리를 작성하세요.

07

SQL
제대로 활용하기

지금까지 SQL의 기본 문법과 필수 함수에 대해 배웠다. 이 장에서는 SQL을 조금 더 유용하게 활용하기 위해 스토어드 프로시저로 SQL 프로그래밍하는 방법과 데이터를 빠르게 찾기 위한 인덱스의 기본 사용 방법 등을 알아보려고 한다.

———

07-1 스토어드 프로시저

SQL도 파이썬과 같은 프로그래밍 언어에서 사용하는 조건문, 반복문이나 다양한 변수를 조합하는 등의 코딩 즉, 프로그래밍이 가능하다. 이와 같이 SQL로 프로그래밍하여 DB에 저장하고, 그 내용을 재사용할 수 있도록 만드는 것이 바로 스토어드 프로시저이다.

스토어드 프로시저stored procedure는 저장 프로시저라고도 하며 일련의 쿼리를 마치 하나의 함수처럼 실행하기 위한 쿼리의 집합이다. 데이터베이스에 대한 일련의 작업을 정리한 절차를 RDBMS에 저장한다 해서 영구 저장 모듈persistent storage module이라고도 한다. 스토어드 프로시저를 사용하면 조건문, 반복문, 연산식이나 다양한 변수와 조합하여 하나의 프로그램처럼 만들 수 있다.

스토어드 프로시저를 사용하는 이유

스토어드 프로시저는 복잡한 쿼리를 이 프로시저 내부에 저장하고 호출하여 사용함으로써 다양한 이점이 있다. 예를 들어 매일 보고서에 입력할 데이터를 추출하는 업무와 같이 자주 사용하는 쿼리들의 집합이 있을 때 스토어드 프로시저를 사용해 이를 프로그래밍해 놓으면 재사용할 수 있어서 매우 편리하다. 스토어드 프로시저의 여러 가지 장점을 정리하면 다음과 같다.

스토어드 프로시저의 장점

- **절차적 기능 구현**: SQL 쿼리는 절차적 기능을 제공하지 않지만, 스토어드 프로시저 내에서는 IF나 WHILE과 같은 제어 문장을 사용하여 절차적 프로그래밍을 할 수 있다.
- **유지·보수**: 스토어드 프로시저를 호출하는 곳에서는 스토어드 프로시저의 이름으로만 호출하므로, 스토어드 프로시저를 수정할 경우 호출한 곳에서는 별도의 수정 작업이 필요 없어 유지 · 보수 작업에 용이하다.
- **트래픽 감소**: 한 번의 요청으로 여러 SQL 문을 실행할 수 있다. SQL 문을 직접 작성하지 않고 프로시저에 매개변수만 담아 전달하면 되므로 클라이언트와 서버 간의 네트워크 트래픽이 감소한다.
- **보안**: MySQL의 스토어드 프로시저는 자체적으로 보안이 설정되어 있어서 스토어드 프로시저 실행 단위로 실행 권한을 부여할 수 있다. 즉, 세밀하게 권한을 제어할 수 있다.

그러나 스토어드 프로시저를 많이 사용하면 다음과 같은 단점도 있다.

> **스토어드 프로시저의 단점**
> - 스토어드 프로그램의 처리 성능은 다른 프로그래밍 언어에 비해서 느리다. 특히 다른 DBMS와 달리 MySQL은 스토어드 프로시저를 실행할 때마다 스토어드 프로시저의 코드를 분석(파싱)해 속도가 느려진다.
> - 데이터베이스 제품에 따라 구문 및 규칙이 다르기 때문에, 다른 제품과 호환성이 낮다.
> - 비즈니스 로직이 스토어드 프로시저에 있어 업무를 파악하거나 관리할 때, 관리해야 하는 요소가 늘어난다.

스토어드 프로시저 생성하기

스토어드 프로시저를 생성하기 위한 문법을 간단히 살펴보자. 스토어드 프로시저는 헤더와 바디로 나눌 수 있는데, 헤더header는 정의부라고 하며 주로 스토어드 프로시저의 이름과 입출력 값을 명시하는 부분이다. 바디body는 스토어드 프로시저의 몸체 즉, 본문이다. 프로시저가 호출되었을 때 실행하는 내용을 작성하는 부분이다.

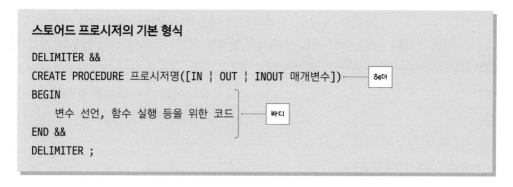

헤더를 먼저 살펴보자. 프로시저 이름을 입력한 뒤 괄호 안에 IN, OUT, INOUT 중 하나를 선택해 입력하고 이어 매개 변수와 함께 매개 변수의 데이터 유형을 입력할 때도 있다. 바디에는 변수를 선언하거나 함수를 실행하기 위한 코드를 작성하면 된다.

이와 더불어 스토어드 프로시저를 생성할 때 다음 내용을 기억하여 활용하도록 하자.

- ALTER 문으로는 스토어드 프로시저의 매개변수나 바디의 코드를 수정할 수 없다. 즉, 프로시저를 삭제한 후 다시 생성하는 방식으로만 수정할 수 있다.
- 스토어드 프로시저는 기본 반환값이 없다. 즉, RETURN 명령문을 사용할 수 없다.
- IN과 함께 정의된 매개변수는 입력 전용 매개변수를 의미한다.
- OUT과 함께 정의된 매개변수는 출력 전용 매개변수를 의미한다.
- INOUT과 함께 정의된 매개변수는 입력 및 출력 매개변수로 모두 사용할 수 있다.

실제 프로시저를 하나 생성해 보자. 워크벤치에서 새 쿼리 창을 열고 sakila 데이터베이스가 선택된 상태에서 다음 내용을 작성해 보자.

스토어드 프로시저 생성

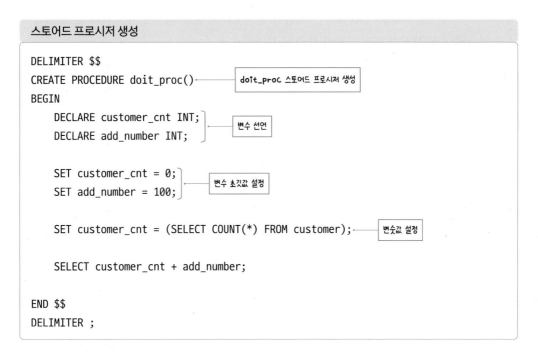

```
DELIMITER $$
CREATE PROCEDURE doit_proc()          doit_proc 스토어드 프로시저 생성
BEGIN
    DECLARE customer_cnt INT;
    DECLARE add_number INT;           변수 선언

    SET customer_cnt = 0;
    SET add_number = 100;             변수 초깃값 설정

    SET customer_cnt = (SELECT COUNT(*) FROM customer);   변숫값 설정

    SELECT customer_cnt + add_number;

END $$
DELIMITER ;
```

여기서 '구분자'라는 의미의 DELIMITER를 이용해 SQL의 구분자인 세미콜론(;) 대신 구분자를 $$로 변경한다. 스토어드 프로시저 바디의 SQL 문은 세미콜론(;)으로 문장을 끝맺어야한다. 이때 스토어드 프로시저 작성이 완료되지 않았는데도 SQL 문이 실행되는 위험을 막고 스토어드 프로시저 작성이 완료되었음을 알리기 위해 다른 구분자로 정해야 한다. 이때 사용하는 명령어가 바로 DELIMITER이다. 여기서는 스토어드 프로시저 바디 작성이 완료되었으면 **END $$**로 스토어드 프로시저의 끝을 알려 준다. 그리고 마지막엔 구분자로 되돌리기 위해 세미콜론(;)으로 다시 변경한다.

▶ DELIMITER에 사용되는 구분자($$, && 등)는 사용자가 임의로 지정해서 사용할 수 있지만, 코드나 예약어에서 사용되지 않는 문자를 설정하는 것이 좋다.

CREATE 문으로 프로시저를 생성한다. 프로시저명(여기서는 **doit_proc**)을 입력하고 BEGIN 과 END 사이에 쿼리 즉, 프로시저가 호출되었을 때 실행하는 내용을 작성한다. DECLARE로 는 변수를 선언한다. 변수명(여기서는 **customer_cnt**와 **add_number**)과 변수에 사용될 데이터 유형(두 변수 모두 **INT**)을 지정한다. 이후 SET으로 변수의 값을 지정할 수 있다. 참고로 변수 초깃값을 지정해 주지 않으면 결과에 NULL이 반환되므로 주의한다.

이 스토어드 프로시저는 customer 테이블의 행의 개수를 세어 customer_cnt 변수에 그 값 을 할당하고, 마지막에 customer_cnt와 add_number에 각각 저장된 값을 더한 결과를 반 환한다.

스토어드 프로시저 호출하기

생성된 프로시저를 호출하기 위해서는 다음과 같이 CALL 문을 사용한다. CALL 문을 사용해 조금 전 실습으로 생성한 프로시저를 호출해 보자.

이 쿼리를 통해 customer 테이블의 행 개수와 add_number에 저장된 100을 더한 결과인 699를 반환하는 것을 확인할 수 있다.

스토어드 프로시저 내용 확인하기

앞서 생성한 스토어드 프로시저의 내용을 확인하기 위해서는 **SHOW CREATE PROCEDURE** 명령문 을 사용한다. 다음 쿼리를 작성하고 이를 실행해 보자.

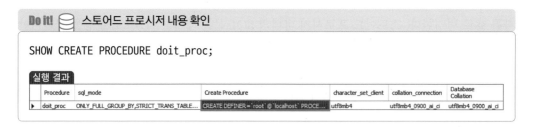

표시된 부분을 살펴보면 다음과 같이 생성된 프로시저의 코드를 보여 준다. 앞서 우리가 작성한 내용과 같은지 확인해 보자.

```
CREATE DEFINER=`root`@`localhost` PROCEDURE `doit_proc`()───── 해당 프로시저의 접근 권한을 보여 줌
  BEGIN
      DECLARE customer_cnt INT;
      DECLARE add_number INT;

      SET customer_cnt = 0;
      SET add_number = 100;

      SET customer_cnt = (SELECT COUNT(*) FROM customer);

      SELECT customer_cnt + add_number;

  END
```

스토어드 프로시저 삭제하기

스토어드 프로시저를 삭제하고 싶다면 DROP PROCEDURE 명령문을 사용하면 된다. 다음 쿼리를 작성하고 이를 실행해 보자.

Do it! 📀 스토어드 프로시저 삭제

```
DROP PROCEDURE doit_proc;
```

스토어드 프로시저가 삭제된 것을 확인하려면 프로시저를 CALL 문으로 호출해 보자. 그 결과, 프로시저가 없다며 오류를 발생시킬 것이다. 또는 다음과 같이 워크벤치 내비게이터에서 [Stored Procedures]를 확장해 보면 doit_proc 프로시저가 삭제된 것을 확인할 수 있다.

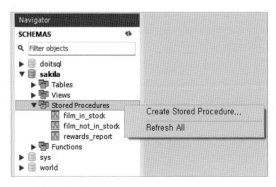

프로시저 삭제 확인 화면

07-2 SQL 프로그래밍

MySQL에서도 다른 프로그래밍 언어처럼 조건에 따라 선택적으로 명령을 실행하는 IF 문이나 CASE 문 또는 명령을 반복해 사용할 수 있는 WHILE 문, 그리고 다양한 조건을 결합하여 새로운 SQL 문을 작성하여 실행시킬 수 있는 동적 SQL 등을 활용해 다양하게 프로그래밍할 수 있다. 우리는 가장 자주 사용하는 몇 가지 명령문을 알아본다. MySQL에서는 일부 프로그래밍 명령문은 스토어드 프로시저로 작성해야 동작하는 것들이 있다.

IF 문

IF 문은 조건문으로 가장 많이 사용한다. IF가 '만약'을 뜻하는 것처럼 IF 문을 사용하면 조건에 따라 여러 데이터를 처리할 수 있다.

다음은 IF 문의 기본 형식이다.

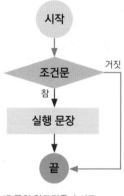

IF 문의 기본 형식

```
IF 조건식 THEN (조건식이 참일 때) 실행할 식
ELSE (조건식이 거짓일 때) 실행할 식
END IF;
```

IF 문의 알고리즘 순서도

1. 다음은 IF 문을 활용한 쿼리이다. SELECT 문에 IF 문을 포함해 데이터를 조회해 보자.

Do it! 🗄 IF 문을 활용한 데이터 조회

```
SELECT store_id, IF(store_id = 1, '일', '이') AS one_two
FROM customer GROUP BY store_id;
```

실행 결과

	store_id	one_two
▶	1	일
	2	이

IF 문 조건에 따라 store_id값이 1이면 '일', store_id값이 1이 아니면 '이'라는 글자가 출력된 것을 확인할 수 있다.

2. IF 문의 조건식이 바로 이전 실습처럼 간단하다면 괜찮지만 두 조건 이상으로 복잡한 조건 문으로 명령을 실행하려면 스토어드 프로시저로 생성해야 한다. 다음 스토어드 프로시저는 store_id가 1이면 변수 s_id_one에 1씩 더하고, store_id가 1이 아니면 변수 s_id_two에 1 씩 더한다. 그리고 마지막 SELECT로 결과를 반환한다.

Do it! 🗄 IF 문을 실행하기 위한 스토어드 프로시저 생성

```
DROP PROCEDURE IF EXISTS doit_if;

DELIMITER $$
CREATE PROCEDURE doit_if (customer_id_input INT)
BEGIN
    DECLARE store_id_i INT;
    DECLARE s_id_one INT;
    DECLARE s_id_two INT;

    SET store_id_i = (SELECT store_id FROM customer WHERE customer_id = customer
_id_input);

    IF store_id_i = 1 THEN SET s_id_one = 1;
    ELSE SET s_id_two = 2;
    END IF;
    SELECT store_id_i, s_id_one, s_id_two;

END $$
DELIMITER ;
```

3. 다음 쿼리를 통해 프로시저를 호출해 보자. 어떤 결과가 나오는가?

Do it! 🗄 스토어드 프로시저 실행

```
CALL doit_if(1);
```

스토어드 프로시저를 호출할 때 입력 매개변수로 1을 입력하였고 스토어드 프로시저를 활용하면 입력받은 매개변수와 동일한 customer_id를 검색해 store_id 값을 store_id_i 변수에 할당한다. 그리고 s_id_one에 1이라는 값이 할당되어 1이 조회되었고, s_id_two는 어떠한 값도 할당되지 않았기 때문에 NULL이 조회되었다.

CASE 문

CASE 문은 여러 조건 가운데 하나를 선택해서 실행해야 할 때 사용한다. IF 문은 참 아니면 거짓 둘 중에 하나만 선택할 수 있다면 CASE 문은 조건이 2가지 이상일 때 사용할 수 있으므로 다중 분기라고도 한다.

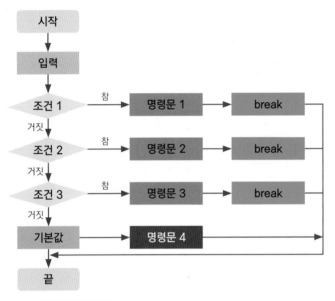

CASE 문의 알고리즘 순서도

▶ 이 알고리즘에서 '기본값'은 모든 조건이 만족하지 않을 경우 실행되는 값을 말한다.

다음은 CASE 문의 기본 형식이다.

CASE 문의 기본 형식

```
CASE
    WHEN 조건 1 THEN 명령문 1
    WHEN 조건 2 THEN 명령문 2
    WHEN 조건 3 THEN 명령문 3
    ELSE 명령문 4
END
```

이 기본 형식을 살펴보면 WHEN 다음에는 조건을 작성하고, 조건이 여러 개라면 이와 같이 WHEN을 반복해 작성한다. 그리고 모든 조건에 해당하지 않은 경우를 처리할 수 있도록 마지막 ELSE 부분을 작성한다.

1. 다음은 CASE 문을 사용해 데이터를 조회하는 쿼리이다. 이 쿼리로는 customer_id 열을 그룹화하고 그룹별로 amount값을 합산한 뒤, 이를 바탕으로 회원 등급을 VVIP, VIP, GOLD, SILVER 4가지로 분류할 수 있다.

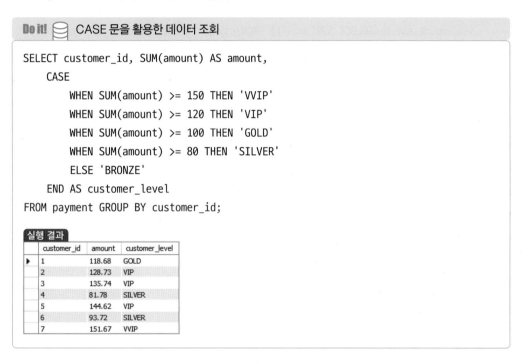

amount값에 따라 실행되는 CASE 조건식이 다르며, 조건식에 따라 각 등급이 정해져 이와 같이 출력된 것을 확인할 수 있다. 이와 같이 CASE 문을 잘 활용하면 구매 금액에 따른 고객 등급 표시를 쉽게 구할 수 있는 것이다.

2. 앞서 실습한 쿼리를 활용하여 이번에는 스토어드 프로시저로 만들어 보자. 이전에는 전체 고객을 대상으로 등급을 조회하였지만, 스토어드 프로시저로는 특정 고객 번호(customer_id)를 넣었을 때 해당 고객의 등급만을 조회하는 기능을 만들어 보려고 한다. 이와 같이 자주 사용되는 기능은 스토어드 프로시저로 만들어 재사용할 수 있다.

```
DROP PROCEDURE IF EXISTS doit_case;

DELIMITER $$
CREATE PROCEDURE doit_case (customer_id_input INT)
BEGIN
    DECLARE customer_level VARCHAR(10);
    DECLARE amount_sum float;

    SET amount_sum = (SELECT SUM(amount) FROM payment WHERE customer_id = customer
_id_input GROUP BY customer_id);

    CASE
        WHEN amount_sum >= 150 THEN SET customer_level = 'VVIP';
        WHEN amount_sum >= 120 THEN SET customer_level = 'VIP';
        WHEN amount_sum >= 100 THEN SET customer_level = 'GOLD';
        WHEN amount_sum >= 80 THEN SET customer_level = 'SILVER';
        ELSE SET customer_level = 'BRONZE';
    END CASE;
    SELECT customer_id_input as customer_id, amount_sum, customer_level;

END $$
DELIMITER ;
```

3. 다음 쿼리를 통해 앞서 작성한 프로시저를 호출해 보자. 어떤 결과가 나오는가?

```
CALL doit_case(4);
```

	customer_id	amount_sum	customer_level
▶	4	81.78	SILVER

프로시저의 입력 매개변수로 4를 입력하였고, 즉 customer_id=4를 호출하며 이에 해당하는 amount=81.78이다. 또한 이에 대한 고객 등급으로 SILVER가 출력된 것을 확인할 수 있다. 시험 삼아 다른 고객 번호를 넣어 등급을 확인해 보자.

WHILE 문

WHILE 문은 반복문으로 사용자가 지정한 조건을 만족하는 동안 같은 내용을 반복한다. IF, CASE 문과는 달리 WHILE 문은 반드시 스토어드 프로시저 내에서만 사용할 수 있다.

다음은 스토어드 프로시저에 담길 WHILE 문의 기본 형식이다.

WHILE 문의 알고리즘 순서도

> **WHILE 문의 기본 형식**
>
> ```
> WHILE 조건식 DO 명령문
> END WHILE;
> ```

1. WHILE 문을 담은 스토어드 프로시저로 생성해 보자. 다음은 프로시저에 두 개의 입력 매개변수를 사용하는데, 두 번째 매개변수 값을 첫 번째 매개변수 값만큼 반복해서 더한다.

Do it! WHILE 문을 실행하기 위한 스토어드 프로시저 생성

```
DROP PROCEDURE IF EXISTS doit_while;

DELIMITER $$
CREATE PROCEDURE doit_while (param_1 INT, param_2 INT)
BEGIN
    DECLARE i INT;
    DECLARE while_sum INT;

    SET i = 1;
    SET while_sum = 0;

    WHILE (i <= param_1) DO
        SET while_sum = while_sum + param_2;
        SET i = i + 1;
    END WHILE;
    SELECT while_sum;

END $$
DELIMITER ;
```

2. 다음 쿼리를 통해 프로시저를 호출해 보자. 어떤 결과가 나오는가?

Do it! 🗄 스토어드 프로시저 실행

```
CALL doit_while(10, 3);
```

실행 결과

	while_sum
▶	30

첫 번째 매개변수로 10, 두 번째 매개변수로 3을 입력받아 WHILE 문에 의해 10을 3번 더하므로 30이 출력된 것을 확인할 수 있다.

3. LEAVE는 반복문을 실행할 때, 특정 조건이 되면 반복문을 빠져나오게 하는 명령이다. 다음은 WHILE 문에 LEAVE를 추가한 것으로 두 개의 매개변수를 입력받는다. 첫 번째 매개변수는 반복할 횟수이며, 두 번째 매개변수를 반복할 때마다 더할 값이다. 반복문이 실행되다가 100보다 크면 LEAVE를 통해 반복문을 빠져나오는 쿼리이다.

Do it! 🗄 WHILE ~ LEAVE 문을 실행하기 위한 스토어드 프로시저 생성

```
DROP PROCEDURE IF EXISTS doit_while;

DELIMITER $$
CREATE PROCEDURE doit_while (param_1 INT, param_2 INT)
BEGIN
    DECLARE i INT;
    DECLARE while_sum INT;

    SET i = 1;
    SET while_sum = 0;

    myWhile:        반복문의 라벨을 설정
    WHILE (i <= param_1) DO
        SET while_sum = while_sum + param_2;
        SET i = i + 1;

        IF (while_sum > 100) THEN LEAVE myWhile;    IF 문의 조건이 참일 때, LEAVE 문을 통해
        END IF;                                      myWhile 반복문을 빠져나옴
    END WHILE;
    SELECT while_sum;
```

```
END $$
DELIMITER ;
```

4. 다음 쿼리를 통해 프로시저를 호출해 보자. 어떤 결과가 나오는가?

3을 1000번 더하는데, while_sum 값이 100보다 크면 반복문을 빠져나왔기 때문에 99보다 크면서 100에 가장 가까운 값인 102가 출력된 것을 확인할 수 있다.

동적 SQL

지금까지는 쿼리를 작성하거나 스토어드 프로시저를 활용한 쿼리를 사용할 때, 미리 정의된 로직에 따라 쿼리가 수행되며, 새로운 조건이 발생하더라도 해당 조건에 맞게 분기되거나 필터링되는 정도로만 동작했다. 만약 상황에 따라 쿼리문을 조합하여 실행할 수 있다고 한다면 여러 상황에서 더 다양한 명령을 실행할 수 있지 않을까?

예를 들어 보고서를 작성하기 위해 데이터를 추출하는데 SELECT 문이나 참조하는 테이블을 다르게 입력할 수 있다면 얼마나 편리하겠는가? MySQL에서는 변숫값을 할당 받아 MySQL 서버 내부 또는 스토어드 프로시저에서 쿼리를 재작성하는것을 동적 SQL이라고 한다.

동적 SQL에서는 PREPARE 문으로 쿼리문을 준비하고, EXECUTE 문으로 쿼리를 실행한다. 그리고 DEALLOCATE PREPARE 문으로 쿼리문을 해제할 수 있다. 동적 SQL을 정의하는 기본 형식은 다음과 같다.

> **동적 SQL의 기본 형식**
>
> ```
> PREPARE 동적 쿼리명 FROM '쿼리 작성'
> EXECUTE 동적 쿼리명
> DEALLOCATE PREPARE 동적 쿼리명
> ```

1. 다음은 customer 테이블에서 조건에 맞는 customer_id를 가진 사용자 정보를 조회한다.

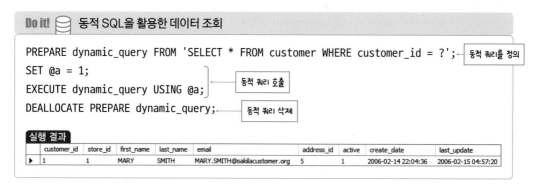

▶ 해당 쿼리를 실행할 때는 각 순서에 따라 개별적으로 실행해야 한다.

동적 쿼리를 정의한 부분을 살펴보면 ' ' 사이의 쿼리는 일종의 템플릿이라고 할 수 있다. 여기서 ?는 매개변수가 들어갈 수 있는 자리를 미리 세팅해둔 것이다. SET @a = 1; 명령문을 살펴보면 변수 @a의 값을 1로 설정한 것을 알 수 있다. 그리고 이 값이 동적 쿼리에 사용되는 것이다. 매개변수로 사용된 @a=1값에 따라, 정의된 동적 쿼리에 customer_id=1로 쿼리가 실행되어, 해당 customer_id가 1인 고객 정보를 조회하였다.

2. 간단히 동적 SQL 문의 동작 구조를 확인해 보았으니 이제 스토어드 프로시저로 작성해 보자. 스토어드 프로시저로 만들되, 입력값에 따라 다양한 테이블을 조회할 수 있는 쿼리로 작성한다.

Do it! 🗄 동적 SQL을 실행하기 위한 스토어드 프로시저 생성

```
DROP PROCEDURE IF EXISTS doit_dynamic;

DELIMITER $$
CREATE PROCEDURE doit_dynamic (t_name VARCHAR(50), c_name VARCHAR(50), customer
_id INT)
BEGIN
    SET @t_name = t_name;
    SET @c_name = c_name;
    SET @customer_id = customer_id;
    SET @sql = CONCAT('SELECT ', @c_name, ' FROM ', @t_name, ' WHERE customer_id
=', @customer_id);
    SELECT @sql;
    PREPARE dynamic_query FROM @sql;
    EXECUTE dynamic_query;
```

```
    DEALLOCATE PREPARE dynamic_query;
END $$
DELIMITER ;
```

여기서는 3개의 입력 매개변수가 있다. t_name 매개변수는 테이블 이름, c_name 매개변수는
열 이름, customer_id는 조회할 고객 번호를 입력받는다. SET @sql; 아래 세 줄은 입력받은 매
개변수를 각 위치에 대입하여, 쿼리를 재작성한다. 그리고 재작성된 쿼리를 실행한다.

3. 다음 쿼리를 통해 프로시저를 호출해 보자. 어떤 결과가 나오는가?

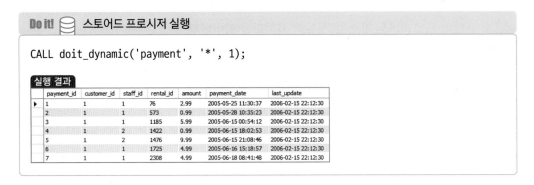

매개변수를 통해 입력받은 정보로 쿼리를 재작성하여 payment 테이블의 customer_id=1
고객과 관련된 전체 열을 조회한다.

07-3 인덱스

데이터베이스는 데이터를 저장하거나 활용하는 데 목적이 있다. 단순히 데이터를 저장하는 것뿐만 아니라 저장된 데이터로 여러 사용자에게 데이터 활용 서비스를 제공한다. 그런데 저장된 수많은 데이터 중에 특정 조건을 만족하는 데이터를 조회할 때마다 모든 데이터를 일일이 검사해서 필요한 데이터만 찾아야 한다면 매우 많은 조회 비용이 발생한다. 이는 데이터베이스의 응답이 느려진다는 것으로, 성능이 저하됨을 의미한다.

이러한 문제를 해결하기 위해 사용하는 기술이 인덱스^{Index}이다. 쉽게 정리하면 인덱스는 필요한 데이터를 바로 찾을 수 있도록 참고할 수 있는 데이터라고 보면 된다. 인덱스는 열 단위로 지정할 수 있다. 예를 들어 책에는 차례나 찾아보기가 있어서 책 제목이나 쪽 번호를 통해 필요한 내용을 빠르게 찾아갈 수 있듯이, 원하는 데이터를 빠르게 찾아갈 수 있도록 하는 기술이 바로 데이터베이스의 인덱스이다.

인덱스를 사용할 때 주의할 점

데이터를 빠르게 조회하는데 용이한 인덱스를 무조건 많이 만들면 좋을까? 그렇지 않다. 인덱스를 생성하면 그만큼 인덱스를 관리하는 비용이 발생하기 때문이다. 인덱스를 잘 이해하지 못한 상태에서 만들면 오히려 역효과가 발생할 수 있으며, 자칫 잘못 설계한 인덱스 때문에 전체 데이터베이스 서비스가 중단될 수도 있는 심각한 문제를 야기할 수 있다.

▶ 잘못 설계된 인덱스는 데이터베이스 성능에 심각한 영향을 끼치므로 실무에서는 반드시 전문가와 함께 인덱스를 설계하는 것이 좋다.

다음은 인덱스의 장점과 단점을 정리한 표이다. 이를 읽고 인덱스 사용에 주의하자.

장점	단점
• 원하는 데이터를 빠르게 검색할 수 있다. • 불필요한 검색 비용을 절약하고 I/O 성능을 높일 수 있다. • 데이터 검색뿐만 아니라 조인 시에도 빠른 성능을 얻을 수 있다. 특히 조인에서 데이터가 폭발적으로 증가할 수 있으므로 인덱스가 없다면 매우 느린 성능을 보여 준다.	• 인덱스를 별도로 저장하는 인덱스 페이지를 구성하기 위해 추가 공간이 필요하다. • 데이터를 수정할 때 연결된 인덱스 정보도 함께 수정해야 하는 경우 추가 비용이 발생한다. • 인덱스 정보를 수정할 때 잠금이 발생해 데이터베이스 성능이 느려질 수 있다.

▶ 인덱스의 페이지 공간은 일부 책에서는 테이블의 10% 정도의 공간이라고 되어 있는데, 이는 사실 잘못된 정보이다. 인덱스 공간은 인덱스 열의 크기에 따라 달라지며, 테이블의 데이터가 많을수록 인덱스 크기도 함께 증가한다. MySQL에서 인덱스 열의 최대 크기는 767byte이다.

인덱스의 종류

MySQL에 사용하는 인덱스는 크게 클러스터형 인덱스와 비클러스터형 인덱스로 나뉜다. 클러스터형 인덱스는 사전식으로 데이터가 정렬되어 있고 인덱스 안에 데이터가 들어 있어 빠르게 데이터를 조회할 수 있다. 비클러스터형 인덱스는 목차식으로 차례에 적혀 있는 제목과 쪽 번호를 보고 필요한 곳을 찾아가서 본문을 확인하는 것처럼 데이터의 위치 정보를 인덱스가 가지고 있는 형태이며, 실제 데이터를 가지고 있지는 않고 주소(데이터의 위치 정보)만 관리한다.

클러스터형 인덱스

클러스터형 인덱스clustered index는 인덱스를 기준으로 데이터가 자동으로 정렬되어 저장되고, 인덱스의 리프 페이지에는 데이터가 존재하게 된다. 클러스터형 인덱스의 특징은 다음과 같다.

클러스터형 인덱스의 특징

- 테이블당 1개만 존재할 수 있다.
- 기본키로 지정된 열은 클러스터형 인덱스가 자동으로 생성된다.
- 실제 저장된 데이터와 같은 순서로 물리적인 데이터 페이지 구조를 갖는다.
- 클러스터형 인덱스를 기준으로 데이터가 자동으로 정렬된다.
- 기본키를 변경하면 클러스터형 인덱스가 변경되므로 변경된 기본키를 기준으로 데이터가 다시 자동 정렬된다.

클러스터형 인덱스는 테이블당 1개만 생성할 수 있지만, 여러 열을 묶어서 하나의 인덱스로 만들 수도 있다. 또한 이미 클러스터형 인덱스에 사용된 열일지라도 비클러스터형 인덱스 생성 시 사용할 수 있음을 알아 두자.

다음 그림은 클러스터형 인덱스 구조를 표현한 것으로, 인덱스 이름이 알파벳 순서로 정렬되어 저장되어 있다. 인덱스의 맨 아래에는 리프 페이지로 데이터가 저장되어 있다. 각 루트와 넌리프 페이지에는 인덱스 정보가 들어 있다. 또한 이미 클러스터형 인덱스에 사용된 열일지라도 비클러스터형 인덱스 생성 시 사용할 수 있음을 알아 두자.

▶ 루트, 리프, 넌리프는 모두 트리에서 위치를 의미한다.

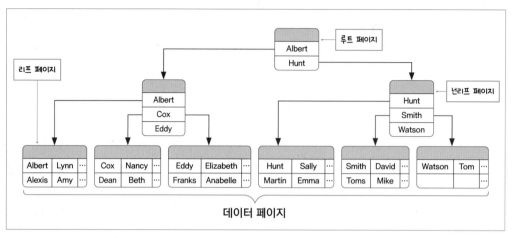

클러스터형 인덱스 구조를 표현한 예

비클러스터형 인덱스

비클러스터형 인덱스non-clustered index 또는 secondary index는 실제 데이터가 위치한 주소 정보로 인덱스 페이지를 별도로 생성하여 사용하며 데이터를 정렬하지 않는다. 그러므로 테이블당 비클러스터형 인덱스를 여러 개 만들 수도 있다. 비클러스터형 인덱스의 특징은 다음과 같다.

비클러스터형 인덱스의 특징

- 한 테이블에 여러 개 설정할 수 있다.
- UNIQUE 명령어로 고유 열을 지정할 때 비클러스터형 인덱스(보조 인덱스)가 자동으로 생성된다.
- 실제 저장된 데이터와 다른 물리적인 데이터 페이지 구조를 갖는다.
- 클러스터형 인덱스와 달리 데이터를 정렬하지 않는다.
- CREATE INDEX 문으로 비클러스터형 인덱스(보조 인덱스)를 직접 생성할 수 있다.

다음 그림은 비클러스터형 인덱스 구조를 표현했다. 리프 페이지에는 실제 데이터의 주소인 RID Row Identifier값을 가지고 있으며, 루트와 논리프 노드는 인덱스 정보를 가지고 있다. 비클러스터형 인덱스는 리프 페이지의 주소를 참조하여 실제 데이터 페이지로 가서 데이터의 정보를 읽는 방식이다. ▶ RID는 테이블의 행 위치 주소를 의미한다.

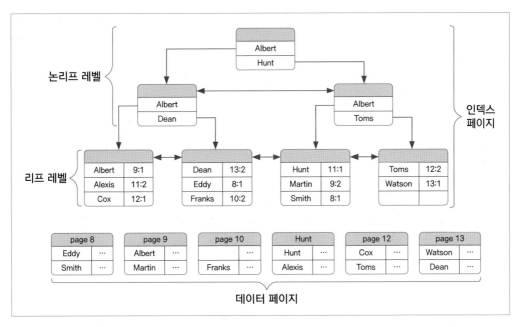

비클러스터형 인덱스를 표현한 예

인덱스 생성 및 삭제하기

인덱스의 개념을 얼추 이해했다면 이제 본격적으로 인덱스를 만드는 실습을 진행해 보자. 인덱스 생성 실습을 진행하기 위해 실습용 테이블과 데이터를 먼저 생성해 보자. 여기에서는 클러스터형과 비클러스터형 인덱스의 특징을 각각 알 수 있도록 동일한 형식의 테이블과 데이터를 두 세트 준비한다. 그리고 인덱스를 만들면서 어떤 변화가 발생하는지 살펴보자.

클러스터형 인덱스 생성과 삭제 방법

클러스터형 인덱스를 기본키로 지정하면 자동으로 생성된다고 설명했다. 그리고 클러스터형 인덱스는 테이블당 1개만 생성된다. 클러스터형 인덱스의 가장 큰 특징은 데이터가 자동으로 인덱스 열에 따라 정렬된다는 것이다. 국어 사전을 떠올려 보면 가나다순으로 단어들이 정렬되어 적혀 있다. 마찬가지로 클러스터형 인덱스에 따라 데이터들이 이러한 모습으로 정렬되어 저장되는 것이다. 클러스터형 인덱스를 생성 및 삭제 실습을 하면서 더 자세히 살펴보자.

1. 먼저 테이블을 생성하고 데이터를 입력해 보자.

```
USE doitsql;

DROP TABLE IF EXISTS doit_clusterindex;
CREATE TABLE doit_clusterindex (
col_1 INT,
col_2 VARCHAR(50),
col_3 VARCHAR(50)
);

INSERT INTO doit_clusterindex VALUES (2, '사자', 'lion');
INSERT INTO doit_clusterindex VALUES (5, '호랑이', 'tiger');
INSERT INTO doit_clusterindex VALUES (3, '얼룩말', 'zbera');
INSERT INTO doit_clusterindex VALUES (4, '코뿔소', 'Rhinoceros');
INSERT INTO doit_clusterindex VALUES (1, '거북이', 'turtle');

SELECT * FROM doit_clusterindex;
```

실행 결과

col_1	col_2	col_3
2	사자	lion
5	호랑이	tiger
3	얼룩말	zbera
4	코뿔소	Rhinoceros
1	거북이	turtle

결과를 살펴보면 데이터가 입력한 순서대로 저장된 것을 확인할 수 있다.

2. 이제 col_1 열에 기본키를 지정하고 col_1 순서로 데이터가 정렬되어 저장되는 것을 확인
해 보자. 다음은 앞서 생성된 테이블에 기본키를 생성하는 쿼리이다.

```
ALTER TABLE doit_clusterindex
    ADD CONSTRAINT PRIMARY KEY (col_1);

SELECT * FROM doit_clusterindex;
```

실행 결과

col_1	col_2	col_3
1	거북이	turtle
2	사자	lion
3	얼룩말	zbera
4	코뿔소	Rhinoceros
5	호랑이	tiger

결과를 살펴보면 기본키이자 인덱스로 지정한 열 col_1을 기준으로 오름차순으로 데이터가 정렬된 것을 확인할 수 있다.

3. 그렇다면 새로 추가된 데이터는 어떻게 저장이 될까? 다음과 같이 새로운 데이터를 입력해 보자.

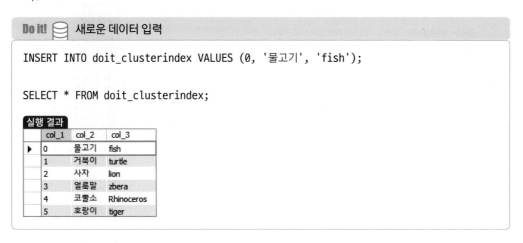

새롭게 입력된 데이터 또한 기본키를 기준으로 저장된 것을 확인할 수 있다.

▶ 그런데 이런 식으로 데이터가 끼어들면 인덱스 공간이 없어서 공간을 확보하기 위해 인덱스 분할이 발생하는데, 이때 성능 문제가 발생할 수 있으므로 주의하자.

4. 만약에 데이터가 한글이었다면 가나다순으로, 영어였다면 알파벳순으로 정렬되었을 것이다. 기존에 생성된 기본키를 삭제하고 col_2 기준으로 기본키를 생성한 뒤 데이터를 조회해 보자.

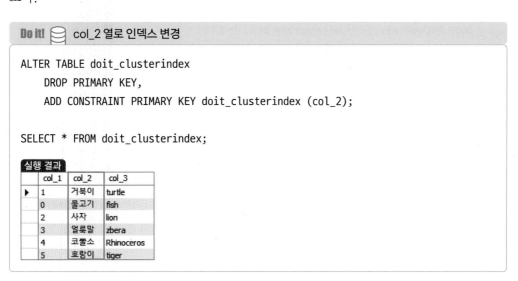

col_2 열을 인덱스로 지정한 결과, 데이터가 가나다순으로 정렬된 것을 확인할 수 있다.

5. 이번에는 영문 데이터가 있는 col_3 열을 기본키로 지정해 보자.

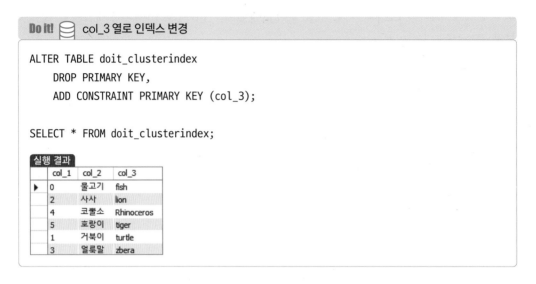

col_3 열을 인덱스로 지정한 결과, 데이터가 알파벳순으로 정렬된 것을 확인할 수 있다.

6. 이번에는 열을 2개 이상 합한 인덱스를 만들어 보자. 이러한 인덱스를 복합키^{composite key} 인덱스라고 하는데, 인덱스의 순서에 따라 인덱스 정렬이 발생하므로 열의 순서가 매우 중요하다.

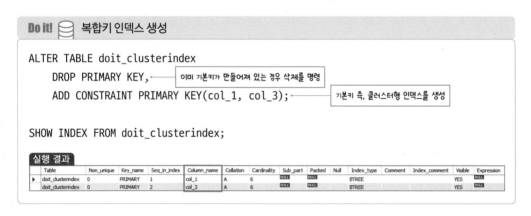

테이블에 인덱스가 생성되어 있는 것을 확인하기 위해 SHOW INDEX FROM doit_clusterindex; 를 사용해 이와 같은 결과를 얻었다. doit_clusterindex라는 이름의 인덱스에 col_1, col_3

열이 포함된 것을 확인할 수 있다. 그리고 인덱스 생성 시 나열한 열 순서대로 시퀀스가 부여된 것을 확인할 수 있다.

만약에 문자열 형식의 열에 숫자형 문자, 한글, 영어, 특수 문자 등 다양한 문자가 섞였을 경우 데이터 우선순위에 따라 정렬 순서가 정해진다. 어떻게 정렬되는지 궁금하다면 한번 다양한 데이터를 직접 입력하여 인덱스를 생성해 보길 바란다.

▶ 인덱스를 만들지 않고도 확인하는 방법이 있다. 클러스터형 인덱스는 데이터를 정렬된 상태로 저장한다고 했다. 그렇다면 우리가 앞에서 배운 ORDER BY 문을 사용해도 확인할 수 있을 것이다.

7. 생성한 인덱스들을 삭제하려면 DROP 문을 사용한다. 앞에서 만든 복합키 인덱스를 모두 삭제해 보자.

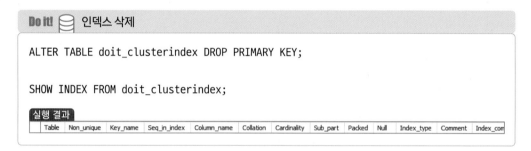

Do it! 🗄 인덱스 삭제

```
ALTER TABLE doit_clusterindex DROP PRIMARY KEY;

SHOW INDEX FROM doit_clusterindex;
```

실행 결과

	Table	Non_unique	Key_name	Seq_in_index	Column_name	Collation	Cardinality	Sub_part	Packed	Null	Index_type	Comment	Index_com

결과를 살펴보면 복합키 인덱스였던 기본키가 삭제된 것을 확인할 수 있다.

비클러스터형 인덱스 생성과 삭제 방법

1. 이번에는 동일한 테이블과 데이터로 비클러스터형 인덱스를 생성하는 실습을 진행해 보자. 비클러스터형 인덱스는 데이터를 정렬해서 저장하진 않고 별도의 인덱스 페이지에 데이터 주소를 정렬하여 저장한다고 설명했다. 실제로 비클러스터형 인덱스에서는 데이터가 어떻게 저장되는지 확인해 보자.

Do it! 🗄 실습을 위한 테이블과 데이터 생성

```
USE doitsql;

DROP TABLE IF EXISTS doit_nonclusterindex;
CREATE TABLE doit_nonclusterindex (
col_1 INT,
col_2 VARCHAR(50),
col_3 VARCHAR(50)
);
```

```
INSERT INTO doit_nonclusterindex VALUES (2, '사자', 'lion');
INSERT INTO doit_nonclusterindex VALUES (5, '호랑이', 'tiger');
INSERT INTO doit_nonclusterindex VALUES (3, '얼룩말', 'zbera');
INSERT INTO doit_nonclusterindex VALUES (4, '코뿔소', 'Rhinoceros');
INSERT INTO doit_nonclusterindex VALUES (1, '거북이', 'turtle');

SELECT * FROM doit_nonclusterindex;
```

실행 결과

col_1	col_2	col_3
2	사자	lion
5	호랑이	tiger
3	얼룩말	zbera
4	코뿔소	Rhinoceros
1	거북이	turtle

결과를 살펴보면 클러스터형 인덱스 실습을 위한 테이블과 데이터를 생성했을 때와 마찬가지로 데이터가 입력한 순서대로 저장된 것을 확인할 수 있다.

2. col_1 기준으로 비클러스터형 인덱스를 생성해 보자.

Do it! 🗄 비클러스터형 인덱스 생성

```
CREATE INDEX ix_doit_nonclusterindex_1 ON doit_nonclusterindex (col_1);
SELECT * FROM doit_nonclusterindex;
```

실행 결과

col_1	col_2	col_3
2	사자	lion
5	호랑이	tiger
3	얼룩말	zbera
4	코뿔소	Rhinoceros
1	거북이	turtle

결과를 살펴보면 인덱스를 생성했지만 인덱스 열(여기선 col_1)을 기준으로 데이터가 정렬되지 않은 것을 확인할 수 있다.

▶ 비클러스터형 인덱스도 SHOW INDEX FROM doit_nonclusterindex;를 입력해 인덱스를 확인할 수 있다.

3. 데이터를 하나 추가해 보자. 데이터가 추가되어도 입력된 순서대로 저장되고 정렬되지는 않는다.

Do it! 새로운 데이터 입력

```
INSERT INTO doit_nonclusterindex VALUES (0, '물고기', 'fish');
SELECT * FROM doit_nonclusterindex;
```

	col_1	col_2	col_3
▶	2	사자	lion
	5	호랑이	tiger
	3	얼룩말	zbera
	4	코뿔소	Rhinoceros
	1	거북이	turtle
	0	물고기	fish

4. 비클러스터형 인덱스는 여러 개 만들 수 있다고 했다. 각 열을 모두 인덱스로 만들어 보자.

Do it! 각 열별로 인덱스 생성

```
CREATE INDEX ix_doit_nonclusterindex_2 ON doit_nonclusterindex (col_2);
CREATE INDEX ix_doit_nonclusterindex_3 ON doit_nonclusterindex (col_3);

SELECT * FROM doit_nonclusterindex;
```

	col_1	col_2	col_3
▶	2	사자	lion
	5	호랑이	tiger
	3	얼룩말	zbera
	4	코뿔소	Rhinoceros
	1	거북이	turtle
	0	물고기	fish

인덱스가 여러 개 생성되었지만 각 열의 데이터 정렬 순서는 여전히 변함이 없다.

5. 이번에는 열을 2개 이상 묶어서 인덱스를 생성해 보자. 비클러스터형 인덱스 또한 인덱스의 순서에 따라 인덱스 페이지 내부에 정렬하므로 열의 순서가 매우 중요하다.

```
CREATE INDEX ix_doit_nonclusterindex_1_2 ON doit_nonclusterindex (col_1, col_2);
CREATE INDEX ix_doit_nonclusterindex_1_3 ON doit_nonclusterindex (col_1, col_3);

SHOW INDEX FROM doit_nonclusterindex;
```

실행 결과

Table	Non_unique	Key_name	Seq_in_index	Column_name	Collation	Cardinality	Sub_part	Packed	Null	Index
doit_nonclusterindex	1	ix_doit_nonclusterindex_1	1	col_1	A	5	NULL	NULL	YES	BTREE
doit_nonclusterindex	1	ix_doit_nonclusterindex_2	1	col_2	A	6	NULL	NULL	YES	BTREE
doit_nonclusterindex	1	ix_doit_nonclusterindex_3	1	col_3	A	6	NULL	NULL	YES	BTREE
doit_nonclusterindex	1	ix_doit_nonclusterindex_1_2	1	col_1	A	6	NULL	NULL	YES	BTREE
doit_nonclusterindex	1	ix_doit_nonclusterindex_1_2	2	col_2	A	6	NULL	NULL	YES	BTREE
doit_nonclusterindex	1	ix_doit_nonclusterindex_1_3	1	col_1	A	6	NULL	NULL	YES	BTREE
doit_nonclusterindex	1	ix_doit_nonclusterindex_1_3	2	col_3	A	6	NULL	NULL	YES	BTREE

테이블에 인덱스가 생성되어 있는 것을 확인하기 위해 SHOW INDEX FROM doit_nonclusterindex; 를 사용해 이와 같은 결과를 얻었다. doit_nonclusterindex 테이블에 생성되어 있는 모든 인덱스의 이름과 해당 인덱스에 포함된 열의 정보 및 순서를 확인할 수 있다.

6. 마지막으로 생성된 인덱스들을 삭제하려면 DROP 문을 사용한다. 앞에서 만든 복합키 인덱스를 모두 삭제해 보자.

```
DROP INDEX ix_doit_nonclusterindex_1_2 ON doit_nonclusterindex;
DROP INDEX ix_doit_nonclusterindex_1_3 ON doit_nonclusterindex;

SHOW INDEX FROM doit_nonclusterindex;
```

실행 결과

Table	Non_unique	Key_name	Seq_in_index	Column_name	Collation	Cardinality	Sub_part	Packed	Null	Index_type	Comment	Index_comment	Vis
doit_nonclusterindex	1	ix_doit_nonclusterindex_1	1	col_1	A	5	NULL	NULL	YES	BTREE			YES
doit_nonclusterindex	1	ix_doit_nonclusterindex_2	1	col_2	A	6	NULL	NULL	YES	BTREE			YES
doit_nonclusterindex	1	ix_doit_nonclusterindex_3	1	col_3	A	6	NULL	NULL	YES	BTREE			YES

복합키 인덱스였던 ix_doit_nonclusterindex_1_2, ix_doit_nonclusterindex_1_3가 삭제된 것을 확인할 수 있다.

07-4 뷰

뷰^{view}는 데이터베이스에 존재하는 가상의 테이블이라고 할 수 있다. 뷰는 테이블이나 데이터를 직접 소유하지 않고 테이블의 형태만 차용하여 테이블처럼 사용할 수 있게 해주는 역할을 한다. 그렇기 때문에 사용자는 뷰를 테이블과 거의 동일하게 취급한다.

뷰는 SELECT 문으로 만들며, 실제 사용자가 뷰를 호출했을 때 SELECT 문이 실행되고 그 결과가 화면에 출력된다. 뷰는 한 테이블만 구성할 수도 있고, 다수의 테이블로 조인하여 구성할 수도 있다. 테이블 하나로 뷰를 생성할 경우 **단일 뷰**라고 하며, 다수의 테이블로 구성된 뷰를 **복합 뷰**라고 한다.

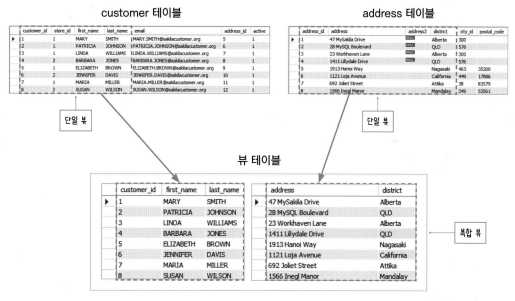

단일 뷰와 복합 뷰 예

현재 삭제하려는 테이블이 다른 테이블과 종속 관계에 있으며, 상위 테이블일 때 삭제할 수 없다. 하지만 뷰에서 사용 중인 테이블을 아무런 제약 없이 삭제할 수 있다. 단, 뷰를 조회했을 때 참조하는 테이블이 삭제되었기 때문에 뷰 조회에 관한 오류가 발생하므로 반드시 주의해야 한다.

뷰를 사용하는 이유

뷰는 편의성, 보안성, 유지 보수성 등의 장점이 있어 많이 사용한다. 예를 들어 회사에서 부서별로 필요한 고객 정보 외에 다른 정보를 보여주고 싶지 않을 때, 별도의 테이블을 만들어 데이터를 복사하는 방식이 아닌 부서별로 필요한 열로만 구성한 가상의 뷰 테이블을 사용하면 보안 및 편의성이 강화된다. 다음 표를 통해 뷰의 장단점을 정리해 보자.

장점	단점
• 복잡한 쿼리를 단축시켜 놓기 때문에 사용자는 편리하게 사용할 뿐만 아니라 유지·보수에도 유리하다. • 테이블과 열 이름 등을 숨길 수 있으며, 권한에 따라 필요한 열만 구성해 사용할 수 있으므로 보안성이 우수하다.	• 한 번 정의된 뷰는 변경할 수 없다. • 삽입, 삭제, 갱신 작업을 하는 데 제한 사항이 많다. • 뷰는 인덱스를 가질 수 없다.

뷰 생성 및 조회하기

1. 다음은 뷰를 생성하기 위한 기본 형식이다.

> **뷰 생성 기본 형식**
>
> CREATE VIEW 뷰 이름
> AS
>   <SELECT 문>

▶ 뷰 이름은 일반적인 테이블 이름과 동일하다. 다만 뷰 테이블이라는 것은 구분하기 위해 일반적으로 v_로 시작하는 접두어를 사용하여 이름을 지으면 나중에 일반 테이블인지 뷰 테이블인지 구분하기 편리하다.

이를 이용해 간단히 customer 테이블의 일부 열을 보여 주는 뷰를 생성해 보자.

Do it! 일부 열을 보여주는 뷰 생성

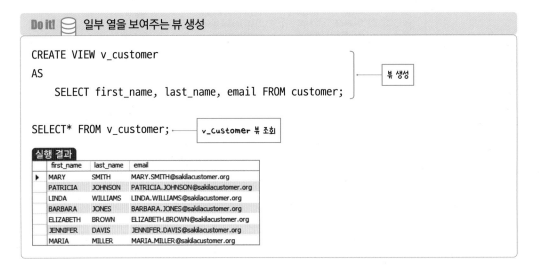

이와 같이 뷰에서 정의한 테이블과 열만 조회되는 것을 확인할 수 있다. 이렇게 뷰를 만들어서 사용하면 사용자는 실제 뷰가 내부적으로는 어떤 테이블의 데이터를 보여주는지 알 수 없다. 그렇기 때문에 뷰에 대한 접근 권한만 부여하면 원래의 테이블에 대한 민감한 정보를 노출하지 않고 필요한 정보만 최소한으로 노출할 수 있다.

2. 이번에는 2개 이상의 테이블로 뷰를 만들어 보자. 생성한 뷰는 customer 테이블과 payment 테이블을 조인하여 결제 금액(amount)과 고객 정보(first_name, last_name, email)를 표시한다.

> **Do it!** 🗄 2개의 테이블을 조인해 원하는 데이터를 보여주는 뷰 생성

```
CREATE VIEW v_payuser
AS
    SELECT first_name, last_name, email, amount, address_id
    FROM customer AS a
        INNER JOIN (SELECT customer_id, SUM(amount) AS amount FROM payment
        GROUP BY customer_id) AS b ON a.customer_id = b.customer_id;


SELECT * FROM v_payuser;
```

실행 결과

	first_name	last_name	email	amount
▶	MARY	SMITH	MARY.SMITH@sakilacustomer.org	118.68
	PATRICIA	JOHNSON	PATRICIA.JOHNSON@sakilacustomer.org	128.73
	LINDA	WILLIAMS	LINDA.WILLIAMS@sakilacustomer.org	135.74
	BARBARA	JONES	BARBARA.JONES@sakilacustomer.org	81.78
	ELIZABETH	BROWN	ELIZABETH.BROWN@sakilacustomer.org	144.62
	JENNIFER	DAVIS	JENNIFER.DAVIS@sakilacustomer.org	93.72
	MARIA	MILLER	MARIA.MILLER@sakilacustomer.org	151.67

이와 같이 뷰를 생성할 때 일반 테이블을 조회하듯이 사용하며 된다. 즉, v_payuser 뷰를 조회할 때 WHERE 절, GROUP BY 절 등에서도 사용할 수 있다.

3. 뷰 테이블과 일반 테이블을 조인할 수도 있다. 다음 쿼리는 조금 전 생성한 v_payuser 테이블과 일반 테이블을 조인하여 조회한다.

> **Do it!** 🗄 뷰 테이블과 일반 테이블 조인

```
SELECT a.*, b.*
FROM v_payuser AS a
    INNER JOIN address AS b ON a.address_id = b.address_id;
```

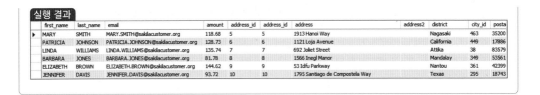

first_name	last_name	email	amount	address_id	address_id	address	address2	district	city_id	posta
MARY	SMITH	MARY.SMITH@sakilacustomer.org	118.68	5	5	1913 Hanoi Way		Nagasaki	463	35200
PATRICIA	JOHNSON	PATRICIA.JOHNSON@sakilacustomer.org	128.73	6	6	1121 Loja Avenue		California	449	17886
LINDA	WILLIAMS	LINDA.WILLIAMS@sakilacustomer.org	135.74	7	7	692 Joliet Street		Attika	38	83579
BARBARA	JONES	BARBARA.JONES@sakilacustomer.org	81.78	8	8	1566 Inegl Manor		Mandalay	349	53561
ELIZABETH	BROWN	ELIZABETH.BROWN@sakilacustomer.org	144.62	9	9	53 Idfu Parkway		Nantou	361	42399
JENNIFER	DAVIS	JENNIFER.DAVIS@sakilacustomer.org	93.72	10	10	1795 Santiago de Compostela Way		Texas	295	18743

뷰 수정하기

1. 다음은 뷰를 수정하기 위한 기본 형식이다.

뷰 수정 기본 형식

```
ALTER VIEW 뷰 이름
AS
    <SQL 문>
```

<SQL 문>에는 그동안 우리가 배운 SELECT, WHERE 등을 활용하면 된다.

다음 쿼리는 v_customer 뷰를 수정한다. 이때 수정된 first_name, last_name, email을 반환하는 뷰에서 customer_id, first_name, last_name, email, address_id를 반환하도록 작성하였다.

Do it! 뷰 수정

```
ALTER VIEW v_customer
AS
    SELECT customer_id, first_name, last_name, email, address_id
    FROM customer;


SELECT * FROM v_customer;
```

실행 결과

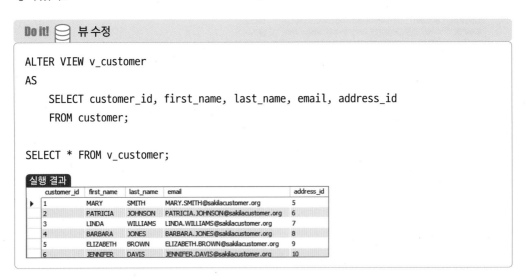

customer_id	first_name	last_name	email	address_id
1	MARY	SMITH	MARY.SMITH@sakilacustomer.org	5
2	PATRICIA	JOHNSON	PATRICIA.JOHNSON@sakilacustomer.org	6
3	LINDA	WILLIAMS	LINDA.WILLIAMS@sakilacustomer.org	7
4	BARBARA	JONES	BARBARA.JONES@sakilacustomer.org	8
5	ELIZABETH	BROWN	ELIZABETH.BROWN@sakilacustomer.org	9
6	JENNIFER	DAVIS	JENNIFER.DAVIS@sakilacustomer.org	10

결과를 살펴보면 수정된 내용으로 조회되는 것을 확인할 수 있다.

2. 만약 뷰가 없는 상태에서 뷰를 수정하려고 시도하면 당연히 오류가 발생한다. 또한 무작정 **CREATE VIEW**를 하면 뷰가 이미 생성되어 있을 수 있어 오류가 발생한다. 이때 다음 구문을 사용하면 기존 생성된 뷰를 대체하거나 존재하지 않을 때에도 뷰를 생성할 수 있다.

> **뷰 생성 또는 교체 기본 형식**
>
> CREATE OR REPLACE VIEW 뷰 이름
> AS
>   <SQL 문>

다음 쿼리는 v_customer이라는 뷰를 생성하는데, 이때, v_customer이라는 뷰가 존재하면 동일한 이름으로 **'뷰가 이미 있으면 수정, 없으면 생성'**으로 교체한다.

Do it! 🗄 v_customer 뷰 생성 및 교체

```
CREATE OR REPLACE VIEW v_customer
AS
    SELECT '뷰가 이미 있으면 수정, 없으면 생성';


SELECT * FROM v_customer;
```

실행 결과

뷰가 이미 있으면 수정, 없으면 생성
▶ 뷰가 이미 있으면 수정, 없으면 생성

이전까지의 실습으로 v_customer이라는 뷰가 이미 존재하고 있었으므로 생성 대신 교체로 진행되었고, 변경된 내용이 적용된 것을 확인할 수 있다.

뷰 정보 확인하기

내가 아닌 다른 사람이 뷰를 만들었을 경우 해당 뷰가 어떤 열을 가지고 있고, 데이터 유형은 무엇인지 파악이 필요하다. 때문에 뷰 정보를 파악하는 것이 중요하다.

1. 뷰 정보를 확인하려면 다음과 같이 DESCRIBE 문을 사용한다. DESCRIBE과 함께 뷰 이름을 입력해 보자.

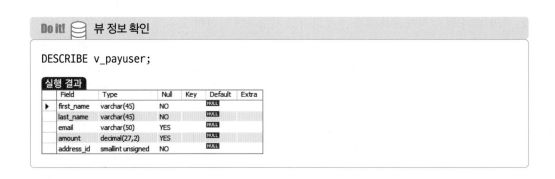

Do it! 🗄 뷰 정보 확인

```
DESCRIBE v_payuser;
```

실행 결과

Field	Type	Null	Key	Default	Extra
first_name	varchar(45)	NO		NULL	
last_name	varchar(45)	NO		NULL	
email	varchar(50)	YES		NULL	
amount	decimal(27,2)	YES		NULL	
address_id	smallint unsigned	NO		NULL	

이를 통해 뷰에 포함되어 있는 열의 이름 및 데이터 유형 정보, NULL 허용 여부 등에 대한 정보를 얻을 수 있다.

2. 뷰 정보를 다른 SQL 문으로도 확인할 수 있다. 그러기 위해 SHOW CREATE VIEW를 입력해 보자. DESCRIBE와 차이점은 DESCRIBE는 열 이름 및 데이터 유형에 대해서만 보여주는 반면, SHOW CREATE VIEW 명령은 뷰를 생성할 때 사용되었던 쿼리문을 보여준다.

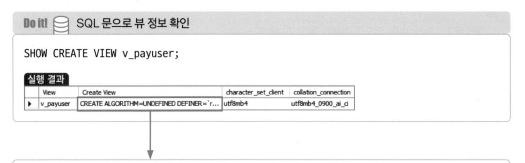

Do it! 🗄 SQL 문으로 뷰 정보 확인

```
SHOW CREATE VIEW v_payuser;
```

실행 결과

View	Create View	character_set_client	collation_connection
v_payuser	CREATE ALGORITHM=UNDEFINED DEFINER=`r...	utf8mb4	utf8mb4_0900_ai_ci

```
CREATE ALGORITHM=UNDEFINED DEFINER=`root`@`localhost` SQL SECURITY DEFINER
VIEW `v_payuser` AS select `a`.`first_name` AS `first_name`,`a`.`last_name` AS
`last_name`,`a`.`email` AS `email`,`b`.`amount` AS `amount`,`a`.`address_id`
AS `address_id` from (`customer` `a` join (select `payment`.`customer_id` AS
`customer_id`,sum(`payment`.`amount`) AS `amount` from `payment` group by `pay
ment`.`customer_id`) `b` on((`a`.`customer_id` = `b`.`customer_id`)))
```

뷰에 대한 접근 권한과 뷰를 생성할 때 정의된 SQL 문을 확인할 수 있다. 이러한 방법을 통해 만약에 내가 해당 뷰의 작성자가 아니더라도 뷰의 구조를 쉽게 파악할 수 있다.

뷰 삭제하기

생성된 뷰를 삭제하기 위해서는 DROP VIEW를 사용한다.

Do it! 🗄 뷰 삭제

```
DROP VIEW v_customer;
DROP VIEW v_payuser;
```

여기서는 이전 실습에서 생성한 두 개의 뷰를 모두 삭제하였다. 뷰가 삭제됐음을 눈으로 확인하기 위해 해당 뷰를 조회해 보면 쿼리 오류가 발생할 것이다. 워크벤치의 내비게이터에서 view를 확장해서도 확인할 수 있다.

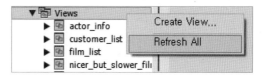

뷰를 사용해 데이터 조작하기

뷰 테이블에 데이터를 입력하고 수정, 삭제를 진행해 보자. 03-1절에서 사용한 INSERT, UPDATE, DELETE 등을 사용해 데이터를 입력, 수정, 삭제했던 방법과 같아 어려울 것은 없다.

1. 실습을 위해 테이블과 뷰를 생성해 보자.

Do it! 🗄 테이블과 뷰 생성

```
CREATE TABLE tbl_a (
col_1 INT NOT NULL,
col_2 VARCHAR(50) NOT NULL
);

CREATE TABLE tbl_b (
col_1 INT NOT NULL,
col_2 VARCHAR(50) NOT NULL
);

INSERT INTO tbl_a VALUES(1, 'tbl_a_1');
INSERT INTO tbl_a VALUES(2, 'tbl_a_2');
INSERT INTO tbl_b VALUES(1, 'tbl_b_1');
INSERT INTO tbl_b VALUES(2, 'tbl_b_2');
```

← 테이블 생성

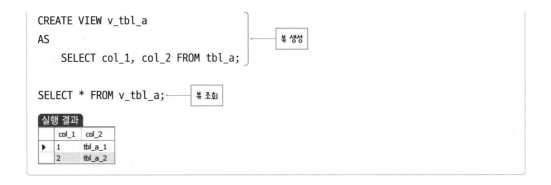

tbl_a와 tbl_b라는 테이블을 생성한 뒤, 각 열에 데이터를 입력했다. 그다음, tbl_a 테이블을 사용한 v_tbl_a라는 단일 뷰 테이블을 생성해 이를 조회한 결과이다.

2. 단일 뷰의 데이터를 수정해 보자. 앞서 데이터를 수정했을 때와 마찬가지로 UPDATE 문으로 v_tbl_a의 열을 수정하면 되는데, 뷰는 기본키가 없는 테이블이므로 데이터를 수정할 때 WHERE 절에서 참고하는 키 열이 없어 오류가 발생한다. 안전 모드가 활성화되어 오류를 발생시키는 것이므로 안전 모드를 비활성화해야 쿼리를 실행할 수 있다. 이러한 이유로 SET SQL_SAFE_UPDATES = 0를 사용해 안전 모드를 비활성화한 뒤, 테이블 수정한다.

▶ 안전 모드 활성화와 관련해 03-1절에서 UPDATE 문으로 데이터 수정했을 때 자세히 다뤘었다. 기억이 나지 않는다면 돌아가 복습해 보자.

Do it! 🗄 단일 뷰 데이터 수정

```
SET SQL_SAFE_UPDATES = 0;  ── 안전 모드 비활성화

UPDATE v_tbl_a SET col_2 = 'tbl_a 열 수정'  ┐
WHERE col_1 = 1;                            ┘ ── 데이터 수정

SELECT * FROM v_tbl_a;
```

실행 결과

col_1	col_2
▶ 1	tbl_a 열 수정
2	tbl_a_2

쿼리를 실행한 결과, 뷰 테이블에서 데이터가 수정된 것을 확인할 수 있다.

▶ 이 쿼리를 실습한 뒤, 결과를 확인하고 나서 SET SQL_SAFE_UP-DATES = 1;를 입력해 안전 모드를 다시 활성화한다.

3. 이번에는 뷰 테이블에 데이터를 추가해 보자.

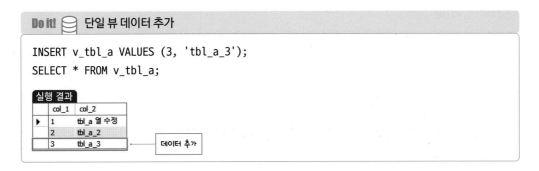

4. 이번에는 뷰를 사용하여 데이터를 삭제해 보자.

▶ 데이터 삭제가 제대로 실행되지 않는다면 여기서도 안전 모드를 비활성화한 뒤, 삭제를 진행해 보자.

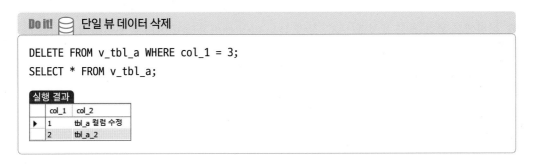

5. v_tbl_a와 별개로 tbl_a 테이블을 참조하는 열이 하나만 있는 뷰를 하나 더 생성해 보자. 그리고 나서 그 뷰에 데이터를 추가해 보자.

Do it! 🗄️ 새로운 뷰 생성 후 데이터 추가

```
CREATE VIEW v_tbl_a2
AS
    SELECT col_1 FROM tbl_a;

INSERT v_tbl_a2 VALUES (5);
```

이 쿼리를 실행하면 다음과 같은 오류가 발생한다.

```
Error Code: 1423. Field of view 'doitsql.v_tbl_a2' underlying table doesn't have a
default value
```

처음에 우리가 생성한 테이블 tbl_a는 col_1, col_2 두 개의 열이 존재하고 NULL을 허용하지 않도록 정의하였다. 그리고 v_tbl_a2 뷰에서는 col_1만 사용하도록 정의하였다. 현재 우리는 v_tbl_a2 뷰 테이블만 보고 열이 하나만 있다고 생각하여 해당 뷰에 데이터를 추가하려고 하였으나, 실제 원본 테이블은 두 개의 열이 있고 NULL을 허용하지 않기 때문에, 뷰와 원본 테이블이 서로 열이 일치하지 않아 오류가 발생한 것이다.

따라서 이러한 이유 때문에 데이터를 입력, 삭제, 수정하는 작업은 가급적 뷰보다는 원본 테이블에서 직접 수행하는 것을 권장한다.

6. 이번에는 복합 뷰를 생성해 보자. 복합 뷰는 여러 테이블의 데이터를 조인하여 조회할 때, 사전에 정의된 뷰로 쉽게 조회할 수도 있고, 특정 사용자에게 하나의 테이블처럼 제공할 때 사용되기 때문에 단일 뷰보다는 복합 뷰가 일반적으로 많이 사용된다. 다음 쿼리는 앞에서 생성한 테이블 tbl_a, tbl_b를 조인하여 v_tbl_a_b라는 복합 뷰를 생성한다.

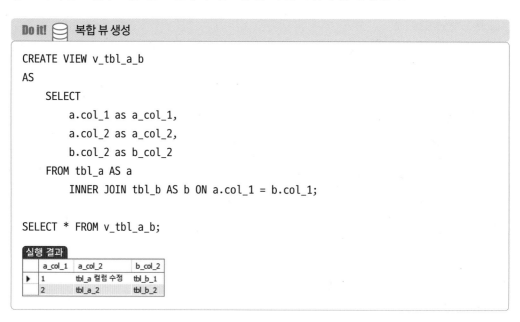

Do it! 🗄 복합 뷰 생성

```
CREATE VIEW v_tbl_a_b
AS
    SELECT
        a.col_1 as a_col_1,
        a.col_2 as a_col_2,
        b.col_2 as b_col_2
    FROM tbl_a AS a
        INNER JOIN tbl_b AS b ON a.col_1 = b.col_1;


SELECT * FROM v_tbl_a_b;
```

실행 결과

	a_col_1	a_col_2	b_col_2
▶	1	tbl_a 컬럼 수정	tbl_b_1
	2	tbl_a_2	tbl_b_2

결과를 살펴보면, v_tbl_a_b에 정의된 대로 tbl_a의 데이터와 tbl_b의 데이터가 조인되어 하나의 뷰 테이블로 묶인 것을 확인할 수 있다.

7. 이번에는 복합 뷰 데이터를 수정해 보자.

> **Do it!** 💾 **복합 뷰 데이터 수정**

```
UPDATE v_tbl_a_b SET a_col_2 = 'tbl_a 컬럼 수정', b_col_2 = 'tbl_b 컬럼 수정'
WHERE a_col_1 = 1;
```

다음과 같은 오류가 발생한다.

```
Error Code: 1393. Can not modify more than one base table through a join view 'doitsql.v_
tbl_a_b'
```

오류 내용을 살펴보면 복합 뷰의 경우 데이터를 수정할 수 없다고 한다. 즉, 복합 뷰에서 보여지는 열은 특정 테이블과 조인된 결과이기 때문에 해당 뷰의 열 정보만으로 원래의 어느 테이블의 열이었는지 확인이 되지 않아 데이터를 수정할 수 없는 것이다.

8. 뷰 테이블의 데이터를 입력해 보자.

> **Do it!** 💾 **복합 뷰 데이터 입력**

```
INSERT v_tbl_a_b VALUES (3, 'tbl_a_3', 'tbl_b_3');
```

다음과 같은 오류가 발생한다.

```
Error Code: 1394. Can not insert into join view 'doitsql.v_tbl_a_b' without fields
list
```

입력 또한 수정과 마찬가지로 조인된 결과의 가상의 테이블이기 때문에 실제 어느 테이블에 데이터를 입력해야 하는지 정확히 알 수 없고, 단일 뷰 실습에서도 확인한 바와 같이 입력하려는 데이터와 열 구성이 같지 않으므로 오류가 발생하는 것이다.

9. 뷰가 생성되어 있는 상태에서 뷰에서 참조하고 있는 테이블을 삭제해 보자. 문제없이 잘 삭제된다.

> **Do it! 🗄 참조 테이블 삭제**
>
> ```
> DROP TABLE tbl_a;
> ```

그리고 뷰를 조회하면 오류가 발생한다.

> **Do it! 🗄 참조 테이블 삭제된 뷰 조회**
>
> ```
> SELECT * FROM v_tbl_a_b;
> ```

```
Error Code: 1356. View 'doitsql.v_tbl_a_b' references invalid table(s) or column(s)
or function(s) or definer/invoker of view lack rights to use them
```

오류 내용을 살펴보면 v_tbl_a_b 뷰에서 참조하는 테이블이 유효하지 않아서 발생하는 오류이다.

10. CHECK TABLE로 뷰의 상태를 확인해 보자. 앞서 tbl_a 테이블을 삭제했기 때문에 뷰가 참조하는 테이블이 존재하지 않아 오류가 발생하는 것을 확인할 수 있다.

> **Do it! 🗄 뷰 정보 확인**
>
> ```
> CHECK TABLE tbl_a_b;
> ```
>
> **실행 결과**
>
> | Table | Op | Msg_type | Msg_text |
> |---|---|---|---|
> | doitsql.v_tbl_a_b | check | Error | View 'doitsql.v_tbl_a_b' references invalid table(s) or column(s) or function(s) or definer/invoker of view lack rights to use them |
> | doitsql.v_tbl_a_b | check | error | Corrupt |

결과를 살펴보면 뷰에서 참조하는 테이블이 유효하지 않다는 것을 확인할 수 있다.

이러한 오류는 사실 현업에서는 흔히 겪을 수 있다. 그래서 스키마나 ERD를 철저히 관리하고 현행화하는 습관을 가져 이와 같은 오류가 발생하지 않도록 주의를 기울여야 한다.

07-5 스토어드 함수와 커서

스토어드 함수stored function는 사용자 함수라고도 하는데, MySQL이 제공하는 기본 함수를 그대로 사용할 수 없거나 필요로 하는 기능을 제공하는 함수가 없을 경우 사용자가 스토어드 함수를 직접 만들어서 사용할 수 있다. 스토어드 함수는 스토어드 프로시저와 형태와 작성 방법이 비슷하지만 차이점이 있다. 가장 크게 다른 점으로 스토어드 프로시저는 SELECT 문으로 데이터를 반환할 수 있는 반면, 스토어드 함수는 반드시 RETURN으로 하나의 값만 반환하는 특징이 있다.

그다음으로 커서cursor는 데이터를 1행씩 처리해야 할 때 스토어드 프로시저 안에서 사용할 수 있는 프로그래밍 방식으로, 성능 문제를 야기할 수 있어 자주 사용하지 않지만 커서로 데이터를 처리해야 하는 경우가 있어서 기본 사용법을 알아 두면 도움이 될 것이다.

스토어드 함수 이해하기

스토어드 함수는 앞에서 설명했던 스토어드 프로시저와 비슷하다. 하지만 앞에서 간단히 설명한 것처럼 작성법은 비슷하지만 세부적으로 보면 조금 다른 부분이 있다. 스토어드 함수 생성 및 사용 방법을 학습하면서 스토어드 프로시저와 어떻게 다른지 확인해 보자.

스토어드 함수 만들기

MySQL에서는 다양한 함수를 제공한다. 서버의 이름이나 시간 등을 확인하는 시스템 함수뿐만 아니라 앞에서 배운 각종 문자열 함수, 날짜 함수, 집계 함수 등을 다양하게 제공한다. 하지만 제공되는 함수만으로 문제 해결이 어렵거나 자주 쓰거나 특별한 기능을 가진 함수를 만들고 싶을 때 스토어드 함수를 활용하면 된다. 다음은 스토어드 함수를 생성하는 기본 형식이다.

1. 스토어드 함수를 생성하려면 먼저 생성 권한을 부여해야 한다. 다음 쿼리를 실행하여 생성 권한을 부여해 보자. 이 쿼리는 시스템 설정을 변경하는 쿼리라는 정도로만 알고 넘어가자.

Do it! 🗄 함수 생성 권한 부여

```
SET GLOBAL log_bin_trust_function_creators = 1;
```

▶ 만약 해당 권한이 부여되지 않은 상태에서 사용자 함수를 생성할 경우 'Error Code: 1418. This function has none of DETERMINISTIC, NO SQL, or READS SQL DATA ~'라는 오류가 발생한다. 바이너리 로깅이 활성화되어 있는 상태에서는 결정적 선언을 할 수 없다는 내용이다.

2. 설정 변경이 완료되었으면 본격적으로 스토어드 함수를 생성해 보자. 이 함수는 숫자 2개를 입력받아서 더한 값을 반환한다.

Do it! 🗄 스토어드 함수 생성

```
USE doitsql;
DROP FUNCTION IF EXISTS user_sum;

DELIMITER $$
CREATE FUNCTION user_sum(num_1 INT, num_2 INT)
    RETURNS INT
BEGIN
    RETURN num_1 + num_2;

END $$
DELIMITER ;
```

스토어드 함수 사용하기

앞에서 생성한 스토어드 함수를 호출하여 사용해 보자. 스토어드 함수도 다른 함수들과 마찬가지로 SELECT 문으로 결과를 확인할 수 있다.

SELECT 뒤에 생성한 함수명을 입력하고, 괄호 안에 함수의 인자(매개변수)를 입력하는데 인자의 개수와 순서, 데이터 유형에 맞춰야 한다. 여기서는 1과 5를 입력했고, 생성한 스토어드함수는 정의한 대로 인자로 입력받은 두 수를 더한 값으로 정수 6을 반환한다.

스토어드 함수 내용 확인 및 삭제하기

1. 스토어드 함수 내용을 확인하려면 SHOW 문을 사용한다.

2. 생성한 스토어드 함수를 삭제할 때는 DROP 문을 사용한다.

앞서 스토어드 함수를 삭제하고 나면 스토어드 프로시저를 삭제했을 때와 마찬가지로 워크벤치의 내비게이터에서 [Functions]를 확장하여 삭제된 것을 확인할 수 있다.

커서 알아 두기

커서는 테이블의 데이터를 1행씩 처리하는 방법으로 스토어드 프로시저 내부에서 사용할 수 있다. 기본 동작 원리는 첫 번째 행을 시작으로 각 행을 처리한 후에 마지막 행까지 데이터를 모두 처리하면 동작이 완료된다.

커서	행의 시작		
1	Mary	Smith	MARY.SMITH@sakilacustomer.org
2	Patricia	Johnson	PATRICIA.JOHNSON@sakilacustomer.org
3	Linda	Williams	LINDA.WILLIAMS@sakilacustomer.org
4	Barbara	Jones	BARBARA.JONES@sakilacustomer.org
5	Elizabeth	Brown	ELIZABETH.BROWN@sakilacustomer.org
	행의 끝		

커서 동작 원리

커서는 다음 순서로 동작한다. 복잡해 보이지만 커서를 설정하기 위한 쿼리를 작성할 때도 동일한 순서를 생각하며 작성하므로 잘 익혀 두어야 한다.

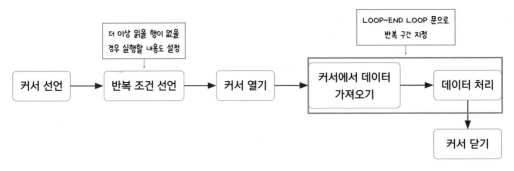

커서 작동 순서

1. 실습하면서 커서의 동작 원리를 살펴보자. 지금 생성할 커서는 payment 테이블에서 staff_id가 1인 경우에 해당하는 결제 금액(amount)을 한 행씩 읽으면서 값을 더한다. 사실 SUM 함수로 한번에 집계할 수도 있지만, 커서를 사용하여 한 행씩 더하는 방법으로 작성해 보자.

```
DROP PROCEDURE IF EXISTS doit_cursor;

DELIMITER $$
CREATE PROCEDURE doit_cursor()
BEGIN
    DECLARE endOfRow BOOLEAN DEFAULT FALSE;
```
┌───┐
│ 마지막 커서 행인지를 저장하기 위한 변수 설정(기본값: FALSE) │
└───┘
```
    -- 커서에 사용할 변수
    DECLARE user_payment_id INT; -- payment_id를 저장할 변수
    DECLARE user_amount DECIMAL(10,2) DEFAULT 0; -- amount를 저장할 변수
    DECLARE idCursor CURSOR FOR -- 커서 선언
    SELECT payment_id FROM payment WHERE staff_id = 1;

    -- 반복 조건 선언
    DECLARE CONTINUE HANDLER -- 행의 끝이면 endOfRow 변수에 TRUE 대입
    FOR NOT FOUND SET endOfRow = TRUE;

    -- 커서 열기
    OPEN idCursor;
    -- 반복 구문
    sum_loop : LOOP
        FETCH idCursor INTO user_payment_id; -- 첫 번째 데이터 가져오기
        IF endOfRow THEN
            LEAVE sum_loop; -- 마지막 행이면 종료
        END IF;

    -- 데이터 처리
    SET user_amount = user_amount + (SELECT amount FROM payment WHERE payment_id
= user_payment_id);
    END LOOP sum_loop;
    -- 데이터 결과 반환
    SELECT user_amount;

    -- 커서 닫기
    CLOSE idCursor;

END$$
DELIMITER ;
```

커서를 사용하면 각 행을 더하면서 실행 중간에 지금까지 연산된 중간 값을 활용할 수 있다는 장점이 있다. 여기에서는 단순히 값을 더하는 것만 실행해 보았지만, 각 행의 값을 읽으면서 다양한 연산을 할 수도 있음을 알아 두자.

2. 커서를 생성한 스토어드 프로시저를 실행하여 커서의 결과를 확인해 보자.

3. 실제 SUM 함수를 사용했을 때와 합계와 동일한지 비교하여 커서가 제대로 실행되었는지를 최종 확인해 보자.

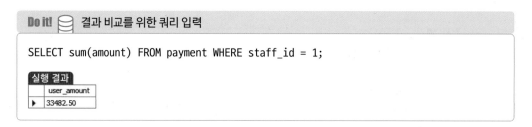

07-6 트리거

방아쇠를 뜻하는 트리거trigger는 방아쇠가 당겨졌을 때 총알이 발사되는 것처럼 데이터베이스에서 테이블에 입력, 수정, 삭제 등 이벤트(방아쇠)가 발생했을 때 미리 정해진 규칙에 따라 자동으로 실행된다. MySQL에는 트리거 기능이 제공되고 있지만 다른 DBMS와 다르게 DDL 문을 수행될 때 동작하는 트리거는 제공하지 않는다. 트리거를 설정해 놓으면 INSERT, UPDATE, DELETE와 같은 DML 문이 수행될 때 데이터베이스에서 자동으로 동작한다. INSERT, UPDATE, DELETE와 같은 명령문을 수행하는 트리거가 미리 생성되어 있는 상태에서 데이터베이스에 DML 문을 입력했을 때 해당 테이블에 트리거가 생성되어 있으면, 데이터의 변경 사항이 트리거 테이블에 기록된다.

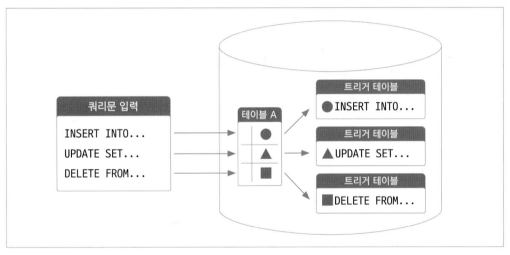

트리거 동작 과정

트리거는 어떠한 테이블에 데이터 수정과 같은 작업이 발생하였을 때, 이전 값의 상태를 별도의 테이블에 보관하고 싶을 때 많이 사용한다. 예를 들어 상품 입출고에 따른 재고 변경이나 판매 금액의 변동이 발생할 때, 이전의 값과 새로운 값을 각각 다른 테이블에 기록함으로써 정상적으로 데이터가 수정되었는지 등을 검증할 수 있다.

MySQL에서 트리거는 다음과 같은 특징이 있다.

트리거의 종류

트리거는 행마다 실행되는 행 트리거와 명령문 단위로 실행되는 문장 트리거로 구분할 수 있다.

행 트리거

행 트리거는 테이블에서 INSERT, UPDATE, DELETE 등의 명령문으로 인해 영향을 받는 행 각각에 이벤트가 실행된다.

오른쪽 표는 각 명령문별로 행의 변경 전후를 기록하는지 여부를 정리한 것이다. 이전 상태의 값을 OLD, 새로운 상태의 값을 NEW라고 한다. INSERT의 경우에는 이전 행이 존재하지 않으므로 OLD가 존재하지 않고, DELETE의

이벤트	OLD	NEW
INSERT	X	O
UPDATE	O	O
DELETE	O	X

경우 이후 상태가 존재하지 않으므로 NEW가 존재하지 않는다.

문장 트리거

문장 트리거는 영향을 받는 행의 개수와 관계없이 INSERT, UPDATE, DELETE 문에 대해 한 번만 실행된다. 즉, 행수에 상관없이 트랜잭션에 대해 문장 트리거가 한 번 실행된다.

트리거 실행 시기

트리거는 이벤트가 발생할 때 실행된다고 설명했다. 이때 데이터가 변경되기 전에 트리거를 실행할 것인지 아니면 데이터가 변경된 후 트리거를 실행할 것인지를 정할 수 있다. 이렇게 변경 전후 트리거가 각각 존재하는 이유는 현재 상태값과 변경된 상태값을 비교할 때, 변경 이전에 기록을 확인할 것인지, 변경 이후 기록을 확인할 것인지의 선택할 수 있도록 하기 위함이다.

BEFORE 트리거는 데이터 변경 이벤트가 발생할 때, 데이터 변경 작업 이전에 트리거가 활성화되어 트리거 테이블에 먼저 변경 사항이 기록되고, 트리거 테이블에 기록이 완료되었을때, 원래의 테이블에 데이터 작업이 진행된다.

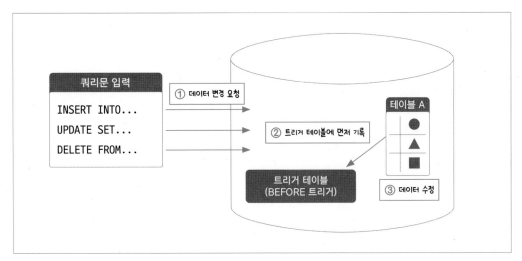

BEFORE 트리거 동작 과정

AFTER 트리거는 데이터 변경 이벤트가 발생하면, 데이터 변경 작업을 진행한 이후에 트리거가 활성화되어 변경된 내용이 트리거 테이블에 기록된다.

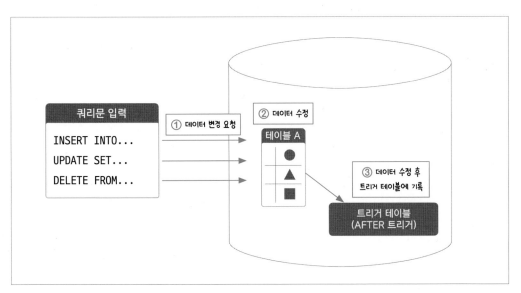

AFTER 트리거 동작 과정

트리거 생성하기

트리거의 개념을 알아보았으니, 간단히 트리거를 만들어 실습을 진행해 보자. 트리거는 스토어드 프로시저를 작성하는 방법과 비슷하다. 트리거는 CREATE TRIGGER 문을 사용하여 생성할 수 있다.

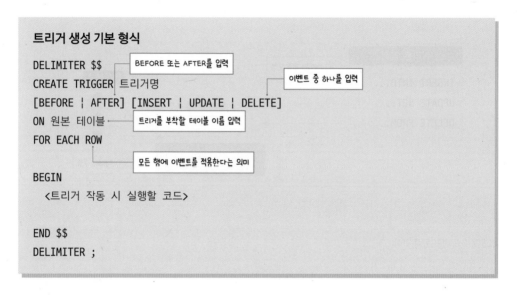

1. 트리거 생성 실습을 위해 새로운 테이블 tbl_trigger_1, tbl_trigger_2 를 생성하고 tbl_trigger_1 테이블에만 데이터를 입력해 보자.

Do it! 테이블 생성

```
USE doitsql;

CREATE TABLE tbl_trigger_1 (
col_1 INT,
col_2 VARCHAR(50)
);

CREATE TABLE tbl_trigger_2 (
col_1 INT,
col_2 VARCHAR(50)
);

INSERT INTO tbl_trigger_1 VALUES (1, '데이터 1 입력');

SELECT * FROM tbl_trigger_1;
```

	col_1	col_2
▶	1	데이터 1 입력

현재 tbl_trigger_1 테이블에 이와 같이 데이터가 입력되어 있음을 확인할 수 있다.

2. 트리거를 생성해 보자. 이때, 트리거에 적용할 수 있는 DML 중에 UPDATE가 발생하였을 때 트리거가 동작되도록 설정하였고, 트리거 발생 시기는 AFTER로 지정하였다.

Do it! UPDATE 발생 시 동작하는 트리거 생성

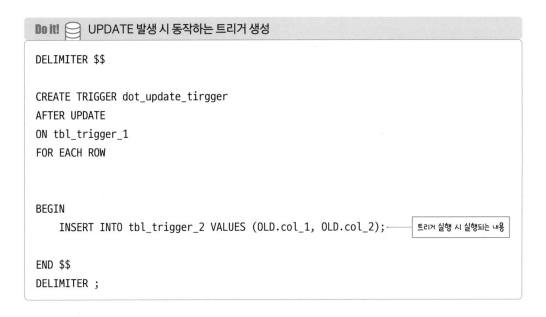

```
DELIMITER $$

CREATE TRIGGER dot_update_tirgger
AFTER UPDATE
ON tbl_trigger_1
FOR EACH ROW



BEGIN
    INSERT INTO tbl_trigger_2 VALUES (OLD.col_1, OLD.col_2);          트리거 실행 시 실행되는 내용

END $$
DELIMITER ;
```

UPDATE는 OLD와 NEW가 존재한다. 그러므로 tbl_trigger_1 테이블에 변경이 발생하면 tbl_trigger_2 테이블에 변경 내역을 기록할 수 있다.

3. tbl_trigger_1 테이블의 데이터를 변경해 보자. 그리고 기존 tbl_trigger_1 테이블과 이벤트가 발생한 뒤 트리거가 발생되어 변경 내용을 저장한 tbl_trigger_2 테이블을 모두 조회해 보자.

```
SET SQL_SAFE_UPDATES = 0;
UPDATE tbl_trigger_1 SET col_1 = 2, col_2 = '1을 2로 수정';


SELECT * FROM tbl_trigger_2;


SELECT * FROM tbl_trigger_1;
```

tbl_trigger_1 테이블 조회 결과	
col_1	col_2
▶ 2	1을 2로 수정

tbl_trigger_2 테이블 조회 결과	
col_1	col_2
▶ 1	데이터 1 입력

tbl_trigger_1 테이블을 살펴보면 새로운 내용으로 수정된 것을 확인할 수 있다. tbl_trigger_2 테이블에서는 tbl_trigger_1 테이블의 데이터가 수정되기 이전의 상태가 저장된 것을 확인할 수 있다.

이런 식으로 트리거를 잘 활용하면 테이블을 감시하는 역할도 수행할 수 있다. 예를 들어 어떤 사용자가 데이터를 조작하려고 할 때, 이전의 값과 변경된 값을 트리거 테이블에 기록하여 만약의 사태가 일어났을 때 전후를 비교해 데이터를 복구할 수도 있다. 하지만 트리거는 데이터베이스에 부하를 유발하므로 트래픽이 많은 데이터베이스에서는 사용을 자제하는 것이 좋다.

▶ 실습에서는 UPDATE 트리거만 작성해 보았는데, INSERT와 DELETE뿐만 아니라 BEFORE, AFTER 등 다양한 트리거를 실습해 보자.

Q1 world 데이터베이스의 countrylanguage 테이블에서 Percentage 열이 5보다 크면 '5+'로 표시하고 5보다 작으면 '5-'로 표시하는 쿼리를 작성하세요.

Q2 world 데이터베이스의 country 테이블에서 LifeExpectancy 열이 100보다 크면 'Wow', 80보다 크면 'Best', 70보다 크면 'Good', 60보다 크면 'Normal' 60보다 적으면 'Sad' 를 표시하는 쿼리를 작성하세요.

Q3 두 개의 입력값(시작값, 마지막값)을 받아 두 입력값 범위 사이의 숫자를 순차적으로 더하는 스토어드 프로시저를 작성하세요. 이때, 생성하는 스토어드 프로시저의 이름을 doit_sum 으로 하고, 입력값으로는 0과 10을 넣어 보세요.

Q4 **Q3** 에서 만든 doit_sum 스토어드 프로시저를 삭제하는 쿼리를 작성하세요.

Q5 world 데이터베이스의 country 테이블과 countrylanguage 테이블을 조합하여 각 국가별 사용하는 언어(Language)와 비율(Percentage)을 조회하는 뷰를 만들고 데이터를 조회하는 쿼리를 작성하세요. 이때, 생성하는 뷰의 이름을 v_country_language로 한다.

Q6 **Q5** 에서 만든 v_country_language 뷰를 삭제하는 쿼리를 작성하세요.

08

파이썬과 DB로
주식 분석 시스템 만들기

이번 장에서는 파이썬 프로그래밍을 활용하여 주식 데이터를 크롤링하고 데이터베이스로 저장하여 나만의 주식 분석 시스템을 만들어 본다. 이 책에서는 개발 환경을 구성하기 위해 파이썬 및 비주얼 스튜디오 코드를 설치한다. 여기서는 파이썬과 DB를 연동하고 이를 활용한 데이터 분석에 초점을 맞춰 학습한다.

08-1 실습 환경 구성하기

08-2 크롤러 및 저장 시스템 만들기

08-3 MySQL로 주식 분석하기

08-1 실습 환경 구성하기

파이썬과 데이터베이스를 활용하면 매일 변화하는 주식 데이터를 내 마음대로 활용하고 분석할 수 있다. 좀 더 자세히 말하면 파이썬을 활용해 주식 관련 웹 크롤링을 하고 크롤링 과정을 통해 얻은 데이터를 데이터베이스에 저장해 이를 다양하게 활용할 수 있다는 의미이다.

▶ 웹 크롤링이란 웹 페이지를 읽은 결과에서 필요한 데이터를 추출해 내는 행위를 말한다.

실생활에서 활용하기 좋은 이 실습을 구현하기 위해 우선 파이썬과 DBMS가 설치되어 있어야 한다. DBMS인 MySQL은 이미 설치되어 있으므로 여기서는 파이썬 개발 환경을 구축해 보자.

▶ 웹 크롤링과 데이터 분석을 위한 파이썬 필수 내용만 다룬다. 파이썬에 대해 더 공부하고 싶다면 《Do it! 점프 투 파이썬》을 참고하도록 하자.

파이썬 설치하기

파이썬 개발 환경을 구성해 보자. 파이썬 개발 환경을 구성하기 위해서 먼저 파이썬을 설치해야 한다.

1. 다음 링크에 접속해 내 컴퓨터의 운영체제에 맞게 선택해 파이썬을 설치해 보자. 여기서는 윈도우 환경을 기준으로 설명한다. masOS도 크게 다르지는 않을 것이다.

> **파이썬 설치 파일 내려받기 링크**
> • https://www.python.org/downloads

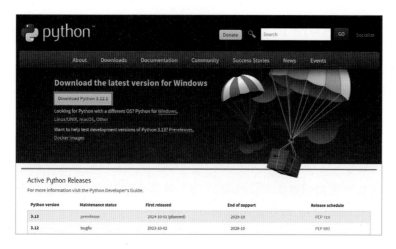

▶ 필자는 3.12.x 버전을 설치했다. 파이썬을 설치하는 시점에 따라 최신 버전이 다를 수
있다. 버전에 따라 외부 패키지와의 호환성 문제가 발생할 수 있어 원활한 실습을 위해
되도록 필자와 동일한 환경을 구성하길 권장한다.

2. 파이썬 설치 파일을 내려받은 폴더로 이동한다. 내려받은 파이썬 설치 파일을 더블클릭해
설치를 시작한다.

3. 설치 프로그램의 첫 화면에서 Add python.exe to PATH를 체크하고 [Install Now]를
클릭한다.

▶ 'Add python.exe to PATH'는
파이썬을 실행할 때, 어느 위치에서
나 python.exe가 실행될 수 있도
록 python.exe의 위치를 PATH
에 추가한다.

4. Setup Progress 창이 등장하여 설치가 진행된다.

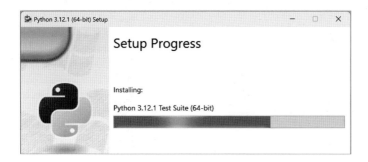

5. Setup was successful 창으로 바뀌면 [Disable path length limit]를 클릭한 뒤, '이 앱이 디바이스를 변경할 수 있도록 허용하시겠어요?'라는 창이 등장하면 [예]를 클릭한다.

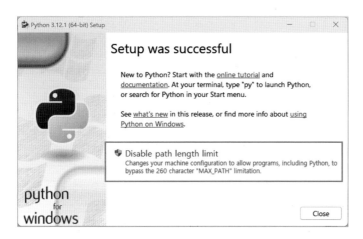

▶ 'Disable path length limit'는 경로 및 파일의 길이를 260자까지 제한하는 제약 사항을 비활성화한다는 의미이다.

6. 다시 이 창으로 돌아오면 [Close]를 클릭하여 파이썬 설치를 마무리한다.

7. 파이썬 설치가 완료되었으므로 시작 프로그램에서 Python 3.12 폴더와 그 하위에 설치된 프로그램 목록을 확인할 수 있다. 여기에서 IDLE(Python 3.12 64-bit)를 클릭해 보자.

8. IDEL Shell이 실행되면 파이썬이 제대로 실행되는지 확인하기 위해 간단히 다음 코드를 작성하고 실행해 보자.

Do it! 🗄 파이썬 코드 입력

```
print('Hello, Do It MySQL')
```

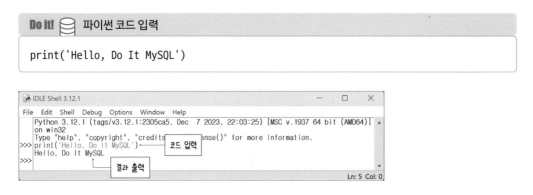

이와 같이 출력된다면 파이썬이 제대로 설치되었음을 확인할 수 있다.

9. 파이썬에서는 대소 문자, 띄어쓰기, 들여쓰기에 따라 코드가 다르게 해석되므로 실습 과정에서 반드시 주의해야 한다. 다음과 같이 print라는 예약어를 'Print'로 작성했을 때 오류가 발생하는 것을 확인할 수 있다.

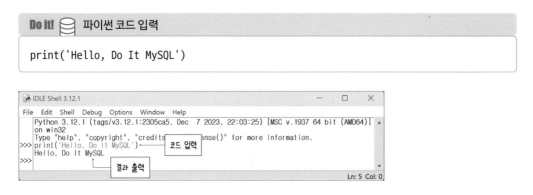

▶ 실습 화면에서 보면 print와 Print가 서로 다른 색으로 표시된 것으로도 다르게 해석되었음을 알 수 있다.

비주얼 스튜디오 코드 설치하기

파이썬을 설치할 때 함께 제공되는 IDLE Shell을 사용해 파이썬 프로그램을 구현할 수도 있지만, 개발의 편의성을 위해 현업에서 많이 사용하는 무료 개발 도구인 비주얼 스튜디오 코드^{Visual Studio Code, VS Code}를 설치해 보자.

▶ 파이썬을 활용할 때 반드시 비주얼 스튜디오 코드를 사용해야 하는 것은 아니다. 이미 사용하는 개발 도구가 있다면 그걸 사용해도 된다. 하지만 이번 기회에 비주얼 스튜디오 코드를 경험해 보길 바란다. 현업에서 많이 사용하고 있을 뿐더러 다양한 플러그인을 지원하기 때문에 활용도가 높다.

1. 비주얼 스튜디오 코드 설치 파일은 다음 링크를 통해 내려받을 수 있으며, 사용자 환경에 따라 알맞은 설치 파일을 선택한다. 여기서는 윈도우 환경을 기준으로 설명한다. masOS도 크게 다르지는 않을 것이다.

> **비주얼 스튜디오 코드 설치 파일 내려받기 링크**
> • https://code.visualstudio.com/download

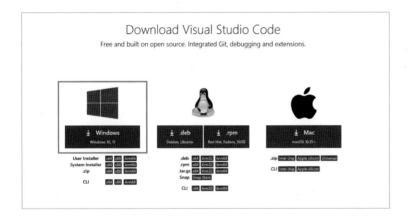

2. 내려받은 비주얼 스튜디오 코드 설치 파일을 더블클릭하여 설치를 시작한다.

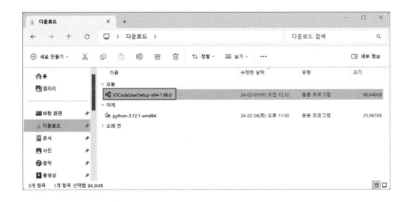

3. 사용권 계약 단계에서 [동의합니다(A)]를 선택한 후, [다음]을 클릭한다.

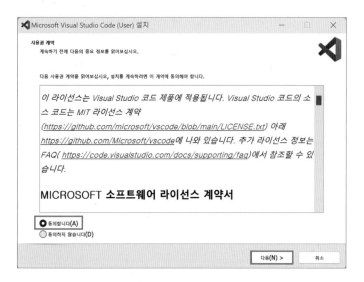

4. 설치 경로를 선택하는데 여기에서는 기본 경로를 그대로 사용했다. [다음]을 클릭하여 설치를 계속 진행한다.

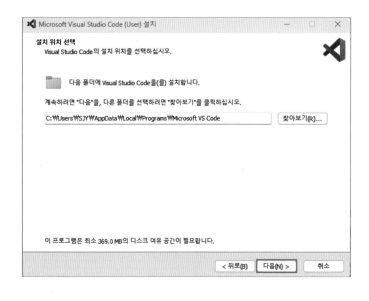

▶ 사용자 환경에 따라 다른 경로에 프로그램을 설치해도 되지만 학습 단계에서는 가급적이면 이 책과 동일하게 진행하는 것을 권장한다.

5. 시작 메뉴 폴더 선택 창에서도 기본 값을 그대로 유지하고 [다음]을 클릭한다.

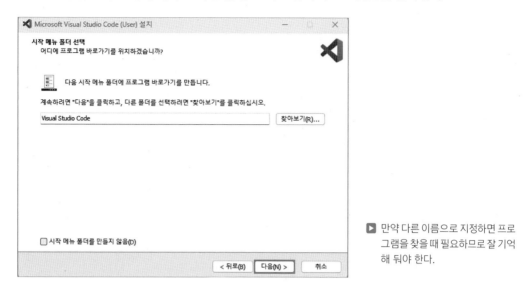

▶ 만약 다른 이름으로 지정하면 프로그램을 찾을 때 필요하므로 잘 기억해 둬야 한다.

6. 추가 작업 선택 창에서는 다음과 같이 두 군데의 체크 박스를 선택하고 [다음]을 클릭한다.

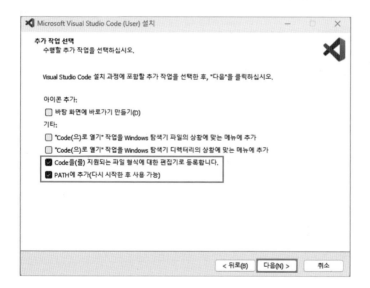

7. 여기까지 설치 준비가 완료되었으면 [설치] 버튼을 클릭한다. 이후 설치가 진행되는 창이 등장한다.

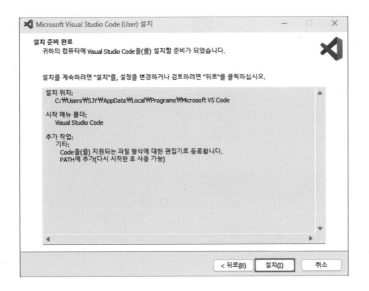

8. 프로그램을 정상으로 설치되면 Visual Studio Code 설치 마법사 완료 창이 등장한다. 이 화면에서 [Visual Studio Code 실행]에 체크한 뒤, [종료]를 클릭한다.

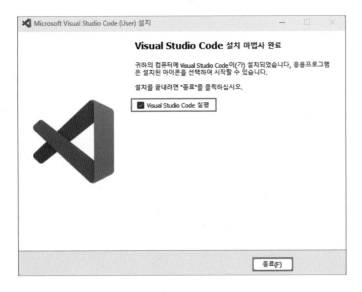

9. 비주얼 스튜디오 코드가 실행되고, 비주얼 스튜디오 코드의 테마를 선택하는 화면으로 넘어간다.

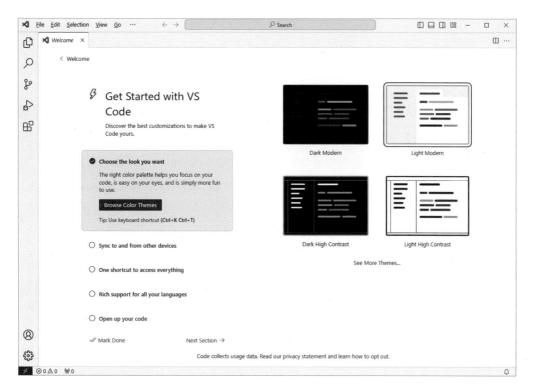

▶ 필자는 가독성을 높이기 위해 Light Modern 테마를 선택했다. 사용자 선호도에 따라 4가지 테마 중 어떤 테마를 선택하더라도 이후 실습하는 데 전혀 문제가 발생하지 않는다.

08-2 크롤러 및 저장 시스템 만들기

파이썬으로 주식 데이터를 수집하는 크롤러를 개발하고, MySQL에서는 크롤러를 통해 수집된 데이터를 저장하고 조작 및 가공할 수 있도록 시스템을 설계할 수 있다. 하지만 이번 실습에서는 웹 크롤러가 아닌 야후 파이낸스^{Yahoo Finance}에서 제공하는 API를 사용하여 데이터를 크롤링해 활용해 보자. ▶ 크롤러란 크롤링하는 소프트웨어를 의미한다.

주식 분석 시스템 구성하기

이번 실습에서 구성할 시스템의 구성도를 그려 보자. 우리가 구현해 볼 주식 분석 시스템은 다음과 같이 크게 주식 정보가 담긴 웹 사이트, 파이썬 크롤러, MySQL 서버 이렇게 3가지 영역으로 나뉜다.

주식 분석 시스템의 데이터 흐름 구성도

이 그림에서 ① ~ ⑤의 과정별로 설명을 덧붙이면 다음과 같다.

① 파이썬 크롤러가 수집할 기업의 심벌 목록을 MySQL 서버에서 가져온다. 이 목록은 사용자가 원하는 기업의 이름을 미리 정의해 놓은 것이다. 주식에서는 여러 기업을 식별하기 위한 상징적인 문자로 심벌을 활용하는데 여기에서는 이러한 심벌로 수집할 기업의 목록을 구성한다.

② 파이썬 크롤러는 심벌 목록을 활용하여 주식 정보가 담긴 웹 사이트(여기서는 야후 파이낸스)의 정보를 크롤링한다.

③ 파이썬 크롤러가 요청한 데이터를 웹 사이트(여기서는 야후 파이낸스 API)로부터 전달받은 파이썬 크롤러는 DB 저장을 위해 데이터를 가공하고 코드를 실행한다.

④ 데이터베이스 테이블 구조에 맞춰 데이터를 저장한다.

⑤ 사용자는 데이터베이스에 접속하여 파이썬 크롤러를 통해 저장된 데이터를 다양하게 활용한다.

우리는 실제 웹 사이트를 직접 크롤링하지 않고 야후 파이낸스에서 제공하는 파이썬 라이브러리인 야후 파이낸스 API를 불러와 파이썬 크롤러를 통해 데이터를 활용할 예정이다.

파이썬 라이브러리 설치하기

주식 데이터를 크롤링하려면 수집한 데이터를 가공하는 라이브러리(패키지)와 데이터베이스 관련 라이브러리를 설치해야 한다. 파이썬 라이브러리는 다음 링크에서 검색하여 내려받아 사용할 수 있다.

▶ 라이브러리^{library}란 개발의 편의성을 위해 특정한 기능을 수행할 수 있도록 만든 모듈화된 프로그램 모임이다.

> **파이썬 라이브러리 내려받기 링크**
>
> • https://pypi.org

우리는 주식 정보가 담긴 웹 사이트로 야후 파이낸스(https://finance.yahoo.com)를 활용하려고 한다. 이 사이트는 다양한 주식 정보를 보여 준다. 평소에 관심 있던 기업이 있다면 이름 또는 심벌로 검색하여 주식 정보를 확인할 수 있다. 나스닥^{NASDAQ}에 등록된 기업을 검색할 수 있으며 우리나라 기업도 검색이 가능하다.

▶ 야후 파이낸스는 해외 사이트이므로 반드시 기업명을 영어로 검색해야 한다.

야후 파이낸스에서 '테슬라' 주식을 검색한 결과

이 페이지를 크롤링하여 데이터를 추출할 수도 있지만, 야후 파이낸스에서는 주식 데이터를 제공하는 파이썬 라이브러리를 배포하고 있어 이를 활용해 주식 데이터를 가져올 예정이다.

1. 야후에서는 yfinance(https://pypi.org/project/yfinance)라는 라이브러리를 제공한다. 이 라이브러리는 앞에서 언급한 대로 야후 파이낸스의 주식 정보를 가져온다.

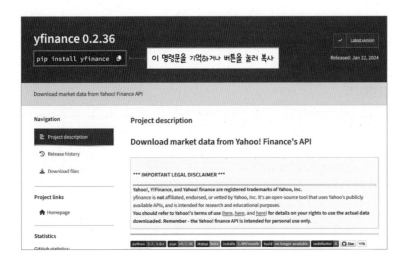

2. 파이썬 라이브러리는 필요할 때마다 따로 설치 작업을 진행해야 한다. yfinance를 설치하기 위해서는 다음과 같이 명령 프롬프트를 실행한다.

▶ 시작 프로그램 중 '실행'에서 cmd를 검색하여 실행하거나 단축키 ⊞+ⓡ을 누르고 cmd를 입력해 명령 프롬프트를 실행할 수도 있다.

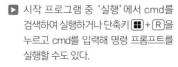

3. 명령 프롬프트가 실행되면 다음과 같은 라이브러리를 설치하기 위한 명령문을 입력해 보자. 그러면 자동으로 패키지가 내려받아지며 설치되는 과정이 출력된다.

Do it! 🗄 yfinance 설치 명령

```
pip install yfinance
```

4. 이번에는 파이썬에서 MySQL과 연동할 수 있도록 도와주는 pymysql 라이브러리를 설치해 보자. yfinance 패키지를 설치할 때와 마찬가지로 설치를 진행해 보자.

▶ pymysql 라이브러리 정보는 https://pypi.org/project/pymysql에서 확인할 수 있다.

Do it! 🗄 pymysql 설치 명령

```
pip install pymysql
```

5. pandas는 관계형 또는 레이블이 지정된 데이터 작업을 쉽게 할 수 있도록 설계된 파이썬 라이브러리이다. 이 또한 yfinance 패키지를 설치 때와 마찬가지로 설치를 진행해 보자.

▶ pandas 라이브러리 정보는 https://pypi.org/project/pandas에서 확인할 수 있다.

Do it! 🗄 pandas 설치 명령

```
pip install pandas
```

데이터베이스 스키마와 기초 데이터 생성하기

파이썬 크롤러가 수집한 데이터를 저장할 수 있도록 테이블을 구성한다. 먼저, 우리가 실습에서 활용할 테이블의 ERD를 살펴보자. 이 ERD는 기업 정보를 저장하는 nasdaq_company 테이블과 1일 주식 정보를 저장하는 stock 테이블로 구성되어 있다.

nasdaq_company	
symbol	심벌 이름
company_name	기업 이름
country	기업 국가
ipo_year	IPO 년도
sector	
industry	산업군
last_crawel_date_stock	마지막 크롤링한 날짜
open	시초가
high	일 최고가
low	일 최저가
close	종가
adj_close	시간 외 종가

stock	
date	주가 입력 날짜
symbol	심벌 이름
open	시초가
hign	일 최고가
low	일 최저가
close	종가
adj_close	시간 외 종가
volume	거래량

주식 분석 ERD

ERD를 살펴보았으니 이를 바탕으로 실습에 사용할 데이터베이스, 테이블, 데이터를 차례로 생성해 보자.

1. 먼저 데이터베이스를 생성해 보자. 다음 쿼리를 통해 us_stock라는 이름으로 데이터베이스를 생성한다.

> **Do it!** 🗄 주식 분석을 위한 데이터베이스 생성

```
CREATE DATABASE us_stock;
```

2. 테이블을 생성하는 DDL 문을 활용해 테이블의 열 이름과 데이터 유형 그리고 인덱스 등을 설정한다. 우리는 2개의 테이블을 만드는데, 먼저 nasdaq_company 테이블을 생성하자.

> **Do it!** 🗄 주식 분석을 위한 nasdaq_company 테이블 설정

```
USE us_stock;

CREATE TABLE nasdaq_company(
symbol VARCHAR(255),
company_name VARCHAR(255),
country VARCHAR (255),
ipo_year INT,
sector VARCHAR(255),
industry VARCHAR(255),
last_crawel_date_stock DATETIME,
is_delete VARCHAR(5),
open DECIMAL(18,2),
high DECIMAL(18,2),
low DECIMAL(18,2),
close DECIMAL(18,2),
adj_close DECIMAL(18,2),
volume BIGINT
);

ALTER TABLE nasdaq_company ADD PRIMARY KEY(symbol);    ── 기본키를 symdol 열로 설정
```

3. 이어서 stock 테이블을 생성해 보자.

> **Do it!** 주식 분석을 위한 stock 테이블 설정

```
USE us_stock;

CREATE TABLE stock(
date DATETIME,
symbol VARCHAR(255),
open DECIMAL(18,2),
high DECIMAL(18,2),
low DECIMAL(18,2),
close DECIMAL(18,2),
adj_close DECIMAL(18,2),
volume BIGINT
);


CREATE INDEX ix_stock_1 ON stock(date,symbol);
CREATE INDEX ix_stock_2 ON stock(symbol,date);
```
→ 두 개의 인덱스 생성

4. 테이블을 모두 생성하였으니 이제 기초 데이터를 입력해 보자. 여기에서는 여건상 테슬라, 아마존, 엔디비아 등 12개의 기업 정보만 포함했지만 사실 야후 파이낸스에서는 7천 개가 넘는 기업의 정보를 제공한다. 기업 수가 많으면 가져오는 데이터의 양도 많아지므로 주의해야 한다.

> **Do it!** 주식 분석을 위한 기초 데이터 삽입

```
INSERT INTO nasdaq_company (symbol, company_name, ipo_year, sector, industry)
VALUES ('TSLA', 'Tesla Inc. Common Stock', 2010, 'Capital Goods', 'K2');

INSERT INTO nasdaq_company (symbol, company_name, ipo_year, sector, industry)
VALUES ('MSFT', 'Microsoft Corporation Common Stock', 1986, 'Technology', 'K2');

INSERT INTO nasdaq_company (symbol, company_name, ipo_year, sector, industry)
VALUES ('AMZN', 'Amazon.com Inc. Common Stock', 1997, 'Consumer Services', 'K2');

INSERT INTO nasdaq_company (symbol, company_name, ipo_year, sector, industry)
VALUES ('AAPL', 'Apple Inc. Common Stock', 1980, 'Technology', 'K2');
```

```
INSERT INTO nasdaq_company (symbol, company_name, ipo_year, sector, industry)
VALUES ('INTC', 'Intel Corporation Common Stock', NULL, 'Technology', 'K2');

INSERT INTO nasdaq_company (symbol, company_name, ipo_year, sector, industry)
VALUES ('NVDA', 'NVIDIA Corporation Common Stock', 1999, 'Technology', 'K2');

INSERT INTO nasdaq_company (symbol, company_name, ipo_year, sector, industry)
VALUES ('AMD', 'Advanced Micro Devices Inc. Common Stock', NULL, 'Technology',
'K2');

INSERT INTO nasdaq_company (symbol, company_name, ipo_year, sector, industry)
VALUES ('META', 'Meta Platforms, Inc.', 2012, 'Technology', 'K2');

INSERT INTO nasdaq_company (symbol, company_name, ipo_year, sector, industry)
VALUES ('AMPG', 'AMPG, Inc.', 2012, '', 'K2');

INSERT INTO nasdaq_company (symbol, company_name, ipo_year, sector, industry)
VALUES ('CAR', 'CAR, Inc.', 2012, '', 'K2');

INSERT INTO nasdaq_company (symbol, company_name, ipo_year, sector, industry)
VALUES ('UAN', 'UAN, Inc.', 2012, '', 'K2');

INSERT INTO nasdaq_company (symbol, company_name, ipo_year, sector, industry)
VALUES ('BHR', 'BHR, Inc.', 2012, '', 'K2');

SELECT * FROM nasdaq_company;
```

실행 결과

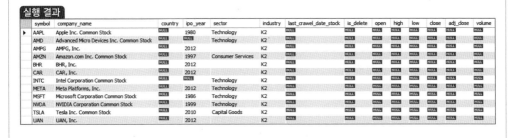

symbol	company_name	country	ipo_year	sector	industry	last_crawel_date_stock	is_delete	open	high	low	close	adj_close	volume
AAPL	Apple Inc. Common Stock	NULL	1980	Technology	K2	NULL		NULL	NULL	NULL	NULL	NULL	NULL
AMD	Advanced Micro Devices Inc. Common Stock	NULL	NULL	Technology	K2	NULL		NULL	NULL	NULL	NULL	NULL	NULL
AMPG	AMPG, Inc.	NULL	2012		K2	NULL		NULL	NULL	NULL	NULL	NULL	NULL
AMZN	Amazon.com Inc. Common Stock	NULL	1997	Consumer Services	K2	NULL		NULL	NULL	NULL	NULL	NULL	NULL
BHR	BHR, Inc.	NULL	2012		K2	NULL		NULL	NULL	NULL	NULL	NULL	NULL
CAR	CAR, Inc.	NULL	2012		K2	NULL		NULL	NULL	NULL	NULL	NULL	NULL
INTC	Intel Corporation Common Stock	NULL	NULL	Technology	K2	NULL		NULL	NULL	NULL	NULL	NULL	NULL
META	Meta Platforms, Inc.	NULL	2012	Technology	K2	NULL		NULL	NULL	NULL	NULL	NULL	NULL
MSFT	Microsoft Corporation Common Stock	NULL	1986	Technology	K2	NULL		NULL	NULL	NULL	NULL	NULL	NULL
NVDA	NVIDIA Corporation Common Stock	NULL	1999	Technology	K2	NULL		NULL	NULL	NULL	NULL	NULL	NULL
TSLA	Tesla Inc. Common Stock	NULL	2010	Capital Goods	K2	NULL		NULL	NULL	NULL	NULL	NULL	NULL
UAN	UAN, Inc.	NULL	2012		K2	NULL		NULL	NULL	NULL	NULL	NULL	NULL

▶ 여기서 사용한 기업 심벌은 사용하는 시점에 따라 해당 기업이 나스닥에 존재하지 않을 수도 있다. 상장 또는 폐지되는 기업이 수시로 발생하므로 기업 심벌 데이터는 주기적으로 업데이트해야 한다.

파이썬 크롤러 만들기

파이썬 크롤러는 앞에서 설치한 야후 파이낸스 API인 yfinance를 호출하여 데이터를 수집하고 가공하고, MySQL 서버로 데이터를 저장하는 역할을 한다.

1. 비주얼 스튜디오 코드를 실행하여 [File → New File]을 클릭한다.

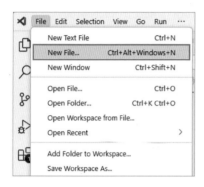

2. 화면 상단에 New File 창이 나타나면 파일 이름으로 main.py을 입력한다.

3. 파일을 저장할 곳을 물어보는 Create File 창이 나타난다. C 드라이브에 'doitmysql'이라는 폴더를 생성한 뒤, main.py를 입력하고 [Create File] 버튼을 클릭한다.

4. 파일이 생성되면 VS Code에 main.py 파일이 생성된 것을 확인할 수 있다. 이로써 파이썬 크롤러를 만들기 위한 프로그래밍 준비 작업이 완료된 것이다.

▶ VS Code 왼쪽에 [Explorer → Open Folder]를 클릭하면 현재 파일 위치를 알 수 있다.

앞으로 설명하는 파이썬 코드들은 모두 main.py 파일에 이어서 작성할 것이다. 이 책을 따라 순서대로 하면 된다. 단, 여기서는 설명을 위해서 긴 코드를 나눠 설명할 예정이다.

5. 설치한 파이썬 패키지들을 임포트^{import}해 보자.

▶ 프로그래밍에서는 임포트한다는 말을 자주 쓰는데, 이는 '가져오다'를 뜻한다. 여기서는 앞에서 설치한 패키지(라이브러리)를 가져온다고 해석할 수 있다.

Do it! 🗄 파이썬 패키지 임포트

```
1: from datetime import datetime, timedelta
2:
3: import pymysql
4: import pandas as pd
5: import yfinance as yf
```

파이썬에서 사용할 모듈을 정의하는 단계이다. 앞에서 설치했던 모듈(라이브러리)을 여기에 불러 사용한다. import 문 뒤의 as는 SQL과 마찬가지로 별칭을 정의하는 명령문으로, 긴 모듈명을 간단하게 사용하기 위해서 이와 같이 정의한다.

6. 이번에는 MySQL 접속 정보를 입력한다. 데이터베이스와 파이썬이 함께 실행될 파일이 같은 서버에 위치하므로 여기서는 localhost를 입력한다.

▶ 만약 다른 서버(원격 서버)에 있을 경우에는 해당 서버의 IP 주소를 입력한다.

Do it! 🗄 MySQL 접속 정보 입력

```
11: mysql_conn = pymysql.connect(host='localhost', user='root', password='doit-
mysql', db='us_stock')
```

MySQL과의 연결 정보를 이와 같이 정의할 수 있다. 여기서 mysql_conn이라는 변수에 데이터를 저장하려는 MySQL 서버의 정보를 할당한다.

7. 먼저 크롤링할 기업의 목록을 데이터베이스로 읽어 오는 함수를 생성해 보자.

Do it! 🗄 크롤링한 데이터를 DB로 읽어오는 함수 생성

```
14: def getCompany():          ──  getCompany라는 이름의 함수 정의

15:

16:     mysql_cur = mysql_conn.cursor()   ──  mysql 커서를 염

17:

18:     today = datetime.today() + timedelta(days=1)  ──  수집할 주식 데이터의 날짜를 정의

19:
                                              기업 목록을 가져오는 쿼리를 호출
20:     try:

21:         mysql_cur.execute("select symbol, company_name, ipo_year, last_crawel_
            date_stock from us_stock.nasdaq_company where is_delete is null;")

22:         results = mysql_cur.fetchall()   ──  쿼리 실행 결과를 results 변수에 할당

23:         print(results)

24:

25:

26:         for row in results:

27:             _symbol = row[0]

28:             _company_name = row[1]

29:

30:             if row[2] is None or row[2] == 0:

31:                 _ipo_year = '1970'

32:             else:

33:                 _ipo_year = row[2]

34:

35:             if row[3] is None:

36:                 _last_crawel_date_stock = str(_ipo_year) + '-01-01'

37:             else:

38:                 _last_crawel_date_stock = row[3]

39:

40:             print (_symbol)

41:             if "." in _symbol:

42:                 print(_symbol)

43:             else:

44:                 if "/" in _symbol:

45:                     print(_symbol)

46:                 else:

47:                     getStock(_symbol, _last_crawel_date_stock,
                        today.strftime("%Y-%m-%d"))

48:

49:
```

> 크롤링한 데이터를 목적에 맞는 변수에 데이터를 할당한다. 이때, 변수에 할당할 데이터가 존재하지 않으면 else 문이 실행되어 별도의 데이터가 할당된다.

```
50:      except Exception as e:
51:          print ("error : " + str(e))
52:          mysql_conn.commit()
53:          mysql_conn.close()
54:
55:          return {'error': str(e)}
```

예외 발생 시 실행

14번째 줄의 def 문으로는 함수를 생성할 수 있다. getCompany의 괄호 안에는 매개변수를 정의할 수 있지만 현재 함수는 매개변수를 사용하지 않기 때문에 빈 괄호로 둔다.

16번째 줄의 코드를 통해 mysql 데이터베이스와 연결하는 커서를 연다.

18번째 줄의 코드로는 날짜를 정의하는데, 파이썬 크롤러가 실행될 때의 날짜에 + 1일로 하여 today라는 변수에 저장된다.

21번째 줄의 코드에서 mysql_cur.execute() 함수는 매개변수로 사용된 쿼리를 실행하는 함수이다.

22번째 줄의 코드에서 mysql_cur.fetchall() 함수는 21번째 줄에서 실행한 코드의 결과를 읽어오는 함수이다.

26 ~ 47번째 줄의 코드는 results 변수에 저장된 데이터를 행 단위로 읽어 _symbol과 같이 열 이름으로 만든 각각의 변수에 값(데이터)을 할당한다. 만약 새로 추가된 심벌로 nasdaq_company 테이블의 last_crawel_date_stock 열의 값이 NULL일 경우 크롤링했던 기록이 없다는 뜻이므로, 과거의 모든 데이터를 가져오기 위해 1970년부터 읽어 올 수 있도록 코드를 작성하고, 크롤링 기록이 있으면 마지막 크롤링한 날짜부터 최근 날짜까지의 데이터를 조회할 수 있도록 한다.

47번째 줄의 코드는 더 자세히 살펴보자. 실제 주식을 가져오는 함수인 getStock을 호출하며, 이때 매개변수로 변수를 전달한다.

50 ~ 55번째 코드는 프로그램에 오류가 발생했을 때 오류를 출력하고 이 코드 실행을 종료하기 위한 내용을 담고 있다.

8. 이어서 실제 주식 데이터를 가져오는 함수를 생성한다.

Do it! 🗄 주식 데이터를 가져오는 함수 생성

```
58: def getStock(_symbol, _start_date, _end_date):
59:
60:      mysql_cur = mysql_conn.cursor()
61:
```

getStock이라는 이름의 함수 정의

```
62:    mysql_cur.execute("delete from us_stock.stock where date >= %s and date
       <= %s and symbol = %s", (_start_date, _end_date, _symbol))
63:    mysql_conn.commit()                        크롤링하려는 날짜의 데이터가 존재하면 삭제
64:
65:    try:
66:        stock_price = yf.download(_symbol, start=_start_date, end=_end_date)
67:        print(stock_price)
68:                           yf.download 함수를 통해 주식 데이터를 가져와 stock_price 변수에 저장
69:        for index, row in stock_price.iterrows():
70:            _date = index.strftime("%Y-%m-%d")
71:            _open = str(row["Open"])
72:            _high = str(row["High"])
73:            _low = str(row["Low"])              데이터프레임 형태의 데이터를 각 변수에 저장
74:            _close = str(row["Close"])
75:            _adj_close = str(row["Adj Close"])
76:            _volume = str(row["Volume"])
77:
78:            mysql_cur.execute("insert into us_stock.stock (date, symbol,
                open, high, low, close, adj_close, volume) VALUES (%s, %s, %s,
                %s, %s, %s, %s, %s)", (_date, _symbol, _open, _high, _low,
                _close, _adj_close, _volume))
79:        mysql_conn.commit()
80:
81:                             stock 테이블에 크롤링한 데이터 입력
82:        mysql_cur.execute("update us_stock.nasdaq_company set open = %s, high
                = %s, low = %s, close = %s, adj_close = %s, volume = %s, last_crawel
                _date_stock = %s where symbol = %s", (_open, _high, _low, _close,
                _adj_close, _volume, _date, _symbol))
83:        mysql_conn.commit()
84:                              크롤링한 데이터의 마지막 날짜를 기록
85:    except Exception as e:
86:        print ("error : " + str(e))
87:        mysql_conn.commit()          오류를 출력하고 로직을 종료
88:        mysql_conn.close()
89:
90:        return {'error': str(e)}
```

58번째 줄의 코드로는 함수를 정의한다. 이때, 3개의 매개변수값을 입력받을 수 있도록 정의했다.

62번째 줄의 코드를 통해 중복된 값을 저장하지 않기 위해 크롤링하려는 날짜의 데이터가 존재하면 삭제한다.

66번째 줄의 코드를 통해 yf.download라는 함수를 호출해 주식 데이터를 가져온다. _symbol은 심벌 이름을 할당하고 _start_date와 _end_date는 수집할 날짜의 시작과 끝 날짜를 할당한다. 함수를 호출한 결과는 stock_price 변수에 저장한다.

69 ~ 76번째 줄의 코드는 stock_price 변수에 저장된 데이터를 행 단위로 읽으면서 _date, _open과 같은 변수에 값을 할당한다. `for index, row in stock_price.iterrows():`는 stock _price라는 변수에 데이터프레임 형태로 저장된 결과를 한 행씩 읽으면서 각 변수에 값을 할당한다. _date는 데이터의 날짜를 YYYY-MM-DD 형태로 값을 할당하고, 이후 나머지 변수에 오른쪽의 결괏값인 시조가, 최고가, 최저가, 종가 등의 값을 각각 할당한다.

▶ 데이터프레임이란 판다스에서 사용하는 데이터 유형(자료형) 중 하나로, 전체 스프레드시트 형태의 데이터라고 할 수 있다.

78 ~ 79번째 줄의 코드로 stock 테이블에 크롤링한 데이터를 입력한다.

82 ~ 83번째 줄의 코드로는 크롤링한 데이터의 마지막 날짜를 기록하여, 다음 크롤링 시 참고할 수 있도록 nasdaq_company 테이블에 업데이트한다.

▶ 이렇게 마지막 크롤링 날짜를 기록하는 이유는 불필요하게 과거 데이터를 중복으로 수집하는 것을 방지하기 위해서이다.

85 ~ 90번째 줄의 코드는 프로그램에 오류가 발생했을 때 오류를 출력하고 로직을 종료한다.

9. main.py 파일을 실행할 때 처음 실행될 함수로 getCompany()를 정의하는 코드를 마지막으로 작성해 보자.

Do it! 🗄 main.py 파일을 실행

```
93: if __name__ == '__main__':
94:     getCompany()
```

이렇게 코드를 모두 작성하였으면 Ctrl + S 또는 VSCode 상단의 메뉴에서 [File → Save]를 클릭하여 코드를 저장한다.

▶ main.py 전체 코드는 다음 깃허브 링크(https://github.com/sqlmvp/doitmysql)를 통해 확인할 수 있다. 작성한 코드와 비교하며 최종 점검을 해 보자.

10. 파이썬으로 제작한 크롤러인 main.py를 실행하여 주식 데이터를 데이터베이스에 저장해 보자. VS Code 상단 메뉴에서 터미널을 실행하여 다음과 같이 터미널 환경에서 main.py를 실행한다.

▶ 터미널이 실행되면 터미널의 경로가 main.py를 저장했던 경로(c:₩doit mysql)인지 확인한다. 만약 경로가 다르다면 cd c:₩doitmysql을 입력하여 경로를 변경한다.

Do it! 🗄 VS Code 터미널에서 크롤러 실행

```
python main.py
```

프로그램이 실행되면 각 기업의 목록을 하나씩 호출하며 주식 데이터를 가져오는 화면을 볼 수 있다. 이 데이터들은 모두 us_stock 데이터베이스로 저장된다.

11. 주식 데이터가 정상적으로 데이터베이스에 저장되었는지 확인한다. 이때 테이블 전체의 데이터를 조회하면 데이터양이 많을 수 있으므로 상위 10개의 데이터만 조회하는 쿼리를 입력하여 데이터를 살펴보자.

Do it! 🗄 수집된 주식 데이터 일부를 확인

```
SELECT * FROM stock LIMIT 10;
```

실행 결과

	date	symbol	open	high	low	close	adj_close	volume
▶	1980-12-12 00:00:00	AAPL	0.13	0.13	0.13	0.13	0.10	469033600
	1980-12-15 00:00:00	AAPL	0.12	0.12	0.12	0.12	0.09	175884800
	1980-12-16 00:00:00	AAPL	0.11	0.11	0.11	0.11	0.09	105728000
	1980-12-17 00:00:00	AAPL	0.12	0.12	0.12	0.12	0.09	86441600
	1980-12-18 00:00:00	AAPL	0.12	0.12	0.12	0.12	0.09	73449600
	1980-12-19 00:00:00	AAPL	0.13	0.13	0.13	0.13	0.10	48630400
	1980-12-22 00:00:00	AAPL	0.13	0.13	0.13	0.13	0.10	37363200
	1980-12-23 00:00:00	AAPL	0.14	0.14	0.14	0.14	0.11	46950400
	1980-12-24 00:00:00	AAPL	0.15	0.15	0.15	0.15	0.11	48003200
	1980-12-26 00:00:00	AAPL	0.16	0.16	0.16	0.16	0.12	55574400

주식 데이터의 날짜와 기업을 식별하기 위한 심벌, 그리고 각 날짜의 시초가, 일 최고가, 일 최저가, 종가, 시간 외 종가, 거래량 데이터를 확인할 수 있나.

08-3 MySQL로 주식 분석하기

지금까지 공부한 내용과 직접 개발한 주식 데이터 크롤러를 활용해 주식 데이터를 분석해 보자. 주식에 조금이라도 관심이 있다면 주가를 검색해 본 적이 있을 것이다. 다음은 네이버에서 삼성전자를 검색하면 볼 수 있는 주식 정보 화면이다.

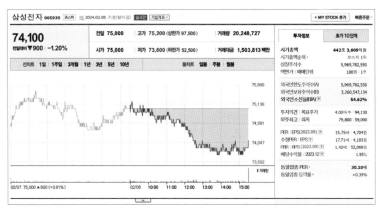

삼성전자 주식 정보

주식 정보 화면에는 가격 변동에 따른 차트와 함께 현재가, 전일 대비 등락가, 52주 최고가, 최저가 등 여러 가지 정보가 표시된다. 그런데 이 화면은 기본적인 주식 정보만 나타낸다. 만약 다음 정보를 알고 싶다면 어떻게 해야 할까?

- 여러 주식 중에서 오늘 하루 상한가를 기록한 주식
- 여러 주식 중에서 52주 최고가를 기록한 상위 10개의 주식
- 등락 폭이 가장 큰 주식
- 기름값과 자동차 관련 주식의 상관 관계

이런 정보는 포털 사이트나 주식 정보 사이트에서 찾기 어렵다. 하지만 우리는 주식 데이터를 크롤링할 수도 있고 이 데이터를 데이터베이스에 저장할 수도 있다. 지금까지 배운 SQL을 활용하면 주식 정보를 얻을 수 있을 뿐 아니라 내가 원하는 대로 주식을 분석할 수 있다.

52주 동안의 주가 분석하기

주식을 공부하다 보면 '52주 최고가 돌파', '52주 최저가 기록'과 같은 표현을 자주 접할 것이다. '52주 최고가'란 1년 동안 가장 높은 가격을 갱신했다는 뜻이고, '52주 최저가'란 1년 동안 가장 낮은 가격을 갱신했다는 뜻이다. 지금부터 52주 최저가, 최고가를 확인해 보고 최저가와 최고가 차이는 얼마나 나는지, 가격이 상승했다면 어느 정도인지 알아보자.

다음 코드는 2023년 10월 04일 기준으로 52주간의 최저가 및 최고가를 구하고, 가격의 차이와 최저가 대비 최고가 상승 비율을 구한다. 데이터를 수집하는 시점에 따라 이 쿼리에서 날짜를 수정해서 사용해도 무방하다.

Do it! 🗄 52주간의 주식 최저가와 최고가 조회

```
SELECT
    symbol,
    CAST(MIN(close) AS DECIMAL(18,2)) AS w52_min,
    CAST(MAX(close) AS DECIMAL(18,2)) AS w52_max,
    CAST(MAX(close) - MIN(close) AS DECIMAL(18,2)) AS `w52_diff_price($)`,
    CAST((MAX(close) - MIN(close)) / MIN(close) * 100 AS DECIMAL(18,2)) AS `w52_
diff_ratio(%)`
FROM stock
WHERE date >= DATE_ADD('2023-10-04', INTERVAL -52 week) AND date <= '2023-10-04'
GROUP BY symbol;
```

실행 결과

	symbol	w52_min	w52_max	w52_diff_price($)	w52_diff_ratio(%)
▶	AAPL	125.02	196.45	71.43	57.13
	AMD	55.94	129.19	73.25	130.94
	AMZN	81.82	144.85	63.03	77.03
	INTC	24.90	38.86	13.96	56.06
	META	88.91	325.48	236.57	266.08
	MSFT	214.25	359.49	145.24	67.79
	NVDA	112.27	493.55	381.28	339.61
	TSLA	108.10	293.34	185.24	171.36

stock 테이블에 저장된 데이터에서 2023년 10월 4일 기준으로 앞의 52주 동안 데이터를 분석하여 해당 기간 사이의 최고가와 최저가를 검색하고, 최저가 대비 최고가 상승값과 상승 비율을 보여준다.

하루 동안의 종목 변화 분석하기

주식 투자에 도전하기 전에 가장 먼저 할 일은 어떤 주식에 투자해야 큰 이익을 볼 수 있을지 알아보는 것이다. 주식을 하다 보면 하루 동안 가격이 상승한 종목과 하락한 종목이 무엇인지, 가격이 상승한 종목은 얼마나 올랐는지, 하락한 종목은 얼마나 떨어졌는지 궁금할 때가 많다. 이러한 흐름을 구체적으로 알고 있다면 다음 투자 전략을 세우기도 좋을 것이다. 왼쪽 그림처럼 추상적으로 주식을 분석하는 것보다는 구체적으로 얼만큼 주가가 하락했는지를 분석한다면 앞으로의 투자에 도움이 될 것이다.

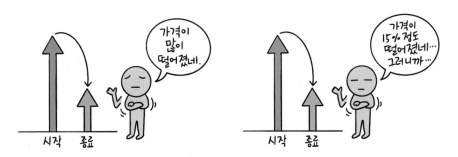

여기서는 하루 주식의 시초가, 종가, 거래 최대가, 거래 최소가 등을 조회하며 주식을 분석해 본다. 참고로 우리나라 주식 시장은 하루 동안의 주가 변동 폭을 30%로 제한한다. 하지만 미국 주식 시장은 주가 변동 폭의 제한이 없다. 우리가 활용하려는 실습 데이터는 미국 주식이므로 상승 종목과 하락 종목의 가격 차이가 매우 클 수 있음을 인지하자.

1. 다음은 08-2절에서 생성한 stock 테이블에서 하루 시초가와 종가를 비교해 상승한 금액, 비율과 하루 거래 중 최저 거래가와 최대 거래가의 차이를 구하는 쿼리이다.

> **Do it! 🗄 1일간의 시초가와 종가를 비교한 정보 조회**

```
SELECT
    date,
    symbol,
    CAST(open AS DECIMAL(18,2)) AS open,
    CAST(close AS DECIMAL(18,2)) AS close,
    CAST((open - close) AS DECIMAL(18,2)) AS `diff_price($)`,
    CAST(((close - open) / open * 100) AS DECIMAL(18,2)) AS `diff_ratio(%)`,
    '' AS '---',
    CAST(low AS DECIMAL(18,2)) AS low,
    CAST(high  AS DECIMAL(18,2)) AS high,
    CAST((high - low) AS DECIMAL(18,2)) AS `diff_high_price($)`,
```

```
    CAST(((high - low) / low * 100) AS DECIMAL(18,2)) AS `diff_high_ratio(%)`
FROM stock
WHERE date = '2023-10-04';
```

실행 결과

	date	symbol	open	close	diff_price($)	diff_ratio(%)	---	low	high	diff_high_price($)	diff_high_ratio(%)
▶	2023-10-04 00:00:00	AAPL	171.09	173.66	-2.57	1.50		170.97	174.21	3.24	1.90
	2023-10-04 00:00:00	AMD	100.65	104.07	-3.42	3.40		100.34	104.40	4.06	4.05
	2023-10-04 00:00:00	AMZN	126.06	127.00	-0.94	0.75		125.68	127.36	1.68	1.34
	2023-10-04 00:00:00	INTC	36.52	35.93	0.59	-1.62		35.33	36.52	1.19	3.37
	2023-10-04 00:00:00	META	298.73	305.58	-6.85	2.29		298.50	306.90	8.40	2.81
	2023-10-04 00:00:00	MSFT	314.03	318.96	-4.93	1.57		314.00	320.04	6.04	1.92
	2023-10-04 00:00:00	NVDA	437.42	440.41	-2.99	0.68		432.92	441.43	8.51	1.97
	2023-10-04 00:00:00	TSLA	248.14	261.16	-13.02	5.25		247.60	261.86	14.26	5.76

▶ 여기서 ' ' AS '---'를 사용한 이유는 단순히 데이터를 보기 편하게 하기 위해 공백을 넣어 열을 생성한 것이다.

2023년 10월 4일에 해당하는 주식 데이터에서 일 최고가와 최저가 대한 금액을 조회하고, 최저가 대비 최고가 상승 값과 상승 비율을 보여준다.

2. 이번에는 하루 동안 가격이 10% 이상 오른 종목들을 상승률 기준으로 내림차순으로 조회하는 쿼리이다.

Do it! 🗄 **10% 이상 가격이 오른 종목 조회**

```
SELECT
    date,
    symbol,
    CAST(open AS DECIMAL(18,2)) AS open,
    CAST(close AS DECIMAL(18,2)) AS close,
    CAST((open - close) AS DECIMAL(18,2)) AS `diff_price($)`,
    CAST(((close - open) / open * 100) AS DECIMAL(18,2)) AS `diff_ratio(%)`,
    '' AS '---',
    CAST(low AS DECIMAL(18,2)) AS low,
    CAST(high AS DECIMAL(18,2)) AS high,
    CAST((high - low) AS DECIMAL(18,2)) AS `diff_high_price($)`,
    CAST(((high - low) / low * 100) AS DECIMAL(18,2)) AS `diff_high_ratio(%)`
FROM stock
WHERE date = '2022-02-24'
    AND CAST(((close - open) / open * 100) AS DECIMAL(18,2)) >= 10
ORDER BY CAST(((close - open) / open * 100) AS DECIMAL(18,2)) DESC;
```

실행 결과

	date	symbol	open	close	diff_price($)	diff_ratio(%)	---	low	high	diff_high_price($)	diff_high_ratio(%)
▶	2022-02-24 00:00:00	CAR	141.87	167.76	-25.89	18.25		141.79	169.33	27.54	19.42
	2022-02-24 00:00:00	TSLA	233.46	266.92	-33.46	14.33		233.33	267.49	34.16	14.64
	2022-02-24 00:00:00	NVDA	210.15	237.48	-27.33	13.00		208.90	238.00	29.10	13.93
	2022-02-24 00:00:00	AMD	104.56	116.61	-12.05	11.52		104.26	116.96	12.70	12.18

결과를 살펴보면 일 거래 가격에서 최저가 대비 최고가가 10% 이상 오른 종목들을 확인할 수 있다.

▶ 데이터에 따라서 10% 이상 가격이 오른 종목이 없을 경우 결과가 나오지 않을 수도 있음에 주의하자.

전일 대비 종목의 변화 분석하기

앞선 실습에서 하루 동안의 종목 가격 변화를 분석해 보았다. 이번에는 분석 범위를 한 단계만 넓혀서 전일 대비 상승 또는 하락한 종목을 검색해 보자.

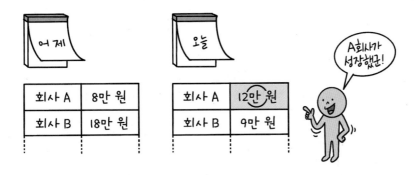

전일 대비 종목을 분석하려면 오늘 날짜의 행과 어제 날짜의 행을 일치시켜 오늘 종목 가격에서 어제 종목 가격을 빼는 계산을 수행해야 한다.

	2021-10-01
2021-10-01 ←	2021-10-02
2021-10-02	2021-10-03
2021-10-03	2021-10-04
2021-10-04	2021-10-05
2021-10-05	2021-10-06
2021-10-06	2021-10-07
2021-10-07	2021-10-08
2021-10-08	2021-10-09
2021-10-09	2021-10-10
2021-10-10	

같은 테이블 내에서 데이터를 비교해야 하므로 SELF JOIN 또는 LAG, LEAD 함수를 사용해야 한다. 여기서는 SELF JOIN을 사용했다.

Do it! 🗄 SELF JOIN으로 전일 대비 증감과 증감률 조회

```
SELECT
    a.symbol,
    a.date AS a_date,
    CAST(a.close AS DECIMAL(18,2)) AS a_close,
    '' AS '---',
    b.date AS b_date,
    CAST(b.close AS DECIMAL(18,2)) AS b_close,
    '' AS '---',
    CAST((b.close - a.close) AS DECIMAL(18,2)) AS `diff_price($)`,
    CAST(((b.close - a.close) / b.closc * 100) AS DECTMAL(18,2)) AS `diff_ratio(%)`
FROM stock AS A
    INNER JOIN stock AS B ON a.symbol = b.symbol AND a.date = date_add(b.date,
INTERVAL -1 DAY)
WHERE a.date = '2023-10-04';
```

실행 결과

symbol	a_date	a_close	---	b_date	b_close	---	diff_price($)	diff_ratio(%)
AAPL	2023-10-04 00:00:00	173.66		2023-10-05 00:00:00	174.91		1.25	0.71
AMD	2023-10-04 00:00:00	104.07		2023-10-05 00:00:00	102.91		-1.16	-1.13
AMZN	2023-10-04 00:00:00	127.00		2023-10-05 00:00:00	125.96		-1.04	-0.83
INTC	2023-10-04 00:00:00	35.93		2023-10-05 00:00:00	35.89		-0.04	-0.11
META	2023-10-04 00:00:00	305.58		2023-10-05 00:00:00	304.79		-0.79	-0.26
MSFT	2023-10-04 00:00:00	318.96		2023-10-05 00:00:00	319.36		0.40	0.13
NVDA	2023-10-04 00:00:00	440.41		2023-10-05 00:00:00	446.88		6.47	1.45
TSLA	2023-10-04 00:00:00	261.16		2023-10-05 00:00:00	260.05		-1.11	-0.43

입력한 날짜와 다음 날짜의 종가를 비교하여 전일 대비 증감값 및 증감 비율에 대한 결과를 확인할 수 있다.

주가가 연속 상승한 종목 분석하기

'요즘 주가가 좋다'라는 이야기를 듣는 종목은 무엇일까? 아마도 최근 며칠 동안 계속해서 주식 가격이 오른 종목일 것이다. 이미 주가가 많이 오른 종목에 투자하기란 쉽지 않지만, 어떤 종목에 투자하기 전에 같은 분야 내에서 최근 주가가 좋은 종목을 파악하는 건 의미 있는 작업이다. 그런 의미에서 일정 기간 동안 연속으로 주가가 오른 종목을 분석해 보자.

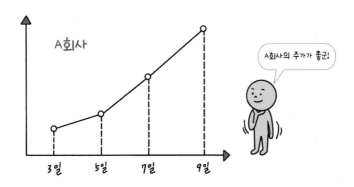

분석하려는 기간의 시작과 끝을 비교해 주가가 N% 이상 오른 종목 중에서 특히 연속으로 오른 종목을 조회할 것이다. 정교하게 분석하는 만큼 쿼리가 꽤 복잡하다. 그래서 여러분이 쉽게 이해할 수 있도록 쿼리를 최대한 분리하고 임시 테이블에 데이터를 저장하는 방식으로 실습을 진행한다. 이렇게 하면 쿼리 성능은 떨어질 수 있는데, 지금은 성능보다 학습에 중점을 두어야 하므로 이 점도 참고하기 바란다.

이번 실습은 stock 테이블에서 2021년 2월 17일부터 2021년 2월 24일까지 일별 주식 데이터 중 주가가 10% 이상 오른 종목을 찾아 그중에서도 해당 기간 동안 주가가 한 번도 떨어지지 않은 종목만 조회해 보자. 이때 임시 테이블을 사용해야 하므로 세션은 유지하고 쿼리는 블록 단위로 실행해야 한다.

1. 먼저 첫 날짜와 마지막 날짜의 종가(close)를 조회해 증감 주가와 증감 주가율을 저장한 임시 테이블을 만들어 보자. 같은 symbol의 데이터를 비교하고자 FROM 절의 서브 쿼리를 사용해서 2021년 2월 17일의 데이터 집합을 만들고, 2021년 2월 24일의 데이터 집합을 만든 다음, 조인 조건으로 symbol 열을 비교한다.

Do it! 🗄 특정 기간 동안 종목별 등락을 저장하는 테이블 생성

```
CREATE TEMPORARY TABLE temp1
SELECT
    a.symbol,
    a.close AS a_close,
    b.close AS b_close,
    b.close - a.close AS close_diff,
    (b.close - a.close) / a.close * 100 AS ratio_diff
FROM (SELECT symbol, close FROM stock WHERE date = '2021-02-17' ) AS a
    INNER JOIN (SELECT symbol, close FROM stock WHERE date = '2021-02-24') AS b
```

```
      ON a.symbol = b.symbol;


SELECT * FROM temp1;
```

실행 결과

	symbol	a_close	b_close	close_diff	ratio_diff
▶	AAPL	130.84	125.35	-5.49	-4.195965
	AMD	89.94	86.94	-3.00	-3.335557
	AMPG	6.61	9.25	2.64	39.939486
	AMZN	165.43	157.98	-7.45	-4.503415
	BHR	6.02	7.28	1.26	20.930233
	CAR	42.82	55.90	13.08	30.546474
	INTC	61.85	63.19	1.34	2.166532
	META	273.57	264.31	-9.26	-3.384874
	MSFT	244.20	234.55	-9.65	-3.951679
	NVDA	149.06	144.99	-4.07	-2.730444
	TSLA	266.05	247.34	-18.71	-7.032513
	UAN	21.51	26.80	5.29	24.593212

temp1 테이블에서는 symbol 열의 데이터에 따라 각 2021-02-17의 가격과 2021-02-24
의 가격 그리고 이 둘의 가격 차이, 증감률을 계산해 저장된 것을 확인할 수 있다.

2. 앞서 생성한 데이터 집합 중에 주가 증가율이 10% 이상, 즉 `ratio_diff >= 10`인 일별 데
이터 집합을 만들려고 temp1 테이블과 stock 테이블을 조인한다. 이때 ROW_NUMBER 함
수를 사용해 symbol 열을 PARTITION BY로 나눠 날짜 순서대로 순위를 부여한다. 이렇게
순위를 부여한 이유는 전일 날짜를 비교할 때 주식 시장이 열리지 않는 주말이나 공휴일이 기
간에 포함될 경우 공백이 생기므로 −1일 방식으로 비교할 수 없기 때문이다.
여기서 생성한 데이터는 temp2이라는 이름의 임시 테이블에 저장한다. MySQL에서는 임시
테이블을 동시에 두 군데 이상에서 참조할 수 없기 때문에 SELF JOIN을 사용할 수 없다. 그
래서 동일한 결과를 임시 테이블 2개에 저장하여 조인하여 SELF JOIN과 같은 효과를 만들
어서 사용한다.

Do it! 🖳 10% 상승한 종목들의 정보를 저장하는 테이블 생성

```
CREATE TEMPORARY TABLE temp2
SELECT
    ROW_NUMBER() OVER (PARTITION BY a.symbol ORDER BY date ASC) AS num,
    a.symbol,
    b.date,
    b.close
FROM temp1 AS a
    INNER JOIN stock AS b ON a.symbol = b.symbol
WHERE a.ratio_diff >= 10
```

```
    AND b.date >= '2021-02-17'
    AND b.date <= '2021-02-24';

CREATE TEMPORARY TABLE temp2_1
SELECT
    ROW_NUMBER() OVER (PARTITION BY a.symbol ORDER BY date ASC) AS num,
    a.symbol,
    b.date,
    b.close
FROM temp1 AS a
    INNER JOIN stock AS b ON a.symbol = b.symbol
WHERE a.ratio_diff >= 10
    AND b.date >= '2021-02-17'
    AND b.date <= '2021-02-24';

SELECT * FROM temp2;
```

실행 결과

num	symbol	date	close
1	AMPG	2021-02-17 00:00:00	6.61
2	AMPG	2021-02-18 00:00:00	7.45
3	AMPG	2021-02-19 00:00:00	8.36
4	AMPG	2021-02-22 00:00:00	8.50
5	AMPG	2021-02-23 00:00:00	8.78
6	AMPG	2021-02-24 00:00:00	9.25
1	BHR	2021-02-17 00:00:00	6.02
2	BHR	2021-02-18 00:00:00	6.08
3	BHR	2021-02-19 00:00:00	6.45
4	BHR	2021-02-22 00:00:00	6.82
5	BHR	2021-02-23 00:00:00	7.01
6	BHR	2021-02-24 00:00:00	7.28
1	CAR	2021-02-17 00:00:00	42.82
2	CAR	2021-02-18 00:00:00	44.05
3	CAR	2021-02-19 00:00:00	48.75
4	CAR	2021-02-22 00:00:00	50.50
5	CAR	2021-02-23 00:00:00	54.50
6	CAR	2021-02-24 00:00:00	55.90

temp2, temp2_1 임시 테이블은 temp1 임시 테이블의 데이터 중에 주가가 10% 이상 오른
종목의 데이터의 중간 결과가 저장된 것을 확인할 수 있다.

3. 앞에서 저장한 temp2 테이블을 SELF JOIN해서 현재 순위보다 1만큼 높은 데이터를 찾
아 비교한다. 이전에 실습한 전일 데이터를 비교할 때와 같은 방법이지만 날짜가 아닌 ROW_
NUMBER 함수로 생성한 순위를 비교한다. 이렇게 생성한 데이터는 temp3 임시 테이블에
저장한다.

```
CREATE TEMPORARY TABLE temp3
SELECT
    b.symbol,
    a.date AS a_date,
    a.close AS a_close,
    b.date AS b_date,
    b.close AS b_close,
    b.close - a.close AS close_diff,
    ((b.close - a.close) / a.close) * 100 AS ratio_diff
FROM temp2 AS a
    INNER JOIN temp2_1 AS b ON a.symbol = b.symbol AND a.num = b.num - 1
ORDER BY b.symbol, b.date;

SELECT * FROM temp3;
```

실행 결과

symbol	a_date	a_close	b_date	b_close	close_diff	ratio_diff
AMPG	2021-02-17 00:00:00	6.61	2021-02-18 00:00:00	7.45	0.84	12.708018
AMPG	2021-02-18 00:00:00	7.45	2021-02-19 00:00:00	8.36	0.91	12.214765
AMPG	2021-02-19 00:00:00	8.36	2021-02-22 00:00:00	8.50	0.14	1.674641
AMPG	2021-02-22 00:00:00	8.50	2021-02-23 00:00:00	8.78	0.28	3.294118
AMPG	2021-02-23 00:00:00	8.78	2021-02-24 00:00:00	9.25	0.47	5.353075
BHR	2021-02-17 00:00:00	6.02	2021-02-18 00:00:00	6.08	0.06	0.996678
BHR	2021-02-18 00:00:00	6.08	2021-02-19 00:00:00	6.45	0.37	6.085526
BHR	2021-02-19 00:00:00	6.45	2021-02-22 00:00:00	6.82	0.37	5.736434
BHR	2021-02-22 00:00:00	6.82	2021-02-23 00:00:00	7.01	0.19	2.785924
BHR	2021-02-23 00:00:00	7.01	2021-02-24 00:00:00	7.28	0.27	3.851641
CAR	2021-02-17 00:00:00	42.82	2021-02-18 00:00:00	44.05	1.23	2.872489
CAR	2021-02-18 00:00:00	44.05	2021-02-19 00:00:00	48.75	4.70	10.669694
CAR	2021-02-19 00:00:00	48.75	2021-02-22 00:00:00	50.50	1.75	3.589744
CAR	2021-02-22 00:00:00	50.50	2021-02-23 00:00:00	54.50	4.00	7.920792
CAR	2021-02-23 00:00:00	54.50	2021-02-24 00:00:00	55.90	1.40	2.568807
UAN	2021-02-17 00:00:00	21.51	2021-02-18 00:00:00	22.49	0.98	4.556020

temp3 테이블에는 전일의 가격과 비교하여 증감 여부 결과 데이터가 저장된 것을 확인할 수 있다.

4. 앞에서 생성한 temp3 테이블에서 전일과 비교해서 주가가 한 번이라도 하락한 종목이 있으면 해당 종목을 제외한 데이터를 temp4 임시 테이블에 저장한다. WHERE 절에 NOT IN을 사용해서 symbol 열에서 하락한 종목이 있는지 검사한 다음, 조건에 포함되지 않는 항목만 조회한다.

```
CREATE TEMPORARY TABLE temp3_1
SELECT symbol FROM temp3 WHERE ratio_diff < 0 GROUP BY symbol;

CREATE TEMPORARY TABLE temp4
SELECT
    symbol,
    a_date,
    round(a_close, 2) AS a_close,
    b_date,
    round(b_close, 2) AS b_close,
    round(close_diff,2) AS close_diff,
    round(ratio_diff, 2) AS ratio_diff
FROM temp3
WHERE symbol NOT IN (SELECT symbol FROM temp3_1);

SELECT * FROM temp4;
```

실행 결과

	symbol	a_date	a_close	b_date	b_close	close_diff	ratio_diff
▶	AMPG	2021-02-17 00:00:00	6.61	2021-02-18 00:00:00	7.45	0.84	12.71
	AMPG	2021-02-18 00:00:00	7.45	2021-02-19 00:00:00	8.36	0.91	12.21
	AMPG	2021-02-19 00:00:00	8.36	2021-02-22 00:00:00	8.50	0.14	1.67
	AMPG	2021-02-22 00:00:00	8.50	2021-02-23 00:00:00	8.78	0.28	3.29
	AMPG	2021-02-23 00:00:00	8.78	2021-02-24 00:00:00	9.25	0.47	5.35
	BHR	2021-02-17 00:00:00	6.02	2021-02-18 00:00:00	6.08	0.06	1.00
	BHR	2021-02-18 00:00:00	6.08	2021-02-19 00:00:00	6.45	0.37	6.09
	BHR	2021-02-19 00:00:00	6.45	2021-02-22 00:00:00	6.82	0.37	5.74
	BHR	2021-02-22 00:00:00	6.82	2021-02-23 00:00:00	7.01	0.19	2.79
	BHR	2021-02-23 00:00:00	7.01	2021-02-24 00:00:00	7.28	0.27	3.85
	CAR	2021-02-17 00:00:00	42.82	2021-02-18 00:00:00	44.05	1.23	2.87
	CAR	2021-02-18 00:00:00	44.05	2021-02-19 00:00:00	48.75	4.70	10.67
	CAR	2021-02-19 00:00:00	48.75	2021-02-22 00:00:00	50.50	1.75	3.59
	CAR	2021-02-22 00:00:00	50.50	2021-02-23 00:00:00	54.50	4.00	7.92
	CAR	2021-02-23 00:00:00	54.50	2021-02-24 00:00:00	55.90	1.40	2.57
	UAN	2021-02-17 00:00:00	21.51	2021-02-18 00:00:00	22.49	0.98	4.56
	UAN	2021-02-18 00:00:00	22.49	2021-02-19 00:00:00	23.00	0.51	2.27

temp4 테이블에서는 한번이라도 하락한 종목이 있는 목록을 temp3_1이라는 테이블에 저장하고, temp3 테이블의 결괏값이 temp3_1에 포함되지 않는 종목 데이터만 저장된 것을 확인할 수 있다.

5. 마지막으로 지금까지 생성한 모든 임시 테이블과 nasdaq_company 테이블을 조인해 최종 데이터를 생성한다.

```
SELECT
    a.symbol,
    d.company_name,
    d.industry,
    ROUND(a.a_close, 2) AS a_close,
    ROUND(a.b_close, 2) AS b_close,
    ROUND(a.close_diff, 2) AS diff_price,
    ROUND(a.ratio_diff,2) AS diff_ratio
FROM temp1 AS a
    INNER JOIN (SELECT symbol FROM temp2 GROUP BY symbol) AS b ON a.symbol =
b.symbol
    INNER JOIN (SELECT symbol FROM temp4 GROUP BY symbol) AS c ON a.symbol =
c.symbol
    INNER JOIN nasdaq_company AS d ON a.symbol = d.symbol
ORDER BY ratio_diff DESC;
```

실행 결과

symbol	company_name	industry	a_close	b_close	diff_price	diff_ratio
AMPG	AMPG, Inc.	K2	6.61	9.25	2.64	39.94
CAR	CAR, Inc.	K2	42.82	55.90	13.08	30.55
UAN	UAN, Inc.	K2	21.51	26.80	5.29	24.59
BHR	BHR, Inc.	K2	6.02	7.28	1.26	20.93

초기 설정한 날짜(2021-02-17~2021-02-24) 기간 동안 연속으로 주식이 상승한 종목들을 상승값을 기준으로 내림차순한 결과를 확인할 수 있다.

6. 지금까지 생성한 임시 테이블을 삭제한다. 물론 현재 워크벤치나 세션을 닫아 임시 테이블을 삭제할 수 있지만 다른 쿼리를 테스트하다가 실수로 이와 관련된 쿼리를 다시 실행하거나 같은 이름으로 다시 임시 테이블 생성을 시도하면 오류가 발생한다. 그러므로 실습이 끝났으면 다음 쿼리를 실행해 임시 테이블을 모두 삭제하자.

```
DROP TEMPORARY TABLE temp1;
DROP TEMPORARY TABLE temp2;
DROP TEMPORARY TABLE temp2_1;
DROP TEMPORARY TABLE temp3;
DROP TEMPORARY TABLE temp3_1;
DROP TEMPORARY TABLE temp4;
```

지금까지 배운 SQL 구문과 우리가 직접 수집한 주식 데이터를 활용하여 다양한 시각으로 데이터를 분석하는 방법에 대해서 다루어 보았다. 이 책에서 다룬 분석 기법 외에도 다양한 관점에서 좋은 아이디어가 생기면 거침없이 쿼리를 작성해 보자. 데이터를 분석하는 능력과 쿼리를 작성하는 능력을 향상시키는 방법은 많은 데이터들로 다양한 시나리오를 만들어 분석하는 경험을 쌓는 것이다. 경험을 쌓다 보면 어느새 SQL을 마스터한 자신을 발견할 수 있을 것이다.

A

부록

A-1 데이터베이스 정규화란?

관계형 데이터베이스의 설계에서 중복을 최소화하기 위해 데이터를 구조화하는 프로세스를 정규화^{normalization}라고 한다. 데이터베이스 정규화의 목표는 데이터 간의 관계를 재구성하여 작고 잘 조직된 관계를 생성하는 것에 있다. 일반적으로 정규화란 크고 제대로 조직되지 않은 여러 테이블과 관계를 조직된 작은 테이블과 관계로 나누는 과정도 포함한다. 정규화의 목적은 한 테이블에서 데이터를 삽입, 삭제, 변경하는 것을 정의한 관계로 나머지 데이터들에게도 전파되게 하는 것이다. 정규화의 특징은 다음과 같다.

> **데이터 정규화의 특징**
> - 하나의 테이블에 중복된 데이터가 없도록 한다.
> - 엔티티를 충분히 도출하였는지 그리고 엔티티 타입에 적절한 속성을 부여하였는지 검토한다.
> - 엔티티 타입에서 속성이 상호 종속적인 관계를 갖는 것을 전제로 이러한 종속 관계를 이용하여 엔티티 타입을 정리한다.
> - 각각의 속성이 데이터 모델에 포함될 수 있도록 정규화의 원리를 이용하여 데이터를 분석할 때 활용한다.
> - 현재 데이터를 검증하고 데이터를 표현하기 위한 엔티티 타입을 정의하는 데 이용한다.

데이터베이스 모델링에는 정답이 없지만 되도록 안티패턴^{anti-pattern}을 만들지 않기 위해 여러 정규화 과정을 거친다. 여기서는 1차, 2차, 3차, BCNF, 4차, 5차 정규화 과정을 소개하려고 한다. 일반적으로 1~3차 정규화에서 대부분의 안티패턴이 해결되며 4~5차 정규화는 거의 사용하지 않는다. 각 정규화의 특징에 대해 간단히 알아보자.

▶ 안티패턴이란 프로그래밍 분야에서 비효율적이거나 비생산적인 디자인 패턴을 이르는 말이다.

제1 정규화(1NF)

제1정규화는 복수의 값을 갖는 속성을 다른 테이블로 분리하는 과정이다. 이때 알아 두어야할 것은 모든 속성은 반드시 하나의 값을 가져야 한다는 사실이다.

학번	이름	나이	취미1	취미2	취미3
24001	강연우	25	풋살	독서	러닝

학번	이름	나이	취미
24001	강연우	25	풋살, 독서, 러닝

학번	이름	나이
24001	강연우	25

학번	취미
11032	풋살
11032	독서
11032	러닝

제1 정규화의 예

첫 번째 테이블에서 취미1, 취미2, 취미3은 '취미'라는 속성 하나로 묶을 수 있다. 그렇기 때문에 두 번째 테이블에서는 한 속성에 다중값(풋살, 독서, 러닝)을 가지게 되었다. 그러나 이는 제1 정규화를 위반한 것이므로 학번으로 연계하여 '취미' 속성을 아예 새로운 테이블로 분리하였다.

제2 정규화(2NF)

제1 정규화를 진행한 제1 정규형 테이블은 제2 정규화 과정을 거쳐 각 테이블에 부분적으로 종속되는 속성을 찾아내고 이를 따로 분리하게 된다. 이렇게 할 경우 기본키에 종속되도록 만들게 되므로 테이블이 좀 더 깔끔해 질 수 있다. 즉, 테이블의 모든 속성이 기본키에 종속된다.

강의 번호	학번	이름	점수
A103	24001	강연우	85
A104	24002	박은비	90

기본키: 강의 번호, 학번

점수 테이블

강의 번호	학번	점수
A103	24001	85
A104	24002	90

학생 테이블

학번	이름
24001	강연우
24002	박은비

제2 정규화의 예

이 그림을 살펴보면 점수 테이블의 기본키는 강의 번호와 학번이므로 '이름' 속성만으로는 점수 데이터를 찾기 어렵다. '점수' 속성은 기본키에 종속되어 있지만 이 테이블에서는 '이름'이 기본키에 종속되어 있지 않으므로 학번으로만 검색할 수 있다. 만약 점수 테이블만 있다면 이는 제2 정규화 위반이지만 학생 테이블을 따로 만들어 점수 테이블이 학생 테이블을 참조할 수 있도록 구성하였으므로 문제가 해결되었다.

제3 정규화(3NF)

제3 정규화는 제2 정규형 테이블에서 이행적 종속성을 찾아내 이를 제거하는 작업을 말한다. 이행적 종속성이란 한 속성이 다른 속성을 통해 종속되는 것을 의미하는데, 이걸 없애면 모든 속성이 기본키에 직접 종속되도록 만들 수 있다.

┌── 기본키 ──┐

학번	이름	학과 번호	학과
24001	강연우	Z102	컴퓨터공학과
24002	박은비	Z103	기계공학과

⬇

학생 **테이블**

학번	이름	학과 번호
24001	강연우	Z102
24002	박은비	Z103

학과 **테이블**

학과 번호	학과
Z102	컴퓨터공학과
Z103	기계공학과

제3 정규화의 예

이 그림을 살펴보면 학생 테이블의 경우 기본키는 학번이며, '학과' 속성은 '학과 번호' 속성에 종속되어 있다. 기본키가 아닌 속성 간의 종속 관계는 제3 정규화 위반이므로 학과 테이블을 별도로 만들어 학생 테이블과 학과 테이블이 서로 참조될 수 있도록 만들었다.

BCNF 정규화(Boyce-Codd Normal Form)

제3차 정규화를 진행한 테이블에 모든 결정자가 후보키가 되어 테이블을 분리한다. 즉, 다수의 주 식별자를 분리한다. 기본키가 아닌 속성이 기본키의 속성을 결정지을 수 없다. BCNF는 강화된 제3 정규화라고 보면 된다.

기본키		
학생	강의	교수
강연우	데이터베이스	임태희
박은비	파이썬	장하정

학생	강의
강연우	데이터베이스
박은비	파이썬

강의	교수
데이터베이스	임태희
파이썬	장하정

BCNF 정규화의 예

그림을 살펴보면 기존의 테이블처럼 기본키가 정의되려면, '교수는 강의를 하나만 담당할 수 있다'라는 사전 조건이 반드시 포함되어야 한다. 이 경우 교수의 이름만으로도 강의(기본키 속성)를 결정지을 수 있다. '교수는 강의를 하나만 담당한다'라는 조건이 포함되어 있으므로 테이블을 분리해야 한다.

제4 정규화(4NF)

제4 정규화 과정은 다치 종속^{multi-valued dependency} 속성을 분리하는 것으로, 특정 속성값에 따라 속성을 선택해서 분리한다.

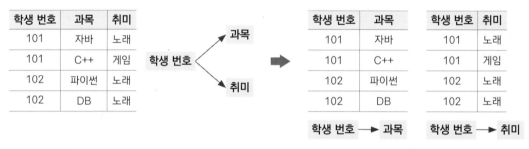

제4 정규화의 예

그림을 살펴보면 학생 번호 하나에 과목과 취미가 여러 개 종속된다. 과목과 취미는 서로 독립적인 관계이지만 같은 테이블에서 학생이라는 열에 다치 종속되어 중복이 발생한다. 화살표 오른쪽의 테이블은 여전히 다치 종속을 가지지만, 2개 이상의 열이 하나의 열에 다치 종속되지 않아 제4 정규화를 만족한다.

제5 정규화(5NF)

제5 정규화 과정은 조인 속성을 제거하는 것으로, 다음 그림과 같이 조인 종속^{join dependency}일 때 2개 이상인 N개로 분리한다.

제5 정규화의 예

릴레이션 스키마가 함수적 종속성, 다치 종속성, 조인 종속성의 집합 관점에서 모든 의미 있는 조인 종속성에 대하여 모든 릴레이션 스키마의 애트리뷰트가 릴레이션의 슈퍼키^{super key}이면, 릴레이션 스키마는 종속성 집합에 대해 제5 정규화에 속한다고 한다. 중복을 제거하기 위해 분해할 수 있는 만큼 전부 분해하기 때문에 PNJF(Project Join Normal Form)라고도 한다. 그리고 조인 연산을 했을 때 손실이 없어야 한다.

A-2 MySQL 워크벤치 모델링 툴 살펴보기

데이터베이스 모델링 도구는 매우 다양하다. 내 PC에 설치해 사용할 수 있지만 최근에는 웹 브라우저에서 실시간으로 모델링을 구축할 수 있는 도구도 제공되고 있다. 우리가 이미 설치한 MySQL 워크벤치에도 데이터베이스 모델링 기능이 포함되어 있다. MySQL 워크벤치에서 모델링하는 방법을 알아보자.

1. MySQL 워크벤치에서 [File → New Model]을 클릭한다. [MySQL Model] 탭이 생성되며 데이터베이스 모델링을 할 수 있는 준비가 시작된다. Physical Schemas에 'mydb'라는 데이터베이스가 자동 생성되며, [Add Diagram]을 클릭하여 모델링을 할 수 있는 탭을 열 수 있다.

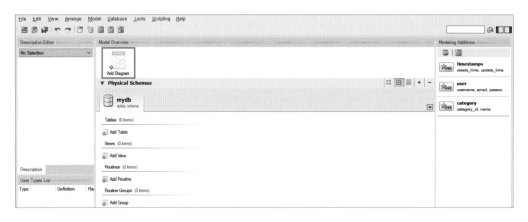

2. [EER Diagram] 탭의 세로 툴바에서 ▦(Place a New Table)을 클릭한 다음, 모눈종이 같은 빈 화면 아무 곳이나 클릭하면 다음과 같이 테이블이 생성된다.

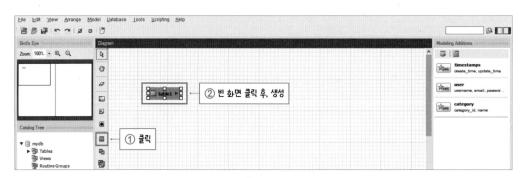

3. 생성된 테이블을 더블클릭하면 하단에 새롭게 Table 탭이 등장하고 여기에 테이블 이름, 열, PK^{primary key} 속성 등을 설정할 수 있다. 그리고 가장 아래에는 인덱스 설정이나 트리거, FK^{foreign key} 등 다양한 테이블 속성도 설정할 수 있다.

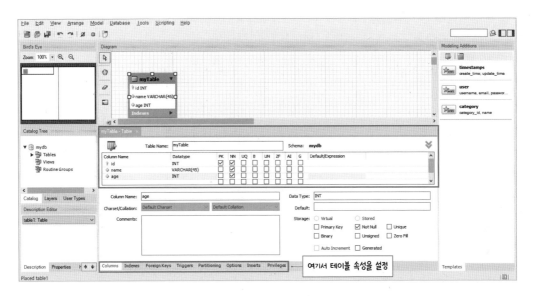

4. 릴레이션도 추가해 보자. 다음과 같이 툴바에서 릴레이션을 선택하여 myTable2에서 myTable 로 1:N 관계를 설정해 보자.

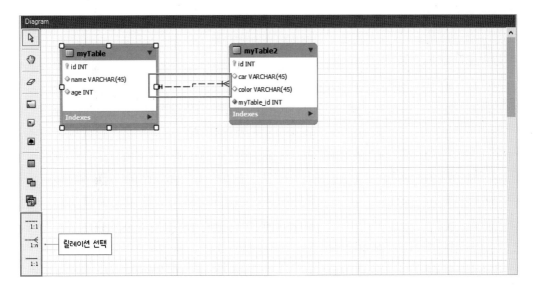

5. 생성한 모델을 실제 물리적인 테이블로 생성하려면 메뉴에서 [Database → Forward Engineer]를 클릭한다.

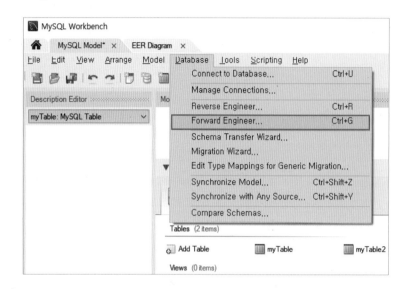

6. Set Parameters for Connecting to a DBMS 화면이 나타나면 해당 모델을 적용할 MySQL 서버의 주소 및 연결 정보를 입력하고 [Next]를 클릭한다.

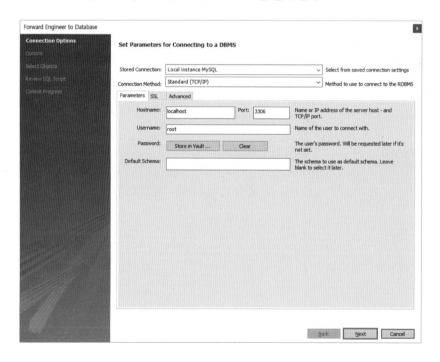

7. Set Options for database to be Created에서도 [Next]를 클릭한다.

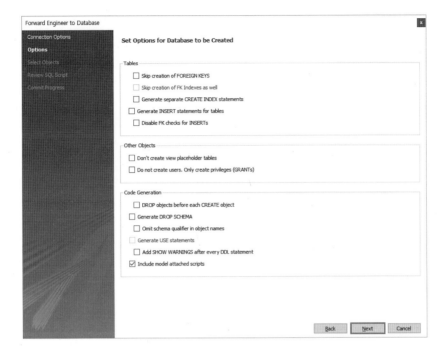

8. Select Objects to Forward Engineer에서 다음과 같이 적용할 테이블을 선택한 뒤 [Next]를 클릭한다.

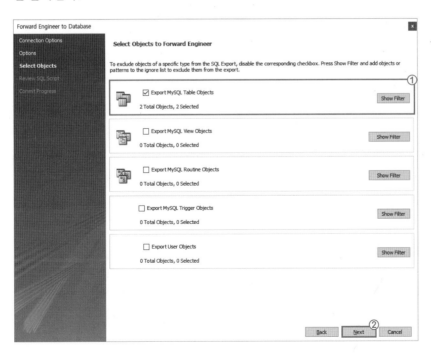

9. Review the SQL Script to be Executed에서는 모델링한 테이블에는 실제 MySQL 서버에 적용할 수 있도록 SQL 코드가 생성된 것을 확인하고 [Next]를 클릭한다.

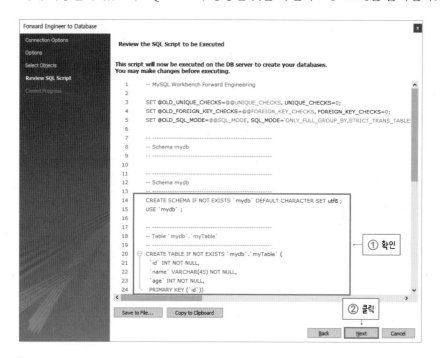

10. Forward Engineering Progress에서는 실제 MySQL 서버에 적용되는 과정을 보여 준다. [Close]를 클릭하여 모든 적용을 마무리한다.

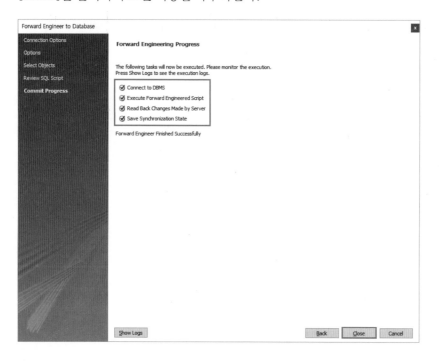

11. 적용이 완료된 후, MySQL 워크벤치에서 확인해 보면 mydb라는 데이터베이스가 생성되었으며, 데이터베이스를 확장해 보면 모델링에서 생성한 myTable, myTable2라는 테이블이 정상적으로 생성된 것을 확인할 수 있다.

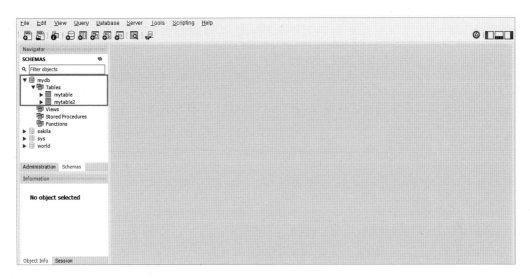

A-3 실습에 필요한 데이터베이스 설치하기

우리는 실습을 위해 MySQL 설치 시 함께 설치된 Sakila 데이터베이스를 사용한다. 만약 Sakila 데이터베이스가 설치되어 있지 않다면 다음과 같은 설치 과정을 따라해 보자.

▶ '되새김 문제'에서 사용하는 world 데이터베이스 설치도 누락되어 있다면 같은 방법으로 설치하면 된다.

1. 다음 사이트에서 sakila database를 찾아 내려받은 뒤, 압축을 푼다.

> **sakila 데이터베이스 설치 파일 내려받기 링크**
> • https://dev.mysql.com/doc/index-other.html

Example Databases

Title	DB Download	HTML Setup Guide	PDF Setup Guide
employee data (large dataset, includes data and test/verification suite)	GitHub	View	US Ltr | A4
world database	TG...		US Ltr | A4
world_x database	TGZ | Zip	View	US Ltr | A4
sakila database	TGZ | Zip	View	US Ltr | A4
airportdb database (large dataset, intended for MySQL on OCI and HeatWave)	TGZ | Zip	View	US Ltr | A4

Zip 파일을 클릭해 내려받기

2. MySQL 워크벤치에서 [Server → Data Import]를 차례로 클릭한다.

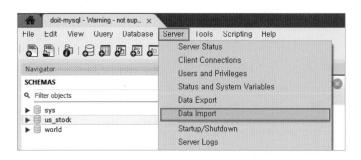

3. Data Import 창이 나타나면, 내려받은 파일을 직접 불러서 실행할 수 있도록 [Import from Self-Contained File]를 클릭하고, 내려받은 파일 중 sakila-db 폴더에서 sakila-schema.sql을 선택한다

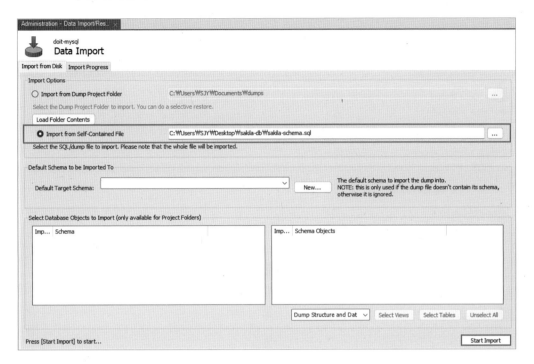

4. [Start Import]를 클릭하면 해당 파일을 실행하여 데이터베이스 및 테이블을 생성한다.

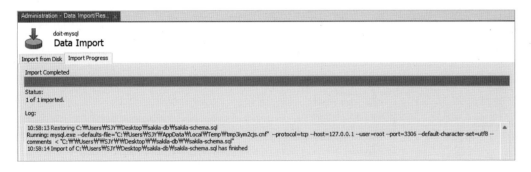

5. 아직 데이터를 임포트하지 않았다. 데이터를 임포트하기 위해 다시 Data Import 창으로 돌아가 이번에는 [Import from Self-Contained File]에서 sakila-data.sql을 선택한다. 그 다음, sakila 데이터베이스에 데이터를 임포트해야 하므로 [Default Target Schema]에서 sakila 데이터베이스를 선택한다. [Start Import]를 클릭하면 해당 파일을 실행하여 데이터를 임포트한다. ▶ sakila가 보이지 않는다면 새로고침을 해 보자.

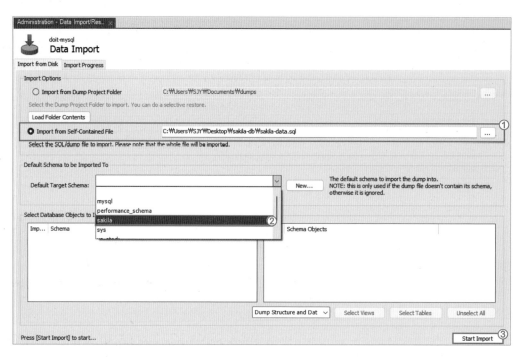

6. 다음과 같이 창을 통해 데이터가 입력된 것을 확인하거나 왼쪽 내비게이터의 [SCHEMAS] 탭에서 데이터를 확인해 보자. ▶ 데이터가 제대로 보이지 않는다면 여기서도 새로고침을 해 보자.

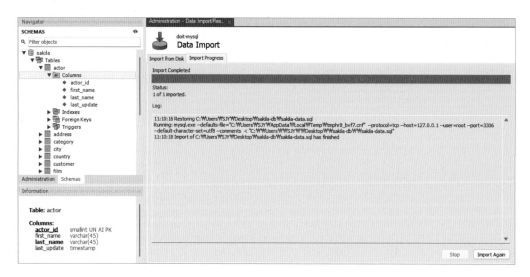

03

105~106쪽

Q1 정답 1. 한 줄 주석은 해시(#) 또는 2개 연속의 하이픈(--) 을 사용합니다.

2. 여러 줄 주석은 시작과 끝에 열기(/*), 닫기(*/)를 사용합니다.

Q2 정답

```
CREATE DATABASE doit_exam;
```

Q3 정답

```
USE doit_exam;
--테이블 생성
CREATE TABLE doit_exam_t1 (
id INT,
name VARCHAR(100),
create_date DATETIME
);

--데이터 입력
INSERT INTO doit_exam_t1 (id, name, create_date) VALUES (1, '강성
욱', '2023-10-01 12:22:00');
INSERT INTO doit_exam_t1 (id, name, create_date) VALUES (2, '이지스
퍼블리싱', '2024-01-03 15:31:00');
INSERT INTO doit_exam_t1 (id, name, create_date) VALUES (3, 'doit-
mysql', '2024-02-01 00:05:00');

--데이터 조회
SELECT * FROM doit_exam_t1;
```

Q4 정답

```
UPDATE doit_exam_t1 SET name = '출판사' where id = 1;
```

Q5 정답

```
DELETE FROM doit_exam_t1 WHERE id = 1;
```

Q6 정답

```
DROP TABLE doit_exam_t1;
```

Q7 정답

```
DROP DATABASE doit_exam;
```

Q8 정답
- DBMS 구축에 필요한 다양한 기술을 효율적으로 적용하는 방안을 제시한다.
- 데이터베이스 설계 및 생성 속도와 효율성을 촉진시킨다.
- 조직의 데이터를 문서화하고 데이터 관련 시스템을 설계할 때 일관성을 조정한다.
- 업무 조직과 기술 조직 간의 의사소통을 원활히 하는 도구 또는 중재의 역할을 한다.

Q9 정답 요구 사항 분석 > 개념 모델링 > 논리 모델링 > 물리 모델링 > DB 구현

Q10 정답 릴레이션이란 관계형 데이터베이스에서 두 개의 엔티티 타입 사이에 논리적인 관계로 업무의 흐름을 나타낸다.

Q11 정답 관계형 데이터베이스의 설계에서 중복을 안정적으로 구조화하는 과정을 말한다.

Q1 정답

```
SELECT * FROM country WHERE Code = 'KOR';
```

Q2 정답

```
SELECT * FROM country WHERE Region LIKE '%Asia%';
```

Q3 정답

```
SELECT * FROM country WHERE name LIKE '_____';
```

Q4 정답

```
SELECT * FROM country ORDER BY Population DESC;
```

Q5 정답

```
SELECT * FROM country WHERE LifeExpectancy >= 60 AND LifeExpectancy <= 70
```

```
SELECT * FROM country WHERE LifeExpectancy BETWEEN 60 AND 70;
```

Q6 정답

```
SELECT * FROM country
WHERE Region NOT LIKE '%Asia%' AND name REGEXP '[g, u]'
ORDER BY Population DESC;
```

Q7 정답

```
SELECT Region, count(*) AS cnt FROM country
GROUP BY Region ORDER BY cnt DESC;
```

Q1 정답

```
SELECT a.*, b.*
FROM country AS a
    INNER JOIN city AS b ON a.Code = b.CountryCode
WHERE a.name = 'United States';
```

Q2 정답 조인으로 작성하는 경우

```
SELECT
    a.Name AS city_name, a.CountryCode, a.District, a.Population,
    b.name AS country_name, b.Population, b.LifeExpectancy, b.GNP
FROM city AS a
    INNER JOIN country AS b ON a.CountryCode = b.Code
ORDER BY a.Population DESC LIMIT 10;
```

FROM 서브 쿼리로 작성하는 경우

```
SELECT
    a.Name AS city_name, a.CountryCode, a.District, a.Population,
    b.name AS country_name, b.Population, b.LifeExpectancy, b.GNP
FROM (
SELECT
    Name, CountryCode, District, Population
FROM city
ORDER BY Population DESC LIMIT 10
) AS a
    INNER JOIN country AS b ON a.CountryCode = b.Code
```

```
SELECT b.*
FROM countrylanguage AS a
    INNER JOIN country AS b ON a.CountryCode = b.Code
WHERE a.Language = 'English';
```

다중 행 서브쿼리로 작성하는 경우

```
SELECT * FROM country
WHERE Code IN (SELECT countrycode FROM countrylanguage WHERE Language
= 'English');
```

Q4 정답

```
SELECT
    a.first_name, a.last_name, c.title, c.release_year, e.name
    AS category_name
FROM actor AS a
    INNER JOIN film_actor AS b ON a.actor_id = b.actor_id
    INNER JOIN film AS c ON b.film_id = c.film_id
    INNER JOIN film_category AS d ON c.film_id = d.film_id
    INNER JOIN category AS e ON d.category_id = e.category_id
WHERE e.name = 'Action'
ORDER BY title;
```

Q5 정답

```
WITH cte_film (film_id, title, category_name)
AS (
SELECT a.film_id, a.title, c.name as category_name
FROM film AS a
    INNER JOIN film_category AS b ON a.film_id = b.film_id
    INNER JOIN category AS c ON b.category_id = c.category_id
), cte_payment (customer_id, amount, film_id)
AS (
SELECT a.customer_id, b.amount, c.film_id
FROM rental AS a
```

```
        INNER JOIN payment AS b on a.rental_id = b.rental_id
        INNER JOIN inventory AS c ON a.inventory_id = c.inventory_id
)

SELECT
    a.customer_id, a.first_name, a.last_name,
    c.category_name,
    COUNT(*) AS rental_count,
    SUM(b.amount) AS amount
FROM customer AS a
    INNER JOIN cte_payment AS b on a.customer_id = b.customer_id
    INNER JOIN cte_film AS c ON b.film_id = c.film_id
GROUP BY a.customer_id, a.first_name, a.last_name, c.category_name
ORDER BY a.customer_id;
```

Q6 정답

```
WITH RECURSIVE cte_emp (employee_id, employee_name, manager_id,
employee_level)
AS
(
SELECT
    employee_id, employee_name, manager_id, 1 as employee_level
FROM emp
WHERE manager_id IS NULL

UNION ALL

SELECT
    e.employee_id, e.employee_name, e.manager_id, r.employee_level
+ 1
FROM emp AS e
    INNER JOIN cte_emp AS r ON e.manager_id = r.employee_id
)

SELECT
    employee_name, employee_level,
    (SELECT employee_name FROM emp WHERE employee_id = cte_emp.
manager_id) AS Manager
FROM cte_emp
ORDER BY employee_level, manager_id;
```

Q1 정답

```
SELECT CONCAT(Name, ' ', Continent, ' ', Population) FROM country;
```

Q2 정답

```
SELECT name, IFNULL(IndepYear, '데이터 없음') AS IndepYear
FROM country WHERE IndepYear IS NULL;
```

Q3 정답

```
SELECT UPPER(name), LOWER(name) FROM country;
```

Q4 정답

```
SELECT LTRIM(name), RTRIM(name), TRIM(name) FROM country;
```

Q5 정답

```
SELECT
name, LENGTH(name)
FROM country
WHERE LENGTH(name) > 20
ORDER BY LENGTH(name) DESE;
```

Q6 정답

```
SELECT name, SurfaceArea, POSITION('.' in SurfaceArea) FROM country;
```

Q7 정답

```
SELECT name, SUBSTRING(name, 2,4) FROM country;
```

Q8 정답

```
SELECT Code, REPLACE(Code, 'A', 'Z') FROM country;
```

Q9 정답

```
SELECT Code, REPLACE(code, 'A', REPEAT('Z', 10)) FROM country;
```

Q10 정답

```
SELECT NOW(), DATE_ADD(NOW(), INTERVAL 24 HOUR);
```

Q11 정답

```
SELECT NOW(), DATE_SUB(NOW(), INTERVAL 24 HOUR);
```

Q12 정답

```
SELECT DAYNAME('2024-01-01');
```

Q13 정답

```
SELECT COUNT(*) FROM country;
```

Q14 정답

```
SELECT SUM(GNP), AVG(GNP), MAX(GNP), MIN(GNP) FROM country;
```

Q15 정답

```
SELECT name, LifeExpectancy, ROUND(LifeExpectancy, 0) FROM country;
```

Q16 정답

```
SELECT row_number() OVER (ORDER BY LifeExpectancy DESC, Name ASC),
Name, LifeExpectancy
FROM country;
```

Q17 정답

```
SELECT RANK() OVER (ORDER BY LifeExpectancy DESC), Name, LifeExpectancy
FROM country;
```

```
SELECT DENSE_RANK() OVER (ORDER BY LifeExpectancy DESC), Name,
LifeExpectancy
FROM country;
```

07

337쪽

Q1 정답

```
SELECT CountryCode, Language, Percentage, IF(Percentage >= 5, '5+', '5-')
FROM countrylanguage;
```

Q2 정답

```
SELECT Name, LifeExpectancy,
    CASE
        WHEN LifeExpectancy >= 100 THEN 'Wow'
        WHEN LifeExpectancy >= 80 THEN 'Best'
        WHEN LifeExpectancy >= 70 THEN 'Good'
        WHEN LifeExpectancy >= 60 THEN 'Normal'
        WHEN LifeExpectancy < 60 THEN 'Sad'
    END AS Life_level
FROM country;
```

Q3 정답 입력값으로 0과 10을 넣었을 경우 출력값은 55가 나타난다.

```
DELIMITER $$
CREATE PROCEDURE doit_sum (
param_1 INT,
param_2 INT
)
BEGIN
    DECLARE while_sum INT;

    SET while_sum = param_1;
```

```
    myWhile:
    WHILE (param_1 <= param_2) DO
        SET while_sum = while_sum + param_1;


        SET param_1 = param_1 + 1;


        IF (param_1 > param_2) THEN
              LEAVE myWhile;
        END IF;
    END WHILE;


    SELECT while_sum;

END $$
DELIMITER ;


CALL doit_sum(0, 10);
```

Q4 정답

```
DROP PROCEDURE IF EXISTS doit_sum;
```

Q5 정답

```
-- 뷰 생성
CREATE VIEW v_country_language
AS
    SELECT
        a.Name, a.Region, b.Language, b.IsOfficial, b.Percentage
    FROM country AS a
        INNER JOIN countrylanguage AS b ON a.Code = b.CountryCode;
-- 뷰 조회
SELECT * FROM v_country_language;
```

Q6 정답

```
DROP VIEW v_country_language;
```

한글

영문

인공지능 & 데이터 분석 코스

인공지능, 데이터 분석도 Do it! 시리즈와 함께!
주어진 순서대로 차근차근 독파해 보세요!

인공
지능

Do it! 정직하게 코딩하며 배우는
딥러닝 입문
박해선 | 328쪽

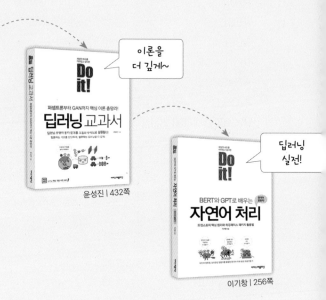

이론을
더 깊게~

파셉트론부터 GAN까지 핵심 이론 총망라!
딥러닝 교과서
윤성진 | 432쪽

딥러닝
실전!

BERT와 GPT로 배우는
자연어 처리
이기창 | 256쪽

데이터
분석

쉽게 배우는
R 데이터 분석
김영우 | 376쪽

쉽게 배우는
R 텍스트 마이닝
김영우 | 344쪽

쉽게 배우는
파이썬 데이터 분석
김영우 | 472쪽

데이터 분석을 위한
판다스 입문
다니엘 첸 | 시진 | 400쪽

나는 어떤
코스가
적합할까?

A 인공지능 개발자가 되고 싶은 사람

- Do it! 점프 투 파이썬
- Do it! 정직하게 코딩하며 배우는
  딥러닝 입문
- Do it! 딥러닝 교과서
- Do it! BERT와 GPT로 배우는
  자연어 처리

B 데이터 분석가가 되고 싶은 사람

- Do it! 쉽게 배우는 파이썬 데이터 분석
- Do it! 쉽게 배우는 R 데이터 분석
- Do it! 쉽게 배우는 R 텍스트 마이닝
- Do it! 데이터 분석을 위한 판다스 입문
- Do it! R 데이터 분석 with 샤이니
- Do it! 첫 통계 with 베이즈

기초 단계

점프 투 파이썬

박응용 | 432쪽

C 언어 입문

김성엽 | 576쪽

자바 완전 정복

김동형 | 856쪽

자료구조와 함께 배우는 알고리즘 입문 파이썬 편

시바타 보요 저, 강민 역 | 408쪽

자료구조와 함께 배우는 알고리즘 입문 C 언어 편

시바타 보요 저, 강민 역 | 452쪽

자료구조와 함께 배우는 알고리즘 입문 자바 편

시바타 보요 저, 강민 역 | 424쪽

응용 단계

파이썬 생활 프로그래밍

김창현 | 384쪽

깡샘의 안드로이드 앱 프로그래밍 with 코틀린

강성윤 | 720쪽

알고리즘 코딩 테스트

김종관 | 564쪽

나는 어떤 코스가 적합할까?

A 파이썬 개발자가 되고 싶은 사람

- Do it! 점프 투 파이썬
- Do it! 점프 투 파이썬 — 라이브러리 예제 편
- Do it! 파이썬 생활 프로그래밍 with 챗GPT
- Do it! 점프 투 장고
- Do it! 장고+부트스트랩 파이썬 웹 개발의 정석
- Do it! 점프 투 파이썬 — 라이브러리 예제 편
- Do it! 챗GPT+파이썬으로 AI 직원 만들기

B 자바·코틀린 개발자가 되고 싶은 사람

- Do it! 점프 투 자바
- Do it! 자바 완전 정복
- Do it! 자바 프로그래밍 입문
- Do it! 코틀린 프로그래밍
- Do it! 안드로이드 앱 프로그래밍
- Do it! 깡샘의 안드로이드 앱 프로그래밍 with 코틀린

기초
단계

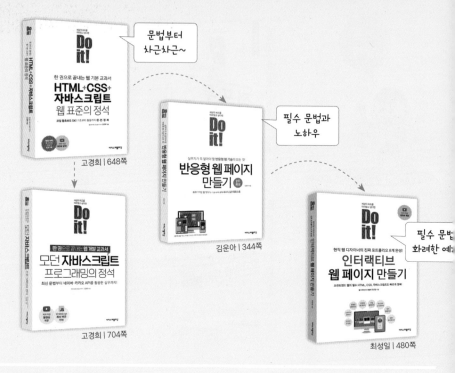

문법부터
차근차근~

한 권으로 끝내는 웹 기본 교과서
**HTML+CSS+
자바스크립트**
웹 표준의 정석

고경희 | 648쪽

필수 문법과
노하우

실무자가 꼭 알아야 할 반응형 웹 기술이 모이는 것
**반응형 웹 페이지
만들기**

김운아 | 344쪽

한 권으로 끝내는 웹 개발 교과서
**모던 자바스크립트
프로그래밍의 정석**
최신 문법부터 네이버·카카오 API를 활용한 실무까지!

고경희 | 704쪽

현직 웹 디자이너의 진짜 포트폴리오 8개 완성!
**인터랙티브
웹 페이지 만들기**
프런트엔드 웹이 화려한 HTML, CSS, 자바스크립트로 빠르게 정복!

필수 문법
화려한 예제

최성일 | 480쪽

응용
단계

**Node.js
프로그래밍 입문**

고경희 | 560쪽

**점프 투
스프링 부트 3**

박응용 | 408쪽

만들면서 배우는 웹 개발 A to Z
**장고+부트스트랩
파이썬 웹 개발의 정석**
웹 기초부터 빌드그 개발·배포·운영까지

이성용, 김태곤 | 640쪽

나는 어떤
코스가
적합할까?

A 프런트엔드 개발자가 되고 싶은 사람

- Do it! HTML+CSS+자바스크립트
  웹 표준의 정석
- Do it! 모던 자바스크립트 프로그래밍의 정석
- Do it! 반응형 웹 페이지 만들기
- Do it! 인터랙티브 웹 페이지 만들기
- Do it! 자바스크립트 + 제이쿼리 입문
- Do it! Vue.js 입문

B 백엔드 개발자가 되고 싶은 사람

- Do it! HTML+CSS+자바스크립트 웹 표준의
  정석
- Do it! 모던 자바스크립트 프로그래밍의 정석
- Do it! node.js 프로그래밍 입문
- Do it! 점프 투 장고
- Do it! 점프 투 스프링 부트 3
- Do it! 장고 + 부트스트랩 파이썬 웹 개발의 정석